江戸を知る事典

加藤 貴【編】

東京堂出版

目 次

都市行政

都市計画と建造物

都市施設

商業と商人

生活の彩り

娯楽と文化

人物

信仰

交通

地誌

自然と動植物

都市行政

徳川家康江戸入り（とくがわいえやすえどいり）

家康の関東入部

天正一八年（一五九〇）に小田原北条氏が滅び、豊臣秀吉が天下を統一した。秀吉は当初、織田信雄を関東へ転封しようと考えていた。しかし信雄はこれを拒否して改易され、奥州転封の噂もあった徳川家康に、そのお鉢が廻ってきたのである。その経緯は、一般に次のように言われている。

秀吉は四月初頭に家康を笠掛山の陣営に招き、そこで関東転封を打診した。このとき秀吉と家康がともに用を足しながら話し合ったという。五月二七日に秀吉と家康は正式に関東転封を約束しあい、秀吉の勧めによって六月二八日に家康は江戸を本拠とすることに決めた。家康は、六月には密かに家臣を江戸に派遣して江戸城下とその周囲を視察させ、七月には上水道建設に着手した。そして甲斐入部の吉例にならい、府中あたりで隊列を整え、甲斐奉行の成瀬正一・日下部定好

小田原北条氏　相模国小田原を本拠とする、早雲・氏綱・氏康・氏政・氏直の五代。北条氏を名乗り、小田原を本拠とするのは二代目氏綱からである。俗説では、早雲は一介の素浪人とされるが、実際は室町幕府政所執事伊勢氏の一族である。扇ガ谷・山内上杉氏と争いつつ関東に勢力を広げる。天正一〇年（一五八二）に徳川家康と講和し、縁戚関係を結ぶ。小田原開城後は、氏直の従兄弟氏盛が嗣ぎ、江戸時代には河内国狭山藩一万一〇〇〇石の大名として明治維新まで存続する。

豊臣秀吉（一五三七〜一五九八）　尾張国の百姓の子に生まれ、織田信長に仕えて頭角を現す。天正一〇年（一五八二）に信長が本能寺の変で横死した後、天正一二年の小牧・長久手の戦いで織田信雄・徳川家康に軍事的敗北を喫したものの、講和を結んで政治的勝利をおさめる。その後天正一四年に家康を上洛・臣従させ、天正一八年に天

を先頭に、八月一日を選んで江戸に入部した。そして八月一五日に諸将への知行割を行なった。この転封によって、家康の領知は三河・遠江・駿河・甲斐・信濃の五カ国約百万石から、関東八カ国約二四〇万石に倍増した。この後、江戸幕府は家康が江戸入りした八月一日を吉日として祝ったのである。

八朔江戸入りの虚実

しかし、以上の経緯には史実と異なる点が少なくない。小田原合戦の当初は、家康の本領に北条領国の一部を加増するという条件だった。四月頃にはまず伊豆国の領有が決まったが、これも確定的なものではなく、秀吉は北条氏の重臣松田憲秀に対して、伊豆・相模をあたえる条件で誘降を試みている。六月八日には家康が関東に入部し、三河には織田信雄が移されるという情報が秀吉本陣から流れているから、この時までに加増から転封への転換があったことになる。七月五日に北条氏は降伏したが、家康の関東転封と江戸本拠が公表されたのは、秀吉が小田原城に入った七月一三日であった。七月一八・一九日頃に秀吉と家康は江戸城に入り、秀吉は家康に江戸城普請を命じている。この後、秀吉は宇都宮へ赴いており、家康も七月二八日以降、宇都宮へ行っている。井伊直政・榊原康政らの有力武将への知行割は、七月中に行なわれている。従って、家康が八月一日以前に江戸城に入城していたことは確実であり、八月一日の吉日を選んで江戸入城の儀式を行なうことは、時間的に不可能であった。八朔《はっさく》江戸入りは、後世に創作されたフィクションだったのである。

下統一をはたした。

織田信雄（一五五八〜一六三〇） 織田信長の三男。父の死後、秀吉と結んで兄信孝と争い、信孝切腹後は家康と結んで秀吉と争った。小牧長久手の戦い後、秀吉と講和し、家康にも講和を勧める。小田原北条氏滅亡後に旧家康領国への転封を拒否し、改易される。文禄元年（一五九二）の朝鮮侵略のさいに肥前名護屋の秀吉本陣へ赴き、所領をあたえられて秀吉の御伽衆となる。関ヶ原の戦いでは西軍に属し、敗戦により領土を失う。大坂の陣では豊臣方の勧誘を断り、戦後上野国に五万石をあたえられるが、任国に下向せず、京都で死去する。

八朔 もともとは、中世農村で「憑の節句」などと称して物品を贈答する予

葦原伝説の形成

死後に東照大権現として祀られた家康にまつわる話は、江戸時代を通じて誇大化する。例えば、家康入部以前の江戸は、葦原が茂り、家が点在する寂れた漁村だったという葦原伝説である。荒野や「無主の地」を切り開いて都市を建設したとする言説は各地にあり、史実ではない場合が多い。江戸の場合もこの一類型であろう。実際は、北条氏時代の江戸は陸上・水上交通の結節点に位置し、相当な発達をとげていた。湿地帯だったことは事実だが、寂れた漁村だったのではないから、家康が江戸を拠点とすることは当然の選択だった。葦原伝説は、中世段階の江戸をことさらに過小評価することによって、家康の偉大さ・先見性を強調する目的で創りだされたのである。つまり、『古事記』『日本書紀』が火瓊瓊杵尊《ほのににぎのみこと》が高天原から葦原の瑞穂国に降り立ったとする天孫降臨神話のように、「神君」家康は東海地方から葦原の広がる江戸に入部したのである。さらには『万葉集』が天武・持統天皇の都城造営の偉大さを「大君は神にしませば」と神に喩えたように、「神君」家康は寂れた漁村を巨大都市江戸に改造したのである。こうして、古代天皇制を意識しつつ、葦原伝説が形成されたのである。

家康神話の形成

慶長一六年（一六一一）頃から、江戸と駿府に諸士が参賀のため出仕するようになる。寛永一三年（一六三六）に日光東照宮の大改築が行なわれ、家康の神格化が始まった。同じ頃に江戸城天守閣・本丸の大改築が完成し、八朔参賀の次第が定められた。この頃から、「八朔打ち

祝儀礼。これが都市にもたらされ、応永年間（一三九四～一四二八）に室町幕府の儀礼として確立した。信長・秀吉の時代に中絶し、慶長八年（一六〇三）に家康が天皇に太刀・馬を献上して復活した。江戸幕府は八朔を正月三が日と並ぶ重要な日として、参賀儀礼を定めた。八朔には諸大名・三千石以上の輩が登城し、太刀目録・馬代を将軍に献上した。さらには大名の嫡子や隠居、幕府諸役人、諸職人（医師、金座の後藤、本阿弥、御用絵師の狩野、猿楽者）や江戸町方の代表者の参賀と将軍への進物があった。

入り」伝説が意識され始めたと思われる。寛永一〇年代は幕府職制が整備され、幕府巡見使の派遣、参勤交代の制度化などの大名統制が定められ、「鎖国」が完成し、江戸も政治都市としての内実を備えるようになっていった。このような幕藩体制の確立にともない、その一環として幕府儀礼が整備され、その中核に八朔が位置づけられた。家康の八朔打ち入り伝説・葦原伝説は、ともに家康の神格化をはかる目的で創出された「家康神話」の一つであった。こうした神話に支えられて、幕藩体制が確立したのである。（堀　新）

【参考文献】『新編千代田区史』通史編（東京都千代田区、一九九八年）、岡野友彦『家康はなぜ江戸を選んだか』（教育出版、一九九九年）、竹内誠他『東京都の歴史』（山川出版社、一九九七年）、藤田覚・大岡聡編『街道の日本史　江戸』（吉川弘文館、二〇〇三年）。

将軍宣下（しょうぐんせんげ）

家康の将軍任官

慶長五年（一六〇〇）九月の関ヶ原の戦いに勝利した徳川家康は、慶長八年二月一二日に征夷大将軍に任官した。関ヶ原の勝利から約二年半の月日が経過したのには理由がある。関ヶ原の戦いの直接の原因となった上杉景勝が上洛・臣従し、会津から米沢への転封が決定したのが慶長六年八月である。関ヶ原の戦いで東軍を中央突破して帰陣した島津氏については、家久が上洛・臣従するのが慶長七年八月である。つまり、戦後処理に約二年かかったことが、最大の理由である。その後も、慶長七年末に豊臣秀頼の関白任官と徳川秀忠の将軍任官が噂されるなど、情勢は流動的であった。

当日の朝、朝廷では大納言広橋兼勝が上卿《しょうけい》を務めて陣儀があり、内大臣家康の将軍任官と右大臣転任が決定した。す

家康の将軍宣下

ぐに伏見城の家康の許へ勅使が派遣され、その同行者は上卿も含めて二〇〇人以上であった。伏見城へは、武家昵近衆《じっきんしゅう》と呼ばれる公家衆があらかじめ祇候《しこう》していた。家康は上段中央に南面して着座し、まず勅使が祝儀を述べて着座した。続いて上卿らが家康の前に進み出ると、南庭で副使が二拝して「御昇進、御昇進」と大声を上げた。上卿らが着座すると、将軍任官の宣旨が官務壬生高亮《みぶたかすけ》から高家大沢基宿に渡され、大沢は家康の御前に置いた。家康はこれを一覧し、宣旨が入っていた蓋に長井右近が砂金袋を入れて、壬生に返した。その後、局務押小路《おしこうじ》師《もろ》生《お》が右大臣の宣旨を渡し、同じ手順で源氏長者、淳和・奨学院別当、牛車・兵仗の宣旨が渡された。勅使以下、将軍宣下に参列した公家には、役割に応じて金が渡された。また、この日祇候していた武家昵近衆たちへは夕餐が振る舞われた。

御礼の参内

将軍宣下は閉ざされた空間内での出来事であったから、家康の将軍任官を天下に示したのは、家康の参内であった。三月二五日、家康は将軍任官の御礼と新年の挨拶を兼ねて参内した。公家衆は家康を唐門で出迎え、家康は後陽成天皇への銀子一〇〇〇枚をはじめ、下級の女官にまで身分に応じて銀子を贈った。家康の参内の行列は九番編成だったが、徳川家譜代や腹心

上卿　陣儀の主催者。天皇の勅を奉じて、公卿（主に三位以上の公家）に陣儀の開催を通告し、議長として議事運営にあたる。上卿は大臣を原則とするが、大・中納言の場合もあった。

陣儀　平安時代以来の国政審議の方式。陣定・仗儀ともいう。一〇～二〇名前後の公家が出席し、内外・大小の国政全般を審議した。関係文書を上席者から回覧し、意見は末席者から述べた。意見の相違はあっても多数決をとらず、天皇や摂関の判断を仰ぐための参考意見とされた。院政期以降は形骸化し、既定事項を形式的に審議するのみとなった。

勅使　天皇の使者。この時は、参議勧修寺光豊が派遣された。なお、上皇の使者を院使という。

武家昵近衆　武家に近侍し、武家伝奏を補佐しつつ公武交渉に関与した公家

の大名が中心であった。福島正則や細川忠興といった豊臣系の大名も参列していたが、その当時上洛していた大名をにわか仕立ての行列に編成した印象は否めない。既に家康の実力は衆目の一致するところであり、ことさらに華美な行列を仕立てる必要性はなかったのであろう。

しかし、慶長一〇年の秀忠の将軍任官は違った。秀忠は三月二一日に一〇万余騎の軍勢で上洛し、四月一六日に伏見城で将軍宣下を受けた。そして四月二六日に将軍任官の御礼に参内したが、その行列は八番編成だったものの、上杉景勝・伊達政宗・島津家久・前田利光らの有力大名が参列したうえ、各番の行列も充実していた。このような大々的なデモンストレーションをしないと、秀忠はその威光が誇示できなかったのであろう。その後徳川家光は、元和九年（一六二三）七月二七日に伏見城で将軍宣下をうけ、八月六日に御礼の参内を大々的に行ったほか、八月一四日から三日間にわたって二条城で猿楽を催した。

江戸城での将軍宣下

寛永一一年（一六三四）に家光が上洛して以降、将軍の上洛は一四代将軍家茂の文久三年（一八六三）まで絶える。そのため、慶応二年（一八六六）に京都御所で将軍に任官した一五代慶喜を除き、慶安四年（一六五一）の四代将軍家綱以降は、江戸城で将軍宣下が行われた。御所での陣儀も開催されるが、幕府から将軍宣下の日付までも指定され、さらに形骸化が進んだ。陣儀の後、勅使をはじめ多数の公家・門跡が江戸へ参向した。新将軍は、江戸城大広間の上段に座して将軍宣下を受けた。勅使は上段に

衆。室町幕府三代将軍義満期を淵源とし、嘉吉の変以降に固定化し、戦国期に武家への従属を深めた。日野・広橋・烏丸・高倉家などがその代表的存在。

宣旨　平安時代中期以降、天皇の勅命を伝達するために用いられた公文書の一形式。江戸時代では、将軍や大名などの官位叙任にも用いられた。太政官の左右弁官局から出される官務宣旨と、少納言局から出される外記宣旨（局務宣旨）があった。家康の場合、外記宣旨は右大臣・源氏長者・牛車・兵仗、官務宣旨は将軍・源氏長者・牛車・両院別当であった。

官務　左右弁官局のうち、最上位の左大史のこと。先例勘申などにあたった。平安時代中期以降、算道の小槻氏が官務を世襲した。鎌倉時代に、小槻氏は大宮家と壬生家に分かれたが、戦国期に大宮家は断絶した。その後は、壬生

進んで将軍宣下の宣旨を進上する旨を述べ、中段へ下りて着席する。儀式の内容は、伏見城の場合と大差ない。しかし、御所では天皇が将軍よりも上座だったから、御礼参内がなくなったことにより、両者の地位が逆転したような印象すら受ける。将軍が上洛しなくなったことの意味は大きい。

なお、江戸へ参向した公家・門跡を饗応するために、幕府は江戸城大広間の南庭に能楽堂を設け、能楽を催した。これには諸大名だけでなく、江戸の町人も一町に二人ずつ見物を許され、慶事を共有した。このように、将軍の代替にさいして大々的なデモンストレーションは不要となり、代わって多数の公家・門跡が江戸に下向し、幕府は町入能《まちいりのう》を開催し、継飛脚で全国に将軍任官を知らせることで十分となったのである。

（堀　新）

【参考文献】『新編千代田区史』通史編（東京都千代田区、一九九八年）、市岡正一『徳川盛世録』（平凡社東洋文庫、一九八九年）、笠谷和比古『関ヶ原合戦と近世の国制』（思文閣出版、二〇〇〇年）、藤田覚・大岡聡編『街道の日本史　江戸』（吉川弘文館、二〇〇三年）、山本博文『徳川将軍と天皇』（中央公論新社、一九九九年）。

町奉行（まちぶぎょう）

町奉行の職務　江戸町奉行はテレビや映画で取り上げられることも多く、大岡越前守忠相・遠山左衛門尉景元の名前がすぐさま連想される。

家が単独で世襲した。

局務　太政官の外記の最上位で、文案作成などにあたった。平安時代中期以降、明経道の中原・清原両氏が世襲した。室町時代以降、清原氏（舟橋家）は三位に昇進するようになったので、江戸時代以降は中原氏（押小路家）が単独で世襲した。

大岡忠相（一六七七〜一七五一）　目付役・伊勢山田奉行・普請奉行を勤めあげ、享保二年（一七一七）に江戸南町奉行に就任。江戸の都市行政に大きな足跡を残す。元文元年（一七三六）、旗本のまま譜代大名が任命される寺社奉行に就任。寛延元年（一七四八）閏一〇月、同じく譜代大名が任命される奏者番となり、三河国西大平（現愛知県岡崎市）の大名となる。

遠山景元（一七九三〜一八五五）　遠山金四郎、遠山の金さんの名称で知ら

そこでは、捕り物やお裁きに活躍する姿が描かれることが多いが、町奉行の職務とはそれにとどまるものではなかった。むしろ、江戸の都市行政全般を担う行政官僚としての顔が本来のものであり、さらに、幕府の最高意思決定機関である評定所一座のメンバーという意味では、国政を担う閣僚の一人でもあった。

　町奉行は旗本から二人ずつ選任された。北町奉行所は江戸城近くの常盤橋御門内（のち呉服橋御門内）、南町奉行所は呉服橋御門内（のち鍛冶橋御門内→数奇屋橋御門内）に置かれた。元禄一五年（一七〇二）には中町奉行所が呉服橋御門内の南側に置かれ、三人制となったが、享保四年（一七一九）正月に中町奉行坪内定鑑が死去した後は後任が補充されず、幕末の一時期を除き、南北二人制が続いた。町奉行は奉行所に起居したため、奉行所は役宅とも呼ばれた。

　町奉行は毎日四ツ時（午前十時）に江戸城に登城し、退出後は訴訟の処理や判決の申渡などに忙殺された。一ケ月交代（月番）で職務を遂行したが、非番であっても、月番の間に受理した訴訟などは処理した。両町奉行は月番の役宅で、月三回、内寄合と称して事務処理に関する協議をおこなった。町奉行の支配地は、当初は江戸城近辺の古町と呼ばれた三〇〇町程であったが、江戸の町の拡大とともに広がり、最終的には寺社の門前町や境内地も含めて都合一六七八町にも達した。

与力・同心の操縦

　町奉行の職務は広範であり、激務でもあった。そのため、能力が非常に重要視されており、小禄の旗本でも就任する

れる。作事奉行・勘定奉行を経て、天保一一年（一八四〇）、江戸北町奉行に就任。都市政策をめぐって対立することの多かった水野忠邦により、同一四年（一八四三）、閑職である大目付に事実上左遷される。しかし、水野失脚後の弘化二年（一八四五）、南町奉行として復職する。

評定所一座　老中・若年寄・寺社奉行・町奉行・勘定奉行などから構成される。重要な裁判や国政の重要課題を審議・決定する機関。

例は実に多かった。勘定奉行や京都町奉行・大坂町奉行などの奉行職を勤めあげた旗本が最後に就任する行政職として位置付けられていた。

町奉行の在職期間は平均五〜六年であり、一九年も勤めた大岡忠相は非常に長い方であった。一年に満たない者もみられたが、それは町奉行職の難しさを象徴するものである。両町奉行には与力が二五騎・同心が一二〇人ずつ付属したが、個々の都市行政は配下の与力・同心に全く依存していた。例えば、町奉行自ら捕り物や吟味にあたることは稀であり、実際に捕り物や吟味にあたったのは配下の吟味方与力であった。町奉行は与力が作成した判決文を申し渡すだけであった。

町奉行は裁判だけでなく都市行政全般、そして国政にも関与しなければならなかった。激務の余り在職中に死去する例も多々みられた程である。そのため、世襲で都市行政に練達している与力・同心をうまく使いこなせないと、町奉行としての職責を充分に果たすことは到底できなかった。

幕末に与力を勤めた佐久間長敬は明治に入って、その辺りの機微を次のように語る。名奉行と呼ばれた者は与力・同心をうまく操縦し、与力側もこの人はと思い、同心と共に一生懸命に働く。逆に町奉行とそりが合わないと、積極的に協力しようとはしないため行政事務が停滞し、二〜三年後には当の奉行が責任を問われて転出してしまうのである。

経済官僚大岡忠相　このように、後年名奉行と呼ばれた町奉行は、配下の与力・同心をうまく使いこなして都市行政を遂行したが、時

京都町奉行・大坂町奉行　幕府は京都や大坂など重要な直轄都市には、江戸から旗本を町奉行として派遣し、都市行政を担当させた。なかでも、京都・大坂には町奉行を二名ずつ置いた。但し、江戸のように南町奉行・北町奉行ではなく、東町奉行・西町奉行という名称であった。

代が下るにつれ、経済官僚としての性格も強くなる。当時、江戸の米価・物価の安定とは都市行政の最重要課題となっていたが、それに伴い、町奉行も経済官僚としての手腕を発揮することが期待されたのである。

大岡忠相が町奉行であった時は、将軍吉宗による享保改革が実行されていたが、解決すべき経済課題に、江戸の米価の低落を抑えることと物価を引き下げることがあった。米価の低落は武士の収入を実質的に減らして武士を窮乏させたが、物価の上昇はそれに輪をかけていたのである。庶民にとっても事情は同じであった。大岡は米価引き上げにつとめるとともに、物価を引き下げるために問屋・仲買・小売り人ごとに組合を結成させ、組合を通じて物価を調節しようとした。あるいは貨幣改鋳を実行して、米価・物価の安定を実現していったのである。

名奉行遠山金四郎

老中水野忠邦による天保改革の時には、江戸庶民に対して過剰に質素倹約や贅沢禁止を求めたり、風俗を乱しているとして寄席の撤廃・芝居小屋の移転を強行したり、屋台で営業する蕎麦屋など食物屋の数を制限したりするなど、下層社会の零細な人々の生活や営業の場を狭めてしまう政策が、水野からの指示で強制的に実行される傾向があった。

そのため、町奉行であった遠山景元は、水野が立案した政策が庶民の生活を余りに圧迫する場合は、その緩和・撤回のため奔走し、時には水野とも激しく対立している。こうした政治姿勢は、後年遠山が大岡と共に、名奉行として庶民の間に語り継がれる大きな理由となったのである。

（安藤優一郎）

享保改革　将軍徳川吉宗による改革政治。その内容は多岐にわたるが、大岡がかかわった政策では、ほかに新田開発の奨励策が挙げられる。武蔵野地域の新田開発は、町奉行の大岡が関東地方御用掛という特設のポストに就任して担当した開発事業であった。

天保改革　水野忠邦が天保一二年（一八四一）から、吉宗の享保改革・松平定信の寛政改革を模範として断行した改革政治。その強硬な政治姿勢のため、二年後の一四年（一八四三）に水野は失脚し、改革は失敗に終わる。

芝居小屋の移転　当時江戸には、堺町に中村座、葺屋町に市村座、木挽町（現中央区）に森田座があり、江戸三座と称されて芝居を興行していた。ところが、天保一二年、中村座から出火した火事で市村座などが焼失すると、その取り扱いが幕府内で評議された。水野は歌舞伎役者の衣装や芝居内容が

【参考文献】 西山松之助編『江戸町人の研究』四（吉川弘文館、一九七七年）、佐久間長敬『江戸町奉行事蹟問答』（新版、東洋書院、二〇〇〇年）。

与力・同心（よりき・どうしん）

江戸の市政を担う江戸南北両町奉行所には、各々与力が二五騎、同心が一二〇人付属し、広範な都市行政を分担していた。与力・同心とも世襲であり、奉行所の職務に精通していたため、与力・同心を掌握することではじめて、町奉行は円滑に都市行政を遂行することが可能となった。

与力・同心の職務

享保期以前の与力・同心の担当業務は、年番・町廻り・牢屋見廻りのみであった。年番とは、町奉行所の財政・人事などを扱うものであり、老練な者が掛りとなった。町廻りは市中の見廻りを任務とし、同心の掛りであったが、寛政期頃には隠密廻り・定廻り・臨時廻りの三廻り制となった。隠密廻りは三廻りの筆頭で、町奉行の目となり耳となって市中の風聞などを探索する掛りであった。定廻りは市中一般の見廻りであり、臨時廻りは臨時に各所を見廻るものであった。牢屋見廻りとは小伝馬町の牢屋の見廻りを任務とした。

享保改革の時は、町火消制度の整備を受けて出火之節人足改、養生所見廻り、本所見廻りなどの掛りが新設された。出火之節人足改は、火事場に規定数の町火

町人の風俗を乱していると、その移転（撤廃）を求めた。遠山は強硬に反対したものの、結局三座は浅草猿若町（現台東区）に移転させられた。

出火之節人足改　両町奉行所から与力七人が任命された。後に、町火消人足改、火事場人足改と改称。そのほか、消防に関しては、強風時に放火を防ぐため市中を巡回した風烈廻り、火事時に建具を外して持ち出そうとする行為を取り締まる火事場建具改が新設されている。

消人足が出動しているかを改めるものであり、消火の指揮監督にあたることもあった。養生所見廻りは、享保七年（一七二二）に開設された小石川養生所への入所者の改めなどの業務を担当した。本所見廻りは、本所・深川地域（現江東区・墨田区など）が町奉行支配地に移管されたことに伴い、新設された掛りである。

寛政改革の時には、寛政四年（一七九二）に窮民救済を目的に設置された町会所での事務処理を任務とする町会所掛り、寛政二年（一七九〇）に設置された人足寄場を管轄する人足寄場掛が新設された。天保改革の時には、市中取締諸色調掛などが新設され、老中水野忠邦の三羽烏の一人とうたわれた南町奉行鳥居耀蔵の指揮のもと、質素倹約を旨とする市中の取締や、諸色（物価）の引き下げに奔走した。幕末には対外情勢の緊迫に伴い、外国掛や海陸御備向御用取扱掛が新設された。

与力・同心の生活

与力の家禄は一五〇～二〇〇石程であり、同心は三〇俵二人扶持であった。その給地は下総・上総国（現千葉県）にあり、合わせて一万石であった。

与力・同心の組屋敷は八丁堀（現中央区）に置かれた。与力の居宅は二五〇～三五〇坪程であり、同心は一〇〇坪程であった。同心の場合、地所の大半は医者・儒学者・絵師などに貸して生活費の足《たし》とするのが一般的であったが、与力にしても事情は同じであった。但し、与力には相当の副収入があった。

江戸屋敷に詰める諸大名の家来のなかで、市中で問題を起こした時、町奉行所

本所見廻り　享保四年（一七一九）四月、それまで本所・深川を管轄していた本所奉行が廃止され、両地域が町奉行支配となったため新設。同地域の橋・道普請、川浚い、道路普請などを担当。

鳥居耀蔵（一七九六～一八七三）目付などを経て、天保一二年（一八四一）に町奉行に就任。後には勘定奉行も兼務するなど、水野の信任が厚かったが、弘化元年（一八四四）に罷免された。

八丁堀　寛永期、この地域に船を通すため、長さ八町の堀を掘ったことから命名された堀。後に町名にもなるが、町奉行所与力・同心の組屋敷が置かれたことで、その異称ともなった。

の与力・同心の世話になることが多かった。そのため、大名が特定の与力に日頃から贈答することで、いざという時の備えとすることが当時慣例化していたのである。

（安藤優一郎）

【参考文献】 史談会編『旧事諮問録』（青蛙房、一九七一年）、佐久間長敬『江戸町奉行事蹟問答』（新版、東洋書院、二〇〇〇年）。

町年寄（まちどしより）

江戸の都市行政を主管する町奉行所の下には、三人の町年寄がいた。町年寄は、町奉行所と個々の町を支配する町名主との間に立って、行政事務の円滑な遂行をはかっており、その自宅は町方からは役所として認識されていた。その職務内容は実に多岐にわたり、町触の名主への伝達、新開地の地割り・受渡し、人別の集計、商人・職人の統制、公役・冥加・運上の徴収事務、町奉行の諮問に対する調査・答申、町人の願出に関する調査、民事関係の訴訟の調停などが主たるものであった。

町年寄の職務

町年寄は、樽屋・奈良屋・喜多村の三家が世襲で勤めたが、三家とも家康との由緒により、家康が江戸に入国すると、町年寄に任命されたという。町年寄は江戸に限らず町人の筆頭として、毎年正月三日、江戸城に年頭挨拶のため登城した。

町年寄の収入は主として、幕府から拝領した土地からあがる地代であり、年間

樽屋 先祖は水野弥吉という武士であった。水野は家康に従って数々の武功をあげた。天正三年（一五七五）の三河長篠の戦いでも武功をあげたが、その時織田信長に酒樽を献上し、それを機に家康から樽姓を名乗るよう命じられたという。その後、駿府町（現静岡市）の町政に携わり、家康が江戸に入ると町年寄に任命された。藤左衛門・与左衛門を名乗る。

奈良屋 家康が三河の領主の時以来仕えた者であり、代々市右衛門を名乗る。天保五年（一八三四）に館という苗字を名乗ることが許された。

喜多村 家康が江戸に入った時に御供をして、そのまま町年寄に任命された。彦右衛門を称することが多かった。

六〇〇両前後の純利益があった。本町や長浜町（現中央区）などに拝領地を持っていたが、居宅は樽屋が本町一丁目、奈良屋が同二丁目、喜多村は同三丁目にあった。但し、樽屋の場合は枡の独占販売による収益が別にあった。文化一二年（一八一五）の数字によれば、一二四両の利益をあげており、その分ほかの町年寄よりも裕福であった。

経済・金融政策への関与

町年寄の本来の役割は、町奉行の下で都市行政の事務に携わることであったが、幕府の財政難を背景に、経済・金融政策にも深く係わるようになる。三人の町年寄のなかでも、その方面に特異な才能を発揮したのは、樽家一二代目の樽屋与左衛門であった。

町年寄は明和二年（一七六五）以降、幕府公金の江戸町人への貸付業務を委託されていたが、寛政改革の時、樽屋与左衛門は、棄捐令という形で実行された旗本・御家人の借財整理に手腕を発揮した。文化期に入ると、町人からの御用金の徴収や貸付にも辣腕を奮うようになり、杉本茂十郎が頭取をつとめた三橋会所《さんきょうかいしょ》の運営にも係わった。しかし、貸付金について大量の焦げ付きを出してしまい、文化一一年（一八一四）に不慮の死を遂げたが、その後も、町年寄が取り扱う貸付金の焦げ付きは度々問題となっている。江戸が巨大な金融市場と化していく上で町年寄は大きな役割を果していたのである。

（安藤優一郎）

【参考文献】 吉原健一郎『江戸の町役人』（吉川弘文館、一九八〇年）。

枡座 江戸・京都で枡を専売した機関。江戸時代、東日本三三ケ国で使用される枡は樽屋が、西日本三三ケ国で使用される枡は京都の福井作左衛門が製造した枡に限定されていた。両名は焼印を押し、独占的に販売することを許されていた。

杉本茂十郎 三橋会所頭取として、江戸十組問屋仲間から集めた膨大な会所金を元手に、幕府の指示のもと大量の買米をおこなうが、莫大な損金を出してしまい、失脚。

三橋会所 文化六年（一八〇九）に、大川（現隅田川）に架かる永代橋・新大橋・大川橋の架橋や修復の費用を捻出するため、杉本茂十郎の主導により設置された会所。文政二年（一八一九）廃止。

名主（なぬし）

名主は、町年寄のもとで江戸町方住民支配の末端機構を形成するとともに支配町民の代表者としての役割をはたした。名主はその系譜によって、①徳川家康江戸入り以来の由緒をもち、元文年間（一七三六〜四一）に二九人、のち二四人に減じた草創《くさわけ》名主、②寛永年間（一六二四〜四四）頃までに成立した古町《こちょう》を支配し、文化年間（一八〇四〜一八）に七九人いた古町名主、③町奉行・代官両支配地（町並《まちなみ》地《ち》）を支配する平《ひら》名主、④寺社門前地を支配する門前名主の四種類に分けられる。

名主の職務　名主の職務は、①町触《まちぶれ》の伝達、②人別改、③忠孝奇特者の取調べ、④火の元の取締り、⑤火事場での火消人足の差配、⑥町奉行や町年寄の指令による諸調査、⑦町奉行所への訴状や届書への奥印《おくいん》、⑧沽券状《こけんじょう》（家屋敷の売買・所持に関する証文）その他の諸証文の検閲・奥印、⑨支配町内紛議の調停、⑩失行者の説諭、⑪町入用の監査、⑫祭礼の監督・執行などで、支配町のすべての町用と公用に関与していた。名主は、支配町と町年寄の中間に位置し、より町民の生活に密着した行政課題に対処していたといえる。

名主組合　町奉行支配地の拡大にともなって、正徳年間（一七一一〜一六）には地域ごとに日本橋北組合・同中組合・同南組合・霊巌島組合・芝組合・神田組合・浅草組合などの名主組合があった。こうした名主組合を地域的

名主掛役　名主の不勤や不正を防止するため、寛政二年（一七九〇）に各番組ごとに二、三人の肝煎名主を任命し組内名主の監督にあたらせたが、不正も生じたため文政六年（一八二三）に減切《へらしぎり》となった。しかし、天保二年（一八三一）には同様に組内名主の監督にあたる世話掛名主が番組ごとに一、二人ずつ任命された。また、右のほかに寛政年間（一七八九〜一八〇一）以降、名主の中から名主の本来の職務と別に、町会所年番・桶樽職役銭取立掛・絵《え》入読本類《いりよみほんるい》改掛《あらためがかり》などに任命され、天保改革期（一八四一〜四三）にはさらに市中取締掛・諸色取調掛・書物掛・酒入津《にゅうしん》掛・米方掛・人別取調掛などに任命された。

に再編成して享保七年（一七二二）に一番から一七番までが結成された。各番組ごとに年番を定め、特に日本橋北の一・二番組、南の四番組の年番を南北小口《こぐち》年番といい、町触そのほか急達などを各番組の年番へ伝達させた。年番名主は当時問題となっていた名主の不勤や不正の監督にもあたった。その後、一八〜二一番組と、番外の新吉原・品川が成立し、全体で二三組となった。

名主の人数は享保七年名主組合結成時に一七組で二六四人、天保二年（一八三一）に二三組で二四六人と幕末になるにしたがって漸減した。名主の支配町数は幕末で、少ないのは一、二カ町、寺社門前などでは四〇カ町をこえたが、平均すれば六、七カ町であった。名主は名主役専業で御用達《ごようたし》を除けば他業を兼業することはできなかったため、支配町内から役料を徴収することを認められていた。幕末では最低で一、二両、最高で三〇〇両に達する者もあったが、平均すると六〇両余であった。

（加藤　貴）

【参考文献】 幸田成友『幸田成友著作集』第一巻（中央公論社、一九七二年）、幸田成友『江戸と大坂』（冨山房百科文庫、一九九五年）、吉原健一郎『江戸の町役人』（吉川弘文館、一九八〇年）。

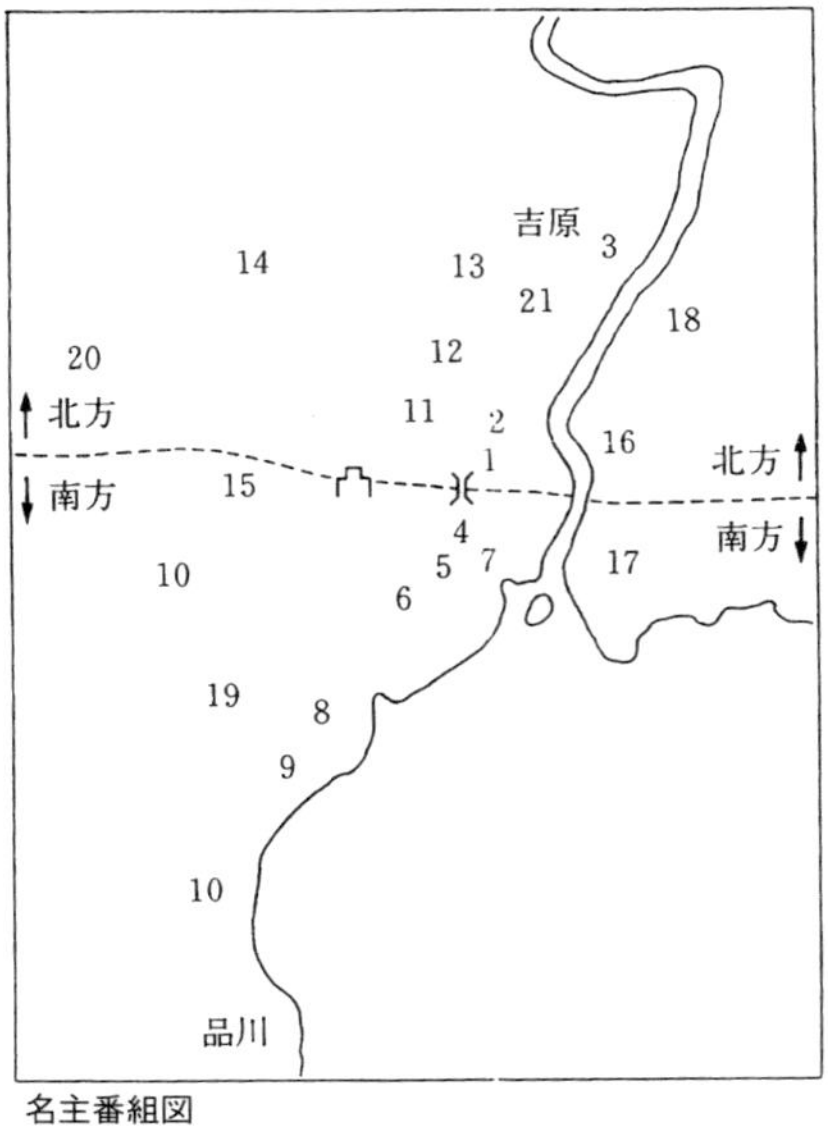

名主番組図

月行事（がちぎょうじ）

江戸の中心部では、一七世紀中期から一八世紀にかけて、富裕商人による町屋敷の集積が進展していき、不在地主の所持する町屋敷が大量に現出した。また、一七世紀を通じて町方行政組織が整備され、町のはたすべき業務が多様化してくると、家持《いえもち》はその分担を忌避するようになり、町の運営は地主の代理人である家《いえ》主《ぬし》に委ねられていった。こうして地主の代理人である家主が五人組を構成し、五人組員の中から毎月交代で町用・公用を勤める者を出した。これを月行事といった。月行事を五人組以外から雇い入れることもあったらしく、寛文六年（一六六六）にはこれが禁じられている。

月行事の職務　月行事は町の中から自生的に生み出されてきたものではなく、町々に人足役（公役《くやく》）が賦課された時にこれとセットで設定されたと思われる。当初月行事の職務は町人足の差配にあったと考えられるが、時代が下るとともにさまざまな町用・公用を勤めるようになっていった。その職務は、①名主からの町触の町内への伝達、②町内訴訟・願届への加判および町奉行所への付添、③検使見分の立会、④罪囚の保留、⑤名主の指揮のもとでの火消人足の差配、⑥冬から春にかけての火の番、夜廻り、⑦上下水道の普請、井戸の修理、⑧町内道路の修繕、⑨木戸番・自身番の修覆、⑩喧嘩口論の仲裁、⑪捨子・

川柳と月行事　月行事の職務は、町民の生活に直接結びついていたので、川柳の題材としてよくとりあげられている。いくつかあげると、「月行事しらみの喰ふをかいてやり」は、町奉行所役人が逮捕した犯罪者が、町預けとなり自身番屋に縛られ拘留され、しらみに喰われてかゆいのも、縄をかけられていては自分でかくこともできず、月行事が代わりにかいてやっている情景を詠んだものである。「蜜柑籠貰ひ泣きする月行事」は、捨子の保護も町責任で、当時は蜜柑籠に入れて捨てると丈夫に育つという民間信仰があり、蜜柑籠といえば捨子を指したと説明すれば、句意は理解できよう。また、「月行事捨子の股を先づ明ける」は、町奉行所への届出書に記載する男女の別を確認しているのである。

行倒人の世話などであり、そのほかに切支丹宗門や浪人の取締りもあり、町内に関わるすべての町用・公用を勤めた。

月行事はこうした職務を町内の自身番屋に詰めて執行した。自身番屋には月行事の補助員として書役がいた。また、月行事就任中は五人組の責務についてはほかの組員に代行してもらっていたようである。

月行事持　町奉行・代官両支配地（町並地《まちなみち》）では五人組数組の代表として年寄をおくところもあったという。また、名主のない町では月行事が名主の代行をした。これを月行事持という。寺社門前町家・拝領町屋敷などの多くは月行事持であった。このような場所は居住町民も少なく、名主役料を負担することができないため月行事に名主の代行をさせたのである。

（加藤　貴）

【参考文献】　後藤新平『江戸の自治制』（市政人社、一九四〇年）、幸田成友『江戸と大坂』（冨山房百科文庫、一九九五年）、吉原健一郎『江戸の町役人』（吉川弘文館、一九八〇年）。

火付盗賊改（ひつけとうぞくあらため）

弱体な治安体制　江戸市中や近在を巡回して、放火犯や盗賊の捕縛活動をおこなった火付盗賊改は、大岡越前守忠相・遠山左衛門尉景元が任命された江戸町奉行と並んで、江戸の行政官のなかでは最も知られた役職で

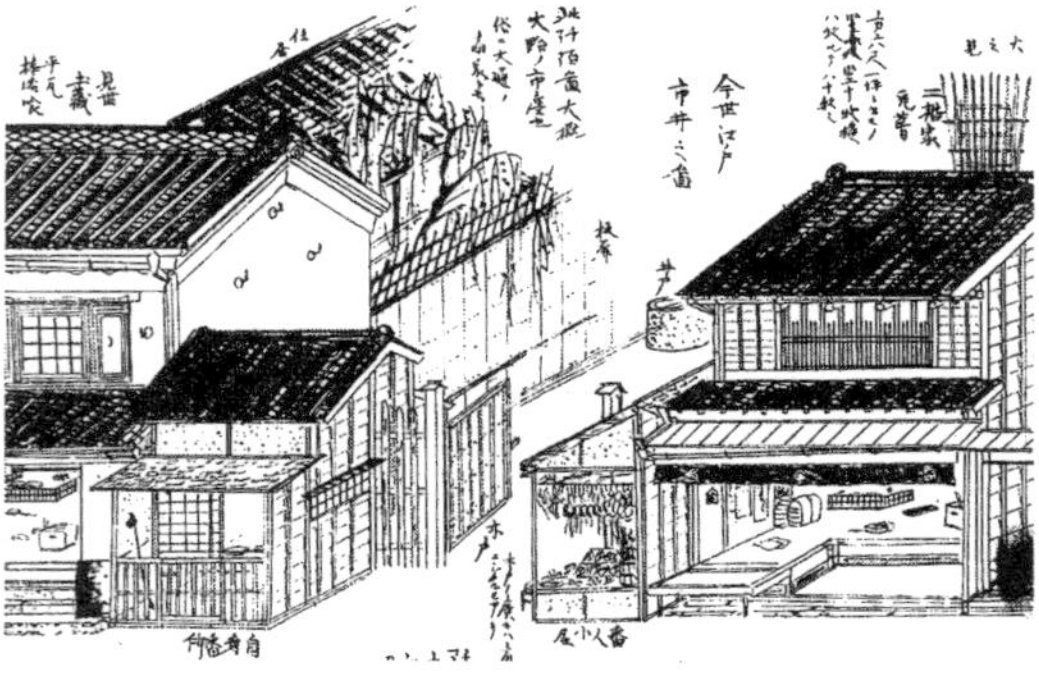

「守貞漫稿」より。木戸をはさんで左が自身番屋、右が木戸番屋

ある。火盗改とも称される。とりわけ、その代名詞にもなっている「鬼平」こと長谷川平蔵の名前は、池波正太郎の人気時代劇小説「鬼平犯科帳」を通して、現在でも広く知られている。そのほか、火付盗賊改に任命された旗本としては、「森山孝盛日記」(自家年譜)や「蜑の焼藻の記」などの著作で知られる森山孝盛が挙げられる。

江戸は、町人の人口だけで五〇万人をゆうに越える当時世界最大の都市であった。しかし、市中の取締の任にあたる江戸町奉行所所属の与力・同心は、両町奉行所合わせても与力が五〇騎、同心も二四〇人に過ぎなかった。与力・同心にしても、市中巡回を直接の任務とする三廻り(定廻り・臨時廻り・隠密廻り)は二〇人程であった。そのため、町奉行所の現有の体制のみでは市中の治安を維持することは到底無理であった。そうした実情を踏まえて、幕府は放火犯や盗賊といった凶悪犯を取り締まるため、旗本から任命される御先手頭のなかから火付盗賊改(火盗改)を別に任命し、江戸の治安維持にあたらせていたのである。

先手頭の兼務

寛文五年(一六六五)、幕府は先手頭水野守正に関東に徘徊する強盗の捕縛を命じたが、これが火付盗賊改の嚆矢とされている。天和三年(一六八三)には、火付改が新設されて、先手頭の中山勘解由が兼務を命じられた。元禄一二年(一六九九)には、火付改・盗賊改の職は一旦廃止されたが、同一五年(一七〇二)に火付改が、翌一六年(一七〇三)に盗賊改が再置されている。元禄一五年には、先手頭赤井正幸に対して、博奕《ばくち》行為を取り締ま

長谷川平蔵(一七四五~一七九五) 長谷川平蔵宣以。天明六年(一七八六)、御先手弓組頭。翌七年(一七八七)に火付盗賊改に就任。寛政改革では老中松平定信に、無宿の者を収容して手に職を付けさせる施設である人足寄場の設置を提起し、その管理・運営にもあたった。

森山孝盛(一七三八~一八一五) 森山源五郎孝盛。小給旗本。寛政改革の開始に伴い、松平定信に抜擢される。寛政三年(一七九一)に目付に昇進。五年(一七九三)には、定信の海防巡見に随行して、伊豆・相模・上総・安房をまわる。六年(一七九四)に、御先手鉄砲組頭、翌七年(一七九五)には火付盗賊改を兼務する。隠居後、数多くの著作を残す。

先手頭 江戸城本丸の各門の警備や、将軍が城外に出る時はその警護にあたることを任務とした御先手組の頭。弓

ることが新たに命じられた。

宝永六年（一七〇九）、火付改・盗賊改両役は兼務して勤めることになり、ここに名実ともに火付盗賊改という役職が生まれた。享保三年（一七一八）には、博奕改も兼任することになり、火付盗賊改は火付・盗賊・博奕犯を一括して取り締まる立場になった。しかし、享保一〇年（一七二五）に、博奕改は江戸町奉行の掛りとなったため、火付盗賊改は再び放火と盗賊のみの掛りとなった。慶応二年（一八六六）八月の同職廃止まで、放火と盗賊の取締に辣腕をふるう。

火付盗賊改の広範な活動

火付盗賊改には、与力一〇騎・同心五〇人ほどが付属し、その下に岡引き・目明しが手足となって動いた。その点、町奉行所と同じ陣容であったが、町奉行所のような役宅は、天保期の頃まではなかったようであり、自邸が役宅を兼ねていた。同所には、俄かづくりの白洲や仮牢が設けられ、捕縛した者の吟味がおこなわれ、判決が下された。吟味が長期にわたる場合は、公事宿に預けた。火付盗賊改の取締は町奉行所に比べて荒々しく、江戸庶民からは非常に恐れられた存在であった。また、江戸町奉行所とは職務内容がバッティングするため、対立することも度々であった。

火付盗賊改は、江戸市中のみならず江戸近在も活動範囲としていた。近在で盗難にあった品が江戸市中の質屋で換金されることが多かったため、その関係で火付盗賊改配下の同心が出向いてきていたのである。一方、文化期以降、江戸以外の関東各地では、関東取締出役（八州廻り）が無宿・悪党による犯罪の取締をお

組と鉄砲組からなる。若年寄支配。

中山勘解由　中山勘解由直守。鬼勘解由と呼ばれ、犯罪者の取締に辣腕をふるう。祖父照守の弟は、水戸徳川家の付家老をつとめた常陸松ケ岡藩主の中山備前守信吉である。

岡引き・目明し　町奉行所同心の下で、十手を預けられ捜査や捕縛に携わった者。当初は目明しと呼ばれていた。幕末の江戸では、岡引きが四〇〇人近くいたが、その下に子分である下引きが一〇〇〇人ほどおり、この親分・子分（岡引き・下引き）の関係が町奉行所の活動を支えていた。しかし、奉行所の権威を笠にきた所行には目を被うものがあった。自宅で博奕場を開いて寺銭を徴収したり、少々のことでも難癖をつけて金銭を出させるのは日常茶飯事であった。奉行所側も、捕り物に支障が生じることを懸念し、見てみぬふりをしてしまうため、江戸の町人はそ

こなうようになったが、職掌上、火付盗賊改の職務とバッティングすることが非常に多かった。

このように、火付盗賊改は江戸市中では町奉行、近在では関東取締出役と対立することがままみられた。但し、近在については、徐々に関東取締出役が火付盗賊改の活動を統制するようになり、火付盗賊改の近在での活動は縮小を余儀なくされていったという。

（安藤優一郎）

【参考文献】 平松義郎『江戸の罪と罰』（平凡社、一九八八年）、服藤弘司『火附盗賊改の研究史料編』（創文社、一九九八年）。

町火消（まちびけし）

成立と変遷

享保三年（一七一八）から、江戸では南町奉行大岡忠相《ただすけ》主導で、町人自身による防火・消火体制を維持・運営するための組織作りが始められていた。同五年には隅田川以西の町々をおよそ二〇カ町に分けて四七組に編成、いろは四七文字をそれぞれの組名称とする。「いろは組」誕生である。ただし、語感の悪いへ・ら・ひは外し、代わりに百・千・万が用いられた。また、本所・深川は一六組に分けられた。

さらに同一五年（一七二二）、この四七組は一番から一〇番までの大組に振り分けられた。同時に、火元となった組の中で、風下に位置する町は飛び火に備え自

の所行に苦しむことが多かったという。

公事宿 訴訟のため三都や城下町・代官所などに出てくる町人・百姓のため、旅宿と訴訟手続き業務を提供した宿のこと。百姓宿・旅人宿から成る。江戸の場合は、江戸宿ともいう。江戸の公事宿は、馬喰町・小伝町（現中央区）周辺に集中していた。

町で防火にあたり、一方、大組の中で風上や風脇に位置する町々から火消人足を火元に出動させる体制を取ることとなる。これにより、火元に集まる人数の大量確保が可能になったとして、それまで一カ町につき三〇人と決められていた火消人足数が、一五人に減らされている。

火消人足は、当初住民自身が務めていたが、破壊消防が主流であった当時、一般市民の手に負えるはずもない。そこで徐々に、建築作業を本業とする鳶《とび》人足を町ごとに雇い入れることとなり、天明七年（一七八七）以降は鳶人足が主体となった。しかし、実はその後も一部の町で、住民自身による初期消火組織である「店火消《たなびけし》」が存続していたことも明らかとなっている。

活躍範囲の拡大

町火消は「江戸の華」と呼ばれ、その活躍も華々しいものであった。武家屋敷への出動も、町火消制度発足当初は、町人地に隣接した屋敷までをその範囲としていたが、享保七年（一七二二）以降、それぞれの組合の所属する町々から二一八メートル以内までに拡大された。そして同一七年には幕府の施設である浅草御蔵の防火も命じられている。

さらに、彼らの地位を著しく向上させる契機となったのは、延享四年（一七四七）に江戸城二の丸で発生した火災であった。この際、大名火消や定火消とともに、町火消もついに江戸城内に出動、消火活動を行っているのである。以来、天保九年（一八三八）西の丸出火、同一五年本丸出火など城内で発生した火災で、町火消は大活躍を見せている。

浅草御蔵　元和六年（一六二〇）に幕府が設置した米蔵。全国から集められた年貢米などを収納、そしてここから、幕臣たちに給与として米が支払われた。

大名火消　寛永二〇年（一六四三）、六万石以下の大名一六家が火消役に任

また安永四年（一七七五）、町奉行・寺社奉行・勘定奉行それぞれの出動に町火消が随行し、朱引内の火事場を駆け回る「三奉行付町火消」制度が開始される。ところが、奉行直属なのを笠に着て振る舞いも横柄となり、しばしばトラブルが発生、その処理費用はすべて町が負担したため出費がかさみ、天明六年（一七八六）に廃止されてしまった。しかし、寛政四年（一七九二）には、風の強い日に発生した大火以外、定火消の町人地への出動は取りやめられ、町火消に一任されることとなったのである。町火消への信頼は強かったのである。

多発するトラブル

町火消の活躍の拡大に比例するように、彼らをめぐるトラブルも多発している。彼らの喧嘩は有名であるが、天明期（一七八一～八八）以来、武家火消相手の、その後は町火消同士の喧嘩が頻発している。喧嘩のあとは、形式美を重んじた手打ち式が盛大に執り行われるが、あまりの豪華さゆえにしばしば禁止令も出されていた。

一方、町火消らは火事場で火災を拡大させるような行為も行っていた。町火消のほとんどは鳶人足から構成されているため、火災被害が小さいと、復興事業も小規模にとどまり、彼らの収入も増えることはない。したがって彼らにとって、火災は大きいに越したことはない。また、褒美目当てに自らの消火活動を誇示するには、大火の方が都合がよいのである。

さらに、裕福な家の直前でわざと鎮火させれば、その家から礼金も出るし、日ごろから祝儀をもらっている家に対しては熱心に消火活動を行うが、逆にケチな

命され、四隊に編成されたのが始まりという。おもに江戸城や、幕府施設の消火を担当した。加賀藩前田家の「加賀鳶」が有名。

定火消　「火消屋敷」参照のこと。

朱引内　いわゆる「江戸」として認知されていた地域のこと。文政一一年（一八一八）に作成された「江戸朱引図」では、その範囲を東は中川まで、西は神田上水まで、南は目黒川周辺まで、北は荒川・石神井川下流あたりまでとする。

町人地　町人の居住地域のこと。町人地の占める面積は、江戸全体の一〇～一五％程度といわれる。江戸では原則的に、身分・職分により居住地が定められており、武家の居住地域は「武家地」、寺院・神社が置かれていたのは「寺社地」という。

家は「呼び火・継ぎ火」されてしまった。なお、先述の店火消への嫌がらせとしても、屋根瓦を破壊して類焼を誘発するなど、不法行為が繰り返されていた。とはいえ、命がけで猛火に立ち向かう町火消の姿は「いき」そのものであり、江戸ッ子の象徴として、江戸住民の誇りであったことに違いはなかったのである。

（小沢詠美子）

【参考文献】 南和男『幕末都市社会の研究』（塙書房、一九九九年）、鈴木淳『町火消たちの近代』（吉川弘文館、一九九九年）、黒木喬『江戸の火事』（同成社、一九九九年）。

いき 九鬼周三『「いき」の構造』の定義によれば、「垢抜けして（諦め）張りのある（意気地）色っぽさ（媚態）」という。こうした美意識は、天明期ごろから江戸で広まり、生活様式や文化だけでなく、経済にまで影響を及ぼした。その反対は「野暮《やぼ》」。

都市計画と建造物

江戸城（えどじょう）

東京都庁舎が丸の内にあった頃、建物の前に、江戸城を最初に築いた人物として、太田道灌の狩猟姿の像が立っていた。鎌倉時代の江戸氏の館を経て、扇谷上杉氏の家臣太田道灌が江戸城を構えたのは、室町時代一五世紀中頃である。その後、北条氏の支城時代を経て、天正一八年（一五九〇）徳川家康が、江戸城に入る。入城当時の江戸は、さびれた漁村で、城内の建物も粗末であったと諸書にみえるが、家康の事績を高く評価するための誇張ともされる。

徳川の江戸城建設　徳川家康は入城後、文禄元年（一五九二）に西の丸の整備を始めるが、伏見城造営や朝鮮出兵などの負担を豊臣秀吉から課されたため、江戸城全体の大規模な整備には至らなかった。その後、慶長五年（一六〇〇）の関ヶ原の役、同八年の征夷大将軍就任を経て、同一一年に江戸城の建設整備が本格的に開始され、同年九月二三日には、前年に将軍職を譲

山吹の里　七重八重　花はさけども　山吹の　みのひとつだに　なきぞわびしき

鷹狩りの途中夕立にあい、農家に簑を求めたところ、少女が山吹の小枝を差し出した。蓑がないことを山吹に実が付かないことに掛けて詫びた少女の仕草が理解できなかったことを恥じ、以後和歌の道に励んだのが、教養人として知られる太田道灌である。『江戸名所図会』に「山吹の里」として挿画とともに載るこの逸話は、「後拾遺集」を受けたもので、もとの歌は「なきぞかなしき」となっている。

られた二代秀忠が、本丸御殿に移徙《いし》した。

中世の土塁・土手を石垣に築き直し、城郭の規模も大きく拡張された。江戸城は、武蔵野の舌状台地が沖積低地へ突き出す位置に築かれている。最近の発掘成果によると、本丸あたりでは一〇メートルもの盛土がされており、全国の大名を動員しての大土木工事であった。やがて、二代秀忠・三代家光の造営を経て、本丸・二の丸・三の丸・西の丸・北の丸・吹上からなる大城郭が完成する。本丸は、将軍の居館であるとともに幕府の政庁である。二の丸は将軍の別邸あるいは世嗣の居館、西の丸は退隠した前将軍（大御所）あるいは将軍世嗣の居館である。西の丸北の紅葉山には、東照大権現家康をはじめとする代々の将軍の廟所が設けられ、吹上には御三家（尾張・紀伊・水戸）の屋敷がおかれた。

その後、明暦三年（一六五七）の大火によって本丸御殿は焼け落ち、万治二年（一六五九）に再建された。この御殿が、一八〇年余存続するが、弘化元年（一八四四）以降、火災が頻発し、文久三年（一八六三）の焼失後、本丸御殿は再建されなかった。また、西の丸御殿も、明

江戸城本丸御殿と天守（歴博本『江戸図屏風』）殿舎の省略や相対的な位置のデフォルメがみられるが、基本的情報は正確である。本丸御殿のうち、儀式や対面に使う主要な殿舎は銅瓦葺、その他は土瓦葺とするなどは、「中井家文書」とよく一致する。天守は、唐破風の取付け状況などからすると、元和度のものと考えられるが、正確でない。屏風の制作年代と併せて再検討する必要がある。

治六年（一八七三）に焼失した。明治政府は、西の丸御殿を皇居としていたが、焼失後、明治二一年に、明治宮殿を完成させる。

本丸御殿の建築

江戸城本丸御殿には様々な機能があり、その機能に合わせて、公から私への序列にしたがって、南から北へ表・中奥・大奥が配された。表・中奥西側には、大広間・白書院・黒書院・御座間などが雁行型に並ぶ。元旦の儀式をみると、諸大名とは大広間、御三家と越前松平家・加賀前田家とは白書院、御三卿とは御座間で対面しており、親疎関係により建物が使い分けられた。大広間の前庭には、武家の式楽である能の舞台が設けられた。東側には、柳之間・雁之間など諸大名の登城の際の座敷が続き、さらに役人の執務室が並ぶ。「中井家文書」によると寛永期の本丸御殿の屋根は、銅瓦と土瓦で葺かれ、大広間（対面所）や黒書院など格式の高い建物は、銅瓦葺であった。

大奥には、御台所（将軍夫人）の居室を中心とする御殿、女中たちの居室が並ぶ長局、諸役人が詰める広敷がある。

五重の天守

江戸城天守は、家康・秀忠・家光の三代が、それぞれに造営した。家康による天守は、慶長一一年の本丸造営時に完成した。秀忠による天守は、位置を北西へ移

西の丸と山里（歴博本『江戸図屏風』）西の丸の殿舎の屋根には、檜皮葺や柿葺が多い。本丸御殿が耐火性を考慮して、銅瓦や土瓦で葺かれたのに対して、西の丸では伝統的な上層住宅の姿が踏襲された。奥の山里には、茅葺の数寄屋が見える。

し、元和九年（一六二四）に完成した。さらに、家光による天守が、寛永一五年（一六三八）に完成する。石垣を積んだ天守台の上に、外観五層の大天守が載った総高は、五八メートル余と、治世のシンボルにふさわしい壮大なものであった。

再建されなかった天守　ところが、この天守は、二〇年も経たない明暦三年（一六五七）の大火によって灰燼に帰してしまう。直ちに再建と考えられたが、四代将軍家綱の補佐役保科正之の、天守は太平の世には無用の長物とする意見が採用され、再建されなかった。幕政の中核が、戦場体験を誇る武将から政策・行政能力に長けた官僚へと移行したことを物語る逸話である。以降、新井白石による再建提言などもあるが、大火後二〇〇年余の江戸時代を通じて、江戸城には天守がない状態が続いた。

（波多野純）

【参考文献】　村井益男『江戸城』（中公新書、一九六四年）、村井益男他『日本名城集成江戸城』（小学館、一九八六年）、伊東龍一『江戸城Ｉ』（至文堂、一九九二年）。

松之廊下　大広間と白書院を結ぶ長い廊下が、忠臣蔵で有名な松之廊下である。幕府絵師狩野晴川院が遺した弘化度の小下絵によると、ここに描かれた障壁画は、海辺に松原、群れ飛ぶ千鳥と、穏やかなものであった。御殿の再建は前例を踏襲するものであり、忠臣蔵の舞台も、映画で見るような豪快な松ではなく、穏やかな雰囲気であったと想像される。

大名屋敷（だいみょうやしき）

江戸は、全国の総城下町であると同時に、徳川氏の城下町である。諸大名は徳川氏との親疎関係から、親藩・譜代・外様に分けられる。江戸に屋敷を構える意味も、大名のおかれた立場によって、幕政への参画、参勤交代を義務づけられての参府、証人（人質）としての妻子在府など、様々であった。寛永年間に参勤交代制と一年在府制が法制化し、大名正室は江戸に定住するようになった。

大名屋敷の配置　初期の大名屋敷は、大手門内・大手門前・吹上・北の丸・西の丸下・大名小路・外桜田・霞ヶ関と江戸城本丸・西の丸を取り囲むように配されたが、明暦三年（一六五七）の大火後、徐々に整理された。この結果、登城に便利な大手門前や西の丸下は幕閣、外桜田や霞ヶ関は外様の屋敷と、地域的な機能分化が図られる。吹上にあった御三家の上屋敷も、防災上の観点から、尾張家が市谷、紀伊家が四谷門外、水戸家が小石川に移る。

上・中・下屋敷　多くの大名は上・中・下と江戸に三カ所の屋敷をもった。上屋敷は、藩主在府時の正式な住まいであり、藩の江戸役所でもある。登城に便利なように江戸城近くに位置することが多い。中屋敷はすべての大名がもっていたわけではなく、中屋敷をもつ大名はほぼ半数である。中屋敷は、退隠後の藩主や世嗣の住まいであるが、上屋敷に較べて屋敷地の広さに余裕があったため、藩主の日常的な居住機能もここに移り、上屋敷は登城のための着替えや接客にしか使われなくなる例もある。下屋敷は郊外に設けられた遊興用の施設で、数寄屋を建て観賞用の庭を設けた。また、隅田川や本所・深川の水路沿いには、江戸へ送られた年貢米を現金化するための蔵屋敷が設けられた。

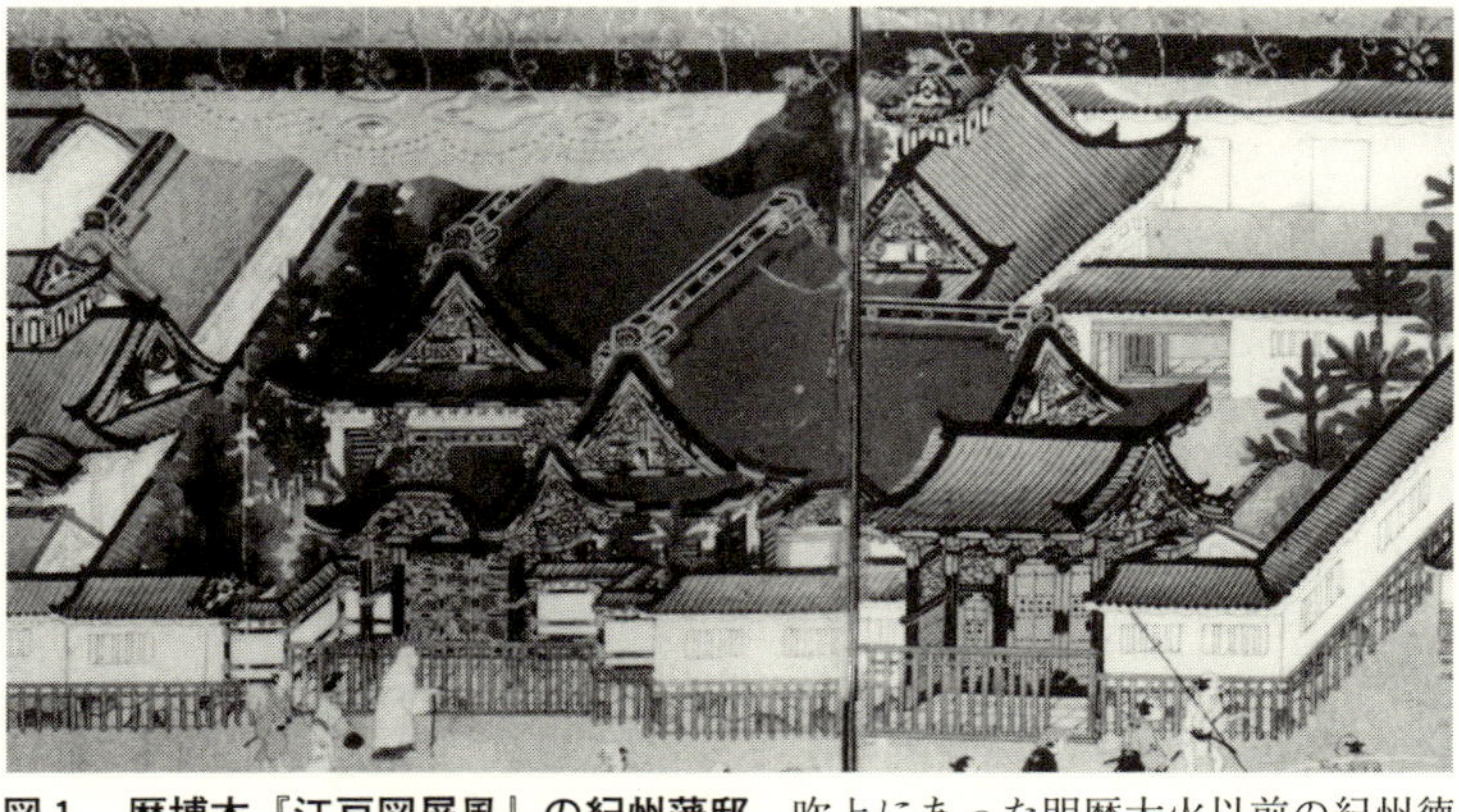

図1　歴博本『江戸図屏風』の紀州藩邸　吹上にあった明暦大火以前の紀州徳川家の上屋敷。御成門（左）と表門が並び、内部の殿舎も華やかな彫刻で飾られた。（国立歴史民俗博物館蔵）

上屋敷の構成

大名屋敷地の規模は、元禄六年（一六九三）の規定によれば、家禄高一〇～一五万石で七千坪、一～二万石で二千五百坪と、家禄高に対応した。上屋敷には、藩主の居住、藩の江戸役所、藩主夫人の居住、長屋などによる家臣の居住など様々な機能（一殿舎一機能）があるが、中でも重要なのが将軍の御成を迎えることである。寛永年間には将軍家光の御成が多く、各藩はそのための御成門・御成御殿を用意した。幕府大棟梁甲良家が残した『向念覚書』によれば、将軍は御成門から屋敷に入る。御成門は、前後に軒唐破風を付け、龍などの彫刻で飾られ、金箔を押した豪華な四脚門である。御成門の正面には、大広間の車寄があり、将軍はここから建物に入る。玄関・式台からではなく、車寄から直接大広間に入るのは、大広間が寝殿造の伝統を踏襲し中門をもつ中世的な格式を維持したためである。大広間の前庭には、武家の式楽である能を演じる能舞台が設けられた。

門の意匠

大名上屋敷には、御成門の他にもう一つ重要な門がある。表門である。表門には、二階櫓門と大棟門の二形式がある。二階櫓門は、城郭の守りを固める戦闘的な門で、外様大名の屋敷に用いられた。いっぽう、大棟門は親藩・譜代大名の屋敷に用いられた平屋の門で、御成門ほどではないが豪華な意匠に飾られた。

一殿舎一機能　平井聖博士によると、江戸城本丸御殿や大名上屋敷の各建物は、接見・接客・儀式・政務・居住・夫人の居住など機能分化し、ひとつの建物にはそれぞれ特定の機能が与えられていた。これを「一殿舎一機能」と呼ぶ。

向念覚書　幕府大棟梁の一族甲良宗俊（向念）が著した『大広間雛形并覚書』の略称。明暦大火前の大名屋敷の建築的様相が詳細に記録されている。年紀は宝永三年（一七〇六）。

中門　古代寝殿造では、寝殿や対屋から南庭へ廊下（中門廊）が伸び、その途中に中門が設けられた。それを受け継ぐ中世以降の主殿造では、主屋（主殿）の前に小規模な中門廊が突き出し、これが中門と呼ばれるようになる。

明暦大火後の大名屋敷　将軍御成のために豪華に飾られた大名屋敷は、明暦大火後、将軍御成が減少したこともあり、簡略化する。また、徳川の支配が安定し、戦闘的な二階櫓門は禁止され、姿を消した。

門の意匠も、大名の格式や石高に合わせた定型化が進む。本来の門は、入母屋造瓦葺であるが、火事などで焼けると冠木門《かぶき》となり、さらに屋敷地を囲む長屋の一部を門とする長屋門が一般化する。門の格式は、正面扉横の潜戸《くぐりど》が両側か片側か、番所が両側か片側か、さらにその屋根が向唐破風か入母屋かなどと、規模で決まる。つまり、門をはじめとする大名屋根の意匠は、近世初頭には華美を競う自己主張的表現がみられたが、やがて、そのエネルギーは封じ込められ、画一化へと向かった。

（波多野純）

【参考文献】　平井聖『日本の近世住宅』（鹿島研究所出版会、一九六八年）、波多野純「歴博本『江戸図屏風』の構想―都市と軍営の狭間―」西和夫編『建築史の回り舞台―時代とデザインを語る―』（彰国社、一九九九年）。

歴博本『江戸図屏風』　明暦大火前の華やかな大名屋敷の門を、大名の格式に応じて正確に描き分けている。『向念覚書』同様、正確な情報を蓄積しうる絵師の手になるものであろう。江戸城や大名屋敷の内部の詳細な表現も、それを知りうる立場の絵師でなければ不可能である。

旗本屋敷（はたもとやしき）

旗本　旗本は、徳川家直属の家臣である。家禄高一万石以上を大名と呼ぶのに対し、一万石未満、御目見《おめみえ》以上の格式を、旗本と呼ぶ。下限は一〇〇石とされるが確定的でない。江戸時代を通じて、五二〇〇人ほどであるが、五百石未満の小禄が三分の二を占めた（寛政年間）。旗本の出自は、三河以来の家臣、今川・武田・北条など戦国大名の旧臣、五代将軍綱吉・六代家宣・八代吉宗の家門時代の家臣と、儒者・医師などである。旗本は、番方と役方に分けられる。番方は、幕府常備軍で、大番・書院番などに編成され、将軍や江戸城を警護した。役方は、行政職で町奉行・勘定奉行などを務めた。

旗本の居住地

旗本は、江戸詰めが基本であり、江戸に屋敷を構えた。旗本の居住地として、番町・麹町、駿河台、本所などがあげられる。江戸は、西側に広大な武蔵野台地が広がり、この方角が防備上もっとも危険であるとされた。そこで、家康江戸入府直後の文禄元年（一五九二）、甲州道中へ向かう麹町一帯に、大番六組が配され、番町と呼ばれるようになる。さらに、寛永一三年（一六三六）の江戸城外郭工事により四谷門を外堀が通り、郭内となった番町は、江戸城に常勤する上・中級旗本の屋敷地となった。また、元和二年（一六一六）家康が没し、江戸・駿府の二元政治が解消された際、江戸へ移住することとなった家康付きの旗本たちに、神田山の南一帯が与えられ、駿河台と呼ばれるようになる。いっぽう、明暦三年（一六五七）の大火の後、隅田川対岸の本所・深川が開発され、この一帯にも多くの旗本屋敷が設けられた。

旗本屋敷地の分布をみると、江戸城の北西側台地上に多く分布し、東側および南側の低地に分布する大名屋敷と、明らかな対比をみせる。また、神田上水・玉川上水の水路網をみると、番町・麹町・駿河台のいずれにも、上水は届いていな

『旗本上ヶ屋敷図』 東京都公文書館蔵。一三〇余の旗本屋敷の、配置や平面を描いた図面集。江戸時代後期に幕府が集積した図面を基に、明治政府が再整理した。所収の屋敷の所在地が郭内に限られるのは、明治政府が郭内のみ官員宿舎として保全を図ったためである。

旗本屋敷地の規模基準 表1から分かるように、旗本屋敷の奥行は京間三〇間が多い。江戸の町屋敷は、京間六〇間の正方形街区を三等分した、京間二〇間を奥行の基準とする。いっぽう旗

い。しかし、生活用水に不自由したわけではない。つまり、良質の井戸水が得られ、かつ高燥な、屋敷地として最適な一帯が、旗本に与えられた。

旗本屋敷の建築

旗本の屋敷地は、その家禄高に対応して、二〇〇石から三〇〇石は間口京間二〇間、奥行京間三〇間などと、基準があった（表1）。表からも分かるように、旗本屋敷の規模には、上級旗本と下級旗本では大きな開きがあり、屋敷の典型例を示すことは困難であるが、わかりやすい事例として、『旗本上ヶ屋敷図』所収の進藤三左衛門の屋敷をとりあげる。進藤は、家禄高七〇〇石、西の丸御徒頭を勤め、屋敷は表六番町通りの北側に位置する。屋敷地の規模は五一二坪で、基準よりやや狭めである。

図1にあるように、南側の道路沿いを表長屋とし、その中央に門を開く（長屋門）。門の左右は、各一戸、家臣の住居に充てられている。さらに、その西側にも二戸長屋の家臣住居がある。主屋は、門の正面に式台・玄関を設け、そこから奥へと棟が連なる。

近世の武家住宅は、接客・対面のための「表」、主人の日常生活空間である「中奥」、夫人の生活空間である「奥」と、「台所」が、それぞれに棟を分ける、機能別空間分節が基本である。この基本は、将軍邸である江戸城本丸御殿から、小規模な旗本屋敷にまで共通する。

進藤の屋敷は、式台を入ると槍床のある六畳の玄関があり、その右に次の間、さらに床を備えた八畳が客座敷で、この棟が「表」である。便所も独立して設け

本屋敷地では、短辺京間六〇間の長方形街区を設定し、それを背割線で半分に割ったため、奥行京間三〇間が基準となった。番町でみると、屋敷の間口が面する所要な道を、尾根筋・谷筋に設け、地形の高低差を背割線の段差で処理している。

表1　寛永2年（1625）の屋敷地規模規定

家禄高	間数（間口×奥行）	屋敷地規模（坪）
10 千石～7 千石	50×50間	2,500
6 ～4 千石	50×40間	2,000
3.5 ～2.6千石	40×30間	1,200
2.5 ～1.6千石	33×33間	1,089
1.5 ～0.8千石	30×30間	900
0.7 ～0.4千石	25×30間	750
0.3 ～0.2千石	20×30間	600

注）「東武実録　巻第12　寛永2年3月26日　侍屋地間数」（『内閣文庫所蔵史籍叢刊　1』汲古書院、1981年）による。間は京間1間（6.5尺）。坪は京間坪。屋敷地規模は、規定の間数より計算して求めた。

られている。「表」の左奥、床・棚を備えた八畳が「中奥」の座敷である。その奥に土間と板敷からなる「台所」がある。さらに、右へ曲がると、床・棚を備えた一二畳の座敷を中心とした「奥」がある。庭もそれぞれに対応して設けられたであろう。

番町の町並みと桑茶政策

現代の番町の辺りは、最高級住宅地として知られている。最近はマンションも増えたが、それでも都心には珍しい緑豊かな景観である。明治時代にはもっと緑豊かな景観であった。では、江戸時代はどうだったのか。進藤の屋敷は表六番町にあるが、その周辺の屋敷を調べてみても、道に面しては長屋と長屋門が連なり、緑豊かな景観ではなかった。いっぽう、裏は生垣で囲まれ、庭の緑と相まって、豊かな景観であったと想像される。道沿いが緑豊かとなるのは、明治の桑茶政策のおかげである。明治維新により旗本が去った後も屋敷は維持され、明治政府官員の宿舎に充てられたが、長屋門は取り壊された例が多い。そこへ、殖産政策として、桑や茶が植えられた。

郊外独立住宅の祖形

「庭付き一戸建て」、住宅の理想像を表現する言葉である。周囲を塀で囲み、門を開き、玄関がある。門から玄関まで、たとえ一メートルでも、門と玄関が必要らしい。町家には、門も玄関もなかった。農家も、防風林はあっても塀はないし、式台・玄関も、幕府代官を迎える家格など、特別な場合に限られる。このように考えると、「庭付き一戸建て」のルーツは、武家住宅となる。しかし、大名屋敷では、規模が壮大すぎて、

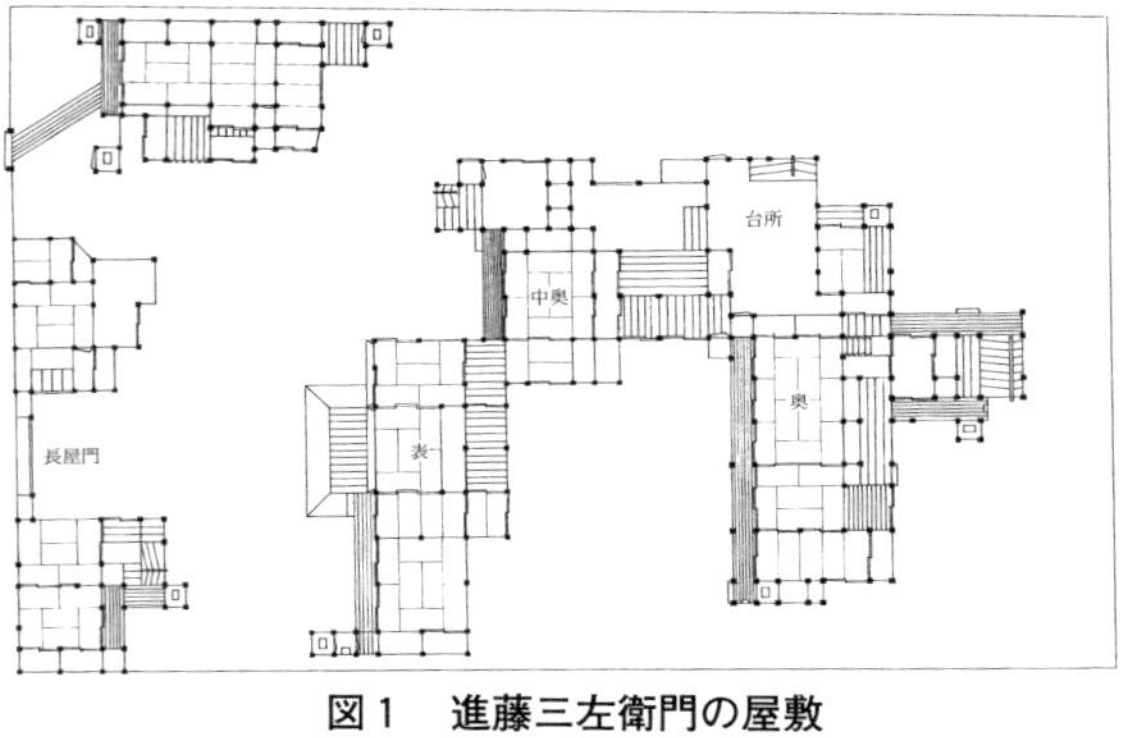

図１　進藤三左衛門の屋敷

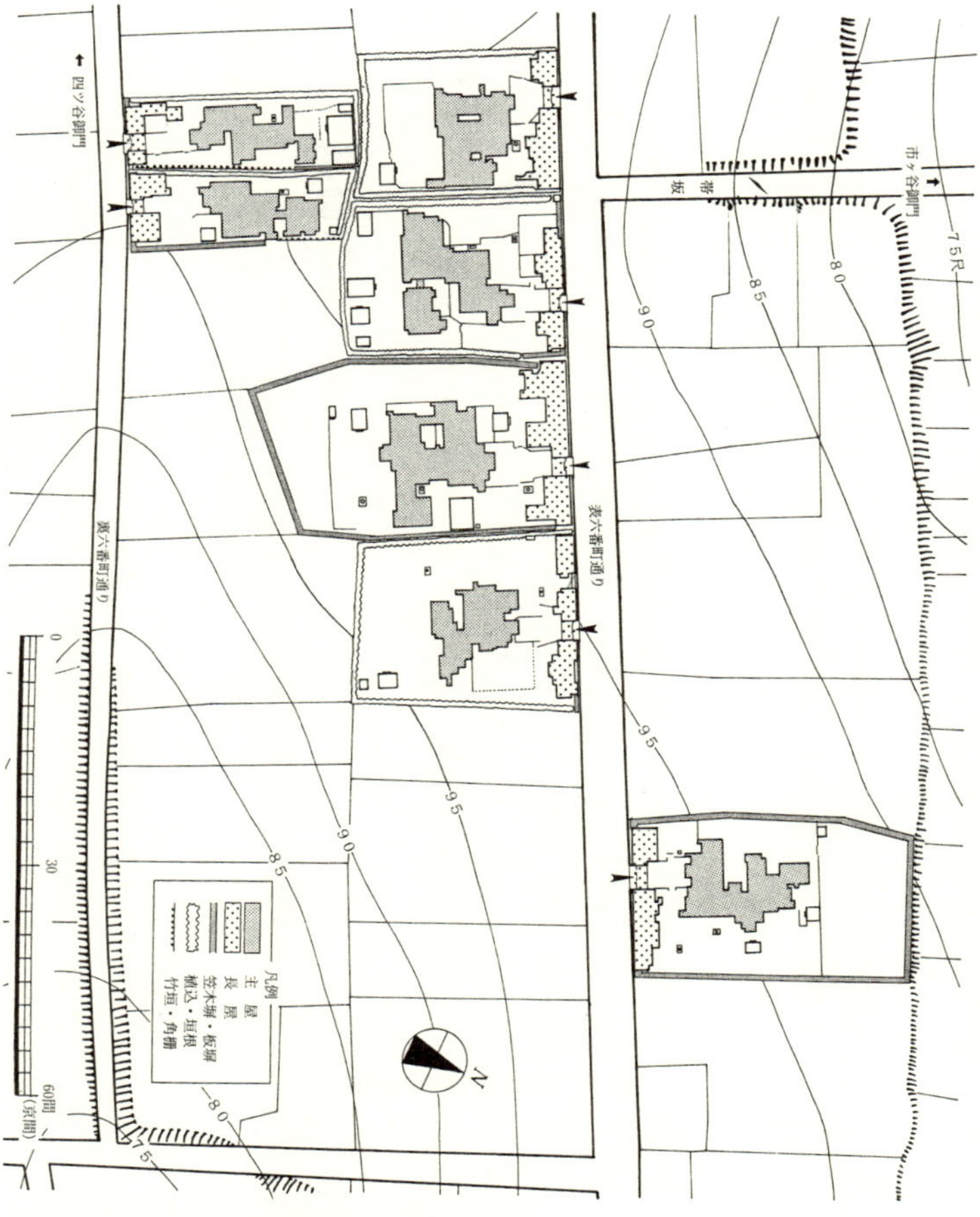

図 2　表六番町付近の旗本屋敷の様相
『旗本上ヶ屋敷図』所収の屋敷を当時の位置に並べた

現代と比較にならない。旗本屋敷こそ、理想像の祖形らしい。
しかも、番町など、旗本屋敷が連続する景観は、現代の郊外住宅地とそっくりである。一六世紀末の住宅地計画が、今も継承されている。

（波多野純）

【参考文献】 波多野純『江戸城Ⅱ』（至文堂、一九九六年）。

町奉行所（まちぶぎょうしょ）

町奉行所の確立と移転

総城下町江戸の町行政から裁判・警察までを一手に担う町奉行の職は、さまざまな段階を経た後、寛永八年（一六三一）に堀直之・加々爪忠澄が任命され確立した。町奉行は、基本的には二名であるが、江戸市域が拡大傾向にあった元禄一五年（一七〇二）から享保四年（一七一九）までは三名、慶応三年（一八六七）には一時的に四名であった。

寛永八年、町奉行の職が確定すると、堀直之に呉服橋門内、加々爪忠澄に常盤橋門内の役宅が与えられ、町奉行所となる。この役宅は、町奉行の職を勤めるためのもので、職を退けば役宅も返納され、次任者へ引き継がれた。寛永九年の『武州豊島郡江戸庄図』の呉服橋門内に示された堀の役宅の位置には、「嶋田弾正、今ハ堀式部」とあり、嶋田弾正（利正）は町奉

表1　町奉行所の移動

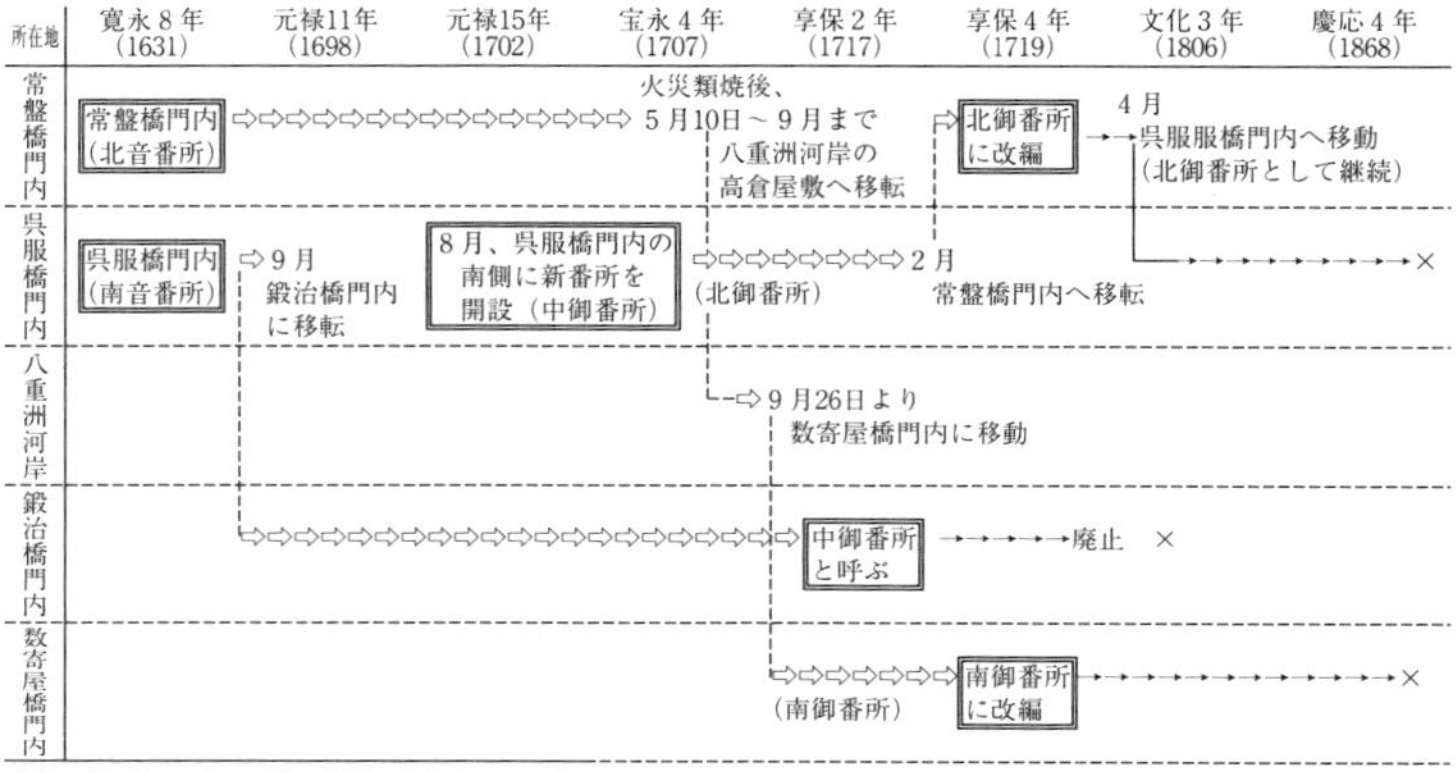

波多野純『江戸城Ⅱ（侍屋敷）』至文堂、1996年．所収

行として堀式部（直之）の前任者であるから、嶋田利正の代にすでに役宅として機能し、堀直之に受け継がれたことになる。

その後の町奉行所の移動を、表1に示す。いずれの時期においても町奉行所は、武家が町人を支配する封建的身分秩序の具体的空間表現として、武家地と町人地の接点の武家地側に位置した。町奉行所は、南御番所・北御番所と呼ばれたが、管轄地域を分けるものではなく、一カ月交代で月番は門を開き、訴訟などを受け付けた。非番の町奉行は休んでいたわけではなく、月番中に受け付けた訴訟などを処理した。

町奉行所の機能と平面

町奉行の役宅には、町奉行を中心に裁判・行政を担う役所としての機能と、町奉行の住居との二重の機能があり、表を役所（町奉行所）、奥を住居とした。さらに、表部分は、裁判機能の部分と行政機能の部分に分かれる。住居部分は、公的機能から私的機能への序列に従って部屋が配置され、台所などのサービス部分が付属した。また、町奉行所に勤務する与力・同心は、八丁堀に屋敷を与えられ集団で居住したが、町奉行の家臣である内与力《ないよりき》は、町奉行とともに役宅内に居住した。

文化七年（一八一〇）の図面を基に、南御番所（南町奉行所）の平面を復原し、佐久間長敬『江戸町奉行事蹟問答』により、各部屋の使い方を検討する。敷地は東西に長い矩形で、敷地面積二、六八一坪余（公事人腰掛敷地を含む）、建物は一、三八二坪余であった。

佐久間長敬　天保一〇年（一八三九）生まれ。一二歳で与力見習として町奉行所に入り、安政四年（一八五七）風烈廻昼夜廻、まもなく吟味方与力となり、慶応四年（一八六八）には町奉行支配調役兼与力を勤め、町奉行所廃止を迎えている。『江戸町奉行事蹟問答』は、町奉行所の内部事情を知る者の記録として興味深い。

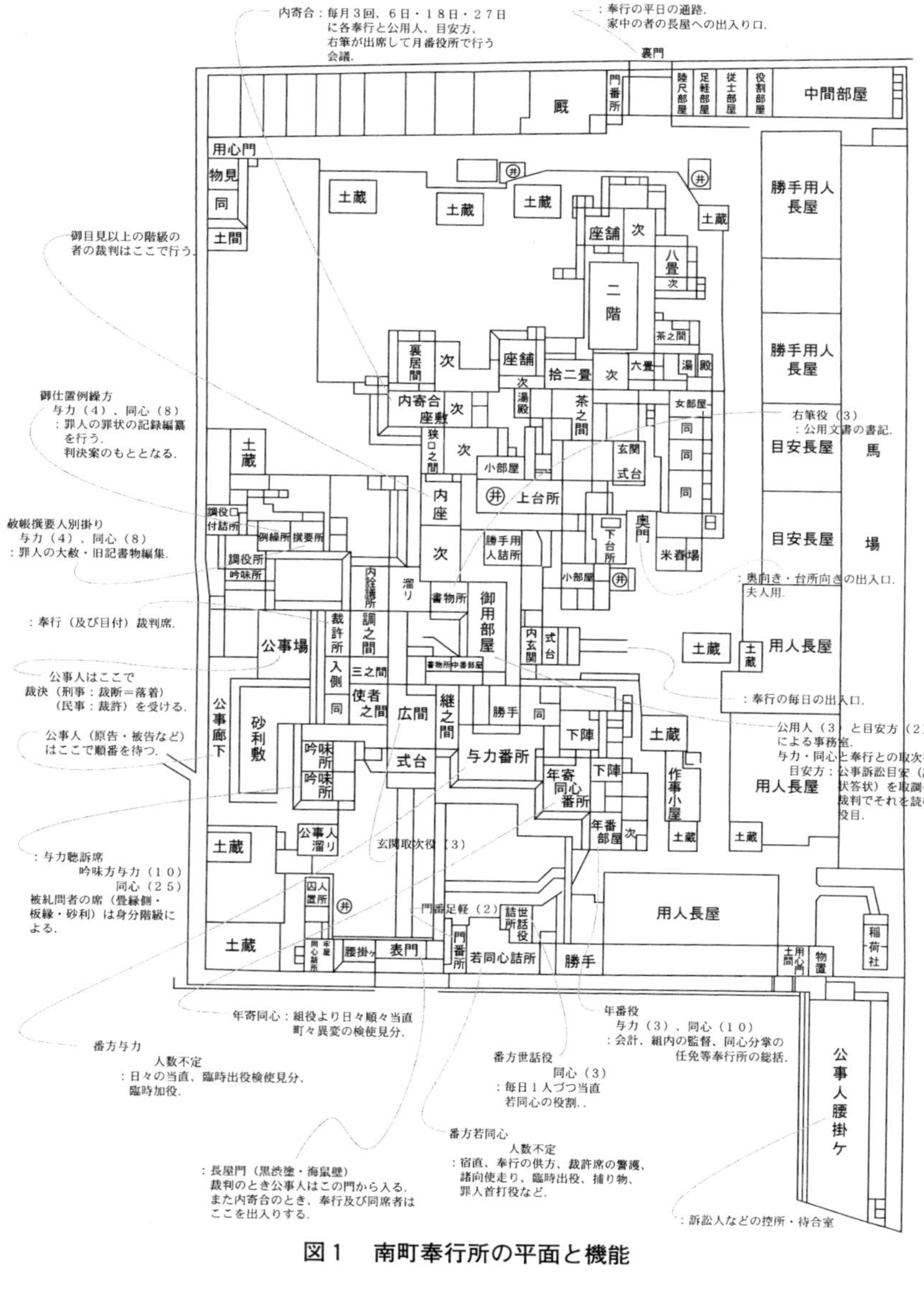

図1　南町奉行所の平面と機能

数寄屋橋門の広場に面して、東向きに表門がある。表門の外には、訴訟人などの待合室である公事人《くじにん》腰掛が設けられている。表門は、黒渋塗り・海鼠《なまこ》壁の長屋門で、ここを入り敷石を進むと、正面が式台である。式台を境に、左（南）側が裁判所部分、右（北）側が役所部分となる。

裁判所部分の使い方をみると、公事廊下で公事人（原告・被告など）は順番を待ち、吟味所で吟味方の与力・同心が訴えを聞き、公事場（白洲）で裁決を受ける。裁決に際して、奉行および目付は裁許所に座る。その奥に、例繰所・撰要所がある。裁判は先例重視であり、その記録を作成することは、町奉行所の重要な任務であった。

式台の右（北）側は役所で、御用部屋・与力番所・年寄同心番所などが並ぶ。御用部屋には、町奉行の側近であり、与力・同心と町奉行の間の取次役である公用人や、公事訴訟目安（訴状答状）を取り調べ白洲で読み上げる目安方が詰めた。町奉行は、御用部屋の前にある内玄関から出入りした。

この役所部分の奥に内座がある。御目見《おめみえ》以上の武士は白洲には出さず、ここで裁判を受けた。さらに奥に、内寄合座敷《ないよりあい》がある。ここでは、毎月三回、月番の役所に両町奉行と公用人・目安方・右筆《ゆうひつ》が集まり、会議がもたれた。町奉行から町人の代表である町年寄に対して、町触などが伝達されるのも、この内寄合である。

北西側の建物は、町奉行と夫人の住居で、専用の奥門・玄関式台が設けられた。主屋北側の目安長屋・用人長屋には、目安方や公用人を勤める内与力とその家族

町奉行所の図面　町奉行所の図面は、南が六葉、北が三葉、国立国会図書館旧幕引継書に遺っている。いずれも江戸時代後期の様相を示し、南は数寄屋橋門内、北は呉服橋門内のものである。

が居住した。

御白洲には屋根があった

時代劇などに描かれる白洲に、天井はなく、桜吹雪が舞っていた。ところが、町奉行所の図面をみると、公事場の部分には「天井」と記されている。つまり屋根の掛かった室内となる。床は「煉土」（土間）あるいは「小砂利」である。町奉行所の一部建て替えの際の図面にも、「仮屋根、仮白洲」とあり、建て替え中でも屋根の掛かった場所が用意された。連日、多数の裁判を処理する白洲が屋根のない空間では、雨天中止となってしまう。一般の常識とは異なるが、白洲には屋根が掛かっていたことは間違いない。

（波多野純）

【参考文献】 佐久間長敬著・南和男校注『江戸町奉行事蹟問答』（人物往来社、一九六七年）、波多野純『江戸城Ⅱ』（至文堂、一九九六年）。

屋根のある白洲 近年修復・復原された高山陣屋の白洲には、屋根が掛かっている。

火消屋敷（ひけしやしき）

江戸の防火政策

防火対策は江戸の都市政策の重要な一環であった。明暦三年（一六五七）の大火後には、大名屋敷の郭外移転、火除土手・火除明地の設置、隅田川対岸の本所・深川の開発など、都市的なスケールでの防火対策が講じられた。さらに、享保改革においては、土蔵造・塗屋造《ぬりやづくり》・瓦葺による町家の不燃化が図られた。

明暦大火 明暦三年（一六五七）一月一八日、本郷丸山本妙寺から出火し、湯島・駿河台から神田・日本橋などを焼き尽くす。さらに翌一九日に、小石川新鷹匠町より出火、江戸城天守および本丸も焼け、四代将軍家綱は西の丸に避難した。死者は、三万あるいは一〇万とされる。

大名火消

いっぽう、組織的な消防制度は、まず所々火消として、寛永一六年（一六三九）に紅葉山霊廟の火消担当が命じられた。所々火消は、その後元禄年間までに江戸城各所をはじめ幕府関係寺院、隅田川に架かる橋などを対象に順次整備された。また、寛永二〇年には、六万石以下の大名一六家を四隊に編成し、一〇日交代で消火活動にあたらせる大名火消が組織された。さらに、明暦大火後には、桜田・山手・下谷の三隊に分けた方角火消が発足した。

定火消

以上の大名による消防組織が、江戸城および幕府関連施設を守ることを目的としたのに対して、明暦大火の翌年、万治元年（一六五八）に組織された定火消《じょうびけし》（江戸中定火之番）は、江戸城を主とするものの、都市防災を視野に入れた本格的消防組織である。四名の旗本に役屋敷（火消屋敷）を与え、役屋敷造営費銀百貫を付けて整備させた。それぞれに与力六名・同心三〇名を付属させ、火消人足（臥煙《がえん》）を抱える経費として三〇〇人扶持が与えられ、消防用具も下賜された。

定火消の拡充と火消屋敷の配置

火消屋敷はまず御茶の水・飯田町・半蔵門外・伝通院前に設けられ、さらに翌二年には半蔵口・駿河台、三年には代官町と整備される。いずれも江戸城の北西側に配されており、冬季の北西風による延焼から江戸城を守る意図が伺える。いっぽう、万治三年の八代洲河岸、元禄八年（一六九五）の溜池の上・幸橋門外・日本橋浜町への設置は、江戸城を囲む広域的消防政策への転換を示している。しかし、日本橋浜町の火消屋敷は、宝永元年（一七〇四）にわずか一〇年足らずで廃止される。幸橋門外の火消屋敷も、宝永七年に木挽町へ移転し、さらに享保九年（一七二四）に表六番町へ移転する。これら町人地周辺の火消屋敷の廃止・移転は、幕府の財政難

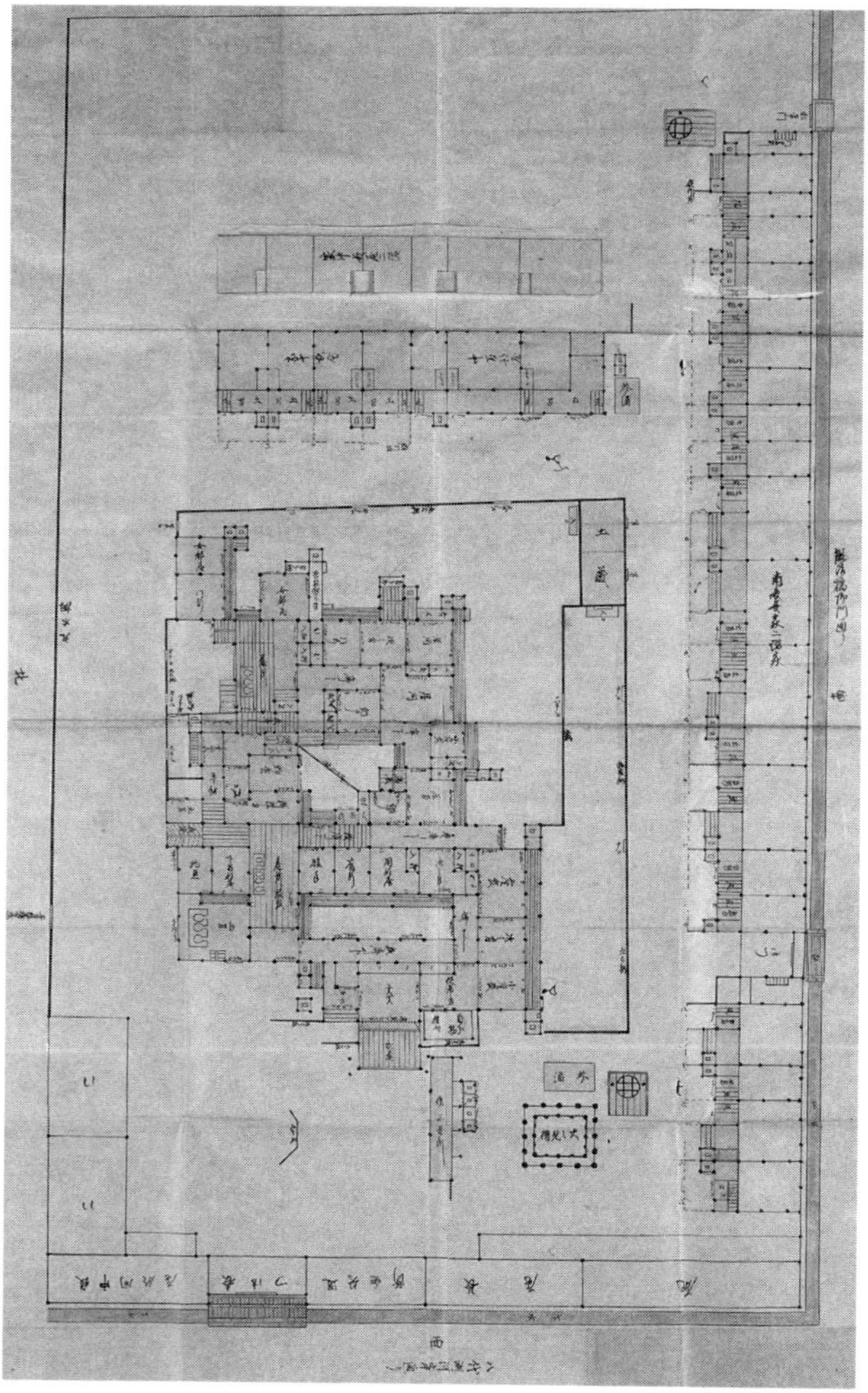

図1　八代洲の定火消屋敷平面図（「八代洲河岸火消御役屋敷地絵図」嘉永4年（1851）東京都立中央図書館東京誌料文庫所蔵）

によるもので、八王子千人同心に不足分を補わせたが、それも程なく廃止された。同時に、この頃には、町人による自衛的消防組織が一定の水準に達したと考えられ、江戸の都市政策の変質を示唆している。

火消屋敷の機能と平面

定火消の旗本は役宅としての火消屋敷に妻子とともども居住した。嘉永四年（一八五一）の『八代洲河岸火消御役屋敷地絵図』を示す（図1）。屋敷は、西側を八代洲河岸通りに、南側を鍛冶橋御門通りに面し、現在の東京都千代田区丸の内二丁目にあたる。屋敷の北側には、火消与力の組屋敷がある。屋敷は西側を正面とし、表門を挟んで役中間部屋と道具置所・長屋・厩が並ぶ。厩には、火事場への出動に際して、火消役の旗本と先騎・中騎・後騎の三名の与力が用いる馬が用意された。南の道に面しては、同心の住居である南表長家二階家が門を挟んで連続する。屋敷地内の二階建の家中長屋も同心の住居である。また、役中間部屋と中間部屋は、臥煙の詰所である。臥煙は、夜は長い丸太棒を枕として並んで眠り、火事の連絡を受けると、不寝番が丸太の端を叩いて起こしたという。

また、火消屋敷内には火之見櫓（図2）が設けられた。「江戸一目図屏風」（津山郷土博物館蔵）にも、その様相が描かれており、江戸の重要なランドマークであった。

（波多野純）

【参考文献】黒木喬『明暦の大火』（講談社現代新書、一九七七年）、波多野純『江戸城Ⅱ』（至文堂、一九九六年）。

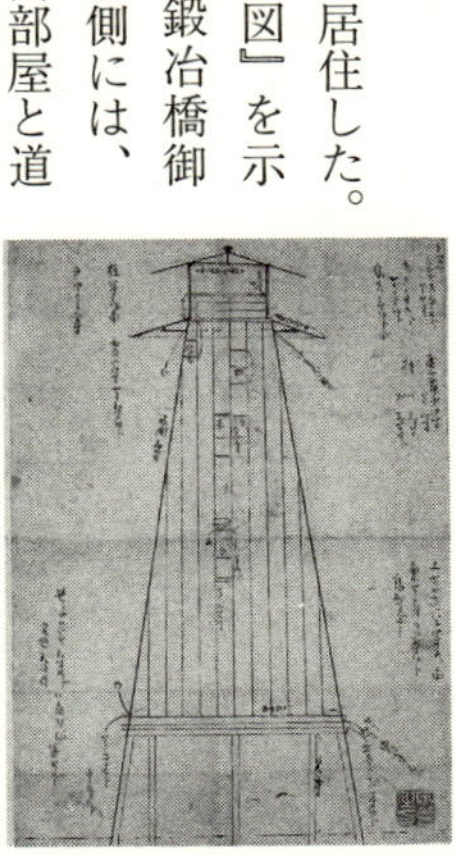

図2 「八代洲河岸火消御役屋敷火之見櫓図」
（東京都立中央図書館東京誌料文庫所蔵）

火之見櫓 火之見櫓は、定火消の屋敷ばかりでなく、大名の藩邸や町人地の明地にも設けられた。形式としては、独立で建つもの、屋敷の屋根上に建つものなどがある。独立で建つものは、高さ一〇メートルから二〇メートルある。筋違《すじかい》を用いるなど地震にも強い構造で造られた。

町割（まちわり）

町割には、さまざまな意味がある。城郭を中心に、武家地・町人地・寺社地をいかに配置するか、都市マスタープランを町割と呼ぶ。いっぽう、街路計画や、屋敷地の割付など、具体的設計も町割である。

江戸の選地概念とゾーニング

天正一八年（一五九〇）、関八州の拠点として、家康はなぜ江戸を選んだか。江戸湾の奥深く、海の荒れない天然の良港に恵まれていることはすでに指摘されている。海の近くでありながら、武蔵野の舌状台地の突端に城を設けることができるのは、山上に城を築く中世的城郭概念にもかなっていた。

江戸城を中心に、背後の吹上に御三家を控えさせ、武蔵野台地が広がる西北側背後の番町・麹町に徳川家直属の家臣である旗本、城の正面にあたる大手門内外・西の丸下・大名小路に譜代大名、横の桜田門外・霞ヶ関に外様大名、さらに低地の街道沿いに町人地を配する都市構成は、戦場の陣立てに近い。歴博本『江戸図屛風』はその概念を視覚的に表現している。

碁盤目の柔軟な適用

平城京や平安京の碁盤目状街路配置を、都市計画と理解する傾向がある。この点、江戸は単純な碁盤目状でないため、江戸に都市計画はなかった、と誤解されることがある。そんなことはない。

歴博本『江戸図屛風』　国立歴史民俗博物館蔵。制作年代は不明だが、支配者が考える都市の理想型、封建的ヒエラルキーが、江戸城を上に町人地を下に描くことや、天守をはじめとする江戸城の詳細な描写、親藩・譜代大名と外様大名の屋敷や門の相違など、さまざまな視点から図像化されている。

江戸には、京都をモデルとする明確な碁盤目状の都市計画があった。ただ、碁盤目を一律に適用するのではなく、地形に合わせて地域ごとに柔軟に適用している。町人地のうち、日本橋の北側と南側では、碁盤目が四五度ずれている。碁盤目状の町割は、番町の旗本屋敷地にも、明暦大火後に整備された本所・深川にもみられる。尾根と谷が入り組む番町では、尾根筋・谷筋を主要街路とし、それと直交する坂道を補助としている。

町人地の町割

日本橋の北側では本町通り、南側では通町通りを基軸に、京間六〇間（一一八メートル）の内法《うちのり》制を基本に、碁盤目状の町割がなされた。つまり、表通り・裏通り・横町に囲まれた京間六〇間の正方形街区を、京間二〇間ずつに割り、四周を町屋敷とし、中央を会所地とする（図1）。日本橋の南側、楓川に近い地域では、ここに入堀が入り込む。会所地は、初期には宅地造成のための土取りや排水の流末、ごみ捨て場に利用されたが、一七世紀半ばにはすでに新道《しんみち》が通され開発が始まった。

両側町

平安京は街路に囲まれた正方形街区を町の単位としたが、やがて町衆の力により、道を挟んだ両側の町屋敷で町自治体を構成するようになる。両側町である。確かに道は重要な交流空間であり、道を挟んで町を構成する方が、生活感覚によく合っている。京都をモデルとした江戸は、当初から整然たる両側町を意図した。この結果、表通りや裏通りに面する長さ京間六〇間の町と、横町に面する京間二〇間の町が生まれた。

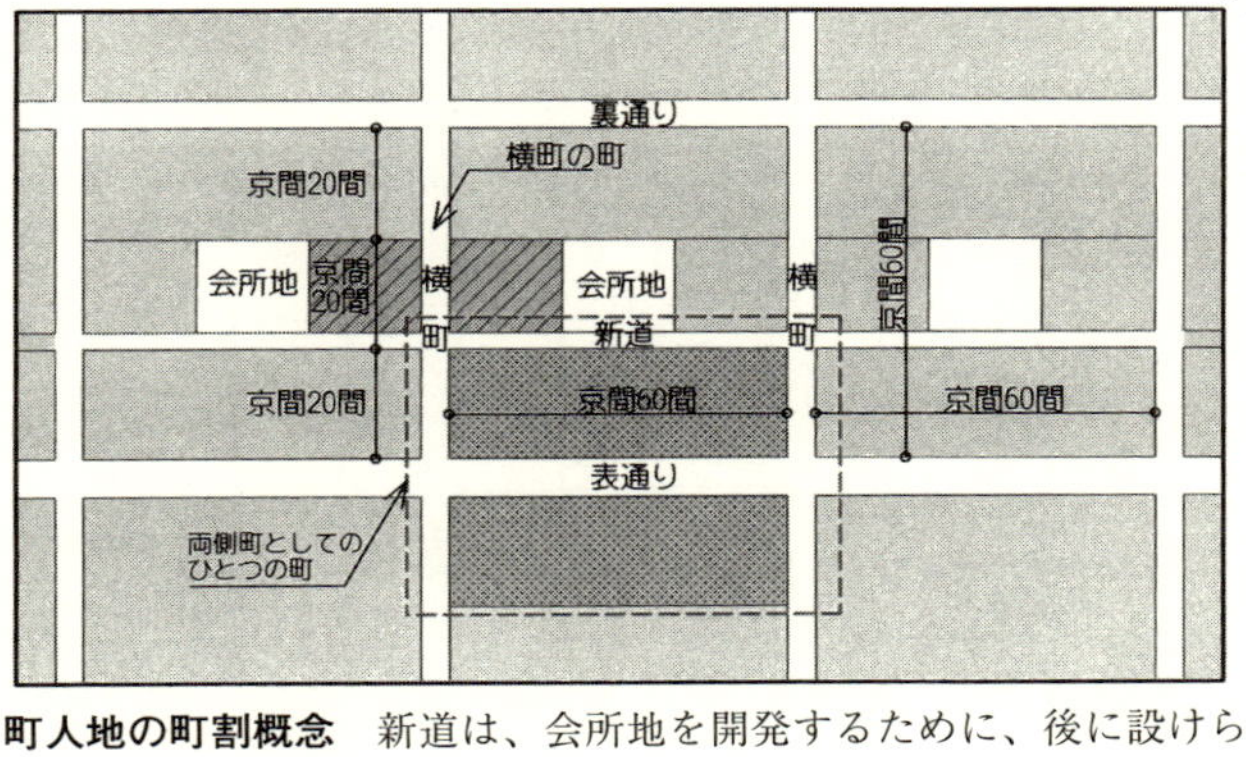

図１　町人地の町割概念　新道は、会所地を開発するために、後に設けられた。

京間・田舎間

江戸の都市設計には、京間が用いられた。京間とは、京都を中心に用いられている建築の基準尺度で、一間を六尺五寸（一九七㎝）とする。京間の八畳で、柱を四寸（一二㎝）角とすると、畳の大きさは六尺三寸×三尺一寸五分となる。この規格寸法の京間畳を並べ周囲に柱を配する設計方法を、畳割《たたみわり》（内法制）と呼ぶ。いっぽう、田舎間（江戸間）は、一間を六尺とし、六尺グリッドの交点に柱を配する設計方法（真々《しんしん》制）で、部屋の大きさにより、畳の大きさが異なることとなる（図2）。田舎間による真々制は、関東地方を中心に用いられた。

江戸の都市設計に京間が用いられたのは、先進地である京都をモデルとしたばかりでなく、町割の実務担当者として、中井正清が関与したことを示唆している。中井正清は、家康に重用された法隆寺村出身の御大工で、初期の幕府建造物のほとんどを担当し、家康没後は京に戻り、畿内近江六カ国の大工や建築工事を差配する中井役所を組織した。

庇による景観設計

江戸の町家の特徴のひとつに、道に面した庇がある。二階建の町家の一階部分を道にせり出し、アーケードのような連続した通路とする。雪国の雁木と考えていただければ分かりやすい。明暦三年（一六五七）の大火の後に出された町触により、本町通りと通町通りについては、私有地である屋敷地と公儀地である道から半間ずつ出し合い、一間幅の「庇下通道《ひさししたとおりみち》」を連続して設けることが定められた。この通りだとすれば、官民

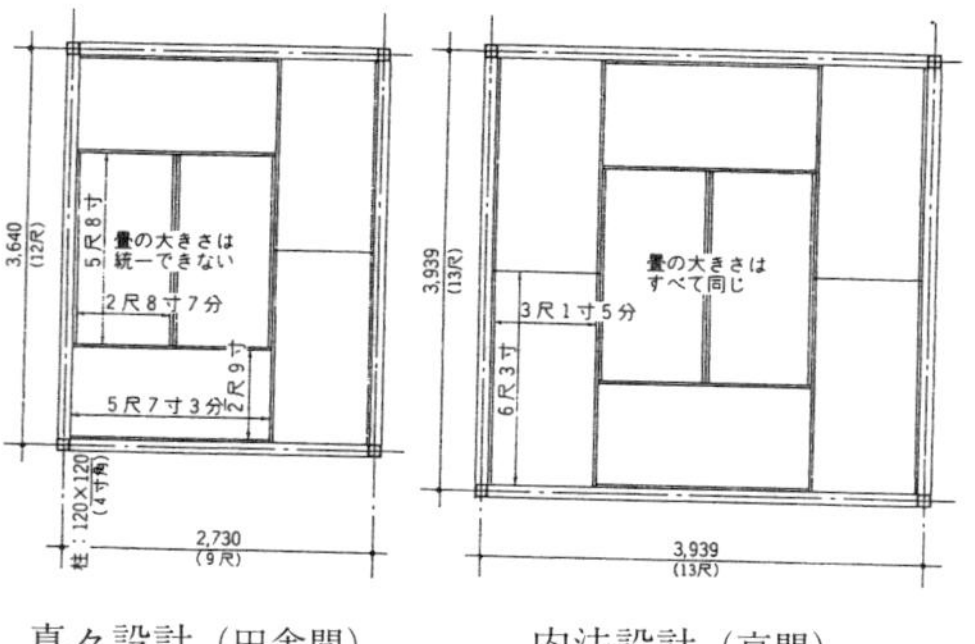

真々設計（田舎間）　内法設計（京間）

図2　真々設計と内法設計　京間（一間＝六尺五寸）はやがて内法設計（畳割）を生み出す。長辺六尺三寸の規格畳を敷き並べ周囲に柱を配する設計方法で、現代のモジュール設計につながる。

協力の都市整備先駆例となるが、現実は若干違っていた。つまり、「庇下通道」はすべて公儀地である道路に建設された。しかも、やがて占有化され店舗空間に取り込まれた。町人たちはなかなかしたたくましいのである。

（波多野純）

【参考文献】　波多野純『復原・江戸の町』（筑摩書房、一九九八年）、小澤弘・丸山伸彦編『江戸図屛風をよむ』（河出書房新社、一九九三年）。

庇下通道　明暦大火後、「庇下壱間通道」を作るよう町触が出る。一八世紀の沽券絵図にも「此内間半ハ御公儀地ニ而、間半ハ町並之裏行弐拾間之地之内、御座候由申伝候」とある。いずれも、幕府と町人が半分ずつ土地を出し合った、と言っている。ところが、実際には、「庇下壱間通道」は公儀地である道路上に建設された。「御座候由申伝候」が曲者で、「昔からそういうことになっております。私たちの関知するところではありません」と、沽券絵図作成者は逃げている。

町家（まちや）

京町家の継承

新興都市江戸は京都を理想として建設された。町家も京町家をモデルとした。町家には、住むためばかりでなく、商売のための店舗や職人の作業空間など、さまざまな機能がある。京町家の建築は、中世末から近世初頭に制作された洛中洛外図屛風に示されている。中世末の上杉本『洛中洛外図屛風』によると、平屋が多く、屋根は板葺石置で、卯建《うだつ》が立つ。店先は格子などで仕切られ、片側に奥への通路である通庭《とおりにわ》が通る。近世初頭の林原美術館本『洛中洛外図屛風』になると、二階屋が増え、店先も開放的になる。

寛永頃を描いた出光本『江戸名所図屛風』にみる江戸の町家は、京町家と大変似ており、板葺石置が多く、中心部には二階屋が多いが、場末には茅葺の平屋が多い。さらに、明暦大火直前を伝える歴博本『江戸図屛風』になると、二階屋が増加し、土蔵造の町家も増えてくる。

三階櫓

なかでも注目されるのが、交差点に面して建つ三階櫓《さんがいやぐら》と呼ばれる城郭風建物である。出光本にも描かれていたが、歴博本では交差点ごとに描かれるようになる。町家地域に城郭風の建物が建つことが何を意味するか。江戸城を守る出城、武士から出た有力町人が出自を誇示、外国使節や参勤交代大名に対する幕府権威の表象など、諸説があるが明らかでない。この三階櫓は、武家の権威を侵するものとして慶安二年（一六四九）に禁止され、明暦大火後には姿を消した。

うだつ

初期江戸町家を特徴づける要素に「うだつ」がある。卯建・宇立・梲などの字を充てる。建物の側面、三角形の部分の壁を屋根より高く突き出したもので、防火壁との説もあったが、風雨でめくれやすい板葺屋根の端部を保護すると同時に、長屋建で商売を営む商人の自立性を示すサインとして用いられるようになる。これが転じて「うだつが上がらない」とは、一人前になれないことを意味するようになった。

庇

江戸後期の江戸と京坂の風俗を比較した『守貞謾稿』に「江戸の市店、表庇上と庇下は三尺を出す、庇下三尺前に出る也、火災の時、数人屋上に上りて倒れざるの備へ也、京坂は表柱も庇上下一にて直立也、江戸にて是を大坂建と云て官禁とす」とある。町割の項にあるように、明暦大火を契機に一間幅の「庇下通道」が造られた。出光本『江戸名所図屏風』や歴博本『江戸図屏風』にも庇下通道は描かれており、大火前にすでに存在した庇下通道を、大火後に制度

図1　三階櫓復原模型（国立歴史民俗博物館蔵）

化し普及させたものである。この時、本町通り・通町通り以外については、釣庇、つまり柱のない庇と定められたが、やがて柱を立て、庇下を占有化するようになる。この庇をもつ町家の形式は、江戸を中心に関東近郊、さらには仙台などにもみられるようになり、京坂にはない、江戸の独自性を示すようになる。

瓦葺・塗屋造・土蔵造　初期の江戸の町家には、板葺石置屋根が多かったが、中心部では瓦葺も普及していた。ところが、明暦大火後、幕府は倉庫以外の瓦葺を禁止する。防火上有効な瓦葺をなぜ禁止したのか。火事の際、瓦が落ちてけが人が出たからとされるが、本来の意図は、金のかかる瓦葺を避け早期復興を目指したことにあろう。

享保改革期、幕府は江戸の不燃都市化を目指して、土蔵造・塗屋造・瓦葺を許可する。しかし、許可だけでは経済的負担の重い土蔵造などへの建て替えは、いっこうに進まない。そこで地域を定め補助金を出して、瓦葺を強制した。これにより表店の不燃化は進んだが、裏長屋は依然として板葺が多く、防火用に蛎殻《かきがら》を載せるものもあった。

大　店　江戸の町屋敷は、一般的に奥行は京間二〇間（三九メートル）あり、間口は経営規模によりさまざまである。通一丁目の白木屋（大村）、駿河町の越後屋（三井）などは大規模な土地を所有し、道に面して店舗を建て、裏には商品などを蓄える土蔵などを建てた。奉公人は店舗の二階に集団で起居した。

禁止されなかった三階櫓　三階櫓は、江戸では禁止され、明暦大火後に姿を消す。いっぽう、大坂の高麗橋の袂には幕末まで三階櫓が建っていたことが、寛政七年（一七九五）の『摂津名所図絵』や安政二年（一八五五）の『浪華の賑い』に紹介されている。また、仙台城下の中心である芭蕉の辻四隅には、二階建ではあるが、屋根に龍や兎を乗せた城郭風建物が建ち、明治維新後も名所として紹介された。

土蔵造と塗屋造　いずれも外壁を城郭のように土壁とし、漆喰で仕上げる。土蔵造では、さらに窓や出入口にも土戸を建て込み、火事の際にはそれを閉め目塗りをして建物内に火が入らないようにする。耐火性能は土蔵造の方がはるかに高い。

表店と裏長屋

一般の町屋敷は、奥行は京間二〇間、間口は五間から一〇間、鰻の寝床と言われるような細長い敷地であった。道に面して表店を数棟建てる。表店は、前を店舗とし、裏と二階を住まいと倉庫とした。表店の間の木戸を入ると路次《ろじ》の先に裏長屋がひしめいている。裏長屋の各戸は、四畳半か六畳一間の前に一畳半の土間が付き、ここに流しと竈が設けられる。便所もなければ押入もない。便所・上水井戸・ゴミ溜などは、裏長屋の一角に設けられた共同施設を利用した。井戸端会議こそ江戸庶民の生活の基本であり、濃密な人間関係がはぐくまれた。

（波多野純）

【参考文献】 伊藤鄭爾『中世住居史』（東京大学出版会、一九五八年）、波多野純「江戸の町家」（村井益男編『日本名城集成四　江戸城』小学館、一九八六年）、小木新造・竹内誠編『江戸名所図屏風の世界』（岩波書店、一九九二年）。

土蔵（どぞう）

消えた土蔵

土蔵、つまり周囲を土壁で塗り込めた倉庫は、中世の絵巻物『春日権現験記絵』に、すでに登場する。大切なものを火災から守る土蔵は、古くから建てられた。

中世の高利貸業者が「土倉」と呼ばれていることから、京の町にも土蔵は建てられていたと考えられる。ところが、中世後期の京都を描いた上杉本『洛中洛外

図2　通一丁目の町家（国立歴史民俗博物館蔵「日本橋・江戸橋広小路復原模型」）

図屏風』に、土蔵は描かれていない。このことに早くから注目した伊藤鄭爾氏は、何らかの政治的配慮により意図的に抹消されたのではないか、とされた。いっぽう、池浩三氏は、土蔵は確かに存在したが、主屋に建てぐるみの内蔵であるため、外からは見えないとされた。『春日権現験記絵』には焼け跡の場面が描かれているが、周囲の木造の建物が焼け落ちた跡に、内蔵の土蔵だけが焼け残ったように見える。近世初頭の、林原美術館本や南蛮文化館本『洛中洛外図屏風』では屋敷地の裏あるいは道に面して多数の土蔵が描かれるが、このほかに町家の二階の屋根を突き抜けて建つ三階分の高さのある土蔵が見える。当時、火事とともに恐ろしいのが盗賊であり、その対策として土蔵を建物の中に建てる内蔵の発想も肯ける。

いっぽう、江戸の土蔵について、出光本『江戸名所図屏風』では数棟に過ぎないが、歴博本『江戸図屏風』では、道に囲まれた区画の裏に、一、二棟、白または鼠色の土蔵があり、かなりの数に上る。また、出光本『江戸名所図屏風』には近世初頭の『洛中洛外図屏風』ときわめてよく似た、屋根を突き抜けた土蔵が見える（図1）。

店蔵の系譜

江戸には店蔵と呼ばれる、京都には少ない耐火的な店舗形式が存在する。この店蔵には、二つの系譜がある。ひとつはもちろん土蔵である。一七世紀後半には、河岸地つまり川沿いの荷揚場に土蔵を建て、それを店舗や住まいとして利用する者がいた。河岸地は公儀地であり、土蔵の建設

図1 出光本『江戸名所図屏風』に描かれた屋根を突き抜けて建つ土蔵（出光美術館蔵）

は本来許されないが、河岸地に土蔵が建ち並ぶことによる延焼防止効果から幕府はその建設を追認する。享保改革期になると、幕府は江戸の不燃都市化を目指して、土蔵造、塗屋造、瓦葺を奨励し、さらに地域を定めて補助金まで出して強制的に推進する。

もうひとつの系譜は、城郭建築である。初期江戸には、三階櫓と呼ばれる城郭風の建物が、町人地の交差点に面して建っていた。城郭建築は、土蔵と同様に漆喰塗でありながら、外観の柱や梁、長押などの形を壁の凹凸で表現している。屋根も入母屋造で、伝統的な建築の格式を表現したのであろう。いっぽう、土蔵の場合は、平らな壁である。三階櫓は明暦大火後に姿を消すが、同形式の二階建の店蔵は普及した。

白から黒へ

土蔵や店蔵の壁は漆喰塗で、白が基本である。ところが、幕末から明治の写真を見ると、江戸・東京の表通りには、真っ黒な店蔵が並んでいる。文化六年（一八〇九）、津山本『江戸一目図屏風』に描かれた町並みの建築はほとんどが白である（図2）。一部に黒の土蔵が見えることからすれば、絵師鍬形蕙斎は白と黒を描き分けており、白の印象が強かったことになる。同時期、長谷川雪旦が描いた『江戸名所図会』の挿画でも、店蔵は白と黒に描き分けられており、白が多い。ところが、天保年間から幕末にかけて黒が主流となって行き、明治時代の町並みもほとんどが黒である（図3）。

黒壁は必ずしも上等な趣味とは思えない。しかし、手間暇はかかる。黒壁にな

図2　津山本『江戸一目図屏風』に描かれた土蔵はほとんどが白色（津山郷土博物館蔵）

城郭風の意匠　建築の壁には、真壁と大壁がある。真壁とは、伝統的な和室の作り方で、木の柱をそのまま見せ、柱と柱の間に壁を造る。いっぽう、大壁は、柱を隠すように柱の外側に壁を作る形式で、一枚の大きな壁となる。城郭では、柱や梁も土壁で塗り込めるが、その形だけは凹凸で示すのが比較的古い形式である。

る頃から、その他の意匠も、くどく豪華になる。鬼瓦は巨大になり、軒蛇腹や窓の意匠も手の込んだものとなる。この時代、鎖国下でありながら、西欧の知識や技術がどんどん入ってくる。ところがそれを外へ向かって展開するチャンスがない。閉塞状況下で、職人の技は精緻を極める。寺社建築に付く彫刻が細密化するのもこの時代である。変化朝顔と呼ばれる、様々な形の花びらの変種朝顔が登場するのもこの頃である。庶民の満たされない欲求の発露がここにある。

土蔵の書斎

最後に、奇妙な土蔵を紹介しよう。儒学者・大学頭林述斎の八代洲河岸（現在の千代田区丸の内二丁目）上屋敷に設けられた、宝庫斉と呼ばれる土蔵造・二階建の書斎である。一階を宝庫とし、二階は半分を書斎、残り半分を室内庭園とする。室内庭園には小砂利が敷かれ、木彫りの動物を並べた。二畳と三畳からなる書斎は天井板に桐と水松（アララギ）の杢板を用いるなど凝った意匠であった。特にユニークなのは、二階の四隅の棚に水鉢を据え、その上へ銅製の漏斗状のものを伏せ、その先端を外へ出して吸気口とした装置である。周囲が火災の際、入ってきた熱風が水鉢にあたり冷えた空気を吸えることで助かるとの発想らしい。果たして効果の程は。

（波多野純）

図 3　『狂歌東都花日千両』に描かれた黒の町並み（通一丁目）部分
（東京都立中央図書館東京誌料文庫所蔵）

穴蔵（あなぐら）

穴蔵とは何か

「穴蔵」というと、野生動物の巣穴のようなものを想像されるかもしれないが、江戸で穴蔵といえば、それは立派な地下室のことである。三井越後屋では、高さが約二メートル、間口・奥行きが三・六メートル四方という、裏長屋の一室よりも広いような穴蔵を、店舗内や台所などに何か所も設置していた。

その普及は、「明暦の大火」の際、穴蔵に入れておいた財産が焼け残ったという話が広まって以来急速に加速し、裏長屋住まいの者まで穴蔵を設置し、江戸の土地の十分の一は穴になったとまで称された。しかし一口に穴蔵といっても、その形態はさまざまであった。正方形だけでなく長方形のものもあれば、ドーム状のもの、また半地下式の穴蔵もつくられている。そして内部に降りる際梯子を用いるもののほか、地盤の固い関東ローム層につくられた穴蔵には、階段のつけられている事例も確認されている。

日本橋や芝など、地下に水分を多く含んだ低地地域に設置されていた穴蔵の多くは木製で、ヒバや杉などが用いられていた。また、舟板の廃材が再利用される場合もある。つまり、防水性の高い建築資材を用いていたのである。こうした板材の隙間には、〝チャン〟と呼ばれる防水接着剤や、槙肌《まいはだ》という樹木の繊維など

裏長屋　俗に「九尺二間の裏長屋」などといわれるように、その多くは一〇平方メートル弱から一五平方メートル程度の零細住宅で、店賃は明和九年（一七七二）日本橋通一丁目における一三平方メートルほどの裏長屋の場合、ひと月銀一八匁であった。

関東ローム層　今から一万年前ごろに相当する更新世末期に噴火した富士山の火山灰を中心として形成された地層。関東およびその周辺地域に分布している。

チャン　松ヤニ、ある種の粘土の粉末

が詰められ、水漏れを防いだ。こうした防水技術を駆使して穴蔵をつくっていたのが穴蔵大工であり、資材の調達から大工の手配まで、穴蔵づくりの一切を仕切っていたのが、いわば工務店の穴蔵屋であった。

穴蔵の用途

穴蔵最重要の用途、それは防火倉庫である。火災発生の第一報が届くと、まず穴蔵の中に物資を運び込む。そして、入り口に蓋をして渋紙を敷き、砂をムラのないように広げてよく踏みつけ、そこに水をよく湿らせた畳を一枚かぶせて、さらにその上に水を満たした桶を置く。こうしておけば、家屋が焼け落ちても、その衝撃で桶が壊れ、水があふれ出し、畳を湿らせて一層類焼しにくくなるという仕組みであった。穴蔵は土蔵と違い、外部と接しているのは天井部分だけである。日ごろから破損箇所を入念に修理しておけば、火の侵入を防ぐことは、土蔵よりたやすいことであった。

また穴蔵には、金庫としての用途も見られる。三井越後屋では、秘密の保留金のことを「穴蔵金」と呼んでおり、同家では穴蔵用の銅製千両箱が使用されていた。また、浅草で札差を営んでいた泉屋住友では、通常「勘定場」の地下に設置していた穴蔵に、売上金などを保管していた。ところが、幕末のある日強盗が侵入、たまたま戸棚にしまわれていた売上金の一部が奪われてしまった。しかし、穴蔵の方は無事だったのである。穴蔵は他にも、収納庫や、時には人間の〝隠れ家〟などにもなり、人それぞれ、さまざまな用途で利用されていたのである。

である地の粉、エゴマの種子から取った荏油《えのあぶら》などを、熱しながらよく練り合わせてつくる接着剤・防水剤。樽のフタや、御棺のフタを接着させる際などにも、使用されていた。

穴蔵屋　穴蔵のほか、雪隠・湯殿・流しなどの設置を請け負っていただけでなく、上水工事にも参加していた、いわば防水工事の専門業者。なお、穴蔵大工は、技術的には船大工や橋大工の系統を引くと考えられている。

泉屋住友　浅草諏訪町で営んでいた札差は「泉屋甚左衛門店」といい、「浅草米店」とも呼ばれる。宝暦五年（一七五五）、同家の銅吹所跡に正式開業。維新後、幕臣相手の札差業は立ち行かなくなり、明治二年（一八六九）に廃業している。

穴蔵にかかる経費

火災にも泥棒にも強い穴蔵、しかしひとつだけ弱点があった。それは〝水〟である。三井越後屋では、穴蔵の防水性を高めるために厚さ約一八センチもの板材を使用していた。そのため建築費は莫大で、たとえば元文元年（一七三六）に設置された、一三平方メートルほどの面積を持つ穴蔵の建築費用は金一二九両、一六平方メートルほどの穴蔵で金一七二両であった。つまり、一平方メートルあたり金一〇両前後が費やされていたことになる。そしてこの金額のおよそ八〇パーセントが、材木購入代金にあてられていたのである。

しかし、いくら防水性の高い資材・技術で穴蔵をつくっても、年数を経るに従って地下水が板材を浸食し、徐々に腐敗させ、頻繁な修理が必要となる。三井越後屋で、宝暦一二年（一七六二）におよそ金一〇〇両を費やして設置した穴蔵の場合、文政二年（一八一九）に廃棄されるまでの五七年の間に、四度にわたる天井修理が行われ、合計金一一四両あまりが投入されていた。

もっとも、資産の豊富な三井越後屋の事例を一般的なものとすることはできず、もっと安価につくられたと思われる穴蔵の遺構も、現在では多く検出されている。とはいえ、江戸で生活する人びとは、少なからず資金と手間をかけ、穴蔵を維持・管理し、自己責任において災害や犯罪から財産を守っていたのである。

（小沢詠美子）

【参考文献】 小沢詠美子『災害都市江戸と地下室』（吉川弘文館、一九九八年）。

穴蔵（「目黒行人坂火事絵巻」国立国会図書館蔵）

都市施設

湯島聖堂（ゆしませいどう）

湯島聖堂

林家は将軍家光から寛永七年（一六三〇）江戸上野忍岡に別屋敷を賜給され、書庫・学寮を建設した。同九年に先聖殿（孔子廟）も創建された。この廟はほとんど尾張藩主徳川義直の援助によるものであり、孔子および願子・曾子・子思・孟子の諸像が安置された。その後、慶安四年（一六五一）に修理、また、明暦の大火で焼失すると、寛文元年（一六六一）に再建がなされ、ともに幕府が費用を出している。元禄三年（一六九〇）七月、将軍綱吉は湯島昌平坂に先聖殿の移転を命じた。従来と様式は同じであるが、規模は大きくなり、聖堂と称されるようになった。将軍吉宗は、士庶の精神教育の場と意図したが、明和九年（一七七二）・天明六年（一七八六）の火災以後、再建しても規模は縮小し簡素なものとなった。

松平定信の老中就任後の寛政一一年（一七九九）、一転して聖堂は大規模に改築

昌平坂　現東京都文京区湯島

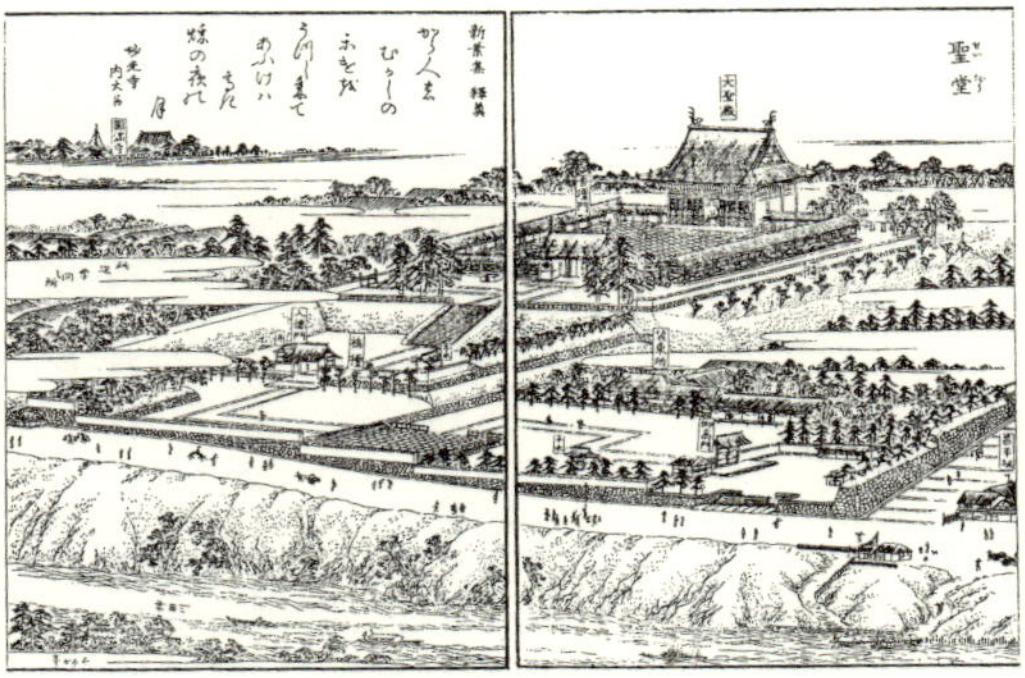

聖堂（「江戸名所図会」）

された。朱舜水制作の模型を取り寄せて参考にし、また、従来の丹青の装飾文様ではなく、大成殿ほか諸門すべてを黒漆塗とした。殿内は高床式であったのを石敷とし、前廊の屋根裏に輪垂木を用い、屋根の大棟の両端に鬼犾頭《きぎんとう》を飾るなど、中国風のものとした。

昌平坂学問所　松平定信の老中就任とともに、柴野栗山・岡田寒泉らが聖堂付の儒官として招かれ、人材強化が計られた。幕府は寛政二年（一七九〇）に林家に対し、聖堂においてはもっぱら朱子学派によって儒学の教授や研究をするよう布達し、同時に開始された試験制度には朱子学派のみが用いられた。同年から学問所の開設が計画され、敷地の一角が昌平坂に面していたので、昌平坂学問所、俗に昌平黌と称した。聖堂および林家の学塾は幕府から収公され、寛政九年一二月に、旗本・御家人の子弟を教育する官立の大学校となった。

学問所には、寛政以後では古賀精里、佐藤一齋、安積艮齋らがいた。名実ともに幕府教学の中心となり、教育面のみならず、『寛政重修諸家譜』『新編相模国風土記稿』等の編纂にも関わった。幕末期には幕府の教育施設として全国でも規模を誇るものであった。維新で新政府に接収され文教関係の各種施設として使用された。明治五年には文部省の博覧会が行われ、同年、学問所あとに官立東京師範学校（現在筑波大学へと発展）が、同七年には女子師範学校（現お茶の水女子大学へと発展）が隣接して設置された。

（川崎史彦）

【参考文献】　徳川公継宗七十年祝賀記念会編『近世日本の儒学』（岩波書店、一九三九年）、

朱舜水（一六〇〇〜八二）　日本に帰化した明末、清初の儒者。柳川藩の儒者安東省庵が師事して生活を助け、後、水戸光圀に招かれ、水戸学に影響を与えた。

輪垂木　垂木は屋根面を形成するために、棟から桁へ渡す長い木材。輪垂木は反転曲線形の垂木。唐門・唐破風の下や中国風の天井の時などに用いるもの

鬼犾頭　城の屋根の棟に置く、しゃちほこと同類の魔除けの怪像。

西山松之助監修、内田知也・本田哲夫編『湯島聖堂と江戸時代』（斯文会、一九九〇年）。

和学講談所（わがくこうだんしょ）

塙保己一　和学講談所の創設建議者。一七四六〜一八二一。江戸時代中後期の国学者。武蔵国児玉郡保木野村で出生。七歳で失明。一五歳で江戸に出てまもなく、盲人としての修業のため四谷西念寺横町の検校雨富須賀一に弟子入りし、音曲・鍼医術を習い、萩原宗固（歌学）・川島貴林《たかしげ》（垂加神道）・山岡浚明《まつあきら》（故実学）らに国史・古典を学び、二四歳に賀茂真淵のもとで、『日本書記』以下六国史を学ぶ。安永八年（一七七九）、国史・国文などに必要不可欠の典籍を収めた『群書類従』の編纂を祈誓する。天明五年（一七八五）、水戸藩彰考館総裁立原翠軒の推挙により『源平盛衰記』の校正に参画。寛政四年（一七九二）麻布笄橋から発した大火に罹災。

和学講談所　翌寛政五年、保己一は寺社奉行に対し、歴史や律令の学問の場として、国学講談所と文庫の創設を願い出て許可されたことにより、麹町裏六番丁に和学講談所は創立された。

和学講談所で、同年から慶応三年まで存在する『御用留』によると、同所は、林家への書物・資料の提供、幕府からの装束・衣裳、先例・慣例など有職故実に関する質問を多くうけている。幕末には通商条約の一部修正案の起草を命じられ、

武蔵国児玉郡保木野村　現埼玉県児玉郡児玉町。

四谷西念寺横町　現東京都新宿区若葉。

彰考館　「大日本史」の編纂局の名。明暦三年（一六五七）水戸光圀が江戸駒込の別邸に史局を設けたのに始まり、それを江戸小石川の本邸に移した時に命名。その後、水戸偕楽園に移転。

裏六番町　現東京都千代田区四番町。

文案を提出している。

寛政七年、同所は寺社奉行の管轄を離れ林家支配となり、官立に準ずる機関となった。保己一は享和三年（一八〇三）、『続群書類従目録』の下書も完成させ、林家に提出するとともに、文化二年（一八〇五）表六番町小林権太夫拝領地に移転。彼は『群書類従』六七〇冊の刊行を文政二年に完了させ、同四年（一八二一）に七六歳で病没。

生前の文化三年に、林家の要請で命じられていた、仁和三年（八八七）～慶長八年（一六〇三）の実録の編纂と、武家に係わる職名・文書・兵器など全ての名目の類聚については、弟子の中山信名（平四郎）らが協力しあい、「武家名目抄」という名で事業を継承した。やはり生前の文化一一年頃から具体化した『続群書類従』の編纂は、文政五年、保己一の子忠宝《ただとみ》（次郎）が後を継いだが、いくつかの開板で終った。

文久二年（一八六二）に忠宝が暗殺されると、忠宝の子忠韶《ただつぐ》が和学所付となった。同年稽古所が併設され、国史律令および武家故実の講習、和歌文章の会が催されたが、慶応四年（明治元年、一八六八）に廃止となった。（川崎史彦）

【参考文献】 太田善麿『塙保己一』（吉川弘文館、一九六六年）、温政学会編『塙保己一研究』（ぺりかん社、一九八一年）、温故学会編『塙保己一論纂』上下（錦正社、一九八六年）、斎藤政雄「『和学講談所御用留』の研究」（国書刊行会、一九九八年）。

小林権太夫拝領地

現千代田区三番町。

医学館（いがくかん）

奥医師多紀元孝《もとたか》が、医師の子弟に漢方医術を教授しようと、明和二年（一七六五）江戸神田佐久間町（天文台跡）に建てた私立の医学校。

躋寿館《せいじゅかん》

躋寿館と命名した。翌年、元孝の死に伴い、子の元悳《もとのり》が後を継いだ。その後、明和九年（一七七二）、天明六年（一七八六）と再度火災にあい、再建となる。

医学館

躋寿館は寛政三年（一七九一）、幕府直轄となり、官医及びその子孫の教育や医書収集・校刊の機関とし、四〇歳以下の者を対象とする官立の医学館と称した。藩医・町医の子弟の入学は禁じられ、多紀元孝の子孫の元悳・元簡らが歴代後を継いだ。

同館の医育事業の内容は、講義、試験、臨床、出版検閲、施薬等、また、微細にわたる計画の実施であった。教課は、本草経、素問、霊枢、難経、傷寒論、金匱要略の六部、さらに経絡、鍼灸、診法、薬物、医案、疑問の六課であった。同館は、文化三年（一八〇六）また火災の類焼にあい、下谷新橋通りに移転。天保年間（一八三〇～四四）からは、町方の困窮病人に対して施薬も行った。同一四年（一八四三）町医師の聴講も許した。当時は、眼科・鍼科などの漢学医学書や本草科までの諸書の講読を主とした。明治二年（一八六九）種痘館と改称し医学所の所管となった。

神田佐久間町　現東京都千代田区内。

下谷　現東京都台東区内。

本草　植物。薬用のもとになる草。薬草。転じて、その他の玉石、禽獣、虫、亀貝など、薬用になる動植鉱物。本草書、本草学の略。

多紀元簡《げんかん》 一七五五〜一八一〇、元悳の長子。儒学を井上金峨に学び、医学を父元悳について修めた。寛政二年（一七九〇）に奥医師に抜擢された。同三年父の主宰する躋寿館が官立の医学館となると、父の助教として教育にあたった。同六年御匙見習となり、同一一年家督を相続して、同年に御匙となったが、翌年、将軍家斉の側室の出産に際しての感情のもつれがあり、享和元年（一八〇二）、寄合医師に左遷された。文化三年、医学館の類焼による移転とともに下谷新橋通に転居し、医籍の蒐集・校訂・覆刻につとめた。文化七年再び奥医師となったが、同年、五六歳で死去した。

主な著書に『傷寒論輯義』『金匱要略輯義』『素問識』『霊枢識』『扁倉伝彙攷』『脈学輯要』『医賸』などがある。元簡については逸話がある。彼は、医師が薬価を知ると療治が思うようにできないと考え、薬の値段を知ろうとしなかったという。

（川崎史彦）

【参考文献】 森潤三郎『多紀氏の事蹟』（昭和書房、一九三三年）、大塚敬節・矢数道明編『近世漢方医学書集成』41・48（名著出版、一九八〇・八一年）。

井上金峨（一七三二〜八四）江戸中期の折衷学派の儒者。初め常陸国笠間藩医。観斎。通称文平。名は立元。字は純卿。金峨は号。

御匙 奥医師となって、実際に将軍の側にあって診治に任ずるものをいった。

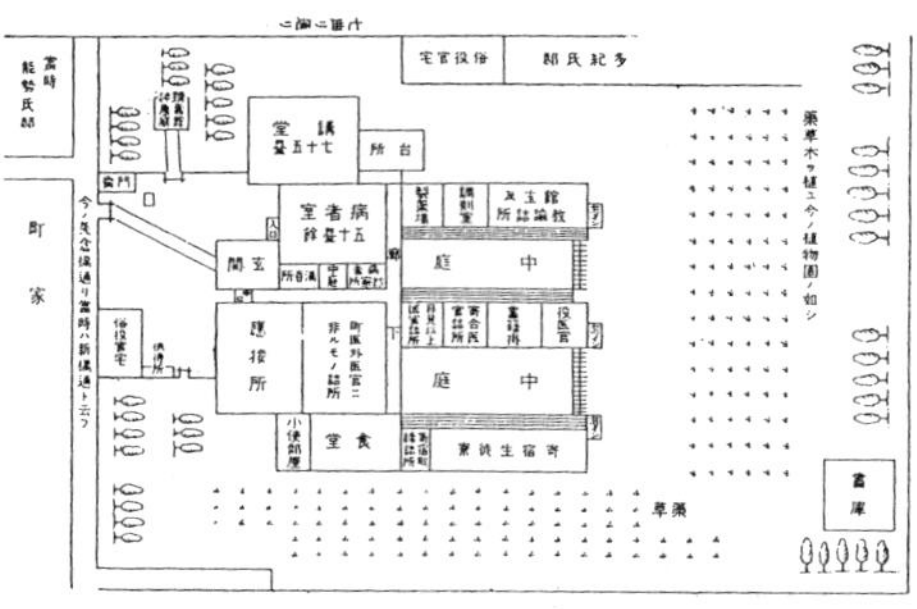

医学館の構内図（森潤三郎『多岐氏の事蹟』218頁）

長崎屋（ながさきや）

阿蘭陀《おらんだ》商館長の江戸参府

阿蘭陀東インド会社は、長崎通商の確保を第一義として出島に商館を開き、商館長を江戸へ参府させた。この始まりは慶長一四年（一六〇九）とされ、一時中絶するものの日蘭貿易が再開された寛永一〇年（一六三三）以降は恒例となり、以後、嘉永三年に至るまで通算一六八回の参府（通常一六六回、特派一回、天保五年含）が行われている。初期の江戸参府は、前年冬に旅行を開始し旧暦正月頃に将軍拝謁を済ませていたが、寛文元年以降は旧暦正月に長崎を出発し三月朔日頃に拝謁するよう改められた。また、寛政二年（一七九〇）には五年目、すなわち四年に一回となっている。一行は商館長・書記・外科医・助役などの阿蘭陀人と通詞《つうじ》・平戸藩役人（後、長崎奉行所役人）らが同行し、百名以上の行列で到着したこともあったという。旅行日数は凡そ九〇日前後、江戸では通常二・三週間前後滞在した。

江戸の定宿長崎屋

彼らの江戸宿所となったのが長崎屋である。長崎屋は日本橋本石町《ほんこくちょう》三丁目に所在した薬種屋江原源右衛門《えはらげんえもん》の屋号で、元はポルトガル人の宿所も勤めていたが、寛永一〇年に阿蘭陀人の江戸参府が定例化して以降は、ほとんどの場合で使節の「御旅宿御用」を果たしていた。商館長一行は、ここを拠点として登城し献上物の進呈および下賜品の拝領を受け

一六八回　天保五年の参府は、『オランダ商館日記』や『徳川実紀』にも記載がない。しかし、『甲子夜話』や鷹《たか》見泉石《みせんせき》『蘭人訳官出府名簿』など諸書で関連記事を確認できることから、実際に参府は行われていたものと考えられる。

ているのであるが、登城以外の外出は認められなかった。そのため長崎屋の周りには阿蘭陀人を一目見ようと大勢の人が集まり「一寸でも我々の姿を認めると歓声を挙げた」という。また、葛飾北斎の『畫本東遊《がほんあづまあそび》』には、長崎屋の阿蘭陀人を窓越しに眺め好奇心を示す江戸庶民の様子が描かれている。

こうした長崎屋の訪問には幕府の許可が必要で、初めは諸大名らに限られていたが、中～後期には数多くの蘭学者たちが日頃の疑問を問いただすため訪問した。その一方で、これを受け入れる側の阿蘭陀人の日記には「煩わしい訪問」とも記されている。しかし、外国人と接する機会の少なかった日本人にとって、長崎屋は貴重な外国文化との接点となっており、それと同時にシーボルト事件など数々の事件の舞台ともなっている。

（保垣孝幸）

【参考文献】 片桐一男『江戸のオランダ人』（中公新書、二〇〇〇年）。

蘭学者の訪問 蘭学の隆盛にともなって多くの人々が訪れており、明和八年（一七七一）、杉田玄白が『解体新書』の原書となる「ターヘル・アナトミア」を見たのもここ長崎屋である。

シーボルト事件 文政九年（一八二六）の参府に随行したドイツ人医師シーボルトが、持ち出し厳禁となっていた蝦夷地測量図や葵紋付小袖などを入手したことが後日に発覚し、関係者一同が処罰された事件。長崎屋主人源右衛門は手鎖五〇日に処せられている。

養生所（ようじょうしょ）

施薬院設立の投書

享保七年（一七二二）一月、麹町一二丁目（現新宿区）に住む町医者の小川笙船《しょうせん》という者が施薬院の設立を願う訴状を目安箱に投書した。当時、江戸の下層社会には独身者が非常に多く、病気にかかっても医者に診てもらうばかりか、看護する家族もいないため悲惨な状況を呈していた。この窮状を見兼ねて、笙船は無料で医療が施される施薬院の設置を

目安箱 享保六年（一七二一）八月、幕府は毎月二日、一一日、二一日の月三回、評定所の前に目安箱を置き、町人・百姓の投書を許した。将軍が手ずからその内容を読み、施政に有用な内容を取り上げたが、養生所の設置はその象徴的な事例である。

嘆願したのである。

笙船の訴状をみた将軍徳川吉宗は、そのような都市社会の現実を踏まえて、町奉行大岡忠相・中山時春に施薬院の設立を指示した。同年一二月、名称も施薬院から小石川養生所に改称された上、小石川御薬園内（現文京区）に開設された。

ところが、当初は無料医療施設としての趣旨が徹底せず、薬園内の薬草の効果を試すための施設であるとの悪評もたったため、入所希望者は非常に少なかった。そのため、翌八年（一七二三）七月以降、町奉行所では江戸中の町名主を養生所に集めて施療の様子を見学させたり、入所手続を簡略化したり、診療科を増設（外科・眼科）した。その結果、入所希望者は次第に増え、早くも同年九月定員が四〇人から一〇〇人に増やされ、一八年（一七三三）には一一七人となった。病棟も四棟（一棟は女性用）に増設された。

入院生活　養生所には本道（内科）二人、外科二人、眼科一人の医師が置かれた。本道・外科の医師は一日交代で診療し、眼科の医師は三日に一度来所して診療にあたった。当初は通院して治療・投薬を受ける患者もいたが、間もなく通院制は廃止され、入所希望者のみ医師の診断を受けた上で入院し、治療を受けた。入所期間の上限は八カ月であった。町奉行所からは与力・同心が派遣され、養生所の医療活動を監督した。

入所者の身辺の世話をする看護人としては看病中間が六人、食事の世話をする賄中間が五人置かれた。女性病棟には別に女看病人が二人置かれた。入所者には

小石川御薬園　現在の東京大学大学院理学系研究科附属植物園。享保六年（一七二一）、四八〇〇坪から四万四八〇〇坪に大拡張され現在の規模となる。園内には多様な薬草が植えられたが、同二〇年（一七三五）には、青木昆陽が飢饉用の救荒食として甘藷（サツマイモ）の試作を開始。

夏は帷子、冬は布子が支給された。冬季には、木綿袷袋で包んだ一升徳利が湯暖甫として配付された。入浴は五・一五・二五日の月三度であった。

養生所の腐敗　しかし、開所後しばらくたつと、入所希望者が減少するようになり、特に天保期（一八三〇年代）には激減してしまった。幕府から給付される役料が少なかったため医師が投薬を嫌がるなど、治療に対する姿勢が非常に不熱心だったのである。看病中間には入所者へ支給される諸物品を着服する行為もみられ、夜は博奕・酒盛りに耽っていた。賄中間にも、余った飯を転売する不正行為がみられた。さらに、病室の臭気は甚しく、生活環境は劣悪であった。このような養生所の施療活動を改善すべき立場の与力・同心も、縁側から見分するのみで病室にさえ入らないという怠慢さであった。こうした実態を背景に、入所希望者が激減したのである。

町奉行所では、医師や与力・同心に職務精勤を命じ、看病中間らに対しては不正行為を厳禁するなどの改善策を何度となく取った。しかし、状況はさほど好転せず、明治を迎えるとともに、養生所はその歴史を閉じる。

（安藤優一郎）

【参考文献】　南和男『江戸の社会構造』（柏書房、一九六九年）。

町会所（まちかいしょ）

七分積金の徴収

町会所は松平定信による寛政改革の最中の寛政四年（一七九二）に、米価が高騰した際江戸の窮民に御救米・銭を支給する行政機関として、向柳原（現台東区）の地に設置された。天明期の大飢饉（一七八〇年代）が招いた江戸の町の米価高騰、それを原因とする大規模な米騒動に対する幕閣の深刻な危機感が背景にあった。町会所がおこなう救済事業の資本金には、江戸の町の運営費である町入用の節約分の七割（七分積金と称される～年間二万両余）が充てられた。

籾と玄米

町会所はこの資金をもって、江戸周辺や諸大名の領内から籾や玄米を大量に購入し、収納する蔵を向柳原や深川に築造した。玄米は長期間の保存は効かなかったが、迅速に御救米として支給できた。これに対し、籾は長期間保存可能であるものの、摺り立てるのに手間がかかった。そのため、双方の損益を考慮し、籾と玄米を並行して購入したのである。

町会所へは町奉行所から数人の与力・同心が派遣され事務を取ったが、実際の運営には江戸の大商人から選定された勘定所御用達が関与し、手腕をふるった。米穀の売買・保存・詰替など囲籾（米）の管理面では、米穀商人から選定された米方御用達がその実務にあたっていた。

松平定信　天明七年（一七八七）、三〇歳の時、陸奥白河藩主から老中首座に就任し、寛政改革を主導。翌八年（一七八八）正月二日に、本所霊岸島の吉祥院に奉納した願文で、米価安定のため自分や妻子の命を懸けると祈願。深川江戸資料館近くの霊岸寺に葬られる。（→九四・三二二頁）

町入用　地主が所持する町屋敷の規模に応じて支出。寛政二年（一七九〇）の数字によれば、江戸の町全体で年間平均一五万両余。

勘定所御用達　幕府の経済政策に参画させるため、三谷三九郎ら江戸在住の豪商から選定。拠出させた潤沢な資金を元に、幕府は米相場を操作。

米方御用達　深川北川町の米穀商近江屋喜左衛門らが任命される。三谷ら勘定所御用達は、米相場の操作にあたっ

救済事業の多様化

数十万人にも及ぶ江戸の下層民の存在、そして江戸の都市社会を度々襲った災害は、町会所の救済事業を拡大させていった。米価高騰時のみならず、喧嘩と並んで江戸の華とされた火災で焼け出された窮民や、隅田川などの氾濫による水災の罹災者にも御救米・銭が支給されたが、コレラや風邪など疫病の流行時には下層民全体をその対象とした。生活困窮者には平時にも、家族数などに応じて御救米・銭が支給された。さらに、積金は地主が拠出したものであったため、普請費用の低利貸付という形で、地主の家屋敷経営の補助にも役立てられた。また、備蓄米の購入や詰替業務を通じて、幕府の米価調節にも大きな役割を果した。

町会所はこれらの機能を通じて、特に天保飢饉時（一八三〇年代）には、江戸の都市社会の安定に大きく貢献した。しかし、救済事業が度重なったことで、幕末には積金や備蓄米が充分に蓄積できなかった。そのため、慶応二年（一八六六）の米価高騰時には、町会所は本来の機能を果し得ず、逆に窮民の怨嗟の的となってしまった。

明治の町会所

明治に入っても暫くの間、町会所は救済事業を継続していたが、明治五年（一八七二）五月、町会所は廃止された。その資産は、町奉行所に代って東京の市政を担った東京府の意向を汲みながら、渋沢栄一が会頭をつとめた東京会議所による道路・橋梁修築事業、ガス事業などに運用され、東京の文明開化に大きな役割を果していく。

（安藤優一郎）

ては、米方御用達の意見を参考。

渋沢栄一　明治の経済界に大きな足跡を残した実業家。定信に傾倒し、定信の伝記である「楽翁公伝」の刊行に携わる。

【参考文献】　川崎房五郎『都市紀要七　七分積金』（東京都、一九六〇年）、安藤優一郎『寛政改革の都市政策―江戸の米価安定と飯米確保―』（校倉書房、二〇〇〇年）。

牢屋敷（ろうやしき）

小伝馬町の牢屋敷

江戸の町には、町奉行支配に属する小伝馬町牢屋敷（現中央区）と関東郡代支配に属する本所牢屋敷（現墨田区）の二つの牢屋敷があった。小伝馬町の牢屋敷は、蘭学者高野長英や長州藩士吉田松陰らが収監されたことでも知られる。

同所には、町奉行所与力・同心が月に四度見廻ったが、町奉行所のほか、火付盗賊改や寺社奉行所・勘定奉行所・評定所関係の事件の囚人も収容されていた。その規模は二六七七坪であり、周囲には堀が設けられていた。牢屋敷の管理は石出帯刀がおこない、その支配下の同心は幕末には五八人であった。炊事などは牢屋下男があたった。

囚人が取り調べを受ける時は、牢屋敷から当該の役所に送られ、取り調べが済むと再び牢屋敷に収監された。つまり、収容された囚人は主に未決囚であった。刑が確定すると、執行までの期間収容され、死刑や入墨刑の者は、同所で執行されるのが通例であったが、磔や獄門の場合は鈴ケ森（現品川区）や小塚原（現荒川区）の刑場で執行されることになっていた。

高野長英　文化元年（一八〇四）～嘉永三年（一八五〇）。陸奥国水沢（現岩手県）の出身。長崎でシーボルトに医学を学び、江戸で開業。幕府の対外政策を批判したため、天保一〇年（一八三九）に投獄され、永牢の判決が下る（蛮社の獄）。その後、牢名主となるが、火災（放火）での解き放ちに乗じてそのまま逃亡。しかし、江戸青山の隠れ家を囲まれて自害。

吉田松陰　天保元年（一八三〇）～安政六年（一八五九）。萩藩毛利家の家臣。松下村塾で明治維新の原動力となった多くの志士を育てる。大老井伊直弼による安政の大獄で投獄され、斬首に処せられた。

牢内の生活

牢屋敷では、身分により収容施設が異なっていた。五〇〇〇石未満の旗本や高位の僧侶・神官は、揚座敷（備後表の畳）に収容された。御家人・陪臣（大名の家来）・一般の僧侶・神官は揚屋（琉球表の畳）、町人・百姓は百姓牢、無宿は大牢、女性は女牢に収容された。病人と幼年の者は、元禄一二年（一六九九）と一三年（一七〇〇）に、浅草と品川に各々置かれた溜《たまり》に収容された。

牢屋敷には、常時二〇〇〜九〇〇人が収容されていた。牢屋敷では、囚人のなかから任命した牢名主をはじめ、牢内役人（高盛役人）が囚人の取締にあたる仕組みになっていた。蛮社の獄で投獄された高野長英が牢名主をつとめていたのは有名である。しかし、牢内役人に差し出す金銭次第で、牢内の待遇には雲泥の差があった。おおむね一〇両が相場であり、それ以上持参した者は優遇されたが、少ない者には折檻が加えられたという。吉田松陰が揚屋に入牢した時は一文も持っていなかったため、折檻を受けるところであったが、松陰を知っている者が牢内役人にいたため助かったという話が伝えられている。真に地獄の沙汰も金次第というのが実情であった。元々牢内の生活条件が極めて悪かったことも相まって、牢死者は年間二〇〇〇人にも及んだといわれる。

牢内の食事は朝五ツ時（午前八時）と夕七ツ半時（午後五時）の二食であった。朝夕食とも、飯のほか大根や茄子の入った汁が出された。入浴は月に三〜六度。現在で言えば散髪である月代《さかやき》は、町の髪結が出向いて無料でおこなっていた。

牢名主　在牢期間が長い者、あるいは牢内のしきたりをよく知っている者が選ばれた。牢名主の下に、名主代理の名主添役、囚人の出入りを改める角役、新入りの囚人に牢屋内の法を言い聞かせる役割の弐番役が置かれた。その下に、食べ物の運搬役や盛り付けを改める役などが、名主の申出によって牢内役人として任命された。

【参考文献】平松義郎『江戸の罪と罰』（平凡社、一九八八年）。

（安藤優一郎）

人足寄場（にんそくよせば）

無宿の増加

無宿とは庶民のなかで人別帳の記載を削除された者を指すが、その大半は貧困や不行跡による勘当のため離村せざるを得なかった農村出身の者であった。無宿となると、生活や仕事の場を求めて都市に流れる傾向があり、最大の都市人口を抱える江戸は無宿の数が非常に多い都市でもあった。こうして、江戸の下層社会には無宿が大量に滞留するようになったが、生活に窮する余り犯罪を犯す者も多く、無宿の取り扱いは歴代の町奉行の懸案事項となっていた。

享保六年（一七二一）には、無宿の者を収容して手に職を付けさせるため、溜を新設する案が検討された。この新溜案は、後年の人足寄場の原形と言えるものであったが、実現には至らなかった。安永九年（一七八〇）には、同趣旨のもと無宿養育所が設置されたが、短命に終った。そのような折、当時火付盗賊改として、江戸の治安を町奉行と共に担っていた先手頭の長谷川平蔵が、老中松平定信の諮問を受けて設置を建議したのが、無宿の授産・更生施設として知られる人足寄場であった。

無宿養育所　南町奉行牧野成賢が、無宿の授産・更生を目的に設置した施設。但し、逃亡者が多く、その意図は充分に果し得なかった。

石川島　現中央区佃二丁目。大川（現隅田川）の河口に堆積した三角洲。人足寄場設置当時は旗本石川正勲の屋敷があり、その裏手の葭沼地を整地して寄場が設置された。

中沢道二　享保一〇年（一七二五）～

寄場の生活

人足寄場は長谷川の尽力により、寛政二年（一七九〇）二月二八日、隅田川河口に浮かぶ石川島（現中央区）の地に開所となった。敷地の規模は一万六〇三〇坪であった。そのうち三六〇〇坪余が竹垣で囲まれ、長屋・小屋場などが置かれた。

寄場に収容した無宿は、石灰・炭団・紙の製造作業に従事したが、天保期には油絞りの作業にも携わった。そのほか、牢屋敷用の精米、神田川・外堀の浚いなどにもあたった。こうした作業により得られた報酬は積み立てられ、出所の際に渡された。作業は午前八時〜午後四時。食事は米と麦を混合したものであり、正月には雑煮、五節句には赤飯が出された。

手に職もつき、更生した無宿は、親兄弟・親類に引き渡したが、更生の手段として、寄場では毎月三回、心学の講話も開かれ、心学者として著名な中沢道二も、開所当時より講話をおこなっている。これは、人足寄場が更生施設としての性格を有していたことを象徴的に示すプログラムであった。

（安藤優一郎）

【参考文献】 人足寄場顕彰会『人足寄場史』（創文社、一九七四年）、平松義郎『江戸の罪と罰』（平凡社、一九八八年）。

享和三年（一八〇三）。京都の織職の出。亀屋久兵衛と称する。五五才で剃髪し、道二と号する。石田梅岩の弟子手島堵庵に学ぶ。安永八年（一七七九）に江戸に下向し、日本橋通新町（現中央区）炭屋八兵衛方に寄寓し、心学の教化活動を展開する。天明元年（一七八一）、炭屋方に参前舎を開く。寛政三年（一七九一）には、神田相生町（現千代田区）に参前舎の舎屋として一二〇畳敷の大道場を開いたが、その記念道話の時には一〇〇〇人余の聴衆が集まったという。庶民のみならず、大名にも多くの信奉者を持ち、松平定信も老中就任以前から道二の道話を聞いている。

日本橋（にほんばし）

近・現代の日本橋

現代の日本橋は、上に首都高速道路が覆い被さり、橋の全容すら掴みがたい、情けない姿である。明治四四年（一九一一）に現在の橋となり、近年、国の重要文化財に指定された。獅子や麒麟《きりん》の姿をした照明灯などの意匠設計は、妻木頼黄《よりなか》。明治建築界の重鎮のひとりである。橋名標は最後の将軍徳川慶喜の書。写真右奥の赤煉瓦は、辰野金吾が設計した大栄不動産（旧帝国製麻）ビル。数年前に、取り壊されてしまった。辰野は、工部大学校第一期生として、イギリス人ジョサイア・コンドルに教えを受け、イギリス留学後、東大教授として建築界に君臨した。国道の道路原標も日本橋にある。

日本橋の創架と繁栄

日本橋の創架時期は明確でないが、慶長九年（一六〇四）、日本橋を起点に各街道に一里塚を築くことが定められており、創架はその前年、慶長八年頃とされる。同時に、日本橋は江戸湊の中心であった。関西からの「下りもの」は、菱垣廻船・樽廻船で品川沖に到着し、瀬取船に積み替えられて、日本橋周辺の河岸へ運ばれた。房総半島からの木更津船は、直接ここまで入ってきた。このほか、屋形船・屋根船・猪牙船《ちょきぶね》などが行き交う、水陸交通の接点が日本橋であった。

寛永初期の様相を描く出光本『江戸名所図屏風』や、明暦大火以前の様相を伝

日本橋と大栄不動産ビル

江戸橋広小路　明暦大火（一六五七年）の後、幕府は日本橋川を重要な延焼防止帯と考え、その南側、日本橋と江戸橋との間に、火除土手を築かせる。さらに、町屋を取り壊し、火除地とした。しかし、江戸の真ん中の広大な明

える歴博本『江戸図屏風』でも、まさに町人地の中心として、日本橋を描いている。後に、「朝に千両（魚市場）、昼に千両（三井越後屋あるいは葺屋町堺町の劇場街）、夜に千両（吉原）」と言われるように、日本橋は繁華の中心であり、江戸を代表する景観として浮世絵などで全国に紹介された。

高札場

日本橋の南詰、西側には高札場、東側には晒《さら》し場《ば》があった。江戸市中の高札場のうち重要な大高札場は、日本橋南詰・常盤橋門外・筋違橋門内・浅草橋門内・麹町半蔵門外・芝車町札ノ辻の六カ所にあり、慶長一一年（一六〇六）に「永楽銭通用停止」の高札が日本橋に揚げられたのを最初とする。高札の内容は、忠孝の奨励、毒薬売買の禁止、キリシタン宗門の禁止、伝馬賃銭の定などで、日常生活に関わる重要なことや新鮮なニュースが掲示されるわけではなかった。出光本や歴博本では、高札の杭を直接地面に挿し、周囲を柵で囲った簡単な構造であったが、江戸時代後期の高札場は、石垣を積み、強固な柵を設け、屋根をかけた立派なものとなる。晒し場は、囚人に見せしめの刑罰を行う場である。

日本橋の構造

江戸時代の日本橋を復原する。日本橋は、江戸時代を通じて十数回架け直された。火事による焼失が多いが、腐朽による場合もある。文化三年（一八〇六）の『日本橋懸方御普請出来形帳』には、「一、日本橋　長弐拾八間、幅四間弐尺　壱ヶ所、橋杭三本建八側、行桁五通」とあり、規模や、三本組の橋脚を八カ所に建て五列の桁《けた》で繋いだことが分かる。また、

地を町人たちが放置しておくわけはなく、まず、蜜柑・西瓜・松飾など季節商品の商人が、仮設の売場を申請し許可された。やがて、小間物などを商う床見世や水菓子屋・水茶屋・講釈場・矢場が建ち並ぶ盛り場となる。火除土手も、瓦屋根をかけ、潮干魚などの貯蔵に利用された。

出光本と歴博本の視座　ふたつの屏風に描かれた日本橋の高札場を比較すると、出光本では誰一人として高札を見ておらずそっぽを向いているのに対して、歴博本では何人かの町人や武士が高札を仰ぎ見ている。出光本が民衆の視座から描かれたのに対して、歴博本は支配者の視座から描かれたためであろう。

「杭・梁・桁・水貫・筋違貫、槻木《けやき》ニ而」などと、橋脚や男柱（擬宝珠《ぎぼし》の付く柱）が欅《けやき》、床板や高欄の部材が檜《ひのき》であること、さらに金物の種類や数、擬宝珠は古いものを修理して使うことが分かる。しかし、各部材の寸法は記されていない。

いっぽう、文政一二年（一八二九）の『江戸向本所深川橋々寸間帳』は、次の架け替えの記録であるが、概略の規模は前回とまったく同じで「男柱差渡壱尺五寸、桁上五尺五寸、杭壱尺三寸、敷板五寸」と各部材の寸法が示されている。男柱は直径四五センチメートル、橋脚は直径三九センチメートル、床板は厚さ一五センチメートルもあることが分かる。また、京橋の記録に、「耳桁外面下端共鉋削、裏之方鹿子打」とある。鹿子打《かのこうち》とは、鹿の毛のように斑《まだら》に釿《ちょうな》ではつった仕上げである。人目に触れるところは、鉋《かんな》できれいに仕上げ、見えにくいところや橋脚は鹿子打であった。

擬宝珠

全部で一〇本の男柱や中柱には、銅製の葱坊主《ねぎぼうず》の形をした擬宝珠が取り付けられた。享保一九年（一七三四）に江戸市中の擬宝珠銘を調査した記録（享保撰要類集）によると、一〇のうち四に「万治元戊戌年九月吉日　鋳物御大工　椎名兵庫頭」とあり、明暦大火直後の万治元年（一六五八）再建の日本橋に用いられた擬宝珠が、後々まで使われた。そのうちのひとつが現存し、正確な形も分かる。残念な

復原日本橋（江戸東京博物館）

復原日本橋　江戸東京博物館の中に架かる日本橋は、橋の北側半分だけであるが、史料に基づいて、木材の種類・寸法なども正確に復原している。

がら、いずれの擬宝珠にも「日本橋」の橋銘は記されておらず、橋銘の由来についても、江戸時代にすでに分からなくなっていた。（波多野純）

【参考文献】 鷹見安二郎『東京市史外編六　日本橋』（〈復刻〉聚海書林、一九八八年）、波多野純『復原・江戸の町』（筑摩書房、一九九八年）。

両国橋（りょうごくばし）

両国橋の架橋　両国橋は、明暦三年（一六五七）の大火の後、万治二年（一六五九）にはじめて架けられた。隅田川の対岸・本所深川の開発を目的とし、その後の江戸の巨大都市化につながる。

両国橋は幾度となく架け替えられるが、その大きな要因は洪水による流失であった。長さが田舎間九四間（一七一メートル）もあり、川の曲折部にあたるため、洪水の被害を受けやすかった。橋の上流寄りに、芥留杭が並んで打たれている。洪水の時、上流の橋が流され、その部材などの流木が直接橋に衝突すると、橋を破損する。そこで、手前に杭を打ち、流木の向きを修正し衝突を避けた。また、「重り石」と呼ばれる一〇貫目（三七・五キログラム）以上の石を、東西の橋詰に千個用意し、洪水の際には、橋の上に積んだ。

異界を繋ぐ　両国橋は、武蔵国と下総国を結ぶ橋として、その名が付けられた。実際の国境は隅田川ではなかったともされるが、川向こうは

橋中番所　両国橋の真ん中あたりに、小さな小屋の橋中番所がある。篠田鉱造『幕末百話』（角川選書一四、一九六九年）によると、番人は葬列の数を数える程度でたいした仕事はなく、うなぎを盥《たらい》に入れて商っていた。うなぎは食べるためではなく、功徳のため川へ放してやるのだが、暑さ負けしたうなぎは川面にぶつかって死んでしまう。「放しうなぎでなくて、殺しうなぎ」。

両国橋西詰復原模型　江戸東京博物館蔵。老中水野忠邦による天保改革の際、芝居小屋などの取り締まりが行われた。この時の記録図面により、小屋の配置や名前、木戸銭などが分かる。

異界であった。川の西側は、江戸の町奉行支配地である。いっぽう、川向こうの本所深川は、本所奉行の支配に属した。江戸時代中期、正徳三年（一七一三）になって、すでに都市化していた本所深川は町奉行支配地に組み入れられ、行政上は江戸市中と一体化するが、異界のイメージは継承された。

東両国と回向院

両国橋の東西の橋詰は、いずれも広小路となっていた。しかし、東両国と西両国では、流れている空気にかなりの差がある。東両国には、死者の霊がさまよっている。回向院《えこういん》は、明暦大火の多数の焼死者を埋葬し、増上寺住職遵誉貴屋《じゅんよきおく》が追善法要をした場所である。諸宗山無縁寺《しょしゅうさんむえんじ》と称するように、その後も浅間山噴火・安政大地震など災害による無縁仏を広く受け入れた。今に続く隅田川の花火も、享保一八年（一七三三）に、大飢饉の死者慰霊のために料理屋が花火を上げたのが、はじまりである。両国の大相撲は、寛政三年（一七九一）の勧進興行が定着したものである。橋のたもとの川縁には、大山詣の水垢離場《みずごりば》があった。いっぽう、見世物小屋には、いかがわしい出し物が多かった。東両国は聖俗の混沌とする場所であった。

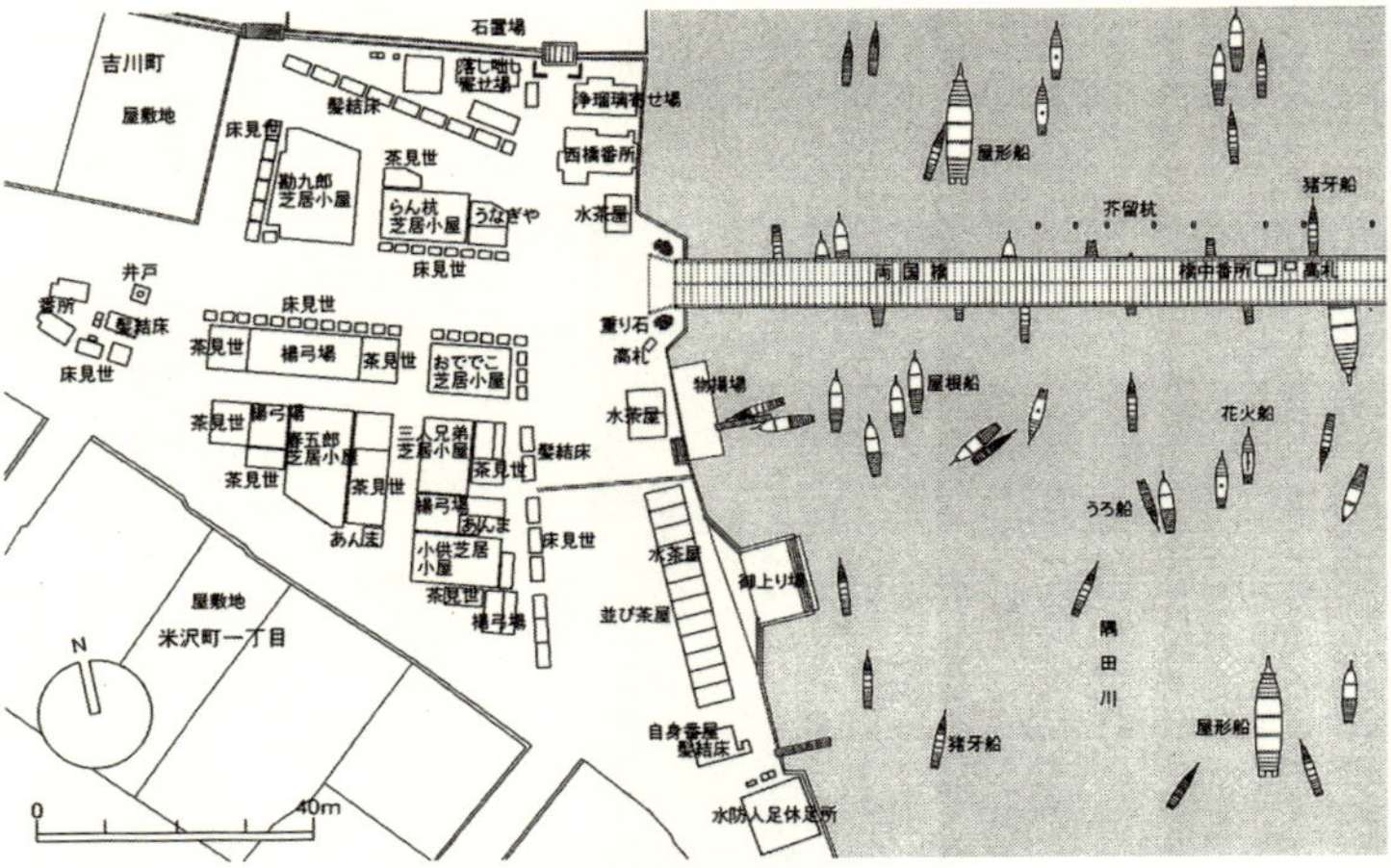

両国橋西詰復原図

江戸一の盛り場・西両国

風来山人こと平賀源内は、軽業・手品などの大道芸、すいか・飴（川口屋が有名）の屋台、浄瑠璃や歌舞伎の芝居小屋、茶店、媚薬屋と、種々雑多な芸人・商人が客を呼び、群集は諸国の人家を空にして集まったようであり、舞い上がるほこりは世界の雲がここから発するようにみえる、と両国橋西詰の繁華の様を描いている。まさに、江戸一の盛り場である。

西両国の広小路は、橋番や水防役を請け負う町人に区画を定めて貸与され、床見世や水茶屋、芝居小屋、髪結床などの地代店賃収入が、彼らの経費に充てられた。床見世では、古着・煙管・絵双紙・鼈甲細工・扇などさまざまな商品が商われている。三人兄弟芝居（明治座の前身）・春五郎芝居・勘九郎芝居やおでこ芝居・らん杭芝居の小屋は、丸太を組み、壁や屋根に、灘や伊丹からの下り酒の酒樽を包んできた莚《むしろ》や菰《こも》を使っている。

川端の水茶屋は、日中の暑い日差しを避けるために葭簀《よしず》を張っているが、夕方になると花火が見やすいように、巻いてしまう。花火は、江戸の夏を告げる五月二八日の川開きから三カ月の間、毎晩打ち上げられた。鍵屋・玉屋の花火船が屋形船などの間を巡り、スポンサーが付くと打ち上げた。

船遊び　高雄丸・山一丸・吉野丸などの屋形船は、贅沢な遊びで、芸妓や幇間、さらに板前まで引き連れ、船首に盆栽まで飾っている。屋根船は、庶民でもチャーターできる簡易な遊び船である。屋形船や屋根船の間を、西瓜や

高雄丸の看板　屋形船高雄丸の看板が中央区立築地社会教育会館郷土資料室に所蔵されている。これにより、屋根の勾配が分かる。屋形船は、屋根に水夫が乗り、竿で船を操るため、屋根の勾配は緩かった。

両国橋西詰復原模型・芝居小屋

焼きまんじゅうを売り歩くのがうろ船。

下見れば及ばぬ事の多かりき、上見て通れ両国の橋　宝井其角（『幕末百話』）

橋の上から屋形船を見下ろしても、あんな贅沢はできるはずもない。花火を見上げれば浮世のうさも忘れる。（波多野純）

【参考文献】　平賀源内「根奈志具佐四之巻」（日本古典文学大系五五『風来山人集』岩波書店、一九六一年）。

神田上水・玉川上水（かんだじょうすい・たまがわじょうすい）

都市施設としての上水　「金の鯱横目でにらみ、水道の水で産湯をつかった、ちゃきちゃきの江戸っ子」とされるように、将軍の膝元で暮らし――「横目でにらみ」は江戸っ子特有の風刺あるいは皮肉――都市施設としての水道の水を飲めるのが、江戸っ子の誇りであった。

開府当初の江戸には、白木屋の井、主水の井などすぐれた湧水が、数多く存在した。しかし、急激な人口の増加と都市化による環境汚染のため、湧水だけでは江戸市民の飲料水・生活用水をまかないきれなくなり、上水道が建設された。

上水網　江戸の代表的な上水は、神田上水と玉川上水である。神田上水は井の頭池を主水源とし、途中、善福寺川・妙正寺川の水、さらに玉川上水からの助水を合わせ、開渠で関口（目白下）大洗堰に達する。ここで、神田上

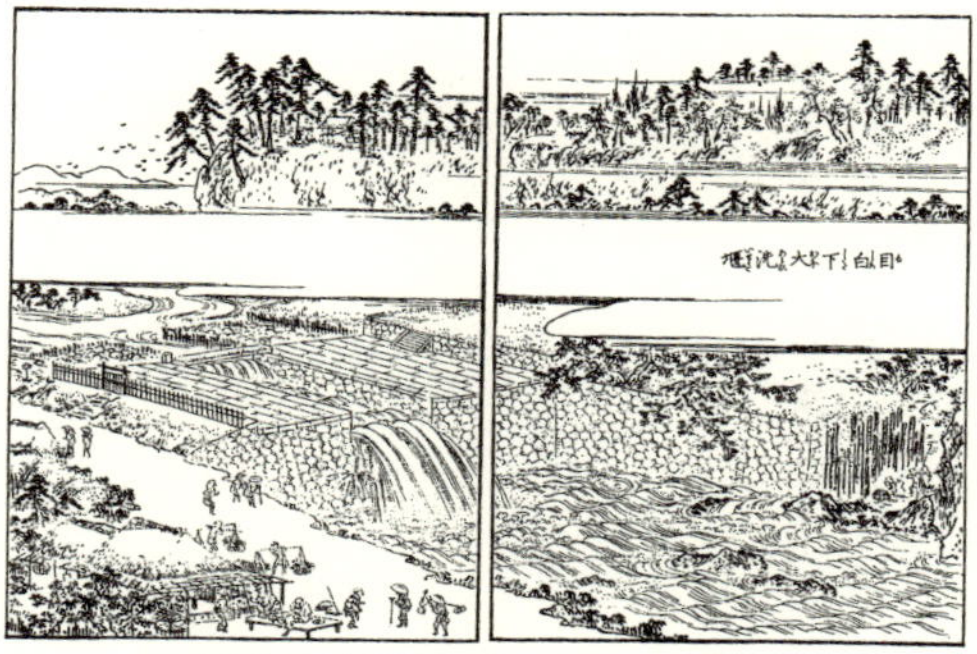

目白下大洗堰（「江戸名所図会」）

水としての水路と、神田川として外堀へ合流する水路に分かれる。神田上水は、水戸藩邸を通り、御茶の水（水道橋）掛樋《かけひ》で外堀（神田川）を渡り郭内へ入り、神田周辺の武家地へ給水の後、京橋川以北の町人地へ給水した。

玉川上水は、羽村で多摩川から取水の後、四三キロメートル余、武蔵野台地の尾根筋を開渠で流れ、四谷大木戸に達し暗渠となる。さらに、四谷門で数本に分岐する。四谷門の外堀を掛樋で渡った上水は、江戸城あるいは山王周辺の大名屋敷に給水する。四谷門の手前で分岐した上水は、虎ノ門・外桜田さらに大名小路周辺の大名屋敷に給水するほか、京橋川以南の町人地にも給水する。このほか、玉川上水の分水として、青山上水・三田上水・千川上水がある。また、野火止用水など多数の灌漑用分水があり、武蔵野の新田開発の大きな力となった。

神田上水の建設

神田上水は、『天正日記』天正一八年（一五九〇）条に「藤五郎まいらる、江戸水道のことうけたまわる」とあり、さらに「小石川水はきよろしくなり申、藤五郎の引水もよほどか丶る」とあることから、徳川家康関東入国に前後して、大久保藤五郎により建設されたとされる。しかし、同日記の史料性に問題があることは、古くから指摘されている。いっぽう、『慶長見聞集』に、「神田明神山岸の水を北東の町へながし、山王山本の流れを西南へながし、此二水を江戸町へあまねくあたえ給う」とあり、給水範囲など規模は不明なものの、江戸時代初期にすでに上水網が存在したことを窺わせる。『徳川実紀』元和四年（一六一八）条にも、「阿倍四郎五郎正之江戸の道路を巡視し、

『天正日記』　徳川家康の側近内藤清成の日記。天正一八年（一五九〇）関東入国前後の事情が分かる貴重な史料。明治初期に、江戸の都市研究に重要な役割を果した小宮山綏介が断簡を整理したとされる。天候・用語などに問題があり、偽書説が定着している（伊東多三郎「天正日記と仮名性理」日本歴史一九六号、一九六四、九）。ただし、偽書であるとすると、明治初期の江戸研究の水準の高さを窺わせる。

水道の事を沙汰せしめらる」とあり、幕府が上水道の管理を行っている。神田上水の開発者については、大久保以外に、後に神田上水水元役を勤める内田家の祖内田六次郎との説もある。

玉川上水の建設

いっぽう、玉川上水は、庄右衛門・清右衛門を請負人に、承応二年（一六五三）に羽村から四谷大木戸までが完成し、翌年虎ノ門まで水が届いた。玉川上水の上水網についても、すでに小規模な上水網が各所に存在し、それに多摩川の水を注ぎ込んで完成したと考えられる。寛永九年（一六三二）頃の様相を伝える『武州豊島郡江戸庄図』に、「溜池　江戸水道之水上」とあり、赤坂溜池を水源とする上水施設が存在した。『正保録』寛永二一年八月二日条にも「赤坂之水道破損ニ付而、為修復之奉行」とあり、赤坂の上水は幕府の管理下にあった。また、正保三年（一六四六）に水道修理を命じられた芝久保町も、後の玉川上水給水地域である。四谷駅前の発掘調査においても、玉川上水建設以前の、小規模上水が発見されている。

つまり、江戸には比較的早い時期から、湧水や溜池を水源とする小規模上水網が多数建設され、それを統合し水源を確保したのが神田上水・玉川上水であった。

暗渠と開渠

神田上水・玉川上水は、取水点からは開渠つまり河川状の水路で、市中では石樋・木樋など地中に埋めた水道管による暗渠であった。近世に全国の城下町に設けられた上水道をみると、東国では仙台・山形・米沢など開渠が多く、西国では桑名・赤穂・高松など暗渠が多い。これは城下町

四谷駅前の発掘　地下鉄南北線の建設にともない、数年前に連続的な発掘調査が実施された。江戸城外堀の外側にあたる四谷駅西側からは、大型の木桝と木樋、石組桝と石組の水路、上水木樋などが層状に発見された。その一部は、玉川上水建設以前の遺構と判断される。報告書では、考古学ばかりでなく文献史学・建築史学など多方面から検討がなされている。（地下鉄7号線溜池・駒込間遺跡調査会『江戸城外堀跡　四谷御門外橋詰・御堀端道・町屋跡―地下鉄7号線溜池・駒込間遺跡発掘調査報告書4―3』帝都高速度交通営団、一九九七年）。

の立地に由来する。つまり、東国では内陸の中世以来の拠点を城下町とした例が多く、山からの水路を利用する開渠となった。いっぽう、西国では舟運の便から城下町を海岸線へ移動した例が多く、急勾配の水路がとれない、地下水の水質が悪い、などの理由から暗渠となった。

江戸は、舟運による交易の便を重視して選ばれた土地であり、東国にありながら海に面する城下町である。このため、江戸の上水道には、西国的な暗渠が採用された。

（波多野純）

【参考文献】 波多野純「都市施設としての上水を通してみた江戸の都市設計」（鵜川馨他編『江戸とパリ』岩田書院、一九九五年）。

永代島（えいたいじま）

塵芥処置問題の発生

東京で、かつて「ゴミ戦争」が起きたことが物語るように、現代社会において消費の拡大とともに増え続けるゴミの処分問題は深刻である。東京では、清掃工場でゴミを焼却処分する一方で、ゴミ投棄による埋め立てが実施され、その象徴的な存在が東京湾の埋立地「夢の島」である。この方法による埋め立ては古く江戸時代中期に遡り、最初に実施された場所が永代島である。

江戸において塵芥《じんかい》（＝ゴミ）の処理が江戸市政において問題化したのは一七世

永代島　現東京都江東区の西で、深川富岡八幡宮から佐賀町一帯を称した。

紀中頃であり、慶安元年（一六四八）二月に塵芥・どろを利用した街道補修が禁止され、下水・表溝の塵芥浚いが強制され、同所への塵芥投棄が禁止され、また、翌二年六月に会所地《かいしょち》にある塵芥の取片づけが強制され、以後同所への塵芥投棄が禁止された。この二つの禁令は、当時江戸において、塵芥の再利用が道路保全の点から否定され、下水や会所地の塵芥が不必要なものと意識され、ゴミの処分が問題化し始めたことを示している。また、明暦元年（一六五五）一一月に舟運路の保全のために、川筋への塵芥投棄が禁止され、船で永代島への塵芥投棄が強制された。もはや江戸で塵芥は再利用できず、指定塵芥処分地である永代島に投棄されることになったのである。永代島は、隅田川河口にあり、一帯は葦・萱の茂る湿地が各所に残る浦のような状態であった。ここへ塵芥を捨てるには、江戸の町々からこれを特定の河岸へ集め、そこから永代島へ運搬する必要が生じた。つまり、この時点を境に、江戸の塵芥処理は、収集・運搬・処分の三過程に分離し、それぞれ整備されていった。

塵芥処理の請負

永代島での塵芥処分が強制されて以降、江戸の町々は、町所有の船または雇い船で塵芥を永代島へ運搬した。しかし、寛文二年（一六六二）五・六月に、永代島へのごみ運搬は幕府の命じたごみ取船により、その船を町々のつきぬけへ着けるので、町々はその船まで塵芥を運び捨てること、船賃は町々の負担とすることなどが命じられた。同五年五月には、町々へごみ溜場を設けることが命じられた。このごみ溜場は、永代島へ捨てる塵芥

もとは古利根川の河口にできた島状の砂州で、元禄一一年（一六九八）隅田川に永代橋が架橋されるまで、この島との往来は船で行われた。

会所地　六〇間四方に碁盤目状に町割した区画を、さらに二〇間四方に九等分した際に生じる、道路に面していない空間。屋敷割されずに空き地として残された。

つきぬけ　町の表通りから裏通りまでの道。そのまま荷揚げ場が設置されていた堀や川など水路に達し、水路に荷

の収集施設で「大芥溜《おおごみため》」と呼ばれ、町の人々は店に設置されたごみ溜からここへ塵芥を運んだ。この間、これらの法令は補足され、塵芥処分場所の指定、幕府が特定した請負人による塵芥運搬と投棄、町入用から請負人へのごみ取り賃の支出という、江戸時代を通しての江戸の塵芥処理の原則が確立された。享保一九年（一七三四）二月にごみ取請負人七六人は株仲間（御堀浮芥浚請負人組合）を結成し、江戸城の堀の浮芥を無償で除去するかわりに、江戸のごみ取り請負を独占した。

塵芥投棄による新田造成　延宝九年（一六八二）に干拓地は、永代島背後の永代新田・砂村新田と広がり、元禄九年（一六九六）以降に永代島近海に指定された六万坪囲・一五万坪囲・一〇万坪囲・八万坪囲などに及んだ。永代島の埋立ては続き、千田新田・石小田新田・平井新田・木場町・深川六万坪町などが成立した。享保一五年（一七三〇）七月、永代島から深川越中島《ちゅうじま》へごみ捨て場が移されたが、その後も新指定地でごみ投棄による埋立地の造成は継続された。

（森　朋久）

【参考文献】　伊藤好一『江戸の夢の島』（吉川弘文館、一九八二年）。

揚げ場が設置された場合に、船と町を連絡する道になった。

木場町　現東京都江東区。元禄一四年に江戸の材木問屋が本所猿江にあった材木置き場を移して開いた。

深川六万坪町　現東京都江東区。もと六万坪囲のうちであった。

越中島　現東京都江東区。古くは隅田川口に形成された寄洲で、小さい島の形をしていた。

下肥（しもごえ）

下肥の利用

下肥は、蔬菜生産のための代表的な良質な肥料であり、江戸近郊農村の農民は江戸へ出かけ下肥を仕入れた。江戸時代中期までは下肥の仕入れは無料または謝礼として若干の野菜を渡すのみであったが、江戸時代中後期から下肥をくみ取る権利は売買されるようになった。それ以降、下肥の仕入先である町家または武家屋敷の便所を下掃除《しもそうじ》場所といい、下肥をくみ取る者を下掃除人と呼ぶようになった。下掃除人は、町家や武家屋敷と契約を結び、下掃除代を支払うことで下掃除の権利を獲得するが、その代金は次第に上昇し、江戸時代後期から幕末期にはかなり高級な肥料（金肥《きんぴ》）となった。

下肥の輸送

江戸近郊では河川の状況が異なり、江戸北郊・東郊では荒川・中川（古利根川）・綾瀬川・江戸川など大河川が多く、舟運の便に恵まれ、江戸西郊・南郊では大河川といえば多摩川のみでその他は小河川であり、多摩川流域のみ舟運の便に恵まれ、他の大部分の物流は普通陸送であった。このような条件に規定され、江戸北郊・東郊では下肥は船で運搬され、一方で江戸西郊・南郊では人力・馬で運搬された。下肥を船で運搬する際に、葛西船《かさいふね》と呼ばれる運搬船が利用された。葛西船は、人、馬、車に比べ多量の下肥を一度に運搬でき、舟運に恵まれた江戸北郊・東郊では、江戸の下肥が時代が下るにしたが

便所　武家屋敷・町人屋敷のほか、町人地の裏店には共同便所、盛り場には有料便所である貸雪隠が、町の各所に小便所がそれぞれ設置され、いずれも下肥の供給源となった。

葛西船　おわい船とも呼ばれる。長さ二丈八尺（約八・五メートル）・幅七〜八尺（二・一〜二・四メートル）、船底に荷物を積載する船で、一艘で五〇〜七〇荷程度の下肥を積載できた。江戸時代に、かなり多くの葛西船が江戸東郊の諸河川を航行していた。

人の手による運搬　肥桶（二斗入）二個を天秤で背負い、肥桶二個で一荷と数えた。

いますます流通することになった。反対に舟運に恵まれない江戸西郊・南郊では、輸送コストから次第に江戸の下肥の利用が減少した。

　下肥の流通経路は、下肥を船で輸送する際には、下肥は下掃除場所から日雇い人足で江戸市中の下肥河岸へ運ばれ、そこから船で近郊農村の下肥河岸へ運ばれ、そこで直接農民に売却されたり、有力農民が経営する村の下肥問屋へ引き渡された。一方で、人や馬、車で下肥を運搬する場合、日雇い人は下肥を下掃除場所から雇い主である有力農民のところへ運搬し、そこで下肥が農民へ配分された。

江戸近郊での下肥利用

　江戸近郊での下肥の利用は、一様ではなく地域によって異なった。東郊では下肥は最も利用されたが、とりわけ下肥が利用された地域は、江戸の境界から江戸川までの武蔵国足立郡、同国葛飾郡で、江戸川を越えて下総国に入ると九十九里の鰯を原料にした干鰯《ほしか》、魚粕《うおかす》や自給肥料、松戸宿ではこの宿で生じる厩肥、下肥を利用し、江戸の下肥を利用する割合が低下した。北郊の武蔵国豊島郡・足立郡・同国埼玉郡で江戸から四、五里程度の地点までは江戸の下肥がよく利用されたが、それ以遠の地域では自給肥料または干鰯が多く利用された。西郊では、江戸から八、九里の村まで江戸の下肥が糠・灰とともに利用されたが、江戸時代後期になると江戸の下肥の利用は三、四里の村に限定され、それ以遠の村ではこれに代わり主に糠・灰が利用され、その他〆粕《しめかす》・干鰯・絞り粕なども肥料となった。南郊では江戸から五、六里の地域では江戸の下肥が利用されたが、それ以遠の地域では自給肥料、干鰯、神奈川宿

馬・車による運搬　馬では一・五荷から二荷運べ、馬荷付用の肥桶もあった。また車も二荷程度運搬できた。

〆粕　魚類または豆・胡麻などから油を搾り取って残った滓。干鰯とともに金肥として取り引きされた。

干鰯　イワシ・ニシン・かずのこなどを干して乾かし脂をしぼった肥料。江戸時代から化学肥料の普及以前の明治期にかけて利用された金肥。即効性があり、農業生産力の向上に寄与した。九十九里（千葉県）で生産されたものが、江戸の干鰯問屋を通して販売された。

佐野家　江戸時代初期に伊奈忠治に仕え佐野新田を開発し、江戸時代中後期に伊奈氏に再出仕しその下級役人となった。江戸時代後期から佐野新田の名主であり、幕末期に農間《のうかん》余《よ》業《ぎょう》として

等近隣の町場の下肥が利用された。

下肥取引の実態　江戸北郊、東郊地域に位置する足立郡佐野新田の佐野家を例にして、下肥取引の状況を紹介していこう。慶応元年（一八六五）同家の下肥取引は、収入約二五四両、支出一四〇両二分、利潤約一一三両であり、年間の収入、支出、利潤のいずれも年によって大きく変動した。このような規模が大きい下肥取引に参入するためには、かなりの資本力が必要とされるが、江戸東郊では同家のような下掃除人の数は多く、一・二カ村に最低一人の割合で下掃除人が存在していた。

また、同家が下肥を得る下掃除場所は、江戸市中の内神田・外神田または本所の武家屋敷または町人屋敷であった。内神田・外神田の町々は神田川近辺、また本所の町々は竪川付近で、神田、本所四ツ目橋、中ノ郷竹町の各青物市場の近隣であった。弘化三年（一八四六）から慶応三年（一八六七）までの同家の下肥販売先は、最北が赤岩村（埼玉県松伏町・吉川市）・中島村（吉川市）・大畑村（春日部市）、最南が飯塚村（東京都葛飾区）とする中川流域と、上尾久村（東京都荒川区）・岩淵宿・袋村（以上東京都北区）・樋ノ爪村（埼玉県川口市）・辻村（同県さいたま市）という荒川流域であったが、その販売の中心は、佐野新田と近隣諸村であった。

佐野家は、葉柄物の生産地であり下肥値段が最も高い地域で、主に神田・本所の青物市場の近隣で得た下肥を販売したのである。（森　朋久）

下肥取引を営んだ。

下肥値段　正徳・享保期（一七一一〜一七三六）に下掃除人が若干の代金を下掃除場所へ支払うようになってから、下肥価格が次第に上昇した。特に、寛政期（一七八九〜一八〇一）に下掃除権のせり取り、せり上げが始まったため、下肥が相当値上がった。下肥の値上がりは農民の生業を直接脅かし、江戸近郊農村では、寛政元年（一七八九）、天保一四年（一八四三）、弘化元年（一八四四）、慶応三年（一八六七）に下肥値下げ運動が起きた。この運動の起点となった寛政元年の運動に、最終的に武蔵・下総両国一〇一六カ村が参加した。この結果、下掃除代金は平均約一四パーセント値下げされ、町居住の下掃除人の営業が停止されるなど、寛政期の下肥値下げ運動は近郊農村にとって成功裡におわったため、その後も値下げ運動が頻発することになった。

【参考文献】 加藤貴編著『大江戸歴史の風景』（山川出版社、一九九九年）、『北区史』通史編　近世（東京都北区、一九九六年）。

商業と商人

両替屋（りょうがえや）

両替商には金銀のみ扱う本《ほん》両替と、それ以外の脇《わき》両替とに区別された。初期の江戸両替商は金座・銀座の付近に集住し、地方貨幣と全国貨幣との交換、地金の買収などに関与した。本両替町・駿河町の両替商は、はやくから両町両替屋を称し、公儀御用をつとめて別格視され、脇両替に対して本両替を称して仲間を結成していた。

本両替

本両替は両替のほか金銀貨の鑑定と包封《ほうふう》、江戸・上方などとの為替取引、振手形などの手形取引、預金・貸付などの稼業に従事した。金銀貨の鑑定や包封の際には、自家の小験極印《しょうけんごくいん》を貨幣の特定部位に打刻して識別していた。

預金は振手形などの決済にあてる趣旨であるため基本的に無利息、残高不足の貸付利息は江戸では金二五両につき月息金一分（年利一二パーセント）、大坂では銀一貫匁につき日息五分（年利一八パーセント）であったという。江戸の本両替は、

江戸の本両替　明暦期に三三人、寛文四年（一六六四）四〇人に増加したが、両替商六〇〇人の制限措置で享保三年（一七一八）一六人に減少した。天保期の両替商は六四三人であったという。

両替賃　小判の切賃《きりちん》（少額貨幣化）は、元禄期に銭八～一二文、元文期に銭三〇～四〇文、嘉永期頃の打賃《うちちん》（高額貨幣化）は一分銀一〇〇両を小判に交換する場合が銀約一〇匁、金貨の一分判・二朱判に交換する場合が銀二匁、三～五、七匁の相場であったという。

幕府の御為替御用、大名の御屋敷御用、酒問屋などの兼業が多かった。

番組両替

脇両替の前身は、江戸では日本橋の銭売とされ、江戸初期に数百人が三〜四貫文ずつ肩にかけて数十年間にわたって銭両替をしたと伝えられるが、日本橋青物町に銭両替店が誕生して大繁盛すると、江戸は銭両替の開店ブームにわいたという。

江戸の脇両替には、金銀銭を取り扱う神田・三田・世利《せり》の三組両替、銭だけを取り扱い銭屋と呼ばれた番組両替、上野寛永寺領（宮天秤）・牛込済松寺領の寺社方門前地の銭両替仲間があった。脇両替のうち三組両替は、早い時期から本両替の店前で銭相場の立合を行い、本両替を通して銭相場の書上を行うなど密接な関係にあったらしい。

脇両替は元禄期から急増したといわれ、質屋や酒・紙・油など銭貨で取り引きする日用雑貨の小売業を本業とするものが多かった。

貨幣の流通と相場

金貨と銀貨、銀貨と銭貨、金貨と銭貨という三貨相互の両替相場は、今日の外国為替相場と同じ原理で、現実には各地それぞれの時価相場で変動した。本両替商や豪商たちは各地の両替相場に大きな関心を寄せ、投機的な相場取引で巨富を得ることもあった。

江戸での金銀相場は、本両替商が両替町や駿河町の往来へ集合して建てたといい、銭相場は、脇両替が日本橋青物町や四日市の広場（幕末には両替町に移転）に集合して建てた。大坂での両替相場は、北浜町二丁目にあった両替屋会所に大坂中の両替商の当主や手代が集合して建て、毎日正午を過ぎると、得意先に両替相場を通知するのが慣例であった。

しかし、幕府は年貢や運上・冥加などの上納金、伝馬駄賃など公用にかかわる支払いの便宜として、貨幣の公定相場を決めていた。

相場の推移　江戸・大坂・京都ともに、両替相場の記録は部分的にしか伝存しない。江戸での小判一両に対する銀相場は、慶長期は七二～七五匁と金高、小判が普及した元和期には六三匁前後に安定したが、延宝期ごろから損傷金貨の増加に伴う金貨不足によって、次第に金高が進んでいった。元禄期は六〇匁強で安定したが、その末期には五〇匁を割る暴落となった。宝永期は五八匁と回復したが、丁銀の相次ぐ品位低下によって、正徳期には一時八九匁という金高になった。享保ついで元文の金銀吹替によって、享保～寛政期には六〇匁前後で安定したが、寛政末～文政期には六五匁前後のやや金高で推移していた。天保の吹替で天保期は再び六〇匁前後に安定したが、その末期から徐々に金高が進み、安政期からは七〇匁台で推移し、文久期からは九〇匁、慶応期は九九匁を記録するほどの異常な金高となった。なお、文政期以降に誕生した二分判・一分銀など名目金銀貨は公用の際には差別されなかったが、時価相場では小判・一分判や丁銀・小玉銀と比較して割り引かれた。

（西脇　康）

【参考文献】　喜田川守貞著、宇佐美英機校訂『近世風俗志』一（岩波文庫、一九九六年）、「近世貨幣相場一覧」（『日本史総覧』Ⅳ、新人物往来社、一九八四年）。

貨幣の公定相場　慶長一三年（一六〇八）小判一両＝鐚銭四貫文（四〇〇〇文）とし、翌年小判一両＝銀五〇匁と公定し、ここに金一両＝銀五〇匁＝銭四貫文という三貨の交換率がはじめて成立した。元禄一三年（一七〇〇）には、金貨の時価相場の上昇に伴って、小判一両＝銀六〇匁＝銭四貫文に改定された。

江戸の銭相場　江戸では小判一両につき元禄期は四貫文前後、宝永期に四貫文台、正徳期から享保初期に三貫文台から二貫文台で推移する極端な銭高となったが、享保期になると四～五貫文台の銭安で推移した。元文期には一転して二～三貫文の銭高となり、寛保～明和期は四貫文前後、安永～寛政初期は五～六貫文、寛政～元治期はほぼ六貫文台で推移したが、慶応期には八貫文台を記録する極端な銭安となった。

呉服屋（ごふくや）

呉服屋商売

呉服屋とは、もちろん呉服を商う商店のことをさすが、その商品は多岐にわたっている。江戸時代中期の下村大丸屋の仕入れ状況をみると、上州絹・信濃紬・奈良晒・越後縮・丹後縮緬などの生地のほか、風呂敷や蚊帳などの布製品まで扱っていたことがわかる。

これら商品の仕入れを円滑に行うため、呉服屋の多くは本店《ほんだな》を京都においていた。もともと畿内には西陣物に代表される生産地が多かったためであるが、江戸時代中期以降はそれも全国に広がっていた。三井越後屋京本店では、全国の生産地から絹織物や木綿物などを買い付け、さらに長崎経由の輸入品である「唐反物」なども仕入れている。そしてのちに同店では、やはり京都に「糸店」を開設、仕入れがよりスムーズに行われるようになった。

こうして仕入れた商品は江戸店《えどだな》に送られ、小売りされる。呉服屋では、江戸時代初期には商品を担いでお得意先を回る訪問販売が一般的であったが、やがて越後屋に代表されるような「店前売り《たなさき》」が徐々に増えていく。しかし「店前売り」といっても、店頭に商品が並べられているのではない。店員が茶などで客を接待しつつ、その都度好みを聞き出し、店の奥に設置されている土蔵からそれに合うような商品を何点か探し出し、客に選ばせるシステムであった。

下村大丸屋　京出身の下村彦右衛門を祖とする。享保二年（一七一七）伏見で創業、寛保三年（一七四三）に大伝馬町三丁目に江戸店開設。安永期（一七七二〜八一）から幕末までは、両替商も経営。

三井越後屋　伊勢松坂出身の三井高利を祖とする。延宝元年（一六七三）本町一丁目に出店ののち、駿河町に移転、同時に両替商を併設する。元禄四年（一六九一）には金銀御為替御用達となるなど、江戸屈指の大店《おおだな》となった。

熾烈な販売競争

こうした呉服屋の中でも、日本橋に店を持つ「江戸店持《えどだな》ちの京商人《あきんど》」同士、何かと競い合っていたのが、先述の三井越後屋・下村大丸屋、そして大村白木屋である。天保一一年（一八四〇）六月の売り上げを比較すると、越後屋本店が金一万一六六六両、大丸屋が金七六六六両、白木屋が金五〇〇〇両で、越後屋が一歩リードしていたことがわかる。

しかし、日本橋本町にも伊豆蔵・大黒屋など、また京橋尾張町にも恵比寿屋・亀屋・布袋屋など多数の有力店が軒を連ね、熾烈な販売競争が繰り広げられていたのである。中でも尾張町の呉服屋たちの客あしらいのうまさには定評があり、芝や赤坂などから来る客は、みな京橋で足を止めてしまい、わざわざ日本橋まで出向くことは少なかったという。特に売り出しが始まると、日本橋の呉服屋たちは大きな打撃を受けた。越後屋では値下げで対抗したが、利益率が低下し、かえって経営悪化を招く結果となった。日本橋の呉服屋にとって、尾張町の呉服屋は、大きな脅威になっていたのである。

白熱する宣伝合戦

こうした競争の中、各店では様々な営業活動に励んでいる。越後屋では、これまで一般的だった掛け売りではなく、価格を低く設定できる現金売りを行った。この商法は「現銀（金）掛け値なし」といわれる。さらに、客の要求に応じて呉服物の切り売りをしたり、各種の織物ごとに担当店員をきめ、専門知識を客に提供した。そして、反物を購入した客を店内にとどめたまま、即座に呉服を仕立てて渡すなど、サービス向上に努める一

江戸店持ちの京商人　京に本店を構え、江戸支店である江戸店を開設している商人のこと。伊勢や近江、大坂出身の商人が多い。江戸店の店員は、男性のみが、おもに商人の出身地から採用されるという、まさに男社会であった。

大村白木屋　近江長浜出身の大村彦太郎を祖とする。いったん京で材木店を開業した後、寛文二年（一六六二）通二丁目に小間物屋を開く。のち通一丁目に移転し、徐々に呉服商へと転換。「白木屋の井戸」も名水として有名であった。

方、「引札《ひきふだ》」というチラシを使い、宣伝活動に励むことも怠りなかったのである。
また、白木屋や大丸屋でも、祭礼や朝鮮通信使参府のときには店を閉め、朝から店中を掃き清め、店内に毛氈を敷き、豪華な金屏風で飾り立て、その行列を見物してもらおうと招いた顧客に茶菓や弁当、酒・肴を振る舞った。豪華な接待は世間の評判となり、大きな宣伝効果を生み出したのである。
さらに大丸屋では、同店の商標のついた傘を無料で貸し出し、歌舞伎の一場面に登場するほど評判になった。また、長じて老中となった松平定信の誕生に際し、同店が産着御用を承ったことにちなみ、「子育産着」と名付けた同種の産着を売り出し、ヒットしている。なお、同店は流行の発信にも熱心で、安永五年（一七七六）には「藍がえし」という単衣物が、少年たちの間で人気となった。
これら呉服屋たちはまた、新作衣装宣伝のために当時人気の美人錦絵をも利用している。喜多川歌麿による「夏衣装当世美人」のシリーズなどが、それである。
文化三年（一八〇六）、幕府御用金高額負担者の上位は、彼ら呉服屋で占められていた。商売方法の工夫をしつつ、宣伝活動にも余念がなかった呉服屋たちは、経済的にも成長していったのである。

（小沢詠美子）

【参考文献】 国立歴史民俗博物館編『江戸モード大図鑑』（ＮＨＫプロモーション、一九九九年）、安岡重明『三井財閥史―近世・明治編』（教育社、一九七九年）、大丸二百五十年史編集委員会『大丸二百五十年史』（大丸、一九六七年）。

朝鮮通信使 将軍就任祝賀などの使者として、朝鮮国王から派遣された外交使節団。江戸時代には一二回来日している。江戸に到着すると、吉日を選び将軍を訪問したが、彼らの宿舎となっていた浅草東本願寺などから江戸城へ登城する行列をひと目見ようと、見物人が殺到した。

松平定信 老中・陸奥国白河藩主。八代将軍吉宗の孫。天明七年（一七八七）老中就任後、経済政策や都市政策に取り組み、「寛政の改革」を断行するが、寛政五年（一七九三）に辞職。文化人としての活動も広く、楽翁と号す。自叙伝「宇下人言《うげのひとごと》」などの著書もある。（→六七・三二二頁）

御用金 財源確保のため、幕府や諸藩が、町人や農民たちから取り立てた借入金。利子を付けて償還されたが、半ば強制的なものであった。

米屋（こめや）

米問屋

江戸には全国各地から米が送られ、幕末には年間の総量が二〇〇万俵（一俵につき四斗とすれば八〇万石）にも及んだとされる。その約半分は、幕府の領地から送られてくる年貢米と諸大名の領地から送られてくる年貢米（蔵米）であり、ほぼ同量であった。蔵米の場合、三分の一以上は仙台藩伊達家領内の収穫米であった。

もう半分は米問屋が荷受けする米であり、納屋《なや》米と呼ばれた。納屋米は、産地により下り米と地廻り米に分けられていたが、享保期頃から、関東・陸奥以外の五七カ国の米（下り米）は下り米問屋が、関東八カ国・陸奥の米（地廻り米）は関東米穀三組問屋と地廻り米穀問屋が荷受けするようになった。地廻り米に比べれば、下り米の江戸入津量は僅かであったが、凶作のため東北や関東産の米の入津量が減って江戸市中の米価が上昇すると、下り米の入津量が急増することは度々みられた。

下り米にせよ地廻り米にせよ、米問屋が荷受けする米は、主として海や河川などを経由した水運で江戸に入ってきた。「江戸名所図会」の日本橋伊勢町河岸を描いた図（図1）を見ると、全国から送られてきた米を収納する蔵が河岸沿いに立ち並んでいる。一方、東海道・中山道・甲州（青梅）街道・奥州街道といった

下り米　江戸に入る下り米の産地は、年によってかなり変動があるものの、九州米と東海米が大きな割合を占めている。九州では肥前国（現佐賀・長崎県）・筑前国（現福岡県）、東海では伊勢国（現三重県）と美濃国（現岐阜県）を産地とする米が多い。

下り米問屋　享保一四年（一七二九）に、米問屋六軒が下り米問屋として幕府から認められ、五七カ国の米を独占的に荷受けすることとなった。寛政六年（一七九四）には、もう六軒が下り米問屋として認められ、軒数は一二軒となるが、後に八軒に減らされている。伊勢町や本船町などに店を構えた。

地廻り米　下り米と同じく、産地は年によってかなり変動があるが、関東でみれば武蔵国（現東京都・埼玉県・神奈川県東部）と常陸国（現茨城県）と下総国（現千葉県北部・茨城県の一部）を産地とする米が多い。武州米で

陸路を経由して、江戸まで運ばれる米もあった。その場合は、各街道の江戸への出入口である東海道品川宿・中山道板橋宿・奥州街道千住宿に店を構える問屋が荷受けしたが、甲州（青梅）街道の場合は、内藤新宿の西に展開する街道沿いの柏木成子町・淀橋町（現新宿区）や中野村・本郷村（現中野区）に店を構える問屋が荷受けした。

これら四つの街道沿いに展開する米問屋は、陸附米穀問屋《おかづけべいこくとんや》と呼ばれた。陸附米穀問屋側では、荷受けした米を、地廻り米穀問屋を通さずに江戸市中の米仲買などに送っていたが、これは江戸の米問屋の利益を侵害する行為であった。そのため、地廻り米穀問屋との間で文化・文政期には訴訟も起きている。この争いは、陸附米穀問屋が地廻り米穀問屋の組合に加入することで、一応の決着をみている。

米仲買

米問屋が荷受けした米は、小売り業である舂米屋に直接卸されるのではなく、まず米仲買に卸された。下り米問屋・関東米穀三組問屋が取り扱う米は、伊勢町・本船町・小船町・小網町・堀留町（現中央区）に店を構える問屋二五軒（河岸八町米仲買）が独占的に荷受けして、脇店八カ所組問屋と呼ばれた二七五軒に卸す決まりになっていた。

地廻り米穀問屋が取り扱う米も脇店八カ所組問屋が独占的に仲買したが、脇店八カ所組問屋とはすべて地廻り米穀問屋を兼ねる米商人であった。つまり、いずれの問屋米にせよ、脇店八カ所問屋が米仲買として荷受けし、舂米屋に卸す仕組みになっていたのである。

は稲毛地域や川越地域の米が、常陸米では下館地域の米が、下総では古河地域の米の品質が高いとされ、値段も高かった。

関東米穀三組問屋　関東・奥州米のうち、大型廻船で江戸湾に入ってくる分を荷受けした江戸問屋。軒数は一九〜二六軒。堀江町・小網町一丁目・小船町の三カ町に店を構えた。

地廻り米穀問屋　関東・奥州米のうち、江戸内湾の海運や関東河川の水運で江戸に入ってくる分を荷受けした江戸問屋。主として、荷主からの委託により荷受けした。嘉永期には軒数は三四五軒を数え、江戸市中各所に展開。

舂（搗）米屋

脇店八カ所問屋を通じて卸された玄米を臼で精白して白米にし、消費者に小売りする米屋が舂（搗）米屋（つきまいや）である。江戸の庶民にとって、もっとも身近な米屋である。当時の人々にとり、精米とは大変な労力を要するものであったが、江戸中期以降、武蔵野の農村では精米のほか製粉の動力として水車が盛んに利用されるようになり、江戸に送られる小麦粉や蕎麦粉の量は飛躍的に増加した。酒造業が盛んであった摂津国（現大阪府北部と兵庫県東部）では、それまでの足踏精米から水車精米の方式に転換したことで、精米量と精米率が格段に上がり、酒の品質は著しく向上したという。

寛政三年（一七九一）九月の数字によれば、江戸全体で舂米屋は二六九九人、臼数が六〇六二柄であった。米の小売り値段は、脇店八カ所問屋からの仕入れ値段の二割増と定められていた。一割が精白の手間代、一割が舂米屋の利潤分であった。

文化三年（一八〇六）九月、幕府は相手先が問屋であっても、江戸周辺の商人や農民が玄米を白米に舂き立てて江戸に送るのを禁止した。舂米屋の営業を保護するため、江戸に直接白米が入ることを防ごうとしたのである。但し、米価が高騰した時や江戸大火で多くの舂米屋が焼失した場合は例外であった。

このようなルートを通じて、江戸の庶民は日々の糧を得ていたが、大名屋敷では、各自の領地から江戸に送られてくる年貢米を札差に委託して換金して収入とする一方、飯米にもしていた。その場合は、屋敷内で米舂人足に精米をさせてい

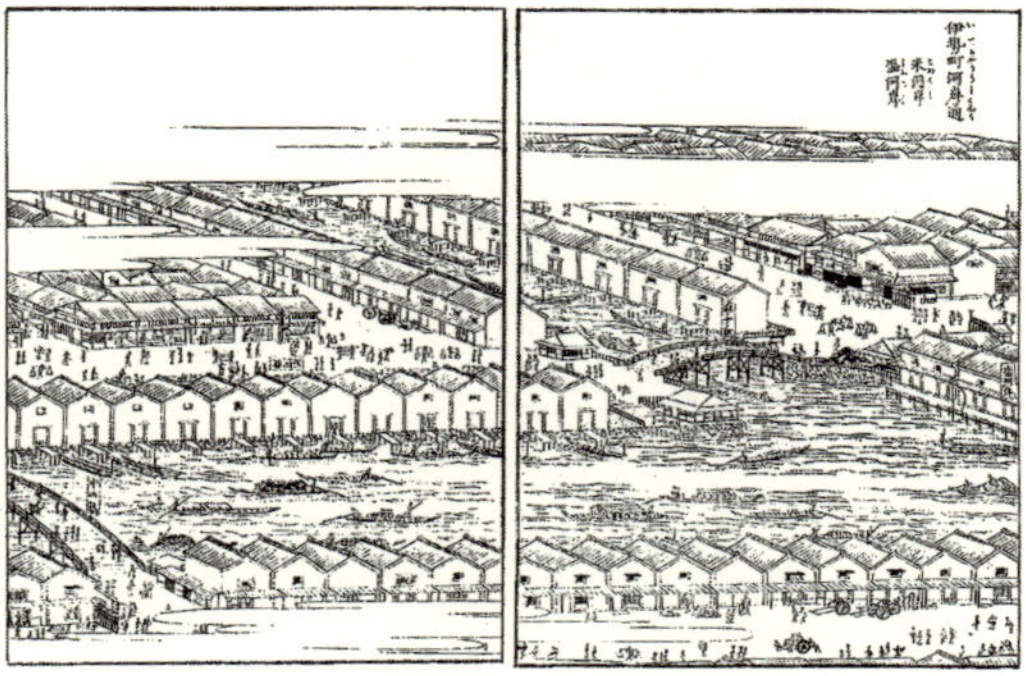

米河岸（伊勢町河岸通「江戸名所図会」）

た。

（安藤優一郎）

【参考文献】土肥鑑高『江戸選書七・江戸の米屋』（吉川弘文館、一九八一年）、安藤優一郎『寛政改革の都市政策―江戸の米価安定と飯米確保―』（校倉書房、二〇〇〇年）。

札差（ふださし）

将軍の直属家臣である旗本・御家人は、幕府から支給される給与の形式により、知行取と蔵米取の二種類に分けられる。

知行取と蔵米取

知行取とは、幕府から所領を与えられ、そこから年貢米の徴収を許されていた者たちである。蔵米取とは、幕府から知行地の代りに俸禄米を与えられた者のことであり、旗本・御家人の大半はこの蔵米取であった。

蔵米取の旗本・御家人は浅草にあった幕府の米蔵から、春・夏・冬の年三回に分けて俸禄米を支給された。蔵米取の幕臣は一部を飯米とする一方、俸禄米の大半を換金して諸経費に充てたが、知行取の旗本にしても、年貢米の大半を換金して諸経費に充てたことは全く同じであった。この換金業務を、旗本・御家人に代って請け負ったのが札差であった。

浅草・本所（現台東区）には全国各地の幕領から送られてくる年貢米を収納する米蔵が置かれていたため、古くから米屋が林立していた。そのため、米屋のなかで幕臣に支給された蔵米の換金業務を代行する者があらわれ、札差と呼ばれる

浅草米蔵　元和六年（一六二〇）に設置。幕末には六七棟を数える。浅草御蔵奉行が支配。享保一九年（一七三四）に本所御蔵が完成すると、この御蔵も浅草御蔵奉行の支配となる。そのほか、竹橋御蔵・浜御蔵があるが、備蓄米を収納する米蔵であり、浅草・本所御蔵とは性格を異にしていた。

ようになったのである。特に幕府米蔵の管理を担っていた米屋は、別に御蔵前米屋と呼ばれていた。ちなみに、札差という名称は、差札をして俸禄米の受け取りの順番を待ったことに由来する言葉である。

換金の手数料は、米一〇〇俵につき俸禄米の受け取りで金一分、その売却で二分、合わせて金三分であった。札差の数は享保九年(一七二四)に株仲間を結成した時の数字によれば、片町組・森田町組・天王町組の三組合わせて一〇九人であった。札差が扱った俸禄米は総計四〇万石程にも及んだ。

金融業の拡大

札差業とは、旗本・御家人に代って俸禄米を受け取って換金するのが本来の業務であったが、俸禄米を担保とする旗本・御家人への貸金業も並行しておこなっていた。換金業務自体は、米一〇〇俵につき三分の利益にしかならなかったが、貸金の利率は高利であった。

幕府が公定していた利率は、株仲間結成時は一五%が上限であったが、その後間もなく少々の引き上げを認め、一八~二〇%の利率となった。この高利での金融業を通じて、札差は富を蓄積していったのである。さらに、札差は俸禄米のみならず、浅草・本所の幕府蔵米の販売を事実上独占しており、金融業と合わせて膨大な富を築いていった。札差株を譲り受けるには八〇〇両~一〇〇〇両が相場であった程である。しかし、それとは対照的に、旗本・御家人は莫大な借財にあえぎ、その生活は困窮を極めていった。

蔵前 江戸各所にあった幕府米蔵の前は、総じて蔵前と称されていたが、幕府の米蔵が浅草・本所に集中するようになったため、いつしか同地域のみ蔵前と呼ばれるようになった。幕末以降、幕府米蔵が所在する地域を指す総称となり、現在の町名となる。

片町 浅草御蔵前片町という。現在の台東区浅草橋三丁目あたり。

森田町 浅草森田町という。現在の台東区蔵前四丁目あたり。

天王町 浅草天王町という。現在の台東区浅草橋二丁目あたり。

一八大通

　ところで、江戸中期は商品経済が非常に発展し、貧富の差が著しく開いた時代であったが、なかでも一七六〇～八〇年代にかけて、江戸では蓄積した富を派手に浪費・散財し、自らを通人を越えた「大通」と称した町人がみられた。そこには、武士に対抗して江戸町人の心意気を示す心情が込められていた。歌舞伎の一八番になぞらえて、代表的な町人は一八大通とよばれたが、一八人のうち一四、五人までが札差であったため、札差は大通の代名詞ともなっていた。札差が金融業と米穀取引により蓄積した富とは、それほど莫大なものだったのである。

　一八大通の筆頭とされたのは、蔵前の今助六の異名を持つ札差業の大口屋治兵衛であった。大口屋は黒小袖を着て、鮫鞘の刀を帯び、下駄履で大門をくぐって、毎晩のように吉原で豪遊を繰り返したという。こうした派手な身なりは、歌舞伎役者を真似たものであり、大口屋が今助六と呼ばれた理由ともなった。大口屋に限らず一八大通の逸話には、吉原大門を閉めて遊里を独占するなどして、人目を惹こうとする意図が共通してみられる。

棄捐令の発令

　しかし、こうした札差に代表される大通による度を越えた豪勢な生活ぶりを、幕府は町人の分限（身分）を弁えない奢った振舞と認識していた。特に、旗本・御家人の生活の窮乏化をもたらした高利での金融業が、そうした生活を可能にしていたことは、幕府の危機意識を高めた。よって、この頃幕府権力の再建を目指して寛政改革を断行していた松平定信は、次

通人　遊里での遊びの型を心得た者を指す言葉。通、通り者ともいう。

助六　歌舞伎の一八番の一つである「助六所縁江戸桜」（すけろくゆかりえどざくら）の主人公の名前。木挽町（現中央区）の山村座で、二代目市川団十郎が演じたのが初演。

のような強硬な対応策を取るに至る。

寛政元年（一七八九）九月、幕府は札差を呼び出し、天明四年（一七八四）一二月以前の貸付に関する債権は破棄。翌五年以降～現在の債権は年利六％に引き下げ、以後の貸付の利率は一二％にすることを趣旨とする棄捐令を発した。これにより、札差は旗本・御家人に対する一一八万七八〇八両余もの債権を一挙に放棄させられた。

但し、札差に一方的に打撃を与えるだけでは、以後の札差による旗本・御家人への貸金に支障をきたすことは当然予測された。そのため、札差に金子を融通する機関として貸金会所を同時に設置し、資本金として幕府から二万両を下げ渡した。後には、勘定所御用達にも資金を出金させている。貸金会所は浅草猿屋町に設置され、猿屋町貸金会所と呼ばれたが、竣工するまでは町年寄樽屋与左衛門宅が仮の会所となった。しかし、この棄捐令により札差は大きな打撃を受け、大通のように富を派手に浪費する生き方は、以後みられなくなるのである。

（安藤優一郎）

【参考文献】　北原進『江戸選書一〇・江戸の札差』（吉川弘文館、一九八五年）。

浅草猿屋町　現在の台東区浅草橋二、三丁目あたり。寛永七年（一六三〇）、同所に町屋が建設されたが、それ以前に越後国猿屋出身の猿屋加賀美太夫という舞太夫が住んでいたことから、猿屋町と呼ばれるようになったという。寛政二年（一七九〇）、猿屋町続きの火除地に、猿屋町貸金会所が建設された。同六年（一七九四）にはその東側に、江戸に送られてくる幕領の年貢米が浅草・本所御蔵に規定通り納入されたかどうかを改める御廻米納方会所が設置された。同所では、江戸の米商人から選定された廻米納方会所御用達（米方御用達）が実務を取っていた。

樽屋与左衛門　町年寄を代々つとめた樽屋の第一二代目。棄捐令の発令に深く係わり、猿屋町貸金会所でも中心的な役割を果たす。のち、幕府公金の貸付業務で莫大な焦げ付きを出し、文化一一年（一八一四）に不慮の死を遂げる。

材木屋（ざいもくや）

江戸の材木屋は、四谷や浅草辺に数軒あった程度であった。急速に埋め立てが進み、堀が掘られ、建設工事が進んだ。江戸の町づくりがすすむなかで、材木屋集住の町ができた。慶長年間には本材木町が、元和年間には新材木町が日本橋川沿いに造られた。材木町が短い期間に二つもできたことは、それだけ急ピッチに大都市江戸ができていったものと思われる。

寛永期になると、日本橋川に木置場があることが問題となった。川に浮かべている材木が船の通行に差し支えることと、山積みされた材木が防火上危険ということから、幕府は隅田川東岸の深川に材木置場を移転させた。材木屋の店は、これまで通り本材木町・新材木町にあった。

土木事業と材木屋

材木屋は単に材木を供給するだけでなく、土木工事を請け負うことも多かった。たとえば、寛文七年（一六六七）完成の横浜村地先の吉田新田は、江戸の材木屋・吉田勘兵衛が中心となった開発であり、周囲の堤防は約七キロメートルもある大工事であった。また、延宝三年（一六七五）の芝金杉船入堀の開削では、本材木町の材木屋・冬木太郎左衛門らが工事を請け負った。総工費は約四千両ほどであった。

日本橋川　江戸時代以前は、神田台から日比谷入江に注ぐ川であったが、埋め立てが進むなかで、隅田川と江戸城をつなぐ川となった。慶長八年（一六〇三）には、日本橋が架橋された。

吉田新田　横浜村の砂州をはさんだ湾内を埋め立てた新田であり、現在の伊勢佐木町付近にあたる。大岡川・中村川・JR根岸線をはさんだ地域である。

木場の成立と材木屋

元禄時代になると、建設工事は増え、ますます材木需要は高まった。東部への江戸の拡張が進むなか、従来の深川の木置場は召し上げられ、元禄一四年（一六九九）、元木場町と称される町場となった。代りの木置場として、深川東部が埋め立てられた。のちに木場町と名付けられた地である。この木置場は、元禄一四年の洪水により流され、作り直しを余儀なくされたが、すぐに再造成されたものと思われる。南北が五区、東西が三区の合計一五区画、一区画の大きさは約三千坪であった。

江戸時代はじめごろの材木は、紀伊・尾張・三河など下り荷物として江戸へ輸送されることが多かった。それを担っていたのが板材木問屋と熊野問屋であり、両問屋は宝永期に併合し、板材木問屋熊野問屋となった。下り材木問屋を扱う問屋のなかでも、木場の造成に合わせて結成されたのが、木場材木問屋であった。先にみた木場一五区画の使用権を持っていた一五人である。木場材木問屋は幕府の特権的な問屋となった。

木場の成立により、これまで本材木町・新材木町に店を構えていた問屋たちは、材木を扱う利便性から、次第に深川に移転するようになった。一八世紀なかばを過ぎると、地廻りの竹・材木も大量に江戸に入ってくるようになる。それらの荷物を扱った川辺一番組古問屋のなかでも、利根川水系の材木を主に扱う問屋は、小名木川を通じて材木を輸送したことから、深川・本所・亀戸辺に店を構えた。また、荒川水系の材木を主に扱う問屋は、隅田川につながる浅草に店を構えた。

元木場町　油堀川以北の材木町・永堀町・堀川町など二一カ町の総称である。元禄一二年、木置場は幕府に召し上げられたが、代官伊那半左衛門が、町場に築き直すまでに二年の歳月がかかっている。

川辺一番組古問屋　地廻り荷物を扱う問屋は川辺問屋と呼ばれ、一番から五三番まで分かれていた。竹や材木を扱う問屋は、一部二番組が含まれるものの、一番組古問屋が多い。嘉永四年（一八五一）以降は、竹木炭薪問屋となった。

小名木川　徳川家康が、関東入部以降早い時期に、行徳から江戸への塩搬入路として開削した。行徳からは江戸川を通じ、利根川につながる。

一八世紀後半になり、木場材木問屋以外の材木屋が、木場町の木置場を使用するようになったことも、木場町周辺にさまざまな材木屋が集住するようになっていくことにつながった。材木屋＝深川のイメージが次第に定着するようになる。

紀文と奈良茂

建設ラッシュの元禄時代を象徴する材木屋として、紀伊国屋文左衛門（紀文）と奈良屋茂左衛門（奈良茂）があげられる。両者ともに歌舞伎・講談のモデルとなり、虚像と実像がはっきりしない点が多い。紀伊国屋文左衛門が、紀州からミカンを運び大儲けしたと伝えられるが、当時の史料からは確認できない。やはり材木商として活躍し、資財を蓄えたというのが本当のところらしい。おもに大井川の上流部から木を伐り出し、幕府御用を請け負っており、その数は五万本に及ぶという。現在でも鹿島神社（静岡県榛原町）の御船神事で歌われる木遣《きや》り唄《うた》のなかに、紀伊国屋文左衛門が登場する。

四代奈良屋茂左衛門は、日光東照宮の修復工事を独占的に請け負ったことから巨利を得たといわれている。奈良茂というと、吉原で遊興三昧というイメージがある。しかし、四代奈良茂は、紀文と競い合うなかで、豪遊をエスカレートさせていったものと思われ、本業を疎かにしていたわけではない。遺言状に記された遺産は、一三万二五三〇両にも及ぶ。息子たちには、遺産を元手とし貸家を建て、店子からの家賃で堅実な生活するように伝えたものの、息子たちは、吉原での遊興に熱中しすぎ、家は没落していった。

（曲田浩和）

【参考文献】 島田錦蔵『江戸東京材木問屋組合正史』（大日本山林会、一九七六年）、斎藤

紀伊国屋文左衛門（紀文） 生没年は必ずしも明らかにならない。没年は、深川にある菩提寺の成等院の墓碑名では、享保三年（一七一八）となっている。また、同院の過去帳では享保一九年となっている。生年については不明である。

四代奈良屋茂左衛門（奈良茂） 姓は神田氏。通称は勝豊・安休。生年は不明だが、没年は正徳四年（一七一四）である。菩提寺は深川の雄松院である。一般に紀文とならび称される奈良茂とは、四代目を指す。

鹿島神社の御船神事 毎年一一月三日に行われる伝統行事である。御船とは千石船の一〇分の一模型のことであり、木遣り唄に合わせて、柱を起こし、帆を張るなどの動作を行う。同様の神事は、静岡県相良町の飯津佐和乃神社でも行われている。

善之編『市場と民間社会』〈新しい近世史三〉（新人物往来社、一九九六年）、『江東区史』上巻（江東区、一九九七年）。

青物市（あおものいち）

江戸での消費物資の多くは先進地帯である上方、大名の国元または特産地から供給されたが、蔬菜、前栽物《ぜんざいもの》のように保存が難しく腐敗しやすい物資は周辺農村から供給された。幕府は、

青物供給と青物市場の成立

江戸城内やその近郊に、府中町・是政《これまさ》村に設置した御瓜田《ごかでん》のような前栽畑《ぜんざいばたけ》や御《お》菜園《さいえん》を設け、諸大名や旗本も屋敷内に前栽畑を設け、周辺農民に種苗を献上させたり、彼らにその作付や栽培を任せ前栽物を上納させることで、生鮮食料を確保した。

その一方で下級武士や町人の食生活に供するために、周辺農村から江戸市中へ向けて蔬菜がますます供給された。その流通機構が整うにしたがい重要な役割をはたすのが、神田《かんだ》・千住《せんじゅ》・駒込《こまごめ》に成立した青物市場である。

三市場の成立経緯

神田市場の成立の経緯は、近世初期、当時はまだまだ町外れであった神田多町に、近辺の農民が野菜を持ち寄り、やがて町並みが成立して農民が蔬菜荷をここの商人へ委託して販売するようになると、この商人が専門の前栽問屋となり、貞享三年（一六八六）に、江戸に散在

神田　現東京都千代田区の北東部にあたる。中世には江戸時代の神田橋御門周辺、江戸時代には、現神田地区の東半分の町人地と外神田。かつて一帯が平川の氾濫原であったが、元和六年（一六二〇）の平川の流路変更によって、現神田川が疎水されて以降、当地域の開発が可能となった。神田川と江戸城外堀沿いには米河岸・材木河岸・大根河岸など多数の河岸が設置され、市場が発達した。

千住　現東京都足立区南部の千住・荒川区北部の南千住にあたる。江戸時代に江戸四宿の一つで、日光道中（奥州道中）・水戸佐倉道の初宿である千住宿が置かれた。千住宿は、最初は千住

していた青物商が、神田多町・同連雀町・同永富町に集まり、神田は青物市場として確立されたというものである。また駒込浅嘉町、高林寺前、天栄寺門前の三カ町にわたる駒込市場は、元和期（一六一五～一六二四）頃、近村の農民が蔬菜を持ち出し、さいかちの古木の下で売買したことがその前身で、万治三年（一六六〇）頃に青物市場が成立したといわれる。千住市場の開設は、天正期（一五七三～一五九二）にさかのぼるといわれ、もともとこの地は、荒川に沿い関屋の里と称され人家が点在し、集まった農民と漁夫が蔬菜・川魚等を交換していた。この一寒村に日光街道（奥州街道）・水戸佐倉道の重要拠点である宿場と両道の分岐点となり交通の要衝に当たったので、次第に荒川沿岸に人家を構えるようになった。正保期（一六四四～一六四八）～明暦期（一六五五～一六五八）には市場としての営業を開始し、千住大橋架橋とともに蔬菜・川魚の集散が夥しくなり、明暦期（一六五五～一六五八）～享保期（一七一六～一七三六）に千住河原町に青物問屋の一区画が形成されたといわれる。

このことから、神田・駒込・千住各市場の場合、町外れで水陸交通の便に恵まれた場所に青物を売買する農民と商人が集まり、そこがのちに青物市場に成長したといえる。

市場の増加　江戸の拡大にしたがい、万治期（一六五八～一六六一）～延宝期（一六七三～一六八一）ごろに本所四ツ目橋、京橋、下谷に、元禄期（一六八八～一七〇四）～享保期に両国、浜町、中之郷竹町、青山久保町、渋谷

一～五丁目のみであったが、南へと宿場の範囲が拡大し、掃部宿・河原町・橋戸町、南千住の小塚原町・中村町も同宿内となった。文政一〇年（一八二七）の調査によると、交通に関連する施設は、本陣が一軒、脇本陣が一軒、旅籠屋は大が四軒、中が三四軒、小が一七軒の計五五軒である。また、その他、商売店や職人が多く、主な商売は、太物・木綿・川魚・瀬戸物・米穀・干鰯・薬・酒・酢・醤油・味噌・荒物・塩肴・材木・薪・炭・古着・質屋・舟問屋などで、主な職人は大工、髪結、鳶、桶職人、足袋、紺屋、屋根、蝋燭、車力、船頭である。

駒込　現東京都文京区北部・豊島区東部にあたる。多くは豊島郡岩淵領駒込村にあったが、百姓町屋が形成され町人地となっていった。駒込浅嘉町・同天栄寺門前・高林寺門前に「駒込土物《つちもの》店《だな》」とも総称された青物市場が成立した。ここでは、田端・西ヶ原・王子・

道玄坂町などに青物市が成立した。また、神田須田町・通新石町には水菓子（果物）を扱う水菓子市場が成立した。但し、神田・千住・駒込各市場は、その由緒の古さから有力で、特に神田市場は、正徳末年頃から幕府御用を受けて江戸城青物役所へ納入する特権が与えられ、江戸時代中期に神田が江戸の中心となると、権威と地の利から青物流通機構で中心的な役割をはたした。

青物市場の様子　千住市場は、千住河原町に存在し、のちに「やっちゃ場」と呼ばれ、川魚市場も併設していた。千住市場の場合は、玄米を扱う黒米問屋が中心で、青物問屋や川魚問屋はそれに次ぐ地位にあった。前栽問屋には蓮根慈姑《くわい》問屋・土物問屋・葉柄問屋の三種があり、蓮根慈姑問屋・土物問屋が葉柄問屋よりも地位が高く、葉柄の生産地は、中川流域から江戸川付近までであった。青物市場は、複数の問屋で構成されるとともに、内部では前栽物の品目毎に問屋集団を形成していた。

前栽物の多くは、青物市場・問屋から仲買、小売である青物屋（八百屋）、振売りを通して江戸の町人に渡った。

青物売買をめぐる争論　近世後期になると、前栽物販売をめぐり市場どうしが争うこともおきた。文化一四年（一八一七）から文政二年（一八一九）にかけて幕府への慈姑上納をめぐり、神田市場と駒込・千住市場が争論し、従来神田の慈姑問屋が一手に慈姑上納を引請けていたのを改め、新たに神田・千住・駒込の三市場で引請け、その期間は神田と千住が各五カ月、駒込が二

十条（北区）、志村・板橋（板橋区）、練馬、根岸など、日光御成道・中山道近辺で栽培された蔬菜が取り引きされた。駒込の青物問屋は、一四軒の問屋株をもって市場仲間を作っており、それぞれの問屋に仲買《なかがい》一名が付属し、その他に仲買株一九軒が設定された。一般的に市場において問屋は、農民や在方の集荷商人から一定の口銭をとって野菜を預かり、その野菜を仲買に売り、そして仲買は小売商人へ売りさばく。しかし駒込市場の場合、「問屋庭《とんやにわ》」で行われる売買に荷主も参加し、仲買や小売商人と直接売り買いを行う点に特徴があった。

浜町　中央区北西部、新大橋付近の隅田川西岸一帯をさす。

中ノ郷竹町　現墨田区東駒形一丁目・吾妻橋一丁目、吾妻川（隅田川）東岸に位置する。吾妻川には竹町と呼ばれる渡船場があり、当町の船付場を俗に

カ月となった。この原因は、慈姑の主産地である江戸北郊の川口、岩槻、大門などから江戸への慈姑出荷は千住・駒込を経由したため、文化八年（一八一一）にはおよその八割が両市場で吸収され、神田では上納品を調達できない事態に至ったからである。

江戸時代中期以降に青物問屋は、荷受け時に農民から口銭を取立て、仲買・小売への前栽物販売を代行する荷受問屋から、蔬菜を仕入れて仲買・小売へ販売する仕入問屋へ変わるとともに、幕府公認を受け江戸への前栽物の集荷を独占するようになった。このため前栽物を江戸へ販売する江戸近郊の農民は、青物問屋の統制を受けることになり、これに対抗し、天保期以前に渋谷・目黒・千駄ヶ谷周辺の農民は、青山・渋谷・品川・麻布・高輪台など江戸周縁で立売し、蔬菜を江戸町人へ直接販売するようになった。このために、天保三年（一八三二）に立売りを行った農民と青物問屋との間で争論が起きたが、天保七年に双方が立売場所、口銭などを取り決めることで合意し、農民の立売が継続された。

このような争論を契機に、問屋の蔬菜集荷能力が次第に低下し、江戸時代後期に問屋を中心とした蔬菜集荷機構が解体していった。（森　朋久）

【参考文献】 伊藤好一『江戸地廻り経済の展開』（柏書房、一九六六年）、渡辺善次郎『都市と農村の間』（論創社、一九八三年）、『北区史』通史編近世（東京都北区、一九九六年）。

竹河岸と呼んだ。渡船場から南の河岸通り一〇間余に毎朝六つ時頃から四つ時頃まで六人の前栽問屋によって青物市が立てられた。

青物役所 正徳四年（一七一四）または享保一〇年（一七二五）に設置され、はじめは御納屋と呼ばれ、代表を神田青物市場の問屋が務めた。幕府の諸物資調達役である御賄所の注文にしたがい、神田青物市場で各種蔬菜を調達した。上納価格は一般の価格よりもかなり低かったが、同市場は、幕府御用を務める御用市場として他市場に対して権威を誇り、優位にたった。

魚市（うおいち）

「江戸前」の海

都市江戸で消費される魚介類は、当時の鮮度保持技術に規定されて、活鯛などの高級魚を除くと、おおむね江戸湾から三浦半島・房総半島周辺の海域で漁獲されたものが水揚げされ、日本橋を中心とする魚市場を通じて市中へ出回った。江戸湾は魚介類の宝庫であり、江戸時代に獲《と》れた魚介類には、タイ・カレイ・キス・スズキ・ボラ・コチ・アイナメ・サヨリ・ホウボウ・イシモチ・ハゼ・シラウオ・ウナギ・アナゴ・イカ・クルマエビ・シバエビ・アカガイ・ハマグリ・アサリなど、多種多様なものがあった。江戸の庶民は、豊富な魚介類をもたらしてくれる江戸湾を「江戸前」の海として賞賛した。「江戸前」の海域は、「品川洲崎《すざき》一番の棒杭《ぼうぐい》」と「深川洲崎松棒杭《まつぼうぐい》」を結んだ線より内側の江戸湾最奥部《さいおうぶ》を指すが、江戸後期になると、その範囲は少しずつ広がっていったと考えられている。

関西漁民の移住と日本橋魚市場

日本橋の魚市場は、江戸初期の幕府による食糧魚確保政策、なかんずく江戸城への御膳魚《ごぜんぎょ》（御菜魚《みさいうお》）上納体制の成立と密接に関わっていた。幕府は御膳魚を調達するため、江戸湾沿岸に古くからある漁業集落を御菜浦に指定したり、摂津国から漁民を移住させ、御菜魚を上納することを条件に広範な漁業権を認めたりした。いずれの場合も、

活鯛　幕府が祝儀の場などで大量に消費する活鯛については、魚問屋の中から専門に集荷する活鯛納人《いけだいおさめにん》が選ばれた。活鯛納人は、江戸湾のみならず、伊豆半島や瀬戸内海までの海域に活鯛浦という御用漁村を設定し、鯛を活かしたまま江戸へと搬送した。伊豆半島では、主要な活鯛浦に生簀を置いて鯛を蓄えておき、これを生簀船を使って集荷基地の須崎へと集めたのち、浦賀・神奈川・品川の三カ所に設置された御用御囲場《おかこいば》へ送って幕府の注文に備えた。

漁民たちが魚介類を一般に販売するには、まず江戸城への魚上納を行わなければならなかったわけである。

当初の魚市は、「芝浦漁業起立」に慶長年中（一五九六〜一六一五）のこととして「猟師共《りょうしども》取揚《とりあげ》候《そうろう》魚類を往還《おうかん》ニて市を立《たて》商《あきない》致《いたし》候」とあるように、漁業とは未分離な状態で、上納した残りの魚を街道筋へ持ち出して売買する程度のものであった。日本橋においても右の状況は変わらず、江戸へ移住した摂州西成郡佃村出身の漁民が、上納した残魚を本小田原町《ほんおだわらちょう》で売買したという。本格的な魚市場の形成は、続く元和期（一六一五〜二四）からで、「日本橋魚市場沿革紀要」をみると、この時期に町奉行島田弾正利正が本小田原町・本船町《ほんふなちょう》に魚市場の開設を許可したという記述がある。寛永期（一六二四〜四四）になると、「御当地《ごとうち》追々御繁栄に付、摂州佃村・大和田村・西宮其外《そのほか》所々より追々罷下《まかりくだ》り、肴家業《さかなかぎょう》仕《つかまつり》候」とあるように、都市化が進む江戸での利益を当て込んで関西漁民がぞくぞくと江戸へ下り、専業の魚問屋が成立し始めた。そののち寛文五年（一六六五）には本船町横店組《ほんふなちょうよこだなぐみ》が、やや時期が下って天和二年（一六八二）には安針町《あんじんちょう》の魚市場が公認され、本小田原町・本船町・同横店組・安針町の四カ町の魚問屋が四組《しくみ》問屋と呼ばれる魚問屋組合を形成するに至った。また、この間の延宝二年（一六七四）には、魚の買上価格に関する紛争の結果、相模湾沿岸漁村からの魚荷《うおに》だけを引き受けて売買する、新肴場《しんさかなば》と呼ばれる本材木町《ほんざいもくちょう》の魚問屋が成立している。

日本橋魚市（「江戸名所図会」）

幕府の納魚制度と魚問屋

こうして魚問屋の専業化が進んだとはいえ、日本橋の魚問屋は、多くが関西漁民の系譜を引く者たちであったため、幕府はその由緒にしたがって江戸城への納魚を義務づけていた。本小田原町には、幕府の御膳魚納入に携わる魚会所《うおかいしょ》が設置され、魚会所では魚問屋の中から月行事《がちぎょうじ》を置いて、「日々膳所の注文に応じ、従前の定価を以て、若干の魚類を納むる」仕組みが整えられた。「従前の定価」とは、本途直段《ほんとねだん》と呼ばれるものので、幕府の意向により決定された価格であり、市価よりも極めて安いものであった。幕府の魚問屋を介した納魚制度は、享保期（一七一六〜三六）に請負制へ移り変わったが、寛政四年（一七九二）に江戸内湾漁村からの御菜魚上納が代銭化されたことにともない、直接買上方式が復活し、日本橋の元四日市町に御肴役《おさかなやく》所《しょ》が設置され、町名主の中から御肴役所取締役が任命されて幕府への納魚を監督することになった。

日本橋の魚市場は、幕府—魚問屋間の納魚制度を軸として、魚問屋が仲買・小売を統制することで秩序づけられながら、江戸随一の活況を呈することになったのである。

（太田尚宏）

【参考文献】　太田尚宏「江戸城『御肴』上納制度の展開と関東郡代」（『地方史研究』第二三〇号、一九九一年）。

本途直段　幕府の本途直段と江戸市中での売買価格の格差を、江戸で珍重された初鰹をもとにみてみると、江戸後期の数字で、幕府への納入価格が一尾あたり銭二貫五〇〇文、これに対して市中価格は金三両であり、幕府は約五分の一の安値で初鰹を買い叩いていたことがわかる。また活鯛の場合では、幕末期の買上価格が市中価格の六分の一であったとの記事もある。

古着屋（ふるぎや）

多くの市民は、特別な時にしか衣類を新調せず、日常的には古着を購入して着用した。そのため古着需要は大きなものがあり、古着商人も数多く営業していた。古着商人には、古着屋・古着買・古着問屋の三種類があった。古着買は、市中で江戸古着を集荷して古着問屋に納めた。

古着商人の種類

古着屋は、古着問屋から仕入れた古着を小売りした。古着買・古着屋は、質屋・古道具屋・唐物屋・小道具屋・古鉄屋・古鉄買とともに八品商人といわれ、幕府の盗物・紛失物調査に協力させられた。古着問屋は地古着問屋と下り古手間屋の二つに分けられる。地古着問屋は、古着買が集荷した江戸古着を、奥州や関東近国から仕入れにくる古着商人へ卸売りした。宝永年間（一七〇四～一一）に八軒、享保二〇年（一七三五）に五軒、幕末には三軒に減少した。元浜町・新大坂町・田所町・長谷川町・高砂町など、富沢町《とみざわちょう》の周辺に分布した。下り古手問屋は、上方や江戸近隣から古着を集荷し、同じく奥州や関東近国へ卸売りし、幕末に八軒あった。古着問屋は、十組問屋に加盟し、八品商人とは別組織であった。

古着買と古着屋

幕府は、万治二年（一六五九）に振売商人（行商人）に鑑札を交付したが、古着買には北方で二二〇枚が交付されたので、江戸全体では五〇〇人ほどと考えられる。古着買は、行商が一般的な営業形態で

鳶沢甚内と富沢町 「落穂集」に、掏摸の鳶沢甚内が罪を許される代わりに盗賊逮捕に協力するので、古着商人の元締になり土地を与えられたのが鳶沢町となり、富沢町となったという話が伝えられている。現在の中央区富沢町。

あったことがうかがわれる。元禄一四年（一七〇一）には、富沢町名主彦左衛門に古着屋惣代を命じ、古着屋統制を行わせたが、うまくいかなかったようで、同一六年に質屋と同様に惣代制は廃止された。享保八年（一七二三）に八品商人は組合を結成させられ、この時に古着屋一一〇組一一八二人、古着仕立屋一七組二〇〇人、古着買一三〇組一四〇七人、古着仲買二〇組二三八人であった。その後、嘉永五年（一八五二）に古着屋二一〇三人、古着買一八八四人、慶応元年（一八六五）に古着屋一一六六人、古着買三三三人と、幕末期に大幅に減少した。

古着商人の町

古着屋が集中し古着市が開かれたのは、富沢町を中心に、柳原・橘町・村松町・芝日蔭《ひかげ》町・浅草東仲町・西仲町・牛込改代《かいだい》町などだが、なかでも富沢町・柳原がよく知られている。富沢町の古着市場は、売手としての問屋付の仲買と、買手としての諸国の古着屋や江戸の古着屋との間で取引される卸売市場であった。このため古着買は、富沢町周辺に集中した。幕末には、富沢町で取引されたのは、質の良い上等な古着となっていったようである。柳原土手に古着屋・古道具屋が店を出すことを許されたのは、元文年間（一七三六～四一）のことである。間口九尺、奥行三尺ほどの床見世で、晴天の日中に商売し、雨の日は休業した。商品は、「柳原物」と呼ばれ、「柳はら古着見違ふ田舎者なまることばのたらぬ行丈」とか「ふんどしが頭巾に化ける柳原」と狂歌や川柳に詠まれたように、粗悪な安物で、い

柳原土手　現在の千代田区神田須田町二丁目・神田岩本町・岩本町二丁目・東神田二丁目にあった神田川南岸の土手。

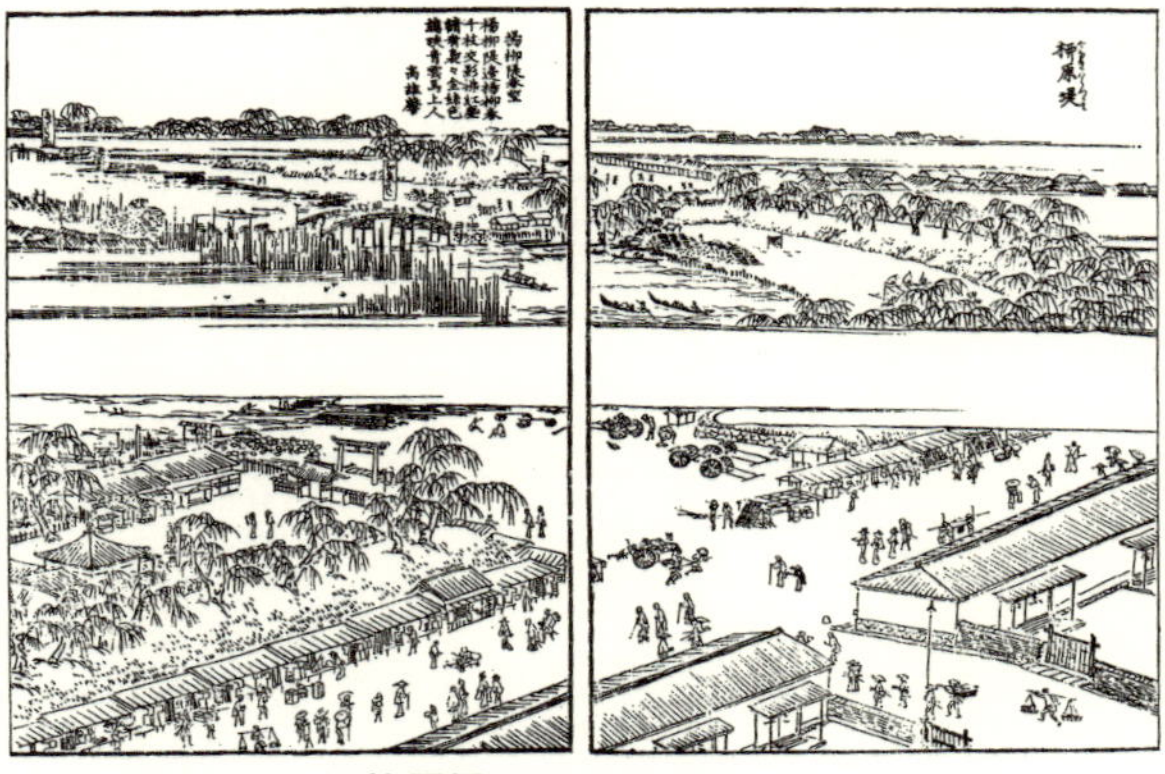
柳原堤（「江戸名所図会」）

かがわしい商品が多かった。

（加藤　貴）

【参考文献】　南和男『幕末都市社会の研究』（塙書房、一九九九年）、吉田伸之『巨大都市の分節構造』（山川出版社、二〇〇〇年）、小林信也『江戸の民衆世界と近代化』（山川出版社、二〇〇二年）。

質屋（しちや）

質屋とは、質物を担保として金銭の貸付を行うが、小口のものが多く、町民から武家に至るまで幅広い人びとの金融機関として機能した。

質物には盗物や禁制品などが含まれることがあるので、幕府は、犯罪防止と盗物などの摘発のために、たびたび質屋取締法を発令している。

質屋組合と盗物調査

元禄五年（一六九二）一一月には、質屋惣代三人が任命され、地域的に仲間を結成させ、質屋を営業する者は、本石町《ほんごくちょう》三丁目（現中央区日本橋本石町）の惣代会《そうだいかい》所《しょ》で登録し、質屋の作《さ》法定書《ほうさだめがき》と将棋の駒型看板が与えられた。作法定書によると、質置期間は、刀脇差や家財物品が一〇カ月（元禄一四年に一二カ月）、衣類等は六カ月（同八カ月）とし、利子は貸付銭一〇〇文につき月利三文（同四文）、年利にすると三六％（同四八％）、金二両までは金一分に月利銀三分五厘（同四分）、年利で二八%(同二三%)、金一〇両までは金一分につき月利銀三分、年利で二四%、金一〇〇両以下は一両につき月利銀一匁、年利で二〇%であった。質屋惣代会所は、質物置主・請人の両人から印判を取ること、規定以上の利子をとらないこと、幕府からの品触《しなぶれ》、つまり盗物・紛失物調査に協力することを、質屋に徹底させるために設立されたが、期待されたような効果をあげられないまま、元禄一六年一二月に廃止された。

享保八年(一七二三)四月には、盗物・紛失物調査を厳重に行うため、質屋を一〇人ほどずつの組合に編成し、月行事一人を順番に勤めさせた。この時に二五三組合、二七三一人であったが、嘉永五年(一八五二)に二〇七五人、慶応元年(一八六五)に一四八一人と、幕末にはかなり減少していった。明和七年(一七七〇)には、質屋数を二〇〇〇軒に限り、一軒から毎月銀二匁五分の運上銀を上納させたが、天明八年(一七八八)五月に運上銀は廃止された。

質屋あれこれ 質屋の看板には二種類あり、ハタキ型は、質札の反古処理からできたものという。将棋の駒型は、質屋惣代会所で交付したのにはじまり、「入ると金になる」という判じが喜ばれた。

質物は、衣類・蚊帳をはじめ、身の回りの家財道具が多かった。多くの家財を持たない者が利用したため、同一品の反復質置がみられる。鍋釜類は質置期間が短く、時にはその日のうちに請け出すこともあった。盗物と思われるものや符牒《ふちょう》

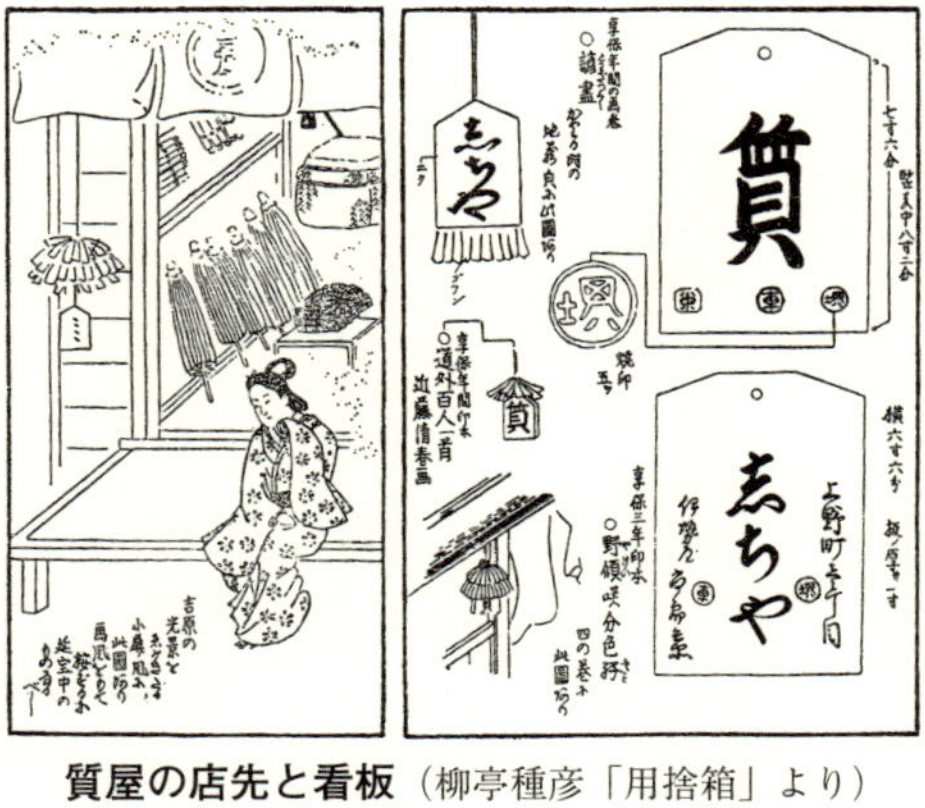

質屋の店先と看板(柳亭種彦「用捨箱」より)

質屋の利用者 質屋を利用したのは、町民はもとより、「世事見聞録」に「御番に出る時は質屋より偽《いつわ》りて取り寄せ着用いたし、帰りたる時は、直《すぐ》に元の質屋へ帰すなり」とあるように、より多くの下級の武士たちが利用した。

付《づき》の反物、葵紋付道具・役所道具・寺社の什物・通貨は、質置きできなかった。質物の保証は、火事・盗難は両損、鼠虫害は置主の損とする場合が多かった。両損とは貸付金と利子は質屋の損、質物は置主の損とすることである。

質屋が質物を担保として貸付ける金額は、質物相当値段の半分が一般的であった。質物の値踏みにはかなりの経験を必要とした。（加藤　貴）

【参考文献】 幸田成友『幸田成友著作集』第一巻（中央公論社、一九七二年）、鈴木亀二『近世質屋史談』（著者刊、一九七二年）。

湯屋（ゆや）

湯屋

天正一九年（一五九一）に伊勢与一という者が銭瓶橋《ぜにがめばし》辺に永楽銭一文の入浴料で営業を始めたとされる。当時の湯屋の構造は、小室の入口を唐破風に作り、中は蒸風呂でなく湯槽《ゆぶね》であったようである。当時はふんどしをしたまま入浴するもので、小桶もあった。小室の外部は美しく塗りたてたものもあって、その入口は、上り湯の境には五寸ばかりのしきりがあり柘榴《ざくろ》口といった。暖気が漏れないよう、入口を低くして蒸気が出ることを防ぐものであった。

慶長末には町ごとに湯屋があって、そのころから売春を兼ねた湯女《ゆな》が客の世話をした。承応元年（一六五二）湯屋一軒に三人以上の湯女を置くことが禁じられたという。湯屋では湯女が浴客の垢かきをするのは七ッ時（午後四時頃）までで、

銭瓶橋　東京都千代田区丸ノ内。

永楽銭　永楽通宝。中国、明朝の永楽六年（一四〇八）から二二年（一四二四）にかけて鋳造された円形方孔の銅銭。鋳造当初から日本へも大量に移入され、江戸初期まで長く標準的通貨の一つとして流通した。

暮方からは遊客を集め、三味線囃子に小唄などで盛り上げる一方、売春も行った。この湯女風呂は、大火によって吉原が日本橋から浅草寺裏に移転された明暦三年（一六五七）に、全面的に禁止された。以後、摘発された湯女は吉原送りとなるとともに、公衆浴場としての湯屋だけが公許されることとなった。

公衆の浴場

京・大坂などでは大町人の家には風呂があったが、江戸では大火が多く、また、水が不自由だったため、宿屋にも大商店にも風呂は少なく、町中の人が湯屋に行った。湯屋の入り口には、休業を知らせるため一面に「明日休」、裏面に「今日休」という木札があった。湯屋に入り番台で入浴料を出し、中に進むと、脱衣場と洗い場がしきりもなく続いている。体はぬか袋や洗い粉で洗い、また、流し場にはかかとをこすったり、陰毛をすり切るためのこぶし大の二つの石が備えられていた。別に岡湯が設けられ、柘榴口脇の湯汲み番に合図をすると湯を小桶に入れてくれた。柘榴口をくぐって湯に入ると中は薄暗かった。湯から出る時は脱衣場の境の竹の簀子になっている所で水をきって出た。

湯屋に関わる話題

男女分れた湯屋についての記述を、『耳嚢』に見ることができる。

ある医者が、入浴後に二階に上った。女湯が見え、昼前は入湯の者も少なく、女湯に、こぎれいな女が一人股間を洗っていたのが見えた。二階のひさしに続く方向に湯屋が見えるので、医者は引き窓のふちに手をかけ、糸のかかった竹に片

唐破風　破風とは屋根の切妻（棟を頂点とした「へ」の字の屋根）についている合掌形（二本の木材を山形に組み合わせたもの）の板。唐破風は、曲線をもった山形の破風。曲線の接点（腰）に茨《いばら》がある。門、玄関などの屋根に見られる。

吉原　遊郭。元和三年（一六三七）江戸市中の遊女屋を葺屋町（中央区日本橋堀留付近）に集め公許。明暦三年（一六五七）大火以後浅草山谷付近（台東区千束）に移転。

湯屋の入口　軒先には看板として弓矢があることもあった。「弓射る《ゆい》」を「湯入る」にかけていたことによった。

番台　ぬか袋、洗い粉、楊枝、歯磨き粉、あかぎれの膏薬などが売られていた。

湯屋の入浴料　『洗湯手引草』による

手を付けてのぞいていた。竹に両手をかけたところ、竹が折れて、まっ逆様に女湯に落ちた。女は驚いて気を失い、医者も落ちて湯桶に頭を打って気絶した。湯屋の者がみると、女と男が気絶しているので何事かわからず、気付けなどを与えて理由を聞いたが、返答がない。結局、女の入浴を覗き見して落下した久米の仙人のような医者だということで、この人を久米野仙庵と命名すべきと、その場所にいた人は笑ったという。

ここから、男湯と女湯が分けられ、男湯の二階にだけは休憩所があるという湯屋内部の構造が分る。男湯では、入浴後は二階の休憩所で碁・将棋や歓談をしたりした。この休憩所には絵草紙などの手軽な読物が置いてあり、壁には芝居や時には相撲の番付、また寄席・見世物・その他催物の引札などが貼ってあった。湯屋は町内のほとんど全部の人たちの集合所であり社交場であるとともに、祭礼や年中行事のことから江戸の噂など情報交換の場でもあった。

文化六年刊滑稽本『浮世風呂』では、日本橋界隈の銭湯の入浴実況が活写されており、世間話や、教育問題についての女性の会話なども記述されている。この作品の舞台も男湯・女湯が別である。寛政三年（一七九一）、それまでの男女混浴を禁じたことによるのであるが、松平定信の引退後間もなく混浴は復活した。文化五年（一八〇八）三月、江戸の湯屋十組仲間が成立した際、男女両風呂三七一株、男風呂一四一株、女風呂一一株、合計五二三株があった。男だけ、女だけの風呂よりも、男女混浴も多かったと考えられるが、天保の改革以後全国的に男女

と、寛永の初めから明和の末まで大人六文、子ども四文、寛政六年から大人一〇文・子ども六文に一定したとある。天保になると、江戸では大人は一〇文で変わらないが子どもは八文となっている。

耳嚢　天明から文化にかけて三〇余年間に旗本根岸鎮衛《やすもり》が書継いだ随筆。

浮世風呂　式亭三馬（一七七六～一八二二）が文化年間に書いた滑稽本。湯屋内での客の会話を描いた。

天保の改革　天保年間（一八三〇～四四）に行われた幕府、諸藩の政治改革。幕府の改革は、天保一二年（一八四一）老中水野忠邦によって着手。

混浴は禁止となった。

（川崎史彦）

【参考文献】　中村通夫校注『浮世風呂』（一九五七年）、神保五弥『浮世風呂―江戸の銭湯』（毎日新聞社、一九七七年）大分県立歴史博物館編『湯浴み―湯の歴史と文化―』（一九九九年）、青木美智男『深読み浮世風呂』（小学館、二〇〇三年）。

髪結床（かみゆいどこ）

鬢《びん》・月代《さかやき》を剃り、または髪を結うことを業とした家のことを意味する。当時は髪結を「かみい」とも訛った。北小路藤七郎が家康の髪を三河で一銭で結ったという故事から、江戸時代中期で、結い賃の額から「一銭職」、ほかに一銭床・一銭剃ともいった。江戸では、この藤七郎が慶長八年（一六〇三）に芝で始めたという。橋のたもとや河岸地、日除地、町の木戸番小屋の空き地などを利用して床場とした出床《でどこ》と、借家で営業する内床《うちどこ》の二種があった。

髪結床の成立

時に髪結職人は、髪結の道具一式を納めた道具箱を持って「場所廻り」といって出張し、得意先の帳場を回って稼いだ。一七世紀における髪結の実態を示す史料は限られ、安永九年（一七八〇）の「惣仲間定法写」によれば、寛永一七年（一六四〇）には、江戸の「髪結親方」が町奉行所に呼び出され、「髪結惣仲間」を結成するように命ぜられている。明暦三年（一六五七）の大火により、「髪結場所」

が入り乱れ争いが絶えないことから、万治二年（一六五九）に木札が交付され、混乱が収まった。同年、一五～五〇歳の髪結は、師匠は金二両、弟子は金一両ずつ札銭を徴収された。

江戸時代中期以降の髪結床

江戸時代中期以降、髪結床の設備も順番を待つ客のために碁・将棋盤をそなえたり、絵草紙をみせるなどのサービスが行われるようになった。また、江戸だけでなく関東全般でも一九世紀前半には増加している。

髪結床は、順番待ちの客にとっては良い社交場であった。式亭三馬の著書『浮世床』には、戯場・浄瑠璃・寄席・落語、そして辻番付や寄席のビラなどの一枚摺りなども登場する。会話に参加する人は十数人にのぼるが、江戸下町の住人か、商売でその地にきた者である。髪結の番を待ちながら浮世床の親方鬢五郎と会話をする。

かといって会話は楽しいとはいいきれない。会話の中で鬢五郎は、髪結のつらさを語る。一日腰を折ってうつむいており、夏は汗がたまり、蚊が刺し、冬は手がかじかみ、人に合わせて会話し、機嫌を取らないといけない、としている。

その鬢五郎も、客の会話によると、如才がないという。というのは、彼は、営業権が保証されているいわゆる「預かり場所」が五～六町あり、経営権を所有している床を三カ所持ち、全て弟子を出している者とされることによる。浮世床の挿絵によれば、長屋の一角に店を構え、客はあがりかまちの板敷きにすわり、月

髪結床の設備　結髪用具は油・元結・鋏（はさみ）のほか、三ッ櫛、竹製の髪垢をとる唐櫛、鬢かき、鬢に油をつける鬢刷毛（びんはけ）、髷（まげ）をつくる鉄製の曲棒（まげぼう）などがある。

関東全域での髪結床の増加　天保一三年（一八四二）九月九日に出された御触書をみてみる。元々、百姓は藁で髪を束ねていたのに、身分不相応に、髪に油、元結を用いることになっていると幕府は認識していた。同時期には、関東取締出役が関東全域の村々に対し農間渡世を調査し、酒食商売や、湯屋とともに、近年の若者たちがよからぬ道に携わり、柔弱で放埒になる基となる場所としている。

浮世床　式亭三馬（一七七六～一八二二）の滑稽本。髪結床に来た客同士や、客と主人との会話を面白おかしく描いた作品。

代や顔をそり髷を結い直してもらっている。親方のほかに、下職も何人かいた。

明治六年（一八七三）に河竹黙阿弥によって書き下ろされた『梅雨小袖昔八丈』（通称『髪結新三』）には、天保年間（一八三〇～四四）から幕末にかけての深川富吉町の髪結の様子が示されている。町内の廻り髪結を行う新三は、弟子も持っており、町内の長屋に住んでいて、上総無宿の入墨ものという設定であった。多様な小商人・職人たちも住む場末の長屋に、髪結が居住している状況も窺える。

女髪結

女子の顧客の注文に応じて、色々の女の髪形を結いあげた職業も存在する。元来、女は自分の髪は自分で結うものとされ、子供は母なり、姉たちが結っていた。女髪結の起源は、安永二年（一七七三）の『当世気とり草』に「近頃はやりの女かみゆい」とあるとこから、明和末年と考えられた。寛政の改革の際、寛政七年（一七九五）の町触には、近頃は女髪結という職業がでてきて遊女風とか歌舞伎風の女形風というさまざまの形を結い始めたとし、「女は万事自身に相応の身嗜《みだしなみ》を致すべし」とあり、女髪結は禁止となった。

化政年間（一八〇四～三〇）にはゆるんで再び流行となったが、天保の改革の際には再度禁止となった。しかし、天保一三年（一八四二）に、地借の重吉は、北町奉行所で銭七貫文の褒賞を受け「孝子」と言われるようになった。彼の母さくは「洗濯物いたし相稼」ぐのみでなく、「暮方に困り髪結いたし取続」けていたことが分る。また、嘉永六年（一八五三）の町奉行所の探索によれば、市中に一四〇〇人余もの女髪結がおり、「何れも困窮ものにて、当日之営に差支え、拠な

あがりかまち　玄関など家の上がり口の縁にわたしてある、化粧横木。

寛政の改革　江戸中期、田沼時代のあと、一一代将軍徳川家斉のとき老中松平定信を登用して行った幕政改革。

北町奉行所　江戸幕府の職名。江戸の町奉行の一つ。南町奉行と一か月交替で江戸の司法をつかさどった。

く右渡世いたし、聊之賃銭を取」る状況が報告される。

実際には取締りはそれほど厳しく行われていなかったようで、先にみた「孝子」重吉の母さくについても、女髪結であることが知られたにもかかわらず、重吉の孝心に免じて不問にされた。こうして女髪結は、喜多川歌麿「婦人手業拾二工」の筆頭にとりあげられるなど、女性の代表的な職分としての位置を占めていった。

（川崎史彦）

【参考文献】 吉田伸之編『日本の近世 9 都市の時代』（中央公論社、一九九二年）、竹内誠編『日本の近世 14 文化の大衆化』（同、一九九三年）、吉田伸之編『朝日百科日本の歴史 別冊 通巻10号 歴史を読みなおす「髪結新三」の歴史世界』（一九九四年）、青木美智男『深読み浮世風呂』（小学館、二〇〇三年）。

喜多川歌麿（一七五三～一八〇六） 江戸中期の浮世絵師。姓は北川。名は信美。細判の役者絵や絵本を制作する。のち大首絵を創案し、優麗繊細な描線でさまざまな姿態、表情の女性美を追求。

和薬改会所（わやくあらためかいしょ）

享保期の薬草政策

八代将軍徳川吉宗は「御薬并薬種之御世話常々之御事」（『仰高録』）と医療について関心を示すとともに、薬園の設置や薬草の精選、さらには朝鮮人参の栽培など広く薬草政策を実施した。この背景には元禄～享保期が江戸時代における疾病の一大流行期であり、享保元年、将軍「御膝元」である江戸においても「江武《こうぶ》の町々にて死するもの八万人」（『正徳享保間実録』）という惨状であったことが指摘されている。その一方で、正徳元年

一大流行期 『日本疫病史』によれば、一七〇一～五〇年の五〇年間は、それ以前と比べて倍以上の件数の疫病が発生しており、例えば宝永年間の麻疹・疱瘡の流行では、五代綱吉がこれがもとで亡くなっている。

（一七一二）五月には毒薬ならびに偽薬売買を禁止したいわゆる毒薬札が出されており、薬種統制が幕府の重要な課題となっていたことが知られる。

会所の設置　幕府は改会所の設置に先立ち、江戸・大坂・京都など各地の薬種屋仲間を江戸に召集した。そこに奥医師《おくいし》丹羽正伯《にわせいはく》らが加わって新和薬の名称や従来より誤称している薬、今後使用を禁止する薬など和薬の検査方法や基準を協議している。こうして、享保七年六月二一日、江戸伊勢町《いせちょう》に和薬種改会所が設置された。翌月に出された触によると、改会所設置の目的は「和薬真偽吟味」であり、先の会合に江戸から出席した二五名が問屋に任命され改役を勤めた。実際の検査では、薬種が少量の場合は会所への持参を命じ、多量の場合は会所役人が出張してその梱包・容器形態におうじて検査済の焼き印・紙札を付し、売り主・買い主双方から改料を徴収した。こうして諸国の薬種問屋に集積される和薬種はもちろん、近国または在々から問屋外へ送られていた薬種も必ずここで改めを受けることとなり、以後、和薬の流通はこの問屋―会所体制を軸に展開されることとなる。

その後、会所による取り締まり反対運動が活発になるとともに、一方で和薬種の「真偽吟味」について問屋以下諸人が熟達したこともあって、元文三年（一七三八）五月に会所制度は廃止された。

（保垣孝幸）

【参考文献】『大阪市史』第一巻（清文堂出版、一九二七年）、大石学編「享保改革の薬草政策」『享保改革と地域政策』（吉川弘文館、二〇〇〇年）、野高宏之「和薬改会所」（『大

奥医師　江戸幕府の職名で俗称は「御《お》匙《さじ》」。御近習医師とも呼ばれる。江戸城の診療医薬を管掌し、御用次第では、御広敷御守殿へも伺候した。

和薬　輸入薬である唐薬に対し、国産薬種の総称。唐薬に比べ知名度・信用度という点で劣り、当時は偽薬とみなされるおそれさえあった。

阪の歴史』60、二〇〇二年)。

廻船問屋（かいせんどんや）

江戸の人口が飛躍的に増えていくなかで、生活物資の安定的な確保が求められた。元禄七年（一六九五）、大坂・江戸間の商品輸送を円滑に行うために、江戸では十組問屋が結成され、大坂では、江戸へ物資を送るための二十四組問屋が結成された。大坂と江戸をつなぐ輸送手段が菱垣廻船となった。

江戸幕府が意図する流通構造は、あくまでも江戸への物資供給であった。これまで、上方から関東への荷物は、江戸で消費されるもの、関東に送られるものがあり、比較的自由であった。しかし、菱垣廻船の登場により、積荷は江戸で一度遮断されてから、関東へ荷物が流れるようになった。そのため、上方方面と直接、綿取引を行っていた真岡（栃木県）・下館（茨城県）などでは取引量が激減した。

菱垣廻船の登場

菱垣廻船問屋は、上方から荷物を受け取る問屋である。また、関東に向けて江戸から荷物を出す問屋は、奥川筋船積問屋であり、より役割が明確化した。

幕府は、海上輸送の保全に力を注ぎ、海難相互扶助体制をつくりあげた。菱垣廻船の積荷は運賃積であった。まだ航海技術が安定せず、海難によって、多くの積荷が失われた時代であった。どの荷物も同様に失われるわけではなく、荷物に

十組問屋　上方などからの下り荷物を江戸で受け入れるための問屋の総称。元禄七年（一六九四）には、米問屋・塗物問屋・畳表問屋・酒問屋・紙問屋・綿問屋・薬種問屋・小間物問屋などが加入した。のちに釘問屋が加入し、米問屋が油問屋に変わった。また、樽廻船の成立とともに酒店が脱退した。

二十四組問屋　江戸の十組問屋の結成を受けて大坂で結成された。大坂で菱垣廻船に積み込む荷物を効率よく集めるための問屋仲間であった。したがって、扱う品目は、十組問屋と同様である。

よって損失度合いは大きく変わる。船の下の方に重いものが、上には軽いものが積まれる。そのため、海難に遭うと、縄や木綿が先に捨てられ、酒などの樽類は最後まで残った。これでは不公平であることから、被害にあった荷物は、問屋仲間全体で負担した。

樽廻船の登場　酒荷物は、江戸からの注文荷物ではなく、酒造家の意志が強く反映した荷物であった。そのため、享保一五年（一七三〇）、菱垣廻船とは別に、酒荷物を優先させた廻船、樽廻船が菱垣廻船から分離独立し、同時に、江戸に樽船問屋が結成された。菱垣廻船が混載積であったことが酒屋側の不満につながった。酒は腐食しやすく鮮度が求められたこと、下荷物《したにもつ》ゆえに海難の危険性に遭いにくく、菱垣廻船の公平な相互扶助システムが、酒屋にとって逆に不公平さを感じさせることとなった。

樽廻船と菱垣廻船との競合が問題となり、次第に菱垣廻船が衰退していった。文化六年（一八〇八）には、三橋会所を設置し、菱垣廻船の勢力回復を目指した。さらに文化一〇年（一八一三）には、十組問屋を菱垣廻船積問屋として公認することにより、組織の拡大をはかった。しかし、菱垣廻船側の思うようにはならず、ますます樽廻船が勢力を強める結果となった。このころより、全国的に生産力が向上し、消費需要が高まりをみせ、流通量が増えた。そこで菱垣廻船・樽廻船に加えて、阿波廻船・尾州廻船など民間廻船集団が活躍するようになった。

奥川筋船積問屋　利根川・荒川を通じ江戸から関東各地へ送る川船荷物を扱う江戸の船問屋である。

三橋会所　飛脚問屋大坂屋（杉本）茂十郎が頭取となった菱垣廻船積問屋仲間の会所である。菱垣廻船の再興と問屋仲間の利益を守るために結成された。三橋とは、永代橋・新大橋・大川橋（吾妻橋）のことであり、これらの橋の架け替えや修繕を請け負うことから名付けられた。

菱垣廻船問屋と地域別廻船問屋

江戸の廻船問屋は、地域の廻船とセットで結成された船問屋である。大坂の菱垣廻船を受け入れる菱垣廻船問屋は、菱屋作兵衛・井上十左衛門・利倉屋彦三郎の三軒がつとめた。

廻船の多くは地域別に廻船問屋が決められていた。たとえば尾張国の廻船は、中川権右衛門、柴屋仁右衛門、鳥居武兵衛、坂倉小右衛門の廻船問屋が扱った。また、荷物の種類により廻船問屋が固定されている場合があった。瀬戸内海の塩を主に扱う下り塩問屋は、廻船問屋を兼ねている例である。

江戸時代後期の廻船問屋の仕事は、船頭たちの宿泊、航海中の食料や縄・袋などの必要品の確保、商品取引の斡旋や代行、難破船の処理、積荷の改めなど多岐にわたる。明治に入り、和船が汽船に変わっていくなか、廻船問屋が旅館・燃料屋・雑貨屋などに転業していく様子をみると、廻船問屋が、湊・船に関わるさまざまな仕事をこなしていたことがわかる。また、江戸時代の湊は、今と違って、大型の船を接岸させることができない。そのため、瀬取船が沖に停泊した廻船と荷揚場を結び、荷物の上げ下ろしを行った。廻船問屋は、荷揚人足や茶船がいつでも活動できる態勢を整えておく必要があった。

江戸時代後期から明治時代にかけては、交通・流通の変化が著しかった。菱垣廻船・樽廻船が主に運賃積荷物を運んだのに対し、民間型の廻船には、運賃積だけでなく、買積を行う船もあった。そのため廻船問屋が、荷物の売買先をみつけることも重要な仕事となった。また、代金の決済を為替で取り組むものも増え、

瀬取船　近世後期の江戸の瀬取船仲間は、東湊町組・鉄砲洲組・北新堀組・大川端組・深川組に分かれていた。また、江戸の瀬取船は、茶船と呼ばれていた。

運賃積　あらかじめ指定された荷物を輸送する形態であり、運賃収入が利益となる。莫大な利益を得ることはできないが、安定した利益が見込めた。菱垣廻船の場合は、海難の相互扶助システムがあったため、海難に遭遇しても、積荷補償がなされていた。

買積　船頭が、自らが荷物を購入し、他所に運び、売却する方法である。地域価格差を利用した商売であり、一航海で千両もの利益を上げることもあったが、菱垣廻船の行う運賃積とは異なり、荷物補償がされていないため、難船に合えば多額の損失を被ることもあった。買積には、売却価格は送り先の当地相場によるとして、送る相手が事

飛脚問屋・両替商との通信も増大した。廻船と問屋の仲介的な役割を担う廻船問屋には、複雑化する流通システムに即座に対応できることがのぞまれたのである。

（曲田浩和）

【参考文献】　林玲子『江戸問屋仲間の研究』（御茶の水書房　一九六七年）、斎藤善之『内海船と幕藩制市場の解体』（柏書房、一九九四年）。

金座（きんざ）

金座は文禄四年（一五九五）頃に徳川家康の求めに応じて、京都の金工後藤徳乗の高弟橋本庄三郎光次が江戸に派遣されたことにはじまる。やがて橋本は師匠家から後藤姓を許され、江戸幕府に仕えて金座の長官である御金銀改役に任ぜられ、子孫は一時断絶しながらも庄三郎家→三右衛門家→吉五郎家と継承され、幕府勘定所の御用達商人として御金改役を世襲した。

金座の業務　金座は、大判を除く金貨の製造・鑑定・修理・包封、下金の鑑定・買収・販売などの業務を行なうため、屋敷内に常設した役所（勘定所・包所など）と工房（吹所・延所・細工所など）からなっていた。当初は「後藤役所」「小判座」などと称され、検定極印の打刻と包封業務をしていたにすぎなかった。元禄吹替を契機に、元禄一一年（一六九八）本町一丁目（現中央区日本橋本石町二丁目、日本銀行本店）の後藤屋敷に工房が付設されると金座の通称が定着し、毎日金座掛の勘定衆が派

前に指定されている場合と、船頭の裁量で自由に荷物を売却できる場合があった。特に、近世後期の民間型の廻船に多くみられる積荷形態である。

金座の出張所　京都・佐渡・駿河などにあった。ただし、駿府では慶長小判だけ、京都と佐渡では元文小判まで製造し、そののちは江戸の製造独占となって、包封・鑑定などの業務のみを担った。

遣されるようになって、多くの職人を抱える公的機関とみなされはじた。

金座の組織

金座ははじめ、勘定所から競争入札制で製造を請け負った小判師（配下に吹屋《ふきや》・延屋《のべや》・細工師・色付《いろつけ》師を従えた独立自営業者）たちが持参する金貨に対し、極印賃（判賃）をとって金位・形態・量目《りょうめ》の検定をしていたにすぎなかった。すべての工程は金座の近隣山吹町にあった小判師各自の工房で行われ、これを小判師による「手前吹」（手前極《ぎめ》・手前作《づくり》）と称した。元禄吹替では、幕府が本郷霊雲寺付近の大根畠（のち本郷金助町）に建設した工房一カ所に関係者が集められ、大判・小判・丁銀などがいっせいに製造された。このように小判師およびその配下の吹屋・延屋などが集められ、すべての工程が密室のもと行われるようになると、これを金座の「直吹《じきふき》」と称した。この体制は、元禄一一年に後藤屋敷に付設された工房でも継承され、これに伴って小判師やその配下の吹屋などの独立性は著しく低下し、多くの職人と同様に金座の「抱え人」としての性格に変容していった。そして、寛政三年（一七九一）の金座改革では、小判師は金座人（座人）と改称し、吹屋棟梁とともに限定された名跡家の世襲となった。

金座では後藤の家来が手代として金貨の鑑定・包封などを担っていたが、金座人と競合する形で金位・形態の検定や製錬部門の職人の監督にも従事した。吹屋棟梁は細工部門の職人の監督と細工の検定に従事した。金座が得た分一金《ぶいちきん》（製造高のおおむね一〇％前後であった）などの収益は、金座後藤・手代・金座人・吹所棟

金座の役人　後藤の手代には年寄・改《あらため》役・並《なみ》役など、金座人には年寄・勘定役・並役などの職階があり、明和年間に江戸詰二〇名、京都詰一〇名、佐渡詰一三名であった。金座人は最盛期には江戸詰二五名以上、京都詰四五名以上、佐渡詰一名の合計七一名以上であったが、寛政二年（一七九〇）の金座改革によって、同三年江戸詰一〇名（一部は佐渡詰）、京都詰一〇名の定勤《じょうきん》制となった。なお、吹屋棟梁は最盛期には五〇名前後であったらしいが、寛政三年には江戸詰四名（うち佐渡詰二名）、京詰三名の定勤制となった。

梁の間で、一定の割合をもって配分された。

小判・一分判　金座の金貨は、小判・一分判が基本であり、元禄・宝永・正徳（享保）・元文・文政・天保・安政・万延の金銀吹替による金位も同一にされたから、本位貨幣に近似していた。製造高（両）の三分の一は一分判を製造する慣行とされる。慶長小判や元文小判は長期にわたり通用し、現物に打刻された再極印から何度も足金《たしがね》を補填して修理されたことがうかがえる。足金と修理賃は、基本的に所持者の負担とされたから、市中では修理の忌避と金貨の選好が広がり、幕府は再三にわたり本両替仲間に対して一定数の修理義務を課し、これが吹替の理由ともなった。

文政期からは二分判・二朱判・一朱判、天保期には五両判が製造されたが、これらの金位は小判・一分判とは連動せず、いずれも低く設定された。金貨はすべて金銀合金を鍛造《たんぞう》によって製造され、表裏面には金額のほか、地紙地《じがみじ》（扇枠）に五三桐紋、初代庄三郎の名乗「光次」の文字極印が打刻された。金貨の造幣権は幕府にあったが、金貨じたいは後藤の信用と責任において製造されていた。このほか明和二年（一七六五）から、金座は鋳銭定座《じょうざ》の兼帯を命ぜられ、寛永通宝の鉄銭や、天保通宝など銭貨の鋳造にも従事した。（西脇　康）

【参考文献】　瀧澤武雄・西脇康『日本史小百科　貨幣』（東京堂出版、一九九九年）、西脇康『対読　吾職秘鑑』（書信館出版、二〇〇一年）。

金銀吹替　丁銀《ちょうぎん》・小玉《こだま》銀などの銀貨と銭貨は鋳造されたが、金貨のすべてと南鐐銀など銀貨の一部は鍛造をもって製造された。幕府や金銀座などの公文書では、金銀貨の再製造は「吹替・吹直・吹改」などとみえ、けっして製法を明示する表現は見えない。あたかも貨幣の製造はすべて「鋳造」だと誤認させる表現は、すでに青木昆陽・新井白石の著作からみられるが、「金銀改鋳」などの不適切な表現とともに再考が必要であろう。

銀座（ぎんざ）

銀　座

銀座は、慶長六年（一六〇一）摂津国平野の豪商末吉勘兵衛の献策により、徳川家康が京都の伏見で取り立てたとされる。この時、淀屋次郎右衛門など一〇人に頭役《とうやく》（のち銀座人の年寄）を定め、配下に銀座人や銀見《ぎんみ》役を従えさせ、全体を統括する銀吹人に堺の銀吹師湯浅作兵衛（大黒屋を屋号、大黒常是《じょうぜ》を通称）を任じて御用達《ごようたし》をさせた。こうして銀座は、基本的には常是の銀吹所（検定極印打刻と包封業務）と役所（勘定所・包所など）・工房（吹所・延所・細工所など）からなって、丁銀・小玉《こだま》銀など銀貨の製造・鑑定・修理・包封、下銀《したがね》の鑑定・買収・販売など、種々の業務を担った。

大御所家康が駿府に退くと、慶長一一年銀座の出張所が設けられたが、同一七年江戸の京橋角（現在の中央区銀座一丁目付近）を経て、寛政一二年（一八〇〇）から蛎殻《かきがら》町に移った。伏見の銀座は、慶長一三年京都の両替町に移され、大坂・佐渡・長崎などにも出張所が置かれた。はじめは金座（御金銀改役）支配下であったが、宝永二年（一七〇五）から勘定奉行支配となった。

大黒常是は銀貨の検定・鑑定業務を行う銀吹所を主宰し、銀貨の製造そのものには直接携わらなかった。分一《ぶいち》銀などの銀座の収益は「座歩（分）配当」と称され、銀吹人の常是および頭役・銀座人などで一定の率をもって配分された。

銀座の出張所　銀貨の製造は伏見（→京都）・駿府・江戸・佐渡で行われたが、最終的には江戸のみとなった。

分一銀　製造高に応じて歩合制で与えられた給銀で、その割合はほぼ三〜一〇%であった。

銀座の役人　銀座人には、はじめ年寄・大勘定役・戸棚勘定役・戸棚役・平役・銀見役などの、のち年寄・元〆役・請払役・平役などの職階があり、そのほかに小役人・手代・中通・小仕などの小吏がいた。銀座人は元禄五年（一六九二）京都詰五〇名、江戸詰一二名の合計六二名であったが、弘化元年（一八四四）には江戸詰の銀座人二五名、小役人以下四二名余、京都詰の銀座人五名、小役人以下六名余、大坂詰の銀座人二名、小役人以下七名余となった。

丁銀・小玉銀

はじめはナマコ形の鋳造銀である丁銀だけであったが、ほどなく丁銀の切り遣いが禁止されたため、露状・円形の小玉銀（大粒を豆板銀《まめいた》、細粒を露《つゆ》銀と俗称）が鋳造されはじめた。丁銀は四〇匁前後が目安であったが、量目を一定に鋳造できなかったため、それを調節するため大小の小玉銀が数分から数匁の間で鋳造された。丁銀・小玉銀は銀と銅との合金で、銀位は共通とされたが、表面に大黒屋の商標である大黒天像の極印や「宝」の文字極印などが打刻され、大黒屋の信用と責任において製造された全国貨幣であった。銀貨の発色技法は、銀座では「磨き」と称され、小判の色付《いろつけ》（後述）とは区別される。

このほか、金貨の単位を与えられた計数貨幣として、五匁銀・南鐐二朱銀・一分銀・一朱銀などが製造された。

銭座と銭貨

永楽通宝など渡来銭の整理に一定のめどが立った寛永一三年（一六三六）、勘定奉行の命で請負町人にはじめて銭座《ぜにざ》が特許され、江戸と近江国坂本などで寛永通宝という青銅の一文銭が新規鋳造されはじめた。寛文八年（一六六八）には江戸亀戸《かめいど》に銭座が置かれ、大規模な増鋳が行われた。一時、試験的に宝永通宝一〇文銭が鋳造され、元文期以降はその素材を鉄・真鍮（四文銭）に替えながら、各地で不定期に寛永通宝が増鋳された。幕末には、文久永宝四文銭が新規に鋳造された。常設の金座・銀座と違い、銭座は臨時施設であり、必要に応じて各地において設けられ、請負高を鋳造すれば廃止された。

銀位　銀貨の品位を銀位という。丁銀・小玉銀の銀位は、最高の慶長・正徳銀八〇％から順次低下されていき、安政銀では最低の一三％となり、ほとんど「銅貨」であった。五匁銀は元文銀並みの四六％とされたが、金貨の額面を与えられた南鐐二朱銀は九七％、天保一分銀はほぼ純銀であった。

天保通宝　別称は当百文銭。裏面には金座初代の後藤庄三郎光次の花押が鋳られたように、この銭貨に限っては金座の製造請負であった。

当時、一文銭九六枚をもって一〇〇文に通用させる「省銭《せいせん》」「九六銭《くろく》」が普及し、この慣行を「省陌法《せいはく》」と称した。一般的には、九六文ごとに細縄を通して一括した百文緡《さし》とされ、これを一〇本あわせて一貫緡が造られ、取り引きされた。

金銀経済圏と名目金銀貨　寛永一三年（一六三六）に寛永通宝が鋳造開始されると、小判・一分判などの金貨、丁銀・小玉銀などの銀貨、そして銭貨の三貨からなる貨幣制度が完成した。江戸時代は金貨と銀貨を本位貨幣（金銀両本位制）とし、銭貨を補助貨幣とする貨幣制度であった。といっても、「江戸の金遣《きん》い、上方の銀遣い」と称されたように、江戸を中心とする金経済圏と大坂・京都を中心とする銀経済圏にわかれていた。事実としては、美濃・尾張両国から陸奥国仙台にいたる太平洋沿岸の諸国が金遣いであり、それ以外では銀遣いが中心であった。これは貨幣の嗜好に地域的な偏向があったにすぎず、江戸でも大工など職人の手間賃などは銀建てで支払われ、大坂でも小判が取り引きされた。

しかし江戸後期になると、本位貨幣の制度と矛盾する金銀貨が多く誕生させられた。小判・一分判とは品位も量目も連動しない二分判・二朱判・一朱判であり、次第に品位の低下も著しくなった、金分よりも銀分がまさる「金貨」であった。これら名目金貨の出現を、近代貨幣制度の萌芽と評価する向きもある。

また、主たる素材が銀でありながら金貨の額面を与えられた金称呼銀貨《きんしょうこ》、すなわち南鐐二朱銀・同一朱銀・天保一分銀・嘉永一朱銀などが製造された。これ

包封の慣行　金銀貨は小額であれば裸のまま使われることもあったが、幕府や藩などへの公納金銀や年貢や運上・冥加などの貢納金銀、および市中の大取引の際には、両替商による包封が慣行とされた。

名目金貨　将軍家斉の化政期に誕生した。金位は真文《しんぶん》二分判は五六％、草文《そうぶん》二分判は四九％、安政二分判は二〇％と低下されていき、最低は一朱判の一二％であった。もはや実質的には「銀貨」と等しい金貨となったから、色付技法（後述）による黄金の発色も不可欠となった。

は田沼意次の発意とされ、銀経済圏を金経済圏のもとに従属させ、貨幣制度を江戸を中心に再統合しようとする、幕府の政策意図の発現であったとされる。

（西脇　康）

【参考文献】田谷博吉『近世銀座の研究』（吉川弘文館、一九六三年）、瀧澤武雄・西脇康『日本史小百科　貨幣』（東京堂出版、一九九九年）、西脇康『銀座御用留（1）』（書信館出版　二〇〇二年）。

大　判（おおばん）

贈答金貨の大判

大判は通貨である小判などとは違い、賞賜・献上など幕府・朝廷における贈答儀礼に使用される特製金貨である。伝世品からは、豊臣秀吉が天正一六年（一五八八）に製造させた天正大判が初見とされる。大判の製造は、幕府の御腰物《おこしもの》方に彫物師《ほりものし》として仕えた後藤四郎兵衛家が、勘定所の指示を受けて大判座を主宰して担った。

大判の基本形態は、表面の天地左右端には丸枠に五三桐紋極印が打刻され、中央に「拾両　後藤（花押）」と墨書され、これを墨判《すみはん》と称した。裏面にも五三桐紋極印と後藤の花押極印、および製造段階の験極印が打刻された。製造された大判は一部は勘定所を経て蓮池御金蔵《おかねぐら》に納められ、一部は金座から本両替などに両替され市中に流通した。幕府は大名・旗本などから献上される大判のほかに、御

彫物師　将軍家の御用達として、刀装具である小柄《こづか》・笄《こうがい》・目貫《めぬき》の三所物《みところもの》を、後藤四郎兵衛一門が独占して製造した。

墨判の「拾両」　小判一〇枚分の意味ではなく、金貨の量目《りょうめ》である一〇両＝四四匁（一両＝四匁四分）を表している。大判一枚を両替すると小判七両余りであったが、大判一枚を入手するには「御道具直段《ねだん》」と称して割高となった。

献上大判　御殿の献上溜から小納戸、納戸元方を経て、御金《おかね》奉行の同心衆立合のもとで御金蔵に納められた。

為替組（三井・十人・上田の三組）を通じて市中の大判を定期的に買収していた。なお、御金蔵の出納の際には、必ず大判座の手代に出張させ、大判の包封と封印改を義務づけた。

なお、大判の墨判は剥離しやすく、不完全なものは大判座に墨判料を支払って再墨判を施す必要があり、これを「認替《したためかえ》」と称して何度も書き改められた。儀礼の際には、幕府では特製の献上台の上に裸のまま載せられたが、朝廷では桐の箱に納められた。

献上御清小判と逆桐

金座後藤では、将軍代替わりと毎年頭の御礼の際に、将軍へ二〇枚、大御所（ないし世嗣）へ一〇枚の小判を、それぞれ献上する慣行があった。はじめは通行の小判をあてたようだが、元文小判からは献上用に特製の小判を製造しはじめ、これを「献上御清《おきよ》小判」と称した。御清小判はやや大振りに成形され、極印も丁寧な打刻で、表面の茣蓙《ござ》目も細密に施され、全体として端正な仕上げであり、裏面の金座人と吹所棟梁の小験極印《しょうけんごくいん》は、必ず縁起の良い「大吉」の組合せとされた。また、一分判・二分判・二朱判・一朱判などには、表裏面の極印面を意図的に逆転させて打刻した、やや大振りで端正な仕上げの金銀貨も製造され、市中では寸志などの贈答にあてられていた。これら分朱判は御清小判とともに一定数が特製されたが、もともとは後藤が幕閣やその家臣などに対する贈答品として放出したものであった。

江戸で七福神信仰が大流行した後の化政期になって、小判裏面の小験極印の組

墨判の剥離　「大判も禿が見ては憎らしい」という川柳が伝わる。墨判の認替料は、後藤と依頼者との前例により、おおむね金一分か銀五匁であった。

逆桐・見返り　分朱判のの金貨は「逆桐《さかさ》」、銀貨は「見返り」と称された。川柳にも「只一歩あつて淋しき逆さ桐」「逆桐小判壱両にやつと売り」と詠まれ、当時すでに御清小判・七福小判や逆桐はプレミアムがつけられて取り引きされていた。

合せをもって七福神に見立て、その七枚の小判を市中から獲得することによって幸福が得られるとする、「七福小判」信仰が江戸でブームとなった。当時、「七福小判の世説」という効験書まで流布されて、通行の小判の一部が神格化されはじめ、大商人たちが七福小判の収集に熱中したらしい。その推進者はほかならぬ金座後藤とも予見されるが、金座では民間のブームを背景として、端正に特製した七福小判を製造して市中に流通させたふしがある。そのほか民間では、通行の小判に狐や如意宝珠の極印を加打刻した「稲荷小判」もあらわれ、小判はしだいに稲荷信仰などの対象として、宗教的性格を与えられる存在となっていった。

金貨の色付技法

大判・小判など金貨は金と銀の合金で鍛造され、そのままでは銀色が強くでるため、表層に黄金色をひきだす色付《いろつけ》（色揚）と呼ばれる発色技法が施され、金貨の面目を保った。現在、この技法は鍍金と較べて耐久性にひじょうにすぐれていると、再評価が行われている。すでに古代インカの工芸品にこの技法を確認できるというが、文献によれば金工後藤四郎兵衛家の秘法と伝承され、大判座・金座の秘伝として金貨に活用された。復元実験によって判明した工程は、色付薬を塗布して加熱し、金銀の表層から銀分のみを除去し、残った金分を厚着して純金層をつくるものであった。（西脇　康）

【参考文献】　瀧澤武雄・西脇康『日本史小百科　貨幣』（東京堂出版、一九九九年）、西脇康「江戸町人の貨幣文化と英国プルーフ銀貨」（『比較都市史研究』二〇―一、二〇〇一年）、伊藤博之「小判の製法と復元」（『鉱山金属文化』一二、二〇〇三年）。

両面大黒の小玉銀　小玉銀のなかでも、縁起の良い大黒天像の極印が表裏面に打刻されたものは「両面大黒」と称され、祝儀専用の特製貨幣として銀座で製造された。江戸時代には、贈答儀礼にあてる特製金銀貨を製造・通用させる文化があった。

生活の彩り

小袖（こそで）

文様を着る衣服

現代のきものの祖型となる小袖は、詰袖で袂、衽《おくみ》があり、垂領《たりくび》、上下一部式の衣服である。必ずしも袖が小さいというわけではなく、袖丈が地面に触れるほどの振袖や打掛、あるいは帷子《かたびら》や庶民の浴衣といった衣服も広義の小袖に含まれる。

室町時代中頃から表着として用いられるようになった小袖は、近世になって男女ともに服飾の中心的な存在となった。今日の洋服と異なり、小袖は直線裁断による上下一続きの衣服形式で、背面を中心に連続した広い平面を有している。そこには紐やボタンなど絵柄を妨げるものがなく、散らし文様から連続した大柄の文様まで多彩な装飾表現が可能であった。小袖に文様を主体とした意匠様式が発展したのは、小袖が文様表現の場として絶好の環境を有していたからにほかならない。寛文年間（一六六一～七三）になると、大きな文様とゆったりとした空間と

衽　小袖の左右前身頃および襟下に連なる部分で、着装時、前をしっかりと合わせるために重要。襟は領（くび）といい、襟の延長の大きな領、すなわち「おおくび」が転じて「おくみ」になったという。日本の衣服は、洋服の男合わせと同じく着用者から見て左側を上前とするのが基本であるが、これを「右前」と称するのは、衽の位置が着用者の右前にくるという意味で、中国の「右衽」に由来するものである。

垂領　左右の襟を引き違えて斜めに合わせる着用法。首紙（頸上）の紐をかけ合せて留める盤領《まるえり・あげくび》に対する形式。盤領が束帯や狩衣など大陸から伝来した公家系の男子の装束の系統であるのに対して、垂領は袿《うちぎ》類や小袖、直垂《ひたたれ》など、女性や武家、庶民系の衣服における襟の形式である。

の大胆な対置とを特徴とする寛文小袖が隆盛し、モティーフ自体も花鳥といった既成の枠組みを打ち破り、森羅万象を対象とした多彩なものへと急速に拡大していった。

多様化する文様

文様が多様化してくると、小袖を誂えるためにデザインの指針とされる文様集、小袖雛形本が重要な役割を果すようになった。一七世紀後半から一八世紀末までの約一五〇年間に、現在知られているものだけで一二〇種あまりの小袖雛形本が刊行された。その大半は染織の中心地京都の版元による刊行であったが、なかには積極的に雛形本の出版に参画した江戸の書肆もあった。たとえば、延宝五年（一六七七）刊『新板小袖御ひいなかた』や天和四年（一六八四）刊『新板当風御ひいなかた』などは、江戸大伝馬町三丁目の鱗形屋が版元で、菱川師宣が作画を担当した雛形本であった。また、大伝馬町二丁目の木下甚右衛門は、貞享年間（一六八四～八八）に『風流絵本御ひいなかた』を刊行し、延宝九年（一六八一）には寛文年間に京都で出版された『新撰御ひいなかた』の改刻再版を行っている。これらの出版には、流行の動向を左右するほどの影響力はなかったが、江戸時代前期にあって上方に伍していこうという江戸独自の機運のあったことが知られて興味深い。

上方主導の流行

しかし、江戸時代中期には上方を中心とする流行の大勢は不動のものとなっていった。元禄期を過ぎると、従前の刺繍と絞り染を主技法とする小袖意匠は定型に堕し、かわって軽妙かつ平明な意匠が

天和四年刊『新板当風御ひいなかた』収載の一図。雪輪に竹を配した文様で、小袖を衣桁に掛けた図示様式が特徴的である。

好まれるようになって、友禅染に代表される糸目糊と色挿しによる絵画的な意匠が盛行した。さらに、それまで小袖を固定するための実用に徹していた帯が丈・幅ともに拡大し、結びも多様化していった結果、小袖の文様は上下に分断され、小柄で細密な表現が主流となっていった。また、光琳文様とよばれる大胆なデフォルメを特徴とする意匠が、江戸時代中期になって爆発的に流行する。これらの流行の中心地はすべて京都で、その影響は上方の書肆による出版活動を通じて増幅され、江戸にも及んでいった。

このような上方主導の時代にあって、江戸から発信される流行もあった。前身《まえみ》頃《ごろ》から衽にかけて斜めに文様を配した江戸褄の流行である。これに類する褄文様は、すでに元禄三年（一六九〇）に京都で刊行された『新ひなかた』に見出される。しかし、この意匠が世間の耳目を集めるようになるのは、それから半世紀ほど後のことであり、「江戸つま」の呼称が登場するのは宝暦四年（一七五四）刊『当世模様雛形千歳草』以降のことである。おそらく、褄文様が江戸で好評を博したのであろう。江戸褄は、江戸発の意匠として息の長い流行となったごく初期の例といえるが、この頃から流行の発信地としての上方の力は低下していく。その意味で、江戸褄は、上方と江戸の間で繰り広げられてきた流行の歴史における分水嶺的な存在といえるかもしれない。

江戸中心の流行へ

一八世紀も後期になると、奢侈禁令の影響下に精緻を誇示する意匠は後退し、京都主導で制作されていた小袖雛形

友禅染　糸目糊と色挿しによる染色技法で、繊細で絵画的な図様を特色とする。友禅の名は、一七世紀後期から一八世紀初期に京都で活躍した扇絵師、宮崎友禅斎に由来する。友禅染の技法は、しばしば絵師友禅の創始と説かれてきたが、彼自身はあくまでも絵師、デザイナーとして脚光を浴びたのであり、仕事の範囲は、下絵もしくは意匠原案の製作にとどまっていたと考えられる。

本の意匠もマンネリに陥っていった。時代の好みは表面は簡素に、裏地や下着などに凝る趣向が尊ばれるようになっていく。安永五年（一七七六）刊の洒落本『当世爰かしこ』に「裾もようは五寸もやうとなり、五寸もやうは江戸づまもやうにかわり、惣模様を目の下に見くだし」とあるように、文様はどんどん裾に近づき、ついには表を無地として裾裏に文様を施すものも登場した。

一九世紀になると、具象的な文様は敬遠される傾向が強まり、かわって渋い色合いの縞（縦縞）や小紋などが最新の装いとして定着した。この期に及んで、流行の中枢は上方から江戸へと移っていった。具象から抽象への好みの変化にともなう雛形本の盛衰は、江戸時代に通底する上方文化と江戸文化の拮抗の歴史を象徴的に映じていたといえよう。このような粋の美意識は幕末まで継続し、細い縦縞や、小紋など、遠目には無地に見えるような意匠に、洗練された究極の造形美を確立していった。

（丸山伸彦）

【参考文献】 林英男・青木美智男編集『事典しらべる江戸時代』（柏書房、二〇〇一年）、竹内誠監修『江戸時代日本館』（小学館、二〇〇二年）。

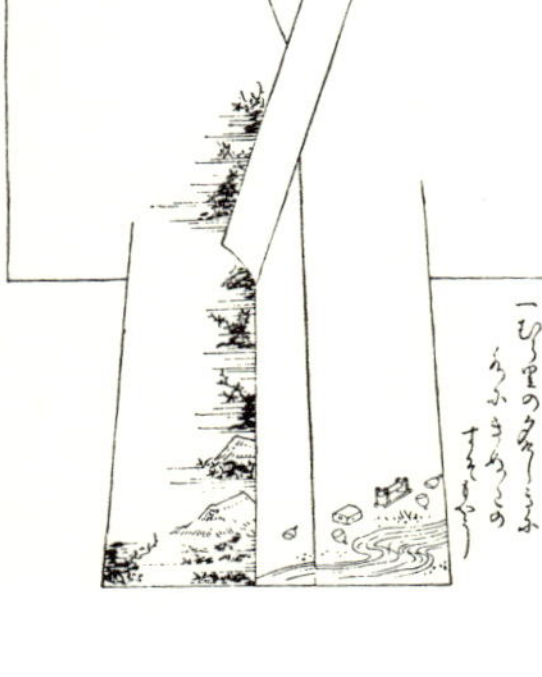

寛政一二年（一八〇〇）年刊『新雛形千歳袖』収載の一図。施工説明に「むら里の夕景色に水にきぬたの裾もよう」とある。文様が控え目であることに加えて、上前よりも着装時に隠れてしまう下前に多くの図様を表現している点に注目されたい。

小紋（こもん）

一定の間隔で文様を染めあらわす型染のうち、とくに細密な文様をあらわしたものが小紋である。文様を彫り込んだ型紙を用いて、生地に糊置し防染して地染を施す。水洗して糊を落とすと、糊の置かれていた部分が微細な白の文様としてあらわれてくる。型染は、古く平安時代の染革にも用いられていたが、布帛に行われるようになったのは鎌倉時代以降のことで、主に武家の衣服の染色に用いられた。たとえば、山形県の上杉神社に伝わる上杉謙信所用の黄地小花小紋帷子は現存最古の遺品で、豊臣秀吉や徳川家康ゆかりの小袖や胴服にも精緻な小紋の意匠をみることができる。

近世になって、武家の服飾と小紋との結びつきは一層強いものとなった。元来、武家が常用していた素襖と呼ばれる麻地の直垂において、小紋染は必須の装飾技法であった。江戸時代に武家の公服となった肩衣袴は、この素襖から袖が取れた形式で、麻の地質や下に熨斗目小袖を組み合わせる着用法とともに、小紋染による装飾様式もまた素襖から継承されたものである。江戸時代になると、肩衣袴は肩の張りが強くなり、小紋の柄も細密になって、武家の公服としての威儀を整えていく。とくに将軍や大名などは独自の柄を選び、これを留柄あるいは定小紋と称してほかの者には使用を禁じた。徳川綱吉の松葉小紋、加賀前田家の菊菱、佐賀鍋島家の胡麻柄などは留柄の代表例である。

素襖　麻地の直垂の一種で、大紋から派生した服。身頃・袖とも二幅《ふたの》で、襟は垂領、袴に着込めて着装する。もと庶民の服で、中世後期には武家の標準的な衣服となった。この素襖から肩衣袴、いわゆる上下（裃）の形式が生じる。

市井への普及と文様

小紋は、武都たる江戸を象徴する存在となり、さらに時代の安寧とともに市井一般に普及していった。江戸前期の遊廓百科全書ともいうべき『色道大鏡』には、「こもんは、しどろに、なるほどこまやかなるを本とす」とか「小紋の裏は、表と両面に染る事一体なり」

と記されており、通人の装いとして定着している様が窺われる。さらに江戸中期以降には、女性の小袖柄にも積極的に摂取されるようになる。たとえば、『守貞漫稿』には、晴・褻《け》を問わず男女ともに常用され、とくに無地紋付の下には小紋を専らとしたと記されている。

文様も一気に多彩となり、たとえば、細かく白い点が縦横整列した行儀《ぎょうぎ》霰《あられ》、半円形に連続した鮫小紋、柴を束ねた形の結柴小紋、菊花を連ねた菊重、宝尽しの文様を散らした蟹取小紋、渦巻文で市川亀蔵が着はじめたといわれる亀蔵小紋、「いろは」四七文字の文様を染め出した伊呂波小紋、暦の表をかたどった暦小紋など、枚挙にいとまがない。

ちなみに、天明七年（一七八七）に刊行された山東京伝作の『通言総籬』には「けんぼうにてとめがたの小紋をおいた上着」とみえる。この「とめがた」は「留型」で、型染の意と解釈されているが、同語には「流行をはずれた」という意味もある。後者は、「型を留めた」ことにもとづくものであるが、これは「留柄」に通じるとも考えられる。いわゆる留柄には、特殊なものもあれば霰や鮫小紋のように一般的な図様も含まれている。とすれば、『通言総籬』の記述は、江戸時代後期になって、留柄とされていた小紋も通人たちの好むところとなり、文様の専有が必ずしも守られなくなった状況を捉えたもの、と解釈する可能性もあると思われる。

色道大鏡　藤本箕山が著した遊郭百科全書で、通言・格式・故実のほか遊郭図・名妓伝など遊里の万般にわたって部門別に解説したもので、通人のバイブル的存在だった。延宝六年（一六七八）に初撰本（一六巻）が成り、元禄（一六八八〜一七〇四）初年再撰本（一八巻）が成立した。

江戸中心の流行

ところで、山東京伝は、天明四年に『京伝工夫小紋裁』、同六年に『小紋新法』、寛政二年に『小紋雅話』と立て続けに見立てやこじつけの小紋集を刊行している。これらはいずれも江戸における刊行であるが、このような出版物が好評を博した点からも、江戸における小紋の隆盛のほどがうかがわれる。流行の中心が上方にあった江戸時代中期にあっても、小紋にかぎっては江戸が主導的位置にあったのであろう。

江戸時代後期になると、小袖雛形本にみられたような具象的な小袖意匠は衰退し、かわって人目につかないところに贅を尽す趣向を美徳とした「粋」の美意識に導かれて、細密な縞柄とならんで精緻な小紋が尊重されるようになった。注目されるのは、小紋の隆盛にともない、上方に代わって江戸が流行の発信地としての役割を担うに至ったことである。小紋の柄や表現にもさらなる創意が凝らされ、表面上の華美さを徹底的に排除した結果、下染を施して小紋部分も着色し遠目に無地のように見える染も行われた。たとえば、小紋が蒲色のものを「蒲返し」、鼠色のものを「鼠返し」などと称した。当代に醸成した「四十八茶百鼠」といわれる繊弱微妙な色彩感覚も、小紋の隆盛を抜きに語ることはできない。そして、男女に共通した時代の意匠として定着した小紋は、明治以後の女性の和服にも強い影響を与えるのである。

（丸山伸彦）

【参考文献】 竹内誠監修『ビジュアルワイド江戸時代館』（小学館、二〇〇二年）、鈴木敬三編『有職故実大辞典』（吉川弘文館、一九九六年）。

上下（裃） 本来は、上着と袴の生地・柄が同じである衣服の呼称で、今日のスーツの意味であった。水干や直垂、素襖などが上下として着用されたが、江戸時代になると上下として着用する衣服は、ほとんどの場合が肩衣袴となったので、「上下」は「肩衣袴」と同義となった。

櫛・笄・簪（小間物）（くし・こうがい・かんざし）

髪飾り

江戸時代になって、女性の髪形が結髪に移行し、髪を整えたり固定したりするための櫛や笄、簪などの道具類が不可欠となった。そしてそれらの道具類は、結髪《けっぱつ》の複雑化・多様化とともに装飾的に発達し、華麗な髪飾りとしての様式を確立していくこととなる。

櫛

櫛は頭髪を梳く道具として古代から使われていたが、一七世紀後半には櫛を髪に挿して飾りとする風が起こった。この挿し櫛は、遊女たちなどの異装に属し、一般の婦女子の間では行われなかった。櫛の材質も木製が普通で、随筆『我衣』には「明暦年中迄ハ、大名ノ奥方ナラデハ、鼈甲ハ不用、遊女トイエドモ、ツゲノ櫛ニ鯨ノ棒カウガイニテスミヌ」とあって、明暦（一六五五～五八）ごろは遊女でも黄楊《つげ》の櫛を用いていたことが知られる。しかし、天和二年（一六八二）の『好色一代男』（巻三）には、「鼈甲のさし櫛が本蒔絵にて、三匁五分で出来る」とあり、急速に贅沢なつくりの櫛が用いられる様子がうかがわれる。

元禄（一六八八～一七〇四）ころになると、『人倫訓蒙図彙』（巻五）「櫛挽」の項に「櫛は伊須（柞）、黄楊等其外諸の唐木、象牙、玳瑁等をもつて造り、蒔絵金具をもつて彩、各下細工人有」とあるように、鼈甲のほか象牙なども用いられるようになり、加飾技法の蒔絵や象嵌など贅が尽されるようになっていった。宝永

象牙　繊細な肌理《きめ》や縞目の模様が美しく、玉《ぎょく》のように滑らかで透光性があることから、上代よりその加工品は公家たちを魅了し、沈水や栴檀《せんだん》などの香木とならんでたいへん珍重された。近世になって入手経路が確立され、広範な高級品としての需要が拡大していき、髪飾りのほか、印章、双六の賽、書画の軸、緒締、鉄砲の薬入、掛絡《から》（禅宗で使う小形の袈裟に付属する鐶）などに加工されて愛好された。

玳瑁と鼈甲　玳瑁はウミガメの一種で、背甲の鱗板が屋根瓦状に重なり、黄色と黒色の不規則な斑文がある。この背甲が鼈甲で、櫛・笄だけでなく、各種の装飾品に利用された。ちなみに「鼈」はスッポンのことで、この甲である「鼈甲」は古く薬用とされた。

から正徳（一七〇四〜一六）ころには、挿し櫛は一般の風俗となり、堅気の女性にとっても頭髪に不可欠の存在となった。それにともない遊女は二枚櫛を用いるようになる。価格も高騰し、元禄ころは極上品でも二両くらいであったものが、享保ころには鼈甲の高級品などは五両から七両の値がつけられていたという。高価な鼈甲の代用品として水牛の角が利用されたり、木製の櫛に蒔絵や切金で装飾したものや、金銀の代わりに真鍮や錫の粉末を用いた普及品も大いに好まれた。

延享元年（一七四四）には、衣服調度に関する奢侈禁令によって金銀の使用が禁じられたが、寛延年間には復活し、象牙に蒔絵を施すなど、素材や技法に贅を尽した櫛の人気は依然として根強かった。

多様化する趣向

明和（一七六四〜七二）ころには、一般子女の挿し櫛が贅沢に傾斜するのに圧されて、遊女は三枚の挿し櫛を飾るようになる。二枚櫛や三枚櫛は、材質や形状は共通しているが、意匠は同一であるとは限らず、二枚あるいは三枚で一つの意匠を構成するものも少なくなかった。また、櫛の大型化も進み、仰々しい挿し櫛も流行する。そのような風潮のなかで、黄楊の櫛などは遊里だけでなく、一般でも気の利かないものとして見下されるようにさえなっていった。

一八世紀後期ころには、源内櫛、あるいは岩井櫛とよばれる櫛も登場している。これは平賀源内の創始と伝えられる、伽羅木を材に棟に銀の縁を被せたもので、この流行は江戸から起こった。後には、紫檀、黒檀はもとより、鼈甲でも材にかかわらず、銀の棟を被せるものを総じて源内櫛と称するようになった。江戸後期

五弁花覆輪櫛　江戸時代（一九世紀）（国立歴史民俗博物館蔵）。

櫛の峰に被せる覆輪に技巧を凝らし、桔梗と椿と蝶の図様を意匠化した装飾的な櫛である。

には、様々な透かし彫りや切子ガラス、ガラス絵の技法なども応用され、櫛の造形は百花繚乱の趣を呈した。

笄と簪

挿し櫛の隆盛にやや遅れて、笄と簪も装身具として華麗に発展していく。笄は「髪掻」の音便といわれるように、本来は乱れた髪を調えるための道具であったが、笄を使う結髪法などが普及してその重要性を増していった。江戸前期には、細い棒状、あるいは一方の端を銀杏の葉状に成形したもので、竹・角・鯨などを主材料としていたが、元禄ころになって鼈甲に銀細工の金具を施したものなどがあらわれ装飾性を高めていった。さらに、享保ころになるとビイドロや鶴の頸骨で作られた笄が登場し、また、扁平で両端に丸みのある優雅なかたちが廃れて、笄の長さが伸長し、幅の狭い形状へ推移し、角棒状になっていった。このころには、櫛の形も直線的となり、長方形の櫛が流行している。

一方、先端が角状になった笄は、髪に自由に差し込むことができなくなり、その変化とともに簪が使われはじめる。『近世女風俗考』には「すべてむかしは、笄簪同物なるを、紋また耳掻をつけしより別の物とはなれるかとおぼし」とあって、簪は笄から分化したと考えられる。事実、寛文六年刊『訓蒙図彙』でも笄を「コウガイ」とも「カンザシ」とも訓じており、江戸前期においては両者の区別はまだできていなかったと思われる。胴が二つに分かれ、耳掻の付いた簪の独立した様式が確立したのは江戸時代中期前半のことであろう。

享保ころになると簪は急速に独自の道を歩みはじめ、耳掻簪、松葉簪、玉簪、平打簪、花簪などさまざまなバリエーションを生じる。髷の左右一対に簪を挿す、両天簪の風が起ったのもこのころであった。有名なビラビラ簪は、天明（一七八一〜八九）ころから流行しはじめたもので、何本かの鎖や小短冊を垂らし、歩くたびに装飾の揺れる姿が若い女性に好まれた。江戸後期には、滑車や鎖を用いて装飾の一部を可動とした変わり簪が好評を博し、様々な工夫が凝らされた。結髪の前後に挿す風が一般化すると、前挿しと後挿し、櫛や笄、髷に挿すいち止めなどと文様を揃えるものも幕末明治期に流行した。

　このように女性の髪飾りの華麗なる発展には瞠目すべきものがあるが、結髪の複雑化・多用化の場合と同じく、豊かな装飾性の背後に女性の社会進出や行動を規制する要素の潜んでいたことを看過してはならないであろう。

（丸山伸彦）

【参考文献】国立歴史民俗博物館編集『江戸から明治の技とデザイン』（NHKプロモーション、二〇〇二年）、ポーラ文化研究所・たばこと塩の博物館企画・編集『装いの文化史』（ポーラ文化研究所、一九九一年）、金沢康隆著『江戸結髪史』（青蛙房、一九六一年）。

髪形（かみがた）

男性の結髪

　元来、結髪は、男性が冠や烏帽子を被るに際してそれを固定するために行ったものであった。しかし、近世になると男子の烏帽子が廃れて、頭髪をあらわにする露頂《ろちょう》の風俗が一般化した。露頂となると垂直

桐花珊瑚飾びらびら簪
江戸時代（19世紀）（国立歴史民俗博物館蔵）。

横兵庫（結髪雛形）（国立歴史民俗博物館蔵）
文化文政（1804〜30）頃、江戸吉原の花魁や京島原の太夫らが結った髪型。三枚櫛や多数の簪類は高位にある遊女の象徴であった。

の髻《もとどり》は煩わしく、次第に水平に寝かせられ、小振りな作りとなっていった。その結果、江戸時代初期に流行したのが茶筅髷である。頭頂のやや後方あたりで髪をひとまとめにして、根から元結で三～四寸巻いて先端を房状にしたもので、茶筅のかたちに似ているところからこう呼ばれる。この時代には、豊かな口髭は男の誇りとされ、髭の薄いことは恥と感じられていた。しかし、一七世紀もなかばを過ぎると髭のシンボリズムは急速に失われたとおぼしく、髭をたくわえる者は激減していった。

男性の髪形で、髷と並んで重要な意味を持つようになったのが月代《さかやき》である。これは額髪を頭の中央にかけて半月状に剃り落とすもので、もともとは公武の風習であったが、江戸時代になって庶民の間にも普及した。江戸時代後期には医師や学者など月代を剃らず、四方髪（総髪）にする者もあったが、江戸前期にあっては成人男子の身嗜みの基本であり、総髪はかぶき者や無頼漢の象徴とみなされた。

男髷の代表的存在である銀杏髷では、月代を大きく剃り、髻を上に押し返して根の部分で結んでいる。これは上から見たかたちが銀杏の葉を思わせるところにちなんだ名称である。派手な風俗を好む若衆たちなどは、中剃りをして残し、前髪を立ててこの髷を結っている。これが若衆髷で、その流行は女性の結髪に少なからぬ影響を与えた。

通好みから原点回帰へ

江戸時代中期になると、流行における江戸の役割が増大し、遊興の世界で培われた大通趣味が色濃く映じ

髷 頭髪を頭頂で一束にまとめて結った部分。結髪形式を分類するときの基本となる。

中剃り 頭髪の中央部を剃り去ること。男子は七～八歳になって初めて中剃りをし、これを「中剃り初め」といった。

られるようになる。まず享保ころに元結で髷の根を高く巻き上げ、先端が月代に突き刺さるように反り返った辰松風が起こり、元文ころには辰松風の髷の折りが緩やかになった文金風が生じ、さらに明和・安永ころには文金風より出て、髷を前後七分三分に分け、髻を細く高く巻いた本多髷が隆盛した。

本多髷は、その後も勢いを増し、様々なバリエーションを生じて通を競ったが、江戸時代後期になると再び二つ折の風が復活し、髷尻のはっきりした銀杏髷へと回帰していく。前代に比べると、総体として髷が大型になって月代は小さくなる傾向がうかがわれ、統一的なものとなっていった。いずれにしても男髷の場合、大小、太細、直曲などによって違いはあったものの、時代、身分、職業、年齢その他による差別化の度合いは少なく、行動を束縛するような存在ではなかった。

女性の結髪

一方、女性の髪形は男性風俗の影響を受け、それまでの垂髪から結髪へと向かいはじめた。公家や武家の高貴な女性が衣服の裾あたりまで伸ばした黒髪に美を誇っていたことは広く知られていよう。変化が生じたのは、江戸時代の初頭である。近世モードの中枢京都において、遊女たちが唐輪髷や若衆髷を結い始めたのである。唐輪髷は、男児のお稚児髪に発するもので、頭頂で髪の輪を複数作り、その根を余り髪で巻き止める。この流行は上方から起こり、江戸での流行は一七世紀なかばごろまで降るものと思われる。たとえば寛永期の江戸を描いた「江戸名所図屏風」(出光美術館)においても、ほとんどが垂髪で、唐輪髷は郭《くるわ》の遊女一人に見出されるのみである。この唐輪髷から後に兵庫髷が生じるが、これは摂津国兵庫の遊女が結い始めたことにちなむとされる。また若衆髷は、中剃りこそしていないものの、文字通り若衆のそれを模したものであった。この若衆髷から派生し、前髪・鬢《びん》・髱《たぼ》を張り出して、髷を折り返して中ほどを元結で締めたものが島田髷である。東海道島田宿の遊女が始めたといわれる島田髷であるが、その形式は多くの支持を得て、主に未婚女性の結髪として幕末まで継続した。さらに、承応・明暦（一六五二〜五八）ころ、吉原の遊女勝山が結い始めたといわれる勝山髷も、次第に遊女だけでなく、広く一般にも行われるようになった。後方で束ねた髪を元結で括り、先を細めにして前に曲げて輪をつくったもので、御殿女中などの下げ髪の変形とされる。江戸後期に、主婦や年配の女性の標準的な結髪となった丸髷は、勝山髷から発展したものである。

多様な展開

これら兵庫、島田、勝山の三つを基本として、江戸時代の結髪は多様な変化を遂げた。たとえば、延宝（一六七三〜八一）から髱が後方に伸びていき、元禄ころには尾羽のような長い髱が流行り、これを鷗髱《かもめづと》といった。享保の終わりころになると、小袖の襟に触れるほどに下方に伸びた髱を尻上がりに成形する髱差しいう道具が工夫された。はじめ髱差は、鯨の鬚で銀杏の葉形の薄い板状に作られていたが、のちに種々の形状のものが考案された。

しかし、寛延（一七四八〜五〇）ころになると、髱に代わって鬢が横に張り出すようになる。天明から寛政のころになると、大きく左右に鬢を張り出した灯籠鬢が一世を風靡する。灯籠鬢は、左右の鬢に鯨鬚製の鬢差を入れて張り出しを作る

鬢　左右両側面の頭髪、頬髪のこと。髷・髱・前髪とともに結髪の根幹を構成する。

髱　後頭部の髪がたわんで後方に突き出た部分。「たわ」が「たぼ」に転訛したといい、髪形では「つと」という。

が、内側が透けて見えるところが灯籠に譬えられたとも、その形が灯籠の笠に似ているからともいう。

江戸時代後期は文化・文政期（一八〇四～三〇）に画期が訪れる。度重なる禁令もあって、それまでの技巧的で絢爛を重視した結髪形式は倦まれるようになり、抑制の効いた粋な形式に収斂していった。『守貞漫稿』には、「天明以来丸髷を正風として今に至る歟。安永以前更に丸髷を見ず」とある。この丸髷は、勝山風の笄髷が幅広に変化したもので、江戸を中心として既婚女性の標準的な結髪となった。一方、若い女性は島田を結った。この頃のイメージリーダーとなったのは、遊女ではなく深川の辰巳芸者たちであったといわれ、結髪の流行においても、江戸の影響力が高まっていたことが知られる。

このような結髪の多様化は、女性の服飾における享受のありかたが拡大したことを意味しているが、その反面、贅を競いつつ技巧に傾いた結髪は、男性のそれとは大きく様相を異にし、女性の行動を規制する枷となっていたこともまた事実である。江戸時代の女性にまつわる装飾は、当事者の思惑とはまったく無関係に、女性の活動領域を規定し、封建社会を固定する要素ともなっていた側面を忘れてはならない。

（丸山伸彦）

【参考文献】　林英男・青木美智男編集『事典しらべる江戸時代』（柏書房、二〇〇一年）、ポーラ文化研究所・たばこと塩の博物館企画・編集『装いの文化史』（ポーラ文化研究所、一九九一年）、室伏信介・小林祥次郎・武田友宏・鈴木真弓編『有職故実　日本の古典』（角

灯籠鬢・潰し島田（結髪雛形）（国立歴史民俗博物館蔵）安政から寛政（一七七二～一八〇一）頃に流行。左右に張り出している鬢に特徴があり、向こう側が透けて見え、灯籠の笠の形に似ているところからこう呼ばれた。

川書店、一九七八年)、金沢康隆著『江戸結髪史』(青蛙房、一九六一年)。

江戸紫(えどむらさき)

紫草　紫染の原料である紫草は、染料・薬用として貴重視されてきた。大化三年(六四七)に制定された冠位一三階の制では濃紫《こむらさき》が最高位の服色にあてられ、「延喜式《えんぎしき》」には紫草が正税として納められていた記載がある。『古今和歌集』巻一七の「紫の一本ゆえに武蔵野の草はみながらあはれとぞ見ゆ」から、平安時代には武蔵野に紫草が生えていたことが知れる。紫草は根が太く赤紫色で、ここに色素を含んでいるので紫根とも呼ばれる。

江戸紫　享保一四年(一七二九)、八代将軍徳川吉宗は、「延喜式」縫殿寮の記載にもとづく染色法復元を意図し、江戸城内吹上園に染殿を設けた。その命を受けた浦上弥五右衛門は、後藤縫殿助に研究・復元の実務にあたらせた。その染色試作の標本図鑑が、「式内染鑑《しきないそめかがみ》」である。「延喜式」と「式内染鑑」の技法は異なっているというが、これにより江戸の染色が盛んになり、江戸紫は江戸の名物になっていった。『守貞漫稿《もりさだまんこう》』によると、濃紫は黒に近く、京紫は赤が勝ったいわば葡萄色で、江戸紫は青みが強い色を指す。江戸紫と名がつくだけに、江戸ではこの青寄りの紫を好み自慢していたようで、川柳の「紫と男は江戸に限るなり」(「誹風柳多留《やなぎだる》」一二編)、「紫屋や京のとぼしい金をとり」(同四編)、「紫

徳川吉宗　(一六八四～一七五一)　宝永二年(一七〇五)和歌山藩主となり、五代将軍綱吉の一字をもらい吉宗と改名。質素倹約・財政安定等の藩政改革を行った。享保元年(一七一六)八代将軍に就任し、財政・行政・法政・文化など広範囲にわたる享保の改革を行った。在職は三〇年に及ぶ。

守貞漫稿　喜多(田)川守貞が、見聞した風俗や事柄などを、江戸と大坂を対比して、絵入りで解説した書。幕末に成立した。三〇巻(二・七巻欠)・後編四巻。明治四一年(一九〇三)に「近世風俗誌」の名で刊行された。

誹風柳多留　柳樽とも。川柳集。川柳とは、風刺や滑稽な内容を五七五の詩型の盛り込んだもので、柄井川柳が評点した前句付「川柳点」の略称。明和二年(一七六五)～天保九年(一八三八)刊。

七代目團十郎の「助六」（歌川豊国筆、江戸東京博物館蔵）

も喧嘩も合わぬ京の水」（「古今前句集」一四編）からは京への対抗意識と自負が見てとれる。「江戸自慢門に四角な煎じ殻」（「柳多留一六五編」）とは、紫根の煎じ殻を四角に積むのは江戸紫だけとの意味である。大田南畝《おおたなんぽ》が、寛政年間（一七八九〜一八〇一）の江戸流行ものを挙げた中に、江戸紫が含まれている。

助六

七代目市川團十郎《いちかわだんじゅうろう》は、「助六《すけろく》」「暫《しばらく》」「勧進帳《かんじんちょう》」を含む「歌舞伎十八番」を制定・公表した天保三年（一八三二）三月の市村座で、長男の六代目市川海老蔵に八代目市川團十郎の名跡を譲り、自身は海老蔵《えびぞう》と改名した。七代目は、この大切な襲名披露興行の演目に、祖先の家の芸の中から、江戸っ子の美意識を集約した江戸歌舞伎の代表的な演目「助六」を選び、上演した。「助六」の原型は、京都に実在した町人万屋助六である。助六と島原の遊女揚巻《あげまき》の心中事件は上方で盛んに劇化されたが、この「助六物」を江戸っ子好みに改変して

古今前句集　誹風柳多留（樽）拾遺・大全とも。一〇編。選者不詳。享和元年（一八〇一）刊。

大田南畝（一七四九〜一八二三）　別号は大田蜀山人《しょくさんじん》、四方赤良《よものあから》、寝惚先生等。幕臣の勤めをしながら、漢詩・狂歌・洒落本・黄表紙と多岐に渡り活躍した。寛政の改革で筆を断ったが、文名は高く、晩年まで著作が多数刊行された。（→三〇一頁）

七代目市川團十郎（一七九一〜一八五九）　幅広い役柄をこなした江戸後期を代表する名優。「歌舞伎十八番」の制定により、江戸劇壇における市川團十郎家の地位を一層強固なものにした。天保一三年（一八四二）、奢侈の咎で江戸十里四方追放になり、大坂などの芝居に出ていたが、七年後に許されて江戸に戻った。

歌舞伎十八番　「勧進帳」「助六」

いったのが、二代目市川團十郎である。正徳三年（一七一三）に初めて助六を演じ、二度目の正徳六年（一七一六）に曽我狂言と結びつけ「助六実は曽我の五郎」とした。寛延二年（一七四九）三月中村座で上演した三度目の時、蛇の目傘を持ち、黒羽二重の小袖に紅絹《もみ》・浅黄《あさぎ》の裏や下着、桐の下駄、江戸紫の鉢巻を伊達に右で結んだ助六の扮装が、ほぼ固ったとされる。團十郎が助六を上演する時は、蔵前の者達が紫鉢巻を特注して團十郎に贈り、毎日くじ引きで見物客に配ったという。芝居で、助六は金持ちの意休やその子分らに悪態をつくが、その中に「江戸紫の鉢巻に、髪は生締め、はけ先の間から覗ひて見ろ。」というところがある。江戸随一（市）川と賞賛された團十郎家が演じてきた爽快な助六は、その扮装の色彩ともども江戸の人々に支持されてきたのである。

燈籠

江戸城まで引かれていた神田上水の水源は、湧水の豊富な井之頭池である。井之頭池を含む一帯は、今日井の頭公園になった。井之頭池の南西角にある弁財天は、神田上水の恩恵を受けた染色業者達から狛犬や石の橋などが奉納されてきたという。この弁天堂を出て、目の前の階段を上ると、現在両脇に石の燈籠がある。「慶應元年乙丑五月吉日」の年号が刻まれたこの燈籠は、染色業者が奉納したことから、紫燈籠と呼ばれている。正面には「江戸　紫根問屋　紫染屋　発起世話人／神田鍛冶町二丁目／大崎屋由兵衛／鎌倉河岸／伊勢屋卯兵衛／麹町二丁目／伊勢屋重兵衛」と中心の三人の名、その下の石には左右の燈籠合わせて九一人の町名と人名が刻まれている。大半が江戸の居住者だが、武

「暫」「矢《や》の根《ね》」「毛抜《けぬき》」「鳴神《なるかみ》」「不動《ふどう》」「外郎売《ういろううり》」「押戻《おしもどし》」「景清《かげきよ》」「解脱《げだつ》」「不破《ふわ》」「象引《ぞうひき》」「七つ面《ななつめん》」「関羽《かんう》」「嫐《うわなり》」「蛇柳《じゃやなぎ》」「鎌髭《かまひげ》」の一八種。

八代目市川團十郎（一八二三～一八五四）七代目の長男。美男ぶりで人気が高く、「与話浮名横櫛《よわなさけうきなのよこぐし》」の与三郎が代表作。親孝行者として町奉行から表彰された。

神田上水　江戸時代初期開削の上水。井之頭池を水源に、武蔵野の村々を経て、関口町から江戸へ入る。明和七年（一七七〇）幕府の直轄となる。明治三三年（一九〇〇）水道敷設ともに廃止された。

州、下総、上州など近国の者もある。紫染の広がりを知る資料のひとつである。しかし、明治二〇年代には江戸染染物屋はわずか二軒になった。紫草は、今日ほとんど根絶したという。

（粟屋朋子）

【参考文献】三浦三郎「紫草の文化史　日本のムラサキ」（『季刊染織と生活一九七五年冬号』染織と生活社）、西山松之助『大江戸の文化』（日本放送出版協会、一九八一年）、一二代目市川團十郎・服部幸雄『歌舞伎十八番』（河出書房、二〇〇二年）。

塩（しお）

塩は人間の生存には欠かせない生活必需品であるため、その確保とは為政者にとって、非常に大きな問題であった。内陸部であるため塩を領内から入手できず、太平洋沿岸からの移入に依存せざるを得なかった甲州の武田信玄が、駿河の今川氏と相模の後北条氏による塩留めに苦しんだことはよく知られている。

行徳塩　塩とは軍事的にも極めて重要な意味を持つ食品であったことがわかるが、天正一八年（一五九〇）、小田原北条氏の滅亡後、新たに関東の主となって、江戸を本拠地と定めた徳川家康も、塩の確保にはたいへん力を注いでいる。

江戸城の東側には隅田川が流れ、その東には中川が、さらに東には江戸川が流れ、おのおの江戸湾に注いでいた。江戸川を越えると、武蔵国から下総国に入る

行徳　戦国期は、小田原の北条氏の支配下にあり、塩を年貢として納めていた。甲州に送られていた塩とは、この行徳塩であったと伝えられる。行徳の製塩業は、徳川氏の関東入国以来、その手厚い保護を受けていたが、瀬戸内海産の安価な塩が江戸市場に大量に入津するに伴い、衰退していったという。

小名木川　中川（現旧中川）と隅田川を結ぶ、長さ一里一〇町（約五キロ）の運河。元々、行徳塩を江戸に運び込む水路として開削されたが、江戸の拡大に伴い、塩だけでなく、江戸東郊で

が、すぐそこには、行徳塩として知られる塩の一大産地が広がっていた。

そのため、江戸に入った家康は、城下町の整備と並行して、隅田川河口の深川地域（現東京都江東区）から、下総行徳（現千葉県市川市）までを東西に結ぶ運河の開削に取り組んでいる。この運河は、後に小名木川と呼ばれるようになった。行徳塩は、この小名木川の水運を利用して江戸まで運ばれていったのである。

瀬戸内海塩の江戸入津

家康が江戸に入った頃は、いまだ社会が安定していなかったため、塩は軍需物資としての意味合いが濃かった。しかし、江戸幕府の礎が固まって、政治的にも社会的にも安定し、それに伴い、全国の流通網が整備されて江戸への物資の集中が進みはじめると、他国産の塩が江戸に大量に入ってくるようになった。特に、寛永末年から元禄年間を境として、瀬戸内海産の安価な塩（下り塩）が、江戸市場に大量に流入してくるのである。

気候的に製塩環境に恵まれていた瀬戸内海沿岸地域では、その条件を活かして、当時入浜式による大規模な製塩がおこなわれていた。瀬戸内海沿岸の各地には、大規模な入浜式塩田が展開していたが、元禄期には計約一六五〇町歩であった塩田は、幕末には約四〇〇〇町歩にまで拡大している。

代表的な製塩地としては、播磨赤穂（現兵庫県赤穂市）・安芸竹原（現広島県竹原市）などが挙げられる。それは、領内の貴重な産業として、藩の手厚い保護と厳しい統制のもと、発展を遂げたものである。その一方、行徳など揚浜式製法に依存する従来の産地は衰退していき、江戸の塩市場は瀬戸内海産の下り塩が独占し

生産される様々な物資を運ぶ水路として、江戸の都市経済に重要な役割を果たしていくようになる。

下り塩　関西地域から江戸に送られる物資は、一般的に下り物と呼ばれていたため、関西産の塩は下り塩と呼ばれていた。下り塩問屋・下り塩仲買問屋は、日本橋川岸の北新堀に店を構えた。一方、関東地域で製塩された塩は、地廻り塩と呼ばれ、それを扱う地廻り塩問屋は、江戸城下の堀割の各所に店を構えていた。

入浜式　満潮面より低い海浜の砂上（塩田）に海水を流入させた上で、日光により水分を蒸発させ、製塩する方法。揚浜式は、逆に満潮面より高い海浜に海水を撒いて、同じく日光により製塩する方法。

赤穂　弥生時代より、製塩業がおこなわれていたと伝えられる塩の産地。江

てしまうのである。

塩の消費

塩はそのまま食品にするというよりも、調味料・添加物として、あるいは食品加工用・食品保存用としての用途が主であった。そのため、江戸の食生活・料理が、時代が下るにつれて多様化していくと、それに伴い、塩の需要は急激に増加していった。

食品加工用としては、味噌・醤油の原料として用いられることが多かった。醤油でみると、関東醤油（濃口醤油）の産地として知られる下総野田は、当初は同じ国内の行徳塩を原料として用いていたが、赤穂塩など安価な瀬戸内海産の塩が江戸市場に大量に流入してくるようになると、瀬戸内海産の塩の使用に転換している。

食品保存用としては、野菜の漬物用のほか、塩魚にするための用途があった。現代のように冷凍設備のない当時、塩の果たす役割は非常に大きく、塩の全消費量の約半分が、漬物や塩魚・塩漬といった食品保存用として使用されていたという試算もあるほどである。

さらに、農作物の肥料として使用したり、医療品として用いたり、さらには、歯みがき粉など日用品としての用途など、塩の用途は、当時から非常に多岐に及んでいた。

このように、塩とはさまざまな側面から、江戸の経済発展を支えていた生活必需品であった。そのため、幕府は他の生活物資の場合のように、下り物

戸初期に赤穂で開発された、入浜式という赤穂流製塩法は、瀬戸内海のみならず全国の塩田に広まっていき、赤穂塩が、この後、江戸の製塩業をリードしていくことになる。

行徳の塩竈（「江戸名所図会」）

（塩）ではなく、地廻り物（塩）で極力賄おうとする政治姿勢を取っていた。しかし、結局のところは、瀬戸内海地域産の塩（下り塩）に依存する経済構造からは脱却できなかったのである。

（安藤優一郎）

【参考文献】廣山尭道編『近世日本の塩』（雄山閣、一九九七年）、落合功『江戸内湾塩業史の研究』（吉川弘文館、一九九九年）。

醤油（しょうゆ）

下り醤油と地廻り醤油

江戸の中頃ぐらいまで、江戸の人々は、古来より産業技術力が進んでいた関西地域で作られた生産品（下り物と呼ばれる）に、生活物資の大半を依存していた。当時から、料理には欠かせない食品である醤油についても、紀州湯浅、播磨龍野、備前岡山など関西地域産の下り醤油が、江戸市場を席巻していた。

しかし、江戸で消費される物資が関西地域からの下り物に依存している、いわば「西高東低」の現状は、江戸市場への物資の安定した供給を志向する幕府にとって、たいへん好ましくない状況であった。そのため、江戸で消費される生活物資をできるだけ関東産で賄うことが、幕政の大きな課題として浮上していた。

酒などは、関東農村の豪農に大量の幕府米を無利息で貸与してまで、関西の銘酒に匹敵する品質の上酒（関東御免上酒）を試造させようとしたほどであったが、

竹原　支藩の赤穂藩から入浜式の製塩技術を導入し、赤穂と並ぶ瀬戸内海有数の製塩の町に成長する。竹原塩は、関西と北陸を結ぶ水運として知られる北前船により、酒田・柏崎・直江津など日本海沿岸の港町に運ばれた。

紀州湯浅　日本の醤油の発祥の地と伝えられる。現和歌山県湯浅町。その気候風土が醤油造りに適していた上に、江戸時代に入ると、紀州徳川家の厚い保護を受けることで、下り醤油の代表的な特産地に成長した。

播磨龍野　淡口醤油の発祥の地と伝えられる。現兵庫県龍野市。元々、龍野は酒造業が盛んな土地であったが、寛文一二年（一六七二）に、脇坂家が龍野藩主となると、醤油の醸造が盛んに奨励され、むしろ淡口醤油の産地として急成長を遂げていく。

これは結局失敗に終わった。しかし、全体的にみると、時代が下るにつれ、江戸市場に出荷することを目的にした商品（地廻り物）の生産が各地で盛んとなり、下り物に依存する西高東低の状況は少しずつ克服されていった。江戸地廻り経済圏が形成されていったわけであるが、なかでも、醤油は関東産が関西産を駆逐してしまうのである。

濃口醤油の台頭

関東産の醤油が江戸市場において、関西産の醤油を凌駕するようになったのは、文政年間のことである。文政四年（一八二一）の数字によると、江戸に入る醤油の量は、年間一二五万樽（約一七八〇万リットル）であったが、その九三％強が関東産であった。

この時代に醸造されていた醤油は、製法により、濃口《こいくち》醤油、淡口《うすくち》醤油、溜《たまり》醤油の三つに大別される。それぞれ関東、関西、東海地域で醸造されるという地域色の濃いものであった。江戸の中頃まで、江戸市場を独占していたのは関西産の淡口醤油であった。淡口醤油、料理の素材の色や風味を生かすための調味料として使用されるのが一般的であり、色や味の薄さがその特徴であった。

これに対し、濃口醤油は逆に、香りや色の濃さがその特徴であったが、それが魚の生臭さを消すのに役立っていた。また蕎麦・うどんの汁や、鰻のたれの原料としても使用できるなど、調理や食事に応じて、多様に柔軟に対応することが可能な調味料でもあった。江戸の人々の嗜好にたいへんマッチした上に、その食品としての柔軟性によって、江戸の人々の間で、濃口醤油に対する需要が次第に高

濃口醤油　大豆と小麦を同量用いて、醸造された醤油。発酵と熟成を十分におこない、最後に高温加熱処理を加える醸造方法を取る。現在も醤油消費量の八〇％以上を占める、日本の代表的な醤油である。

淡口醤油　濃口醤油とほぼ同じ原料を使用して醸造されるが、その過程で着色が抑えられるため、色調が薄いことが特徴である。原料として、甘酒やもし米が使われることもある。関西料理には欠かせない醤油であるが、現在では、醤油消費量のうち一三％程のシェアにとどまっている。

溜醤油　多量の大豆と少量の小麦で醸造された醤油。トロリとするコクのある味が特徴であり、色調も濃い。愛知など東海地域で醸造された醤油であるが、現在では、地域レベルでの醸造にとどまっている。

まっていき、ついには、関西産の淡口醤油の需要を完全に上回ってしまうのである。

関東醤油の発展　江戸の人々のこうした嗜好の変化を受けて、関東各地（下総・上総・常陸など）では、濃口醤油の醸造がますます盛んとなった。特に江戸川・利根川沿いに位置する下総野田・銚子（現千葉県）などが、有数の醤油産地として成長していったが、野田・銚子の場合、原料費や輸送費の面で、その醸造・販売が他の産地よりも断然有利な状況下にあった。

醤油の主原料は大豆・小麦・塩であったが、野田・銚子の場合、周辺（北総台地・常陸）に大豆・小麦を大量に収穫できる産地が展開していた。塩に関しても、江戸川の河口にあたる下総行徳（現千葉県市川市）で大量に生産されていた（但し、後には行徳産ではなく、播磨赤穂産の塩が主として用いられるようになる）。主原料を近隣から豊富に確保できる環境下にあったため、醤油を大量に醸造することが可能であり、ひいては価格の安定化も可能だったのである。

そして、江戸川・利根川などの水運の便に恵まれていたことは、輸送面で有利に働いていた。醸造された醤油を江戸市場に、大量に送ることができたため、輸送費も格安であり、当然価格への転嫁も少なくて済んだのである。しかも、迅速に送ることもできたため、品質の保持においても有利であり、それは販売にも好影響を与えていた。

こうして、関西産はもちろん、関東産のなかでも、野田・銚子は醤油の代表的

野田　野田で最初に醤油造りをはじめたのは、飯田市郎兵衛家であったと伝えられるが、商品化を開始したのは、寛文元年（一六六一）の、高梨兵左衛門家が最初であった。その後、他の豪農も醤油業に進出し、天明元年（一七八一）に、飯田・高梨家のほか、茂木家など計七家で野田の造醤油仲間が結成された。時代が下るにつれ、高梨・茂木家の醤油醸造高が突出するようになった。そして、大正六年（一九一七）には、高梨・茂木家が合同して、野田醤油株式会社が結成された。この会社が、現在のキッコーマン株式会社である。

銚子　野田と並ぶ醤油産地である銚子では、野田に先行して、宝暦三年（一七五三）に醤油造仲間が結成され、江戸醤油市場の覇権を野田と争ったが、現在、銚子醤油の代表的なブランドとしては、ヒゲタ醤油とヤマサ醤油が知られている。ヒゲタ醤油は、元和二年

な産地として台頭し、江戸市場を席巻していった。こうした醤油市場の動向は、次第に江戸のみならず全国的な傾向となっていった。江戸が東京となった明治以降、そして現在でも、両産地の醤油市場に占める地位は不動のままなのである。

（安藤優一郎）

【参考文献】 林玲子・天野雅俊『東と西の醤油史』（吉川弘文館、一九九九年）、林玲子『関東の醤油と織物』（吉川弘文館、二〇〇三年）。

酒（さけ）

下り酒の江戸市場独占

江戸の町には、最盛期には毎年一〇〇万樽（一樽につき四斗とすれば四〇万石）を越える酒が入ってきていたが、その大半は摂津国伊丹や灘郷など摂泉一二郷と呼ばれた地域で醸造された酒であった。次いで、尾張・三河など東海地方で醸造された酒（中国酒とも呼ばれることもある）であった。双方合わせて下り酒と呼ばれた。

一方、下り酒に比較すると、関東や東北など江戸地廻り地域で醸造された酒（関東地廻り酒）の入津量はわずかなものであった。この違いは、当時は酒造りに限らず、上方地域の生産技術が関東地域の技術をはるかに上回っていたことに理由があった。

当初、下り酒は馬による陸上輸送であったが、一七世紀後半には菱垣廻船での

（一六一六）に、摂津西宮から移住してきた田中玄蕃が創業したもの。ヤマサ醤油は、正保二年（一六四五）に、紀州から移住してきた浜口儀兵衛が創業したものである。

摂泉一二郷　摂津国大坂三郷（南組・北組・天満組）・伊丹・池田・尼崎・伝法・今津・西宮・上灘・下灘・北在・兵庫・和泉国堺郷の合わせて一二の郷。摂泉一二郷では酒造仲間を結成し、江戸積酒造に関する諸事項（生産調整・出荷統制・運賃改定）を協議・決定していた。

輸送に切り替わり、享保期以降は酒荷専用の樽廻船での輸送となった。元禄期には江戸に着くまでに一カ月以上を要したが、幕末には二週間以内に短縮された。その年の新酒は、毎年一〇月から一一月にかけて江戸に入ったが、一番着を目指してスピードを競った廻船のレース（新酒番船）は、初物を愛好する江戸庶民の間で人気が高く、江戸の盛大な年中行事として慣行化していった。

廻船により送られた下り酒を荷受けする下り酒問屋は、瀬戸物町・呉服町・茅場町といった日本橋・京橋地域（現中央区）に店を構えていたが、後に新川の河岸沿い（現中央区）にその多くが移転した。下り酒問屋の多くは、上方の酒造家が江戸に置いた出店を起源としていた。

江戸の升酒屋

下り酒問屋は荷受けした酒を、仲買人を介して小売りの酒屋に卸した。京都・大坂の小売り酒屋が板看板酒屋と呼ばれたのに対し、江戸の小売り酒屋は升酒屋《ますざかや》と呼ばれた。樽売りもあるが、升酒屋という名称が示すように、升単位で売るのが普通であった。

江戸の升酒屋で有名なのは、「江戸名所図会」でも紹介された神田鎌倉河岸（現千代田区）の豊島屋である。豆腐田楽でも知られていた豊島屋では、毎年二月末に雛祭り用の白酒を販売したが、その時は夜明け前から大勢の人々が押しかけて大変な賑わいをみせていたという。天明八年（一七八八）には勘定所御用達に登用されて多額の御用金を幕府に納めるなど、豊島屋は江戸有数の豪商でもあり、寛政改革の経済政策においても重要な役割を演じている。

菱垣廻船　江戸と大坂を結び、上方産の様々な物資（下り物）を運んだ廻船。江戸十組問屋仲間の管轄下にあった。下り酒問屋は、十組問屋のうち酒店組を構成。

樽廻船　享保一五年（一七三〇）、酒店組が江戸十組問屋から独立して、酒荷専用船（樽廻船）を仕建てている。菱垣廻船には様々な商品が載せられるため、積み込みにかなりの時間を要したが、酒は元来腐りやすい「水物」であり、酒造家にとり、積込・輸送期間の短縮化は悲願であった。そのため、樽廻船を仕建て酒荷のみ載せることで、その課題を果そうとしたのである。

新川　万治年間に、河村瑞賢により開かれた運河で大川に通じる。現在では、周辺地域を指す町名にもなっている。

豊島屋　現在猿楽町（現千代田区）に

江戸の場合、酒は、酒屋の屋号が書かれることの多い貧乏徳利で飲まれた。酒は暖められて飲まれたが、正式の膳の時だけ銚子を用い、宴席などの時は、燗徳利で燗をしてそのまま出すのが普通であった。京都や大坂では、正式の膳の時だけでなく料理屋などでも銚子が用いられており、燗徳利が使われるのは稀であったという。

関東御免上酒の試造

こうして、江戸の町でも酒は日常的に飲まれるようになったが、主に上方で造られた酒に江戸市場が席巻されている現実に対し、幕府は寛政改革の一環として、下り酒に対抗させるべく、関東地廻り酒の育成に積極的な姿勢を取った。下り酒が江戸に入る量を、従来の九〇万樽程から四〇万樽にまで強制的に制限したのもその一つであるが、下り酒に匹敵する程の品質である上級酒（関東御免上酒と呼ばれる）の醸造を目指した一連の酒造政策は、以後の関東地域の酒造業の発展にも非常に大きな影響を及ぼすことになる事業であった。

寛政二年（一七九〇）八月、幕府勘定奉行所に武蔵国幡羅郡下奈良村（現埼玉県熊谷市）の吉田市右衛門ら武蔵・相模国の豪農であり、かつ酒造家でもある一一名が呼び出され、上方酒と同レベルの品質の上級酒三万樽の醸造が命じられた。酒造米の購入は酒造に伴う経費のなかでも最大であったが、幕府はこの試造に限って酒造米の大量貸与を認めるなど、関東御免上酒試造には非常に力を入れていた。

ある豊島屋酒店は、「江戸の草分」という名の白酒を販売していることで知られる酒屋である。

徳利　近年の発掘調査により、江戸時代に大名屋敷や旗本・御家人の屋敷であった地所（江戸遺跡）から大量の徳利が発見されている。江戸遺跡から発見される多様な日用品の数々は、食生活にとどまらず江戸の暮らし全般を知る上で大変貴重な材料を提供するものである。

勘定奉行　江戸町奉行と同じく、上級旗本から選任される。裁判処理を担当する公事方、幕府財政・経済問題を担当する勝手方に分けられ、各々二人ずつ充てられる。勝手方勘定奉行の場合、幕府の経済政策に携わる関係上、江戸

幕府の命を受けて、吉田市右衛門らは上方の優れた酒造技術を導入しながら、上酒の醸造を試みた。早くも九月より、霊岸島・茅場町・神田川辺りに個々に店を出して、酒の小売りをはじめた。上酒の試造は天保四年（一八三三）まで続くが、結局のところは、付け焼き刃の技術導入では上方の上級酒に匹敵する品質の酒は醸造できず、関東上酒試造はその意図を果し得なかったのが現実であった。

しかし、大量の酒造米を幕府自ら貸与するといった一連の酒造政策は、関東農村の富裕な農民に酒造業への資本投下を促す大きな要因となった。特に一九世紀に入って豊作により米価が低落していたことも相まって、関東農村で酒造業に乗り出す豪農の数は非常に多かった。東京都福生市の田村酒造は文政九年（一八二六）、同市の石川酒造は文久三年（一八六三）の創業であった。こうして、江戸のみならず周辺地域でも、飲酒の習慣が日常的なものとなっていったのである。

（安藤優一郎）

【参考文献】　吉田元『江戸の酒―その技術・経済・文化』（朝日新聞社、一九九七年）、安藤優一郎「近世後期の関東地廻り酒の展開―武蔵国（多摩郡）を事例として―」（『食文化助成研究の報告』11、財団法人味の素食の文化センター、二〇〇一年）。

の町の経済問題に町奉行とともに深く関与する。勘定奉行経験者の多くが町奉行に転任する傾向がある。

田村酒造　武蔵国多摩郡福生村名主田村十兵衛家が代々経営。「嘉泉」の商標で知られる。東京の数少ない地酒の一つ。

石川酒造　武蔵国多摩郡熊川村名主石川弥八郎家が代々経営。「多満自慢」の商標で知られる東京の地酒の一つ。明治二〇年（一八八七）にはビール醸造にも乗り出し、日本麦酒という商標のビールを売り出している。

料理と料理屋（りょうりとりょうりや）

懐石料理　江戸時代になると、茶の湯の展開にともなって、それまでの正式料理である本膳《ほんぜん》料理にかわって、茶会の料理が新しく考案された。これは、形式性や儀式性をすてて、人間的な無駄のない料理として人びとに迎えられた。この数寄の料理を一七世紀末には懐石料理と呼ぶようになった。古くは会席であったと考えられるが、あえて懐石の文字をあてたのは、禅僧が修行中のひもじさを忘れるために、懐にだく温石《おんじゃく》の意味から、飢えをしのぐ程度の粗末な食事という意味をこめたためであった。七五三の膳のような豪華な本膳料理に対して、向付《むこうづけ》・煮物・汁・飯だけという一汁三菜の懐石は、たしかに粗末な食事であった。この数寄《すき》の料理のスタイルが、近世の一般の食膳の形式になり、あるいは料理屋の基本型をつくることにもなった。

宴席料理と料理屋　料理屋での宴会には、当然ながら料理がつきものである。この料理について、作る方も、食べる方も、さまざまなこだわりがみられるようになり、茶事の懐石料理を基本としつつも、種類が多くなり、手のこんだものが供されるようになった。一八世紀中期になると、高級料理屋が出現するようになり、一九世紀以降その数を増していった。江戸では、深川の平清《ひらせい》・二軒茶屋、浮世小路の百川《ももかわ》、大黒、浅草山谷の八百善《やおぜん》、向島の

高級料理屋　明和・安永年間（一七六四〜八一）に料理茶屋が出現し、向島の葛西太郎、茅場町の楽庵、中洲の四季庵、中橋のおまんずし、真崎の甲子

葛西太郎の料理屋が著名であった。そして、料理屋の案内書も版行されるようになり、天明七年（一七八七）に「七十五日」が、嘉永元年（一八四八）には「酒飯《しゅはん》手引草」が版行されている。また、文政七年（一八二四）に版行された「江戸買物独《ひとり》案内」の飲食之部も料理屋の案内にあてられている。

料理書

こうした料理文化の発展にともなって、料理書の出版が一七世紀後期以降、急速に広まっていった。元禄年間（一六八八〜一七〇四）にはすでに「料理書」「同切形」「庖丁抄」「同聞書秘伝抄」「同献立集」「江戸料理集」「江戸指南抄」が出版されていた。

天明・寛政年間（一七八一〜一八〇一）になると、豆腐・大根・甘藷《かんしょ》・玉子といった日常的な食材を使って、多様な料理に調理する方法を伝授する料理書が版行された。天明五年（一七八五）の京都器土堂が著した「万宝料理秘密箱・前編」は一名「玉子百珍」といわれたように卵料理を、同じく「大根一式料理秘密箱」は風流な大根の使い方を記し、大根の切り方、染方、花の作り方などを丁寧に教授している。天明二年（一七八二）の醒狂道人「豆腐百珍」は全体を尋常品・通品・佳品・奇品・妙品・絶品の六種に分け、百種の豆腐料理を紹介している。翌年には続編が版行され、全部で二三〇余品となった。そして、寛政元年（一七八九）に「甘藷百珍」が版行されている。これらの書物は、決して専門の料理人を対象としたものではなく、素人でも調理できるように書かれたものである。

また、「江戸流行料理通《りょうりつう》大全」は、浅草山谷の八百善の四代目主人八百屋善四郎が著

江戸案内書と料理屋　三都の名物評判記である安永六年（一七七七）版行の「富貴地座居《ふきじざい》」の江戸の料理之部には、洲崎《すざき》の升屋、浮世小路の百川、材木町の山藤、向島三囲《みめぐり》の葛西太郎、茅場町の楽庵、中洲の四季庵、深川の二軒茶屋など、三一軒の料理屋の名をあげている。文政七年（一八二四）に版行された「江戸買物独案内」の飲食之部で、

屋田楽、深川の二軒茶屋などが知られ、佐柄木町の山藤や浮世小路の百川のように卓袱《しっぽく》料理を看板にするものもあった。中洲の料理屋四季庵、茅場町の楽庵では、料理だけでなく、座敷や庭の造作までを売り物にし、美しい仲居も評判であった。四季庵などでは夏季に大名が借り切って納涼したという。なかでも深川洲崎の升屋望汰欄は、建物も壮大、庭内には四阿・鞠場も設備されていたという。化政年間（一八〇四〜三〇）には、深川の平清と山谷の八百善が評判を二分した。

したもので、初編が文政五年（一八二二）に、その後、天保六年（一八三五）の四編まで版行された。八百善料理の大要は初編につくされていて、本膳・膾《なます》之部・同精進膾之部・会席料理・極秘伝之部・料理心得之部という構成である。これに対し二編は四季之料理・極秘伝之部、三編は精進座付のほか卓袱《しっぽく》料理・製方伝書目録、四編が会席普茶料理略式となっている。本書は、流行の料理を求める通のための美味求真の書として世に迎えられた。

菓子

菓子も茶の湯とともに発展した。近世初期になると、急速に砂糖、特に白砂糖が普及し、自然の甘みによらずに菓子の種類をふやすことができるようになり、多様な菓子が生み出されていった。

茶の湯とともに発展した菓子は、一八世紀なると、独自の発展をとげていくことになった。また、さまざまな菓子に関する書物も出版されるようになる。天保一一年（一八四〇）に版行された長谷川良隅の「古今菓子大全」は、菓子を単独で取り扱った最初の書物で、菓子匠が蓄積してきた菓子の製造方法をまとめたものである。本書には、各地の菓子と古今の銘菓が集録されていて、新たな菓子の開発に意欲を燃やす各地の菓子職人に迎えられたであろう。（加藤　貴）

【参考文献】　渡辺善次郎『巨大都市江戸が和食をつくった』（農山漁村文化協会　一九八八年）、原田信男『江戸の料理史　料理本と料理文化』（中央公論社、一九八九年）、渡邉信一郎『江戸の庶民が拓いた食文化』（三樹書房、一九九六年）。

御料理を看板とするのは、浅草新鳥越の八百善、下谷の駐春亭、柳橋の万八《まんぱち》楼《ろう》など、六九軒をあげている。嘉永元年（一八四八）に版行された江戸の飲食店案内である「江戸名物酒飯手引草」では、御料理を看板とするもの二一六軒を載せている。時代が下るにつれ江戸市中の料理屋が増加していったことが確認できる。

江戸渋味の食物（鰻蒲焼、天ぷら、蕎麦、鮨）（えどしぶみのたべもの）

明治期の日本財界で手腕を振るった鹿嶋萬兵衛が、去りゆく江戸を想いながら筆を執った随筆「江戸の夕栄」の中で、「江戸渋味の食物」として鰻蒲焼、天ぷら、蕎麦、鮨の四つを挙げ、それぞれの老舗を記している。ここであげられた四種の食物は、まさに「江戸の味」を代表する食物であった。

鰻（蒲焼）　江戸における鰻蒲焼き販売の様子を伝える史料は、享保期以前には見あたらない。元来、蒲焼という製法は、京坂で生まれて江戸に伝わったと考えられている。江戸において鰻が好んで食されたのは、真水、海水の入り交じった隅田川の河口で育つ鰻がたいへん美味であったことによる。そのため、近世当時は「江戸前」の語は鰻に対して用いていた。鰻の蒲焼きに飯をつけるスタイルは天明（一七八一～八九）ごろから登場し、現在のうな丼の元祖ともいえる「うなぎめし」が売り出されたのは文化（一八〇四～一八）ごろであった。堺町の芝居の勧進元で鰻好きの大久保今助なる人物が、蒲焼きが冷たくならないように飯の間に挟んでもってこさせたのが始まりである。ちなみに「土用の丑の日」は文政期（一八一八～二九）ごろから文献に登場しており、その定着を伺わせる。

蒲焼の語源　色が樺の木に似ているという説、香りが早く伝わる意味の「香疾焼」説、捕ったウナギを川原で料理していた頃、串に刺したその形状が蒲の穂に似ており、それを焼く「がま焼」が転化した説など、蒲焼の語源については諸説ある。

天ぷら

現在のような衣をつけて油で揚げる形態の天ぷらが文献に登場するのは、寛延元年（一七四八）刊行の「料理歌仙の組糸」という本の中である。ここでは、魚、菊の葉、ごぼう、蓮根、長芋などを、「うんとんの粉を水、醤油とき塗付けて」揚げるという製法が紹介されている。江戸で天ぷらの屋台営業が盛んになるのは、安永・天明のころと言われている。その様子は当時の出版物（黄表紙など）にも描写されている。天ぷらは、幕末に到ると「大名天ぷら」など一部は高級化し、あるいは店舗営業なども現れるが、依然として主に屋台店で供される種類の食べものであった。鹿嶋萬兵衛も「多くは即席料理店の出し物にして、天麩羅専門の料理店というほどの家はあらず」と述べている。

蕎麦切

慶長一九年（一六一四）に江戸を訪れた近江国多賀神社の社僧慈性は、江戸の常明寺においてそば切をご馳走になっている。この当時、すでに蕎麦がきなどの粉食ではなく、現在のものに近い蕎麦が食べられていたことが伺える。江戸の町中で蕎麦が売られるようになるのは寛永（一六二四～四四）ごろで、寛文四年（一六四六）に吉原で「けんどん蕎麦」が発売され、人気を博した。一八世紀半ばごろから、麺類屋がそば屋を称するようになり、江戸の食物として定着する。このころから製粉技術も進歩し、また三色そばなどの変わりそばも登場した。江戸後期になると落語「時そば」に登場する花巻（焼き海苔を揉んでちらし、おろしワサビを添える）や、しっぽく（卵焼き・かまぼこ・しいたけ・クワイなどの具をのせる）なども登場し、そば屋のメニューも豊富になっていった。

天ぷらの語源　ポルトガル語の「tem-pero」（調理する）に由来する。なお、「天婦羅」という当て字は、「天」は空、「婦」は女、「羅」は薄衣を意味し、また「天麩羅」では、「天」が揚げること、「麩」が小麦粉、「羅」は薄衣を指す、という説もある。

けんどん　文政一三年の『嬉遊笑覧』に「享保半頃、神田辺りにて二八即座けんとんといふ看板を出す」とみえ、これが「二八」と「けんとん（けんどん）」の初出とされている。「けんどん」の語については、「慳貪」、つまり、けちで欲が深い事を指し、転じて、一杯きりでおかわりを出さないものの名称となったという説があり、不愛想の意味で使われる「つっけんどん」の語源にもなっているという。あるいは出

握りすし

貞享元年（一六八七）刊行の『江戸鹿子』には、「鮓并食すし」とある。「鮓」は馴れずしを指し、「食すし」が酢を用いた押しずしであり、当時から酢を用いたすしがあったことが分かる。現在の握りすしを生み出したのは、両国「与兵衛すし」の初代、花屋与兵衛であるとされている。従来の押しすしに満足できなかった与兵衛は、試行錯誤の末、食酢でしめた酢飯に魚の切り身をのせ、醤油をつけ食べるという、現在の握りすしを考案した。ただし与兵衛自身の記録に、自分以前にも握りすしを試みたものがいたことを述べており、与兵衛は握りすしの大成者であるととらえる説もある。鹿嶋萬兵衛は江戸の握りすしを京坂の押しずしと比較して「一種特別の味を持ってをりまして、とても他では戴けません」と述べ、「材料のまぐろの油身や鰭《こはだ》などはなおさらです」と、江戸握りすしのネタにも言及している。

老舗の登場

江戸市中の外食産業は、男性の独身世帯が多い江戸という都市においては、なくてはならないものとなっていった。また時代が下ると、江戸の庶民のみならず、下級の武士たちも料理屋を利用するようになった。本項で紹介した鰻・天ぷら・蕎麦・鮨は、いずれも当初は屋台で販売される、安価でかつ即席な料理であった。これらはせっかちな江戸っ子の気質が生み出した料理ともいえるだろう。しかしながら、徐々に店舗営業が増加し、中には高級志向を目指す料理屋も生まれ、いわゆる名店・老舗が登場することになるのである。

（吉田正高）

前用の箱を「けんどん箱」と呼んだ事に由来するという説もある。

二八蕎麦　「二八」の語源には諸説あり、掛け算の二×八＝一六文の価格を表すという説、そば粉八割に小麦粉のつなぎ二割を示す蕎麦粉の配合説などが良く知られている。なお蕎麦の価格に関しては、幕末の物価高騰で五〇文となり、明治初年には五厘となったが、「二八蕎麦」の呼称だけが習慣として残存した。

馴れずし　魚介類を塩で下漬けし、さらに蒸した米と一緒に漬け込んで、自然発酵させた保存食。一年余りも寝かせ、米は食べず、魚だけを食べていた。現在でも、びわ湖の名産「鮒鮨」などが有名。後には、あまりにも発酵に時間がかかるため、短期間で食べられるようにと「生成れ（なまなれ）」が生まれ、発酵した米も一緒に食べるようになった。

【参考文献】 鹿島萬兵衛『江戸の夕栄』（中公文庫、一九七七年）。

初物（はつもの）

「初物が　来ると持
仏が　ちんと鳴り」

初物が家に来ると、まずは仏壇にあげてお供えをし、鉦をチンとならす。それだけ初物は珍重され、また高価であったことがよく分かる江戸川柳である。

初物とは、言葉の通りその年に初めて売りに出された野菜や魚を指す。いち早く到着する意味で「走りもの」とも呼ばれた。「初物を食うと七五日長生きする」と言われ、江戸っ子たちに熱狂的にもてはやされた。特に鰹、白魚といった魚類や、もやし、ねぎ、独活などの軟白野菜類が愛好され、人々は競ってこれらの初物を買い求めるようになった。このうち、もやし、ねぎ、うどは、江戸市場を睨んだ近郊農村での栽培（商品作物）を増加させ、さらにはその栽培技術の発展に大きく貢献することになった。

「目には青葉　山ほ
ととぎす　初鰹」

元禄期の俳人、素堂の有名な句である。初鰹は初夏にあたる旧暦の四月頃に取れる鰹のことで、初物のなかでも特別な存在であった。

ちなみに先の素堂の句をもじった大田南畝の狂歌がある。「目には青葉　耳には鉄砲　ほととぎす　かつおは今だ　口へはいらず」。庶民の口に入らなかった

川柳　近世後期に始まった雑俳の様式。人事人情を主題とする無季・無切字の一七音句。柄井川柳の登場と、明和二年（一七六五）の『誹風柳多留』刊行によって流行した。

素堂　俳人。山口氏。本名信章。寛永一九年（一六四二）甲斐国北巨摩郡に生まれる。二〇歳ころ、家督を弟に譲り、江戸に遊学。芭蕉やその門人と交わり、隠棲して素堂と号する。享保元

のには理由があった。

「初かつほ　家内残らず　見た斗」

初物のなかで、もっとも値段が高騰したのが初鰹であった。そのピークは文化文政期で、例えば文化九年（一八一二）三月二五日に早船で江戸に入荷された初鰹一七本のうち、六本は将軍家に献上され、残り一一本のうち三本を八百善がそれぞれ二両一分ずつで購入し、歌舞伎役者である三代目中村歌右衛門は魚屋ルートで三両で購入したという。「女房を質に入れ」た位では買える値段ではない。一般市民の奥様がたも「見た斗」で、納得し、帰宅するしかなかっただろう。ここまで高騰してしまうと、川柳に読まれたように、庶民にとっては高嶺の花になってしまった。よしんば手に入ったとしても「初鰹　薬のやうに　もりさばき」と、貴重な薬でも盛るように、わずかずつみなで分け合うことになった。とはいえ、化政期以降は熱狂も薄れ、値段も下落し、幕末には銭二五〇文程度に落ち着いた。

初物規制

加熱する初物買は、「宵越しの金は持たない」江戸っ子の気質とあいまって、元来品薄である商品の奪い合いになり、全体的な物価の高騰をも呼んだ。このような状況に対して、幕府では早い段階から規制に乗り出している。初物規制法令の初見は寛文五年（一六六五）のもので、ここでは鱒、白魚、独活をはじめ、土筆、蕨、生姜、鮎、筍、茄子、松茸、鮟鱇など、三〇数種の品目とその売り出しの期日、期間が規定されている。これらが当時初物市場で重宝される商品であったといえるだろう。同様の法令はその後たびたび発布さ

年（一七一六）、深川の草庵にて没。享年七五歳。

三代目中村歌右衛門　江戸後期の名優。本名市兵衛。初代歌右衛門の子として安永七年（一七七八）に生まれ、寛政六年（一七九四）に襲名。天保六年（一八三五）に歌右衛門の名を譲って玉助を名乗る。梅玉型と呼ばれる演出を残した。天保九年（一八三八）没。享年五七歳。

れるが、あまり効果はあがらず、かえって法令で指定された期日よりいかに早く味わうかの目安となったという。

（吉田正高）

【参考文献】　西山松之助『江戸ッ子』（吉川弘文館、一九八〇年）。

娯楽と文化

歌舞伎（かぶき）

江戸市民の娯楽の王様といったら、なんといっても芝居見物であろう。芝居というと、江戸では歌舞伎が中心であった。歌舞伎は、身分・階層を超えて、多くの江戸市民に親しまれた。芝居町は、吉原遊廓と並んで一日に千両の金が落ちるといわれた歓楽街で、江戸の文化形成・風俗流行の源泉であった。そのためもあって、歌舞伎は、幕府による統制・弾圧をこうむることが多く、芝居や演技の内容の制限、華美な衣装・小道具の禁止など、さまざまな禁令が出されている。それにもかかわらず、江戸歌舞伎はしたたかで、芝居町は繁栄し、宮地《みやち》芝居や小芝居もなくなることはなく、舞台は華美をきわめ、役者の生活は豪奢となっていった。歌舞伎は、近世をつうじて江戸市民の憧れの的であり続けたのである。

興行地と三座体制

近世初期の江戸の芝居興行地は、市中に散在していた。これらのうち中橋（現中央区京橋）では、元和年間（一六一

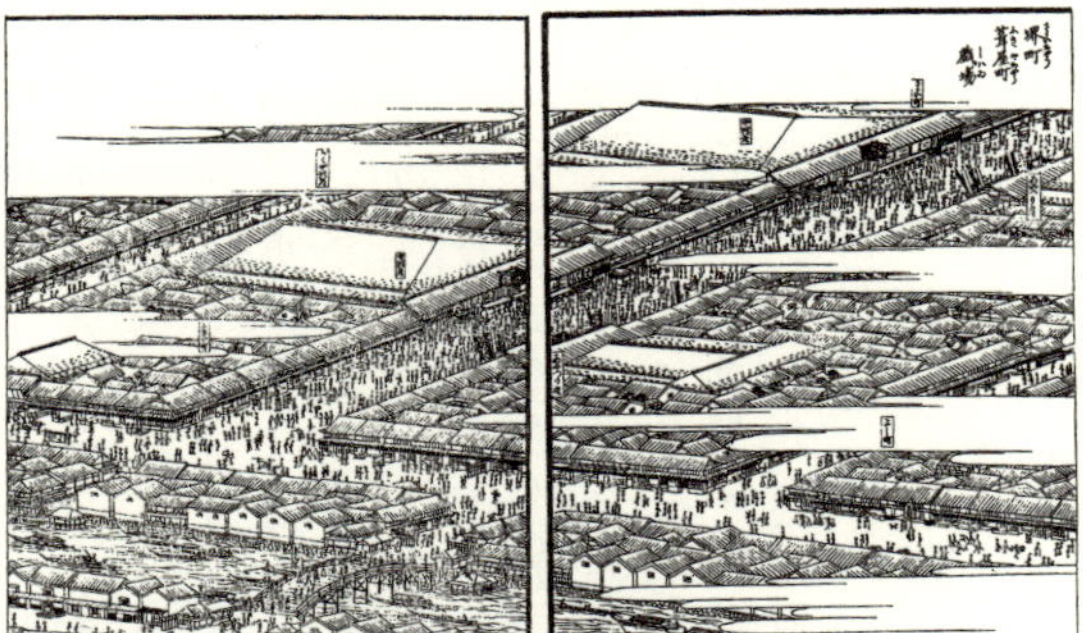

堺町・葺屋町の芝居（「江戸名所図会」）

五〜一二四）に女歌舞伎や人形芝居の興行が行われており、寛永元年（一六二四）に京から下った猿若勘三郎《さるわかかんざぶろう》が公許をうけてここで興行を始めたのが、江戸歌舞伎の濫觴であると伝えられている。寛永九年（一六三二）に、中橋の芝居小屋は祢宜《ねぎ》町（現中央区日本橋堀留町）へ移転させられ、また、村山又三郎が寛永一一年に公許をうけて、祢宜町と堺町（現中央区日本橋人形町・同芳町）の間で興行を始めた。これが村山座（後の市村座）である。慶安四年（一六五一）には、猿若座（後の中村座）と村山座は、堺町へ移転を命じられた。万治元年（一六五八）の町割改正で、堺町・葺屋町《ふきやちょう》（現中央区日本橋芳町・同堀留町）の隣り合わせの芝居町が形成され、二丁町と呼ばれた。これとは別に、寛永一九年（一六四二）に山村長太夫の山村座が、万治三年（一六六〇）に森田勘弥《かんや》の森田座が、木挽町《こびきちょう》五丁目（現中央区銀座）で興行を始めた。

こうして四座体制が形成されたが、正徳四年（一七一四）の絵島生島事件によって山村座が廃絶となり、以後は堺町の中村座、葺屋町の市村座、木挽町の森田座による三座体制となった。この公許された三座芝居を、大芝居といった。なお、天保一三年（一八四二）には、芝居三座は浅草へ移転させられ、猿若町（現台東区浅草六丁目）が成立した。

公許で常設の大芝居の他に、市中の寺社境内地や盛り場に小屋掛けの芝居が興行しており、宮地芝居（宮芝居）・小芝居などと呼ばれた。幕府は常設を認めず、晴天一〇〇日間を限って興行を許可したので、百日芝居ともいわれた。市谷八

役者評判記　役者評判記は、歌舞伎役者を評したもので、多くは京都で出版された。初期のものは野郎評判記といい、現存するものでは万治三年（一六六〇）に出版された「野郎虫」が最も古い。はじめは、人気の対象となった若衆方や女方だけがとり上げられたが、次第に立役《たちやく》や道外《どうけ》の評も加えられるようになった。内容は、役者の容姿評が中心であった。しかし、元禄五年（一六九二）に出版された「役者大鑑」になると演技評に重点が移ってきた。元禄一二年（一六九九）に、京都の八文字屋から出版された「役者口三味線」によって、役者評判記としての内容・体裁が定型化した。横本で黒表紙、京都・江戸・大坂をそれぞれ一巻一冊とし、三巻三冊構成とする。各冊は立役・敵役・道外・親方・若女方・若衆方・花車方の役柄に分け、各役柄の中で上位から中位までの位付けをして評を記している。

幡・芝神明・湯島天神の境内にあった芝居が主なもので、宮地三座とも呼ばれた。他には、神田明神・浅草寺・氷川明神・本所回向院・平河天神・霊岸島円覚寺・牛込赤城明神・市谷安養寺・牛天神・芝金杉円珠寺などの寺社境内や、両国橋西詰をはじめとする盛り場で興行が行われていた。宮地芝居・小芝居は、大芝居より格の低いものとされ、その役者は、江戸では決して大芝居の檜舞台を踏むことはできなかった。

芝居見物　芝居の興行時間は、明け六ツ（午前六時）から暮七ツ半（午後五時）までというのが原則で、昼興行であった。芝居小屋の表には、さまざまな絵看板・紋看板・庵看板が飾られ、招き看板にはいろいろな趣向がこらされ、また、幟を立てて、木戸芸者が客を呼び、賑わいをみせた。観客は、切落しの客は木戸から直接に入り、桟敷の客は芝居茶屋から入るというように、二つに分けられる。切落しは、土間の追い込み席で、料金の安い大衆席であった。

芝居茶屋は、芝居小屋に付属するもので、大芝居を桟敷で見物するには、芝居茶屋を利用しなければならなかった。観客はあらかじめ茶屋を通じて桟敷を予約しておき、当日はまず茶屋の二階座敷にあがって湯茶の接待をうける。幕明きのしらせの柝《き》で、福草履と名づけられた白いより緒の草履をはき、若い衆に案内されて小屋へいき桟敷に入る。観客は、ここで一日の芝居を楽しんだ。夜になって芝居が終わると、客は茶屋の二階座敷へ戻り、そこへ贔屓の役者や色子《いろこ》、櫓下の芸者たちを招き、賑やかに酒宴を催した。芝居茶屋の繁昌は、芝居興行の成功と

歌舞伎番付　役者評判記でその年の座組はわかるが、さらに興行ごとの上演内容を案内し、宣伝するものに、歌舞伎番付（芝居番付）があった。これには、上演月日・上演場所・演目・出演者とその配役・座名などが記載されていた。顔見世番付・辻番付・役割番付・絵本番付の四種類があり、いずれも宝暦年間（一七五一～六四）にその形式が整った。顔見世番付は、一枚刷で顔見世興行前に出版したものである。辻番付・役割番付は、興行ごとの演目や配役を知らせるためのものである。辻番付は、一枚刷で、開場前に、市中の湯屋など人の集まる所に貼られたり、贔屓筋に配られた。役割番付は、小冊子で、演目・配役が確定してから作られ、芝居小屋や芝居茶屋で売り出されたものである。絵本番付は、絵番付・芝居絵本ともいい、演目の内容を絵にした小冊子で、興行が始まった後で、芝居茶屋で売り出された。

表裏一体であった。そのため、茶屋では、得意客には季節ごとの贈り物をはじめ、新狂言の番付を届け、役者評判記や役者絵、あるいは役者の揮毫などの依頼を仲介したりもした。

三座の大芝居を見物し、一日を楽しくすごそうとすると、かなりの費用を必要とした。「世事見聞録」によると、桟敷で見物するには、一両二分、米に換算して三俵もかかったという。また、寛政年間（一七八九〜一八〇一）には、役者給金の高騰などにより、三座とも興行収入が減少した。そこで座元は、低廉な切落しを順次撤廃し、高価な桟敷席を増設していった。こうして歌舞伎は、より上層市民の娯楽としての性格を強めていった。

大芝居を見物できない多くの江戸市民に対して、その芝居見物の欲求を満たしてくれたのは、比較的安価で手軽に見物できた宮地芝居と小芝居、そして、寄席で上演される落語の芝居咄であった。

（加藤　貴）

【参考文献】　守屋毅『近世芸能興行史の研究』（弘文堂、一九八五年）。

吉原（よしわら）

江戸は、建設都市としての性格をもっていて、近世前期には江戸城をはじめ都市建設のために、大量の男性労働力が流入し、人口的にみても男性人口の比率の高い都市であった。男女人口の比率が均衡してくる一九世紀になっても、大名の江戸参府に随従して江戸にやってくる家臣は単身赴任であったし、商家の奉公人も男性に限られており、近世を通じて江戸は男性都市としての性格を強くもっていたといえよう。こうした男性たちを慰めるために、さまざまな遊廓が設けられ、独自の文化を形成していった。

公認遊廓・吉原

江戸には、幕府公認の遊廓は、吉原の一カ所だけであった。

近世初期の江戸の遊女屋は、市中に散在していたが、たびかさなる庄司甚右衛門ら遊女屋の陳情を、元和三年（一六一七）に幕府はとり上げ、葺屋町《ふきやちょう》（現中央区日本橋芳町・同堀留町）東側隣接地に二町四方の土地を与え、市中の遊女屋をここに集め、遊廓を建設することを認めた。これが元吉原で、江戸町一・二丁目、京町一・二丁目、角町《すみちょう》の五町で構成された。しかし、明暦二年（一六五六）に吉原の浅草日本堤移転が決定し、翌明暦三年の大火後に移転した。これが新吉原（現台東区千束）である。支給地が元地の五割増しであったので、五町に加えて揚屋町《あげやちょう》が新設され、移転の見返りとして夜間営業が認められた。

遊女の等級

吉原の遊女には等級と、それに応じた名称があり、時代により変化がみられた。慶長年間（一五九六～一六一五）には太夫・端女《はしじょ》郎《ろう》の二種であったが、寛永年間（一六二四～四四）に格子女郎、正保・慶安年間（一六四四～五二）に局女郎《つぼねじょろう》・切見世女郎、寛文年間（一六六一～七三）に散茶女郎《さんちゃじょろう》が出てきて六等級となった。元禄・享保年間（一六八八～一七三六）に最下級の端女郎が消滅し、一部名称の変化があり、太夫・格子女郎・散茶女郎・梅茶女郎

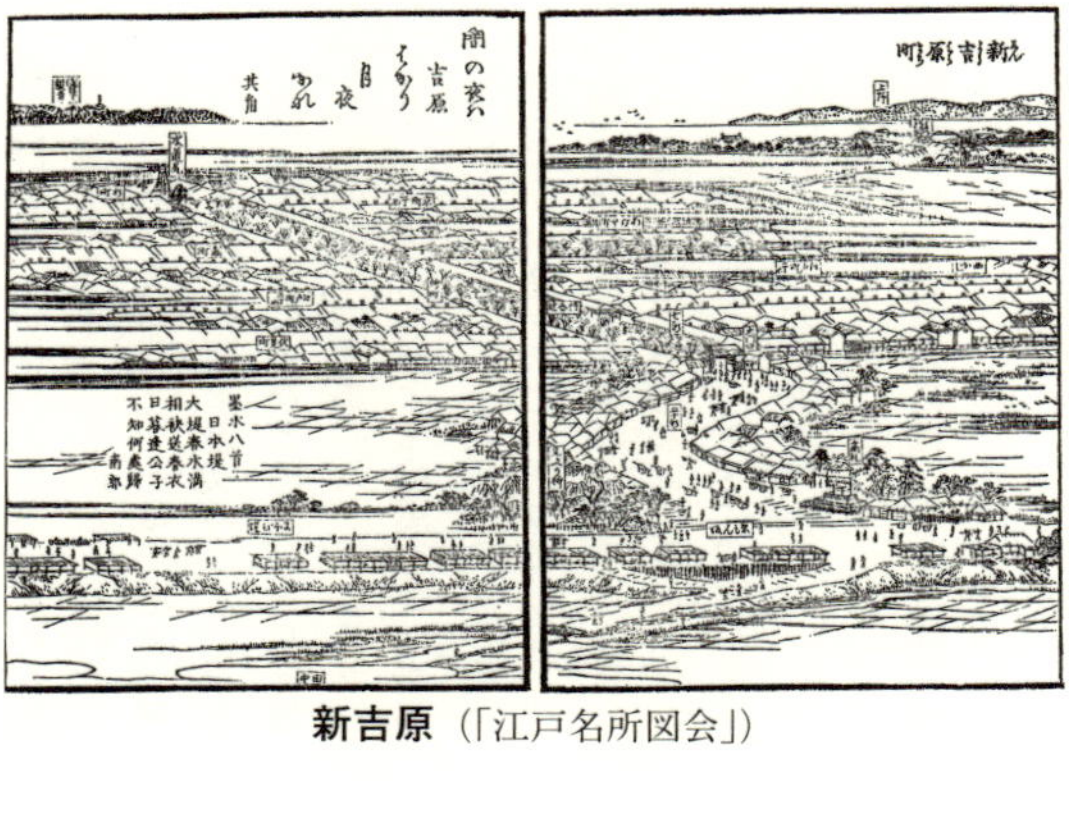

新吉原（「江戸名所図会」）

（局女郎）・切見世女郎（局女郎）の五等級となった。明和年間（一七六四〜七二）ごろに上位の太夫・格子女郎が消滅し、散茶女郎は呼出・昼三《ちゅうさん》・付廻《つけまわし》の三等級に分けられた。下位の梅茶女郎・切見世女郎は、座敷持・部屋持・切見世女郎の三等級に分けられた。太夫は舞・管絃はもとより、茶の湯・生け花から和歌・俳諧・書道にいたるまでの教養を身につけ、容姿も素晴らしい最高級の遊女であった。また、太夫・格子のような高級遊女を、吉原では享保年間（一七一六〜三六）ごろから花魁《おいらん》と呼んだ。後には、散茶女郎を改名した呼出・昼三・付廻も花魁と呼ばれた。

揚屋遊び　太夫・格子女郎時代の代表的な吉原遊びは、揚屋《あげや》遊びと称された。遊客は廓に入ると揚屋にあがり、遊女を指名すると、揚屋から揚屋差紙《さしがみ》を遊女屋に送る。指名の遊女が到着するまで、遊客は揚屋で芸者・幇間（男芸者）を相手に宴席を設けて遊女を待った。遊女が揚屋まで行くことを道中と称した。こうして指名の遊女が揚屋入りして宴席に加わる。ここに吉原独特のしきたりがあり、はじめは初会、二度目は裏を返すといって顔見世のみ、ようやく三度目で馴染《なじみ》となることができた。このような手順を踏むため、揚屋遊びには莫大な経費を必要とし、ごく限られた者しかできなかった。そのため、元来は客を揚屋に案内する引手《ひきて》茶屋が、手軽に客を遊ばせるようになると、太夫・格子女郎と同様に、揚屋はしだいに衰退していった。吉原遊びの方式もしだいに簡便化していったようだが、それでもいくつかは遊ぶためのしきたりを知っておく必要があ

遊女評判記　吉原の遊女評判記の初見は、寛永一九年（一六四二）に版行された「あづま物語」である。遊女評判記は、著者の独断で遊女の品定めをし、手練手管・張合いなどの遊び方を伝授するというものであった。ところが、太夫・格子女郎による揚屋遊びが衰退していくと、こうした内容の案内書は必要なくなり、一七世紀末になると、実用的な案内書が求められるようになり、遊女評判記の巻末に付されていた遊女名寄の部を独立させて、吉原細見が出版されたのである。

吉原細見　吉原細見は、吉原遊廓の地図を小冊子にまとめたもので、内容は吉原の遊女屋、抱え遊女の源氏名、それらの等級や揚代金をはじめとして、町内で商いをする諸商人、芸事の師匠などの住人の名前までも書き込んであり、吉原遊びには欠かすことのできない案内書である。最初は、元禄二年（一六八九）版行の「絵入大画図」の

った。そのためはじめて吉原を訪れる者でも、気軽に遊ぶための案内書が出版されている。この案内書も、吉原の変化に応じて、遊女評判記から吉原細見へと変化していった。

岡場所　吉原とは別に、江戸市中に散在する非公認の遊廓を岡場所、遊女を隠売女といった。岡場所の遊女は子供と呼ばれ、伏玉《ふせだま》と呼ばれる妓楼《ぎろう》や茶屋に抱えられる遊女と、呼出しと呼ばれる通いの遊女の二つに分けられる。呼出しには、置屋に抱えられている遊女と、出居衆《でいしゅう》と称される自前の遊女の二種があった。子供を抱え、自家を揚屋として営業する見世が伏玉屋であり、岡場所の多くがこの形態をとった。岡場所では、時間に余裕がなく、懐工合もあまり良くない職人や商家の奉公人などが遊んだのだから、多くは時間ぎめの遊びである切遊びを原則とした。深川はどこでも昼夜を五つに切って、一切の揚代いくらで値段がきめられていた。しかし、高級な深川の料理茶屋にしても、一座敷に一客を寝かすということは稀で、二、三客から多い時は五客くらいまでの相部屋が普通であった。

（加藤　貴）

【参考文献】『新吉原史考』（台東区役所、一九六〇年）。

ように、一枚刷の絵図形式で出版された。しかし、広げて見るのでは不便なので、享保一二年（一七二七）に伊勢屋が横型の懐中本にして出版したが、各町ごとにまとめてあるため、はじめて吉原通いをする者にとっては見にくいという欠点があった。また、吉原細見という名称もまだ用いられていない。ところが、安永四年（一七七五）に蔦屋重三郎が竪小本形式を採用して、吉原細見を版行した。吉原遊廓の内部を仲の町を中心に上下に分け、遊女屋の並びを記しているため、横型本よりはわかりやすくなった。書名が「新吉原細見」となるのは、天明二年（一七八二）以降のことである。

相撲（すもう）

相撲の起源と沿革

そもそも相撲の起源は古く、神話の世界においてもその形態を確認できる。『古事記』に記される有名な「国譲《くにゆず》り」伝説は、出雲国を譲るようにと天照大神《あまてらすおおみかみ》が遣わした使者 建御雷神《たけみかずちのかみ》（高天原系）と同国を支配していた大国主 命《おおくにぬしのみこと》の子建御名方神《たけみなかたのかみ》（出雲系）が力くらべによって事を決し、平和裡に国譲りが行われたことを伝えている。また、『日本書紀』には、垂仁天皇七年七月七日、野見宿祢《のみのすくね》と当麻蹶速《たいまのけはや》が初めて天覧相撲を行ったことが記されており、この時の勝者野見宿祢は現在でも日本相撲の始祖として祀られている。その後、奈良~平安時代にかけては、宮中相撲である「相撲節会《すまいのせちえ》」が創始・制度化され（高倉天皇代に廃絶）、中世に入ると一方で武士の間で心身鍛練や戦闘に役立つものとして、一方では豊作祈願の神事として盛んに行われた。また、戦国時代には相撲を好む戦国大名が輩出され、力士を家来に召し抱えての相撲大会などが催されている。

土俵の成立と勧進相撲

江戸時代に入ると、幕府は当初、治安維持を目的として辻相撲や勧進相撲を禁止していた。しかし、人々の相撲欲求もあり貞享元年（一六八四）には江戸深川で、元禄一五年（一七〇二）には大坂堀江新地で勧進相撲が再興されている。この背景には、新開地の繁栄策という

相撲節会　天皇が宮中で相撲を観覧する儀式で、平安時代には年中行事として制度化された。全国から召集された相撲人《すまいびと》は、狩衣・烏帽子姿で式場に入り、取組みが始まると犢鼻《とうさぎ》（締込み）だけになって勝負した。左右に別かれ、約二〇番の取組みが行なわれ、最強力士を「最手《ほて》」といった。

勧進相撲　寺社修築や道橋普請などの経費を集める名目で行われる幕府許可の相撲興行。三都（江戸・大坂・京

幕府の政策的意図が指摘されており、一方でこの許可制度を通じて力士集団の統制を図っていた。江戸での勧進相撲、いわゆる大相撲は年二場所制で、安永七年（一七七八）以降は一場所晴天一〇日間（以前は八日間）となった。場所は、深川八幡や蔵前八幡、本所回向院、芝神明と様々な寺社境内で催されていたが、天保四年（一八三三）からは本所回向院が定場所となっている。なお、こうした大相撲以外にも稽古相撲と称する興行が各地を巡業して行われていた。

娯楽としての相撲

江戸時代の相撲は庶民が娯楽として楽しむものとして定着しており、その結果、相撲を職業とする力士集団が成立した。土俵が出来たのもこの頃である。それまでは、町の四ツ辻や野原などで人《ひと》方屋《かたや》と称して人垣の中で相撲を取っていたが、土を入れた俵を並べて境界を明確化したことにより、新たに押し出しや寄り切りといった勝負手も増え、観客をいっそう喜ばせることとなった。江戸時代後期に入ると、江戸の相撲が力を付け、相撲の中心が上方から江戸へと移った。特に天明～寛政期には、谷風梶之助《たにかぜかじのすけ》や小《お》野川《のがわ》喜三郎《きさぶろう》、雷電為右衛門《らいでんためえもん》などの強豪力士が登場し人気を博している。そして寛政三年（一七九一）、一一代将軍徳川家斉により江戸城内での上覧相撲が実施されると相撲は幕府推奨の娯楽として認識され、その人気にさらに拍車がかかった。力士を描いた錦絵いわゆる相撲絵は飛ぶように売れ、「関取千両幟《せきとりせんりょうのぼり》」、「関取《せきとり》二《に》代勝負付《だいしょうぶづけ》」など相撲を題材とした歌舞伎興行がたびたび行われている。また、相撲番付を模した見立番付《みたてばんづけ》の流行も相撲人気の裏付けといえよう。（保垣孝幸）

都）を中心に行われるが、その多くは力士の生計を支える渡世としての興行であった。現在、相撲番付の中央に「蒙御免」と印刷されているが、幕府から許可を得た勧進元が興行場所に「蒙御免」と書いた建て札をたてたことに由来する。

見立番付　江戸時代の相撲番付は、上方の「横二枚番付」に対し、江戸では宝暦七年（一七五七）から一枚の縦長紙に東西を分けて列記する「縦一枚番付」が作成された。これは、東西序列が一目で分かる機能的な形式となっており、さまざまな事物の番付が作成された。

【参考文献】　竹内誠『相撲の歴史』（日本大相撲協会、一九九八年）。

寄席（よせ）

寄席の沿革　落語を演ずる場としての寄席は、寛政一〇年（一七九八）六月、大坂より下った岡本万作が神田豊島町藁店に『頓作軽口噺』の看板を掲げ絵入り広告を配ったことが初めとされる。この広告を写し取った式亭三馬《しきていさんば》は寄席について「浄瑠璃・小唄・軍書読・手妻《てづま》（手品）・八人芸・説経・祭文・物まね尽くしなどを宅に請して一席の料を定め、看客聴衆を集る家」で、「此講席新道小路に数多ありて俗に寄せ場或はヨセと略してもいふ」（『落語中興来由』）と記している。当初は芝居茶屋の二階など明き店で催されており場所は一定ではなかったが、定席も設けられるようになった文化年間には江戸市中で七五軒、文政末年には一二五軒に達した（『嬉遊笑覧』）。その後、天保改革で統制を受けて市中一五カ所、寺社境内九カ所に制限され、演目も神道講釈・心学・軍事講釈・昔話の四種に定められた。それでも、聴衆の寄席欲求は衰微することなく、解禁後の弘化二年（一八四五）には七〇〇軒に急増し、「一町内に二三ケ所づゝ」（『寛天見聞記』）と記されるほど盛況を極めている。その一方で、寄席だけで営業する家屋は少なく、鳶の頭が二階の広間を利用し、片商売とする場合が多かった。聴衆も町内の職人・商人が中心で、『江戸繁昌記』によれば、演目は落語を中心に演じる側も烏亭焉馬が大工の棟梁、三笑亭可楽が櫛職人であったように職人出身者もしくは、昼の仕事を終えた職人・商人が多かった。その意味でも、寄席は江戸庶民の実生活と密接に関連して展開しており、例えば、安政頃の活況も大地震の復興によって職人たちの景気がよくなったことが影響したと指摘されている。

町内の職人・商人　聴衆に加えて実際

に手品・影絵・講釈などで、昼夜交代の七日制を通例に興行し、百人程度を定員としていた。

寄席落語の隆盛

そもそも、話の終局にオチを付けて演じる話芸が落語と呼ばれるようになるのは、寄席落語が軌道に乗り始めた寛政期の頃とされ、幕末には「落語《らくご》」の名称が定着した。落語の成立にはいくつかの系譜があり烏亭焉馬《うていえんば》をはじめ狂歌師などを中心とする「咄《はなし》の会」、桜川慈悲成《さくらがわじひなり》ら一門が普及させた遊郭での「落とし咄」、そして三笑亭可楽《さんしょうていからく》がはじめたとされる寄席落語という三つの流れの中で展開する。寄席落語創始期とされる寛政から文化年間にかけては、まくら—本題—下げという落語の定型も出来上がり、その後、新作が次々と発表されるなどレパートリーも豊富になっていった。こうした中で職業落語家も増え、天保期には二七〇余名（故人を含む）の落語家が確認されている（『東都噺者師弟系図』）。

（保垣孝幸）

【参考文献】 延広真治「江戸の寄席」（芸能史研究会『日本の古典芸能第九巻　寄席』平凡社、一九七一年）、西山松之助・竹内誠編『江戸三百年②江戸っ子の生態』（講談社、一九七五年）。

咄の会　参加者が自作の小咄《こばなし》を持ち寄って披露し合う会。各所で頻繁に開催されていたとされ、焉馬が主催する咄の会は定例化し、最も盛んだった寛政七～九年は、月並会が開かれていた。

錦絵（にしきえ）

錦絵とは、江戸時代の中期、明和期に江戸で成立した多色摺り浮世絵木版画のことである。その錦絵成立時に活躍した浮世絵師の鈴木春信をはじめ、一筆斎文調、勝川春章などの錦絵完成期から浮世絵師の数は多くなる。錦絵の黄金期には、歌麿・清長・写楽・北斎・広重と名手が輩出した。幕末・明治維新期にかけては国芳・芳年《よしとし》・貞秀《さだひで》・暁斎《ぎょうさい》・清親などの時代を背景に描いた錦絵は、ベロ藍（プルシアンブルー）や赤や紫の色などの化学顔料を用いたものであった。

吾妻錦絵

浮世絵といえば、錦絵を思い浮かべるほどで、その作品数は膨大な数である。江戸の文化情報媒体として、大衆文化の美意識を示すものとして、美術史のみならず歴史資料としても重要である。

浮世絵版画

錦絵の成立を見る前に、まず浮世絵についてその概略をのぞこう。浮世絵は、まず制作技法上から肉筆画と版画に分けられる。肉筆浮世絵とは、浮世絵師が画絹《えぎぬ》や料紙《りょうし》の上に筆で墨や岩絵の具で描いた作品で、それぞれの作品がオリジナルであり、素材や仕立てにさまざまな形式がある。

浮世絵版画は、⑴単色摺り、⑵単色摺りに筆彩（墨摺り絵に彩色を施したもの、これを手彩色版画・筆彩版画という）、⑶多色摺り、とに分けられる。⑶の錦絵の完成

単色摺り　墨摺り絵が一般であるが、疱瘡《ほうそう》絵のように紅色を基調とするもの

までの過程で、紅摺《べにず》り絵などの墨摺りに紅や黄色などの数色を摺った絵もあった。そして「五、六遍摺り絵」が現れ、やがて吾妻錦絵が完成したのである。それは、明和二年（一七六五）であった。

もっとも、それ以降も単色摺りの版画がなくなったわけではない。また多色摺りの技術は、中国や西洋ですでに日本より早くはじまっている。しかし、強靱な和紙と山桜の板を用いた浮世絵版画のもつデリケートな表現様式や、錦絵でのグラデーションなどをはじめ、画題の美人画、役者絵、名所絵、花鳥画などの当世風俗画や見立て絵のテクニックなどついて、日本独自の木版画の発展があったのである。

板元を中心とした錦絵制作

多色摺木版画である「錦絵」の制作は、板元《はんもと》というプロデューサーの指揮の下、絵師・彫師《ほりし》・摺師《すりし》の共同作業によって完成する。そこには、アイデアを出すための文化人が板元の周囲にいた。この文化人ブレーンは、大名家の江戸留守居役などや、旗本・御家人、それに江戸の町人の知識人などの、いわば江戸文化サロンの構成者たちによって占められていた。それは、同時に狂歌や俳諧サロンの連中や、戯作者にもなった人たちである。

画のテーマが決まると、版元は抱えの浮世絵師に命じて板下絵を描かせ、それが意向にかなったものであれば、町会所《かいしょ》に届け出て当番名主に出版許可印（改印）を貰う。もっとも、この出版許可については、松平定信による寛政の改革以

や、紅嫌いの藍摺り絵にように青い色を基調とする作品もある。

筆彩版画　丹絵・紅絵・丹緑絵・漆絵などがある。

グラデーション　ぼかしや一文字、拭きぼかし、あてぼかしなどがある。

改印　寛政の改革による一枚摺りの許可印を「改印《あらためいん》」とか「極印《きわめいん》」という。この印の字や形により、錦絵の出版許可が何時下りたかが分かる。

降、一枚摺りにも出版許可が要ることとなったためであり、それ以前は必要がなかった。しかし、版本に関しては、すでに寛永期ごろには出版許可が必要で、版元名・刊行年次を記載することが義務づけられ、また問屋仲間による統制が行われた。

さて許可を受けた板元の下に錦絵の制作が開始される。彫師がまず墨摺り（輪郭などの黒で表現される部分）の板木《はんぎ》を彫り、それを摺師が摺ったものを校正する。この最初の摺りを「校合《きょうごう》摺り」という。この校合摺りの数枚に、絵師が色指定や模様の指定をし、それを彫師が色板を彫りあげる。こうして板木が一通り揃ったところで摺師が試し摺りをして、最終的に色の調子や摺り方、あるいはぼかしの程度などを決めたのである。

問題は、板数を重ねる場合の色ズレをどうするかということであるが、これは版上に紙を伏せる位置を定めた二箇所の「見当《けんとう》」というものの考案によって可能となった。また、数度摺りによって紙全体の収縮率が異なると、全体の色ズレを起こすために、一定の湿度を与えてから摺るという工夫もし、それに数度摺りに耐えうる紙、すなわち繊維の長い丈夫な奉書紙の流通により、錦絵の量産ができることとなったわけである。

狂歌サロンと大小摺物

錦絵の誕生は、大小摺物《だいしょうすりもの》という一枚摺りの絵暦《えごよみ》の競作からはじまったといわれる。それは、大小の月の数詞を判じ物の絵で表現した摺物（これを絵暦という）が好事家によって作られるような

見当　『浮世絵類考』写本に、延享元年（一七四四）に江見屋の上村吉右衛門が、はじめて「合形色摺」を創始し、また「左り見当」のことを「上村」と称したことが載る。このことが即、錦絵の完成を示すものではない。吾妻錦絵の成立は、それから二〇年後である。

った。その時に多色摺り版画の技法が試されたのである。その時、絵で表現した暦を私的な仲間内で配り合うといった遊びまで幕府は詮索しなかった。そこに当時としてはお金のかかる多色摺り版画の遊びが、江戸の狂歌サロンで流行しはじめたのである。時は、明和二年であった。

このサロンのなかでとくに、旗本の大久保忠舒（俳号は巨川《きょせん》）と阿部正寛（莎《しゃ》雞《けい》）と、町人で飯田町の薬種屋の小松百亀《ひゃっき》（小松軒）のグループが、大小の絵暦の制作の関して推進的な役割を果たしたのである。巨川や莎鶏や百亀たちは、この「大小」を趣向を凝らすため、絵で表現したり、絵のなかに月の数詞を嵌め込んだりして、それぞれ工夫を重ね、その雅趣や機知を競い合った。その結果、贅を尽くした多色摺り木版画の大小絵暦が制作されることとなり、これらの大小摺物をはじめとした「摺物」の意匠や趣向に血道をあげることとなった。こうした絵による大小摺物を、のちに「絵暦」と呼んだ。そして、摺物ブームの基点となった明和二年に摺られた大小摺物は約二〇〇種に及ぶという。

吾妻錦絵の誕生—鈴木春信

ちょうど大小摺物交換会による多色摺り木版画が要求された時点に登場した浮世絵師が、鈴木春信である。春信は、瀟湘八景を見立てた「坐舗《ざしき》八景」をはじめ、「六玉川《むたまがわ》」のような古典的な主題を当世風に見立てた揃い物の錦絵や、明和の三美人と称された笠森稲荷門前の茶屋鍵屋の娘おせん、浅草寺境内の楊枝屋柳屋おふじなどの評判美人を描き、世の人にもてはやされた。

狂歌サロン 大久保は巨川連、阿部は莎雞組という俳諧サークルを主宰し、そのサロンで「大小絵暦」の交換会や品評会を催した。巨川は禄高が一六〇〇石、莎鶏は一〇〇〇石であったといい、彼らの屋敷は牛込（現在の新宿区）にあった。

大小摺物 絵暦コレクションは、東京国立博物館、神奈川県立博物館（長谷部言人コレクション）、千葉市美術館、町田市立国際版画美術館など。海外では、大英博物館、ヴィクトリア・アルバート美術館、ギメ美術館、パリ国立図書館、ベルリン東洋美術館、ボストン美術館、ドイツのプルヴェラー・コレクション、などがよく知られている。長谷部言人著『絵暦』によれば、文献による大小摺物の上限は貞享三年（一六八六）まで遡れるという

春信は、当初役者絵も描いたが、のち武家を中心とした俳諧サロンとの交流によって絵暦にアイデアを凝らしたり、見立て絵を描いたり、評判美人画を描いたりして人気をとった。

春信は錦絵の誕生した時期に活躍をしたわけであるが、その錦絵のサイズは「中判《ちゅうばん》」か「細判《ほそばん》」が主であった。錦絵全盛期の大判《おおばん》錦絵（これを「大錦《おおにしき》」という）は、大奉書紙の半分（約三九×二六センチ）である。春信の中判は、大錦の約六割の小ささであり、多色摺り当初は、いかに色合わせなどに大変であったかが偲ばれよう。春信は、このサイズのフレームの中に古典を素材にした「見立て絵」を描いた。古典の文学や詩歌、たとえば『伊勢物語』や『源氏物語』、謡曲、中国の瀟湘八景などなど、数多くの古典が素材となった。七小町や八景といった、数詞のセットになるものは「風流やつし」と名づけられたが、そこでは春信はまったく元の画を意識させず、図中のさりげない小道具や歌などで表現をしている。

巨川工　「坐鋪八景」の一つで瀟湘八景の「洞庭秋月」を本題とした画では、鏡台のまえに座った美人と、その髪を結う女髪結いの姿を描いており、その鏡台の丸い鏡を月に、そして障子窓を開けた外に秋草のススキの葉をえがくことによって、秋月を示しているだけである。この作品には画題が書かれていないが、これを「鏡台秋月」と呼んでいる。「坐鋪八景」は、シカゴ美術館に、包み袋と全八枚が揃っているが、その画には「春信」の署名はなく、「巨川」の字が画中画の唐獅子を描いた衝立に書かれている。これは、春信がパトロンの巨川、

鈴木春信　春信は西村重長の門弟。明和初期に「吾妻錦絵」という画を創始した人物。そして、そのころは新春の風物となった「大小摺物」の五、六遍摺りという多色摺りの版画が大流行し、それに工夫を重ねて「錦絵」とした。また当時の美人を錦絵に描いた。

中判　春信画の明和期の中判錦絵は、大広奉書紙の四分の一（約二九×二二センチ）の大きさ。

見立て絵　和漢の古典、あるいは故事をもとにして、それを当世風に描いた作品をいう。これを当時は「風流」とか「略」そして「今様」や「時世装」などと表現した。略は「やつし」、時世装は「いまよう」と呼び習わした。「見立」は、本来俳諧の用語であったが、見立ての精神は、いわば本歌取り、あるいは換骨奪胎といった、日本文化の重要な要素である。

つまり大久保忠舒の依頼により描いた画である。このように主宰者がアイデアを出すことを「工」と表現した。同じ画で、のちの摺りと思われる作品には、この「巨川」の字がない。

春信は、作品の構図を、先輩たちの作品から、数多く借用している。その多くは版本の絵本であり、西川祐信《すけのぶ》描いた『絵本常磐草』や『絵本十寸鏡《ますかがみ》』、それに橘守国《もりくに》の描いた『絵本写宝袋』など、枚挙にいとまがない。

このように構図や意匠を借りながらも、春信の画が新鮮な作品として映るのは、その組み合わせの妙味と、錦絵による美しさがあったからであり、またその背後には、春信という浮世絵師を操って遊んだ江戸の文化人たちの存在を忘れてはならないのである。（小澤弘）

江戸図屏風（えどずびょうぶ）

洛中洛外図から江戸図へ

江戸図屏風とは、江戸幕府の拠点・江戸城と御府内《ごふない》の街並みおよびその周辺の名所地を俯瞰《ふかん》図として描いた都市風俗図屏風の作品群である。代表作は、江戸前期の景観を描写した「江戸図屏風」（国立歴史民俗博物館蔵）と「江戸名所図屏風」（出光美術館蔵）、それに江戸後期のそれの鍬形蕙斎紹真《けいさいつぐざね》筆「江戸一目《ひとめ》図屏風」である。これらの江戸図屏風は、先行する平安京の景観を画題とする洛中洛外図屏風の系譜を引く作品である。

洛中洛外図屏風　平安京という都市を景観画題とし、四季と名所と物語という三つの性格をもったやまと絵の系譜を引く、応仁の乱後の都市景観図として室町後期に成立した。通例、紙本金地著色《ちゃくしょく》の六曲一双屏風形式。土佐派や狩野《かのう》派や町絵師たちにより制作された、あらまほしき平安京のイメージとして鑑賞されるためのパノラミックな金碧屏風である。

江戸図屏風は、現存作品数が洛中洛外図や京名所図に比してきわめて少ない。その原因は、おそらく江戸における大火の頻発による焼失や、屏風絵画題の需要の変化や制作の衰微などが考えられよう。

江戸図の二つのタイプ

江戸図屏風は、その景観構成および描写技法の上で二つのタイプに分類される。その一つは、雲形をもって不必要な部分描かないタイプで、洛中洛外図の流れをひく「江戸図屏風」や「江戸名所図屏風」などが相当する。これは、金雲《きんうん》の装飾的、連続的な区切りによって、時間的、空間的に画面の構成上、不用な部分を描かずに都市景観を主要な部分図の組み合わせのみで表現している。

もう一つは、雲形による区切りはなく、あたかも上空から見たような疑似景観をなす俯瞰図のタイプで、鍬形紹真筆の一枚摺り版画「江戸名所之絵」やその肉筆画「江戸一目図屏風」「江戸鳥瞰図《ちょうかん》」などであり、これは新たな江戸の都市景観図といえる。

出光本江戸名所図屏風

「江戸名所図屏風」(出光美術館蔵)は、八曲一双の中間屏風で、画面は右隻から左隻へと連続する形式である。この図は、寛永期の建設途上の武都・江戸を表現し、とくに左隻は築地の人形浄瑠璃・歌舞伎・軽業の興行の賑やかな場面、右隻は浅草寺境内と浅草橋からの三社祭りの行列の華やかな場面の、この二つを主題とする。

右隻は、左端の隅田川の渡しと梅若塚からはじまり、浅草寺境内、三社祭のパ

出光本江戸名所図屏風 諏訪春雄・内藤昌著『江戸図屏風』(毎日新聞社)。小木新造・竹内誠ほか著『江戸名所図屏風の世界』(岩波書店)。昨年、きれいに修復された「江戸名所図屏風」が出光美術館で展観され、同時に内藤正人著『江戸名所図屏風―大江戸劇場の

レード、神輿《みこし》が浅草橋から上がる場面。そして湯島天神、三十三間堂、神田明神の観世一世一代能、吉原、日本橋と展開する。

左隻は、江戸城天守と日本橋南橋詰の高札場、遠景の山王社、東海道筋の中橋・京橋・新橋、築地における人形浄瑠璃・歌舞伎・軽業の興行が老若貴賤男女で賑わうシーン、そして湯女風呂、愛宕社、増上寺、品川から新橋にかけての大名行列という情景。

歴博本江戸図屏風

「江戸図屏風」六曲一双（国立歴史民俗博物館蔵）は、徳川幕府三代家光の事績を顕彰したともいうべき作品で、江戸とその北郊を鳥瞰した江戸図といえる。歴博本は、江戸の御府内が左隻に大体相当し、右隻は神田川から以北の江戸の近郊、川越や鴻巣といった地域まで描いている。とくに左隻の右半分を、江戸城を中心にした城郭を表現しているのが特徴である。そして江戸城天守は、明暦三年（一六五七）の大火で焼失する以前を描いている。この天守については、破風《はふ》の形などから元和度の姿を示すものともいわれる。

歴博本の景観内容は、江戸城の城郭全域を左隻の右半分に占め、手前を日本橋から中橋・京橋・新橋、そして品川宿と東海道沿いの町家が、左半分に徳川将軍家菩提所の増上寺と溜池・愛宕・目黒・碑文谷などに、左上部に金雲に括《くく》られて冠雪の富士がのぞく。右隻は、神田川の流れを左側の境とし、手前に隅田川の流域、そして上野・浅草・谷中から三芳野《みよしの》天神・川越城・鴻巣御殿までの広範な江

幕が開く』（小学館）が刊行されて、その描写内容と魅力が紹介された。

歴博本江戸図屏風　鈴木進・村井益男・平井聖・山辺知行・萩原龍夫・石井謙治著『江戸図屏風』（平凡社）。諏訪・内藤著『江戸図屏風』。小澤弘・丸山伸彦編『図説江戸図屏風をよむ』（河出書房新社）。水藤真・加藤貴ほか著『江戸図屏風を読む』（東京堂出版）。黒田日出男著『王の身体王の肖像』（平凡社）。近年、水藤氏や黒田氏らによって、制作期や注文主、描写内容の再検討が行われ、大胆な問題提起がされている。

戸北郊の地域を描き、左右の隻に連続した画面構成をとる。紅葉山東照宮や増上寺の参詣、鷹狩・鹿狩・猪狩・川狩などの狩猟、御鞭打ち、御船揃えなどの家光の姿が描き込まれているのが特徴である。

細見本江戸名所遊楽図屏風

　こうした江戸の全景図ではなく、浅草寺と隅田川という古典的主題に近世初頭の芸能や遊里を組み込んだ「江戸図」がある。それは「江戸名所遊楽図屏風」六曲一隻（細見美術館蔵）である。この絵は、金雲によって大きく六つに区切られ、「隅田川」「浅草寺門前と境内」「元吉原」「人形浄瑠璃」「歌舞伎」「梅若塚（木母寺）」が画題である。古代・中世的な名所《などころ》の『伊勢物語』都鳥の歌と梅若伝説とを源泉にもつ画題と、近世初頭に流行した人形浄瑠璃と遊女歌舞伎の興行と遊廓が画題である。歌舞伎や人形浄瑠璃それに遊廓のモチーフは、出光本「江戸名所図」などにも見え、先行する洛中洛外図や京名所図などにすでにあるモチーフである。

江戸一目図

　近世後期になると新しい「江戸図」が登場した。鍬形紹真の描いた「江戸名所之絵」あるいは「江戸一目図」と称される作品である。蕙斎は寛政六年（一七九四）に津山藩松平家御用絵師となったが、元は江戸の浮世絵師北尾政美《まさよし》であった。この作品は、享和三年（一八〇三）に板行された大々判一枚摺りの「江戸名所之絵」がベースとなっている。鍬形紹真筆の「江戸名所之絵」（「江戸一目図」「江戸鳥瞰図」）の淡彩な錦絵は、再刻版や孫の蕙林の再刻板や、ほかの浮世絵師による版本挿絵や銅版画などに転用され、また構図の

江戸名所之絵　小澤弘『都市図の系譜と江戸』（吉川弘文館）。江戸名所之絵と江戸一目図の成立に関して触れた。

その他の江戸図屏風　「江戸名所図屏風」四曲一隻（細見美術館）・「江戸図屏風」六曲一隻（東京国立博物館）・「江戸風俗図屏風」六曲一双（出光美術館）・「江戸図屏風」六曲一双（本田家）・宮川一笑筆「江戸図屏風」六曲一双（旧渡部家）などがある。

江戸風俗図巻　この絵巻の「浅草の巻」と同一構図の作品が、銀地絵巻の屏風仕立てとして現存する。

熙代勝覧　神田今川橋から日本橋に至る大通りと店舗を克明に描き、その内容から日本橋繁昌絵巻ともいえる作品。

類似した作品など、明治初年まで数多くの類似作品が作られた。

図巻や絵巻の江戸図

この他「江戸図屏風」はいくつか現存するが、江戸の限定した地域やテーマを描いた屏風絵や絵巻などもある。たとえば、「日吉山王社参詣図屏風」六曲一隻（江戸東京博物館蔵）や「江戸天下祭図屏風」六曲一双（本圀寺旧蔵）のような、特定の画題の江戸図屏風も忘れてはならない。また、都市江戸を表現した絵巻や図巻が江戸時代に数多く作られた。「江戸風俗図巻」二巻（上野の巻・浅草の巻）（大英博物館蔵）や、文化二年（一八〇五）頃の制作と思われる「熙代勝覧《きだいしょうらん》」絵巻一巻（ベルリン東洋美術館蔵）のなどが、その作例である。江戸図屏風の変形として、江戸の都市風俗図を考える上で、こうした作品も重要である。

（小澤弘）

江戸の街並みと木戸なども詳しい。一六七〇名近くの登場人物は、魚河岸をはじめとする活気ある大江戸を表現している。巻頭題字「熙代勝覧」は書家・佐野東洲の字。昨年、江戸東京博物館の「大江戸八百八町展」で里帰り展示。江戸東京博物館制作の画像CD－ROMがある。

人物

平将門（たいらのまさかど）

平安時代中期、坂東地方を舞台に展開された平将門の乱が人々に与えた衝撃はきわめて大きく、このため乱後まもない頃から将門にまつわる伝説が各地で語られるようになった。たとえば将門の乱を描いた軍記文学の先駆的作品『将門記《しょうもんき》』にも、地獄の責め苦をうけている将門が冥土から寄こしたという手紙などが、すでに載せられている。今日、全国各地に分布する将門伝説の総数は一四〇〇話をこえるといわれ、内容も、寺社の祈禱によって将門が滅んだとする調伏《ちょうぶく》伝説、将門を神として祀《まつ》る祭祀伝説をはじめさまざまである。そのうち、およそ一六〇話が伝えられている東京都関係では、京都から飛び帰ってきた（あるいは持ち帰ってきた）将門の首を埋葬したという千代田区大手町の将門首塚、将門の霊を祀ったという同区外神田の神田明神《（神社）》の話が、とくに有名である。

将門伝説

平将門（?～九四〇） 桓武天皇曽孫平高望《たいらのたかもち》の孫。下総国を本拠に挙兵、みずから新皇と称して関東一円に勢力をふるうも、下野の豪族藤原秀郷《ひでさと》や一族の平貞盛らによって滅ぼされた。この将門の乱と、ほぼ同時期におこった伊予国を本拠とする藤原純友《すみとも》の乱とをあわせて承平・天慶の乱という。

将門記 成立時期については、天慶三年（九四〇）の将門敗死から四ケ月後執筆説、それ以後の説に分かれ未詳である。また作者も東国在住説・京都在住説など諸説に分かれている。

調伏伝説 京都およびその周辺に多く、たとえば東大寺羂索院三昧堂の執金剛神像をめぐっては、数万の蜂を率いて将門を討ったが、そのさい将門の攻撃

首塚・神田明神・日輪《にちりん》寺

神田明神の由来については、早く『将門純友東西軍記』(室町時代成立か?)に「将門の遺体が、切り離された自分の首を追って武蔵国豊島郡までやってきたが、ついに倒れ、その霊が荒れて郷民を悩ませたので、一社を建てて祀った」という話が見えている。しかし、首塚を含めたより詳細な記録として注目されるのは、一九世紀前半完成の江戸の地誌『御府内備考』続編に載せる「浅草日輪寺書上《かきあげ》」である。というのも同書上によれば、「日輪寺は、もともと天台宗寺院として神田橋内芝崎村の地に草創されたもので、将門の乱後には彼の墳墓が築かれていた。しかし、やがて墳墓が荒廃し、将門の霊魂の祟《たた》りが村民を悩ませるようになったため、鎌倉時代後半、この地に立ち寄った時宗《じしゅう》の僧が供養を行って祟りを鎮めた。以来、寺院は時宗に改まり、将門の亡魂は境内鎮守の明神に配祀《はいし》され、神田一郷の産土神《うぶすな》となった。その後、寺も神社も移転し、寺は浅草日輪寺、神社は神田明神となった」とあり、「神田橋内芝崎村」を舞台とする話になっているからである。すなわち芝崎村とは、現在も将門の墳墓=首塚が残っている千代田区大手町付近にほかならないが、そこはまた日輪寺や神田明神の出発点の場所でもあり、さらにいえば江戸における将門伝説発祥の地でもあったということになるのである。なお現在、千代田区九段北に鎮座する筑土《つくど》明神(神社)にしても、将門首塚が築かれた時、将門の霊を祀るためにそのそばに建立されたもので——将門祭祀は神田明神より早い時期であったともいう——、その名も塚=土を築いたことによるといった話が伝わっている

をうけたため神像の一部は今も破損したままだ、といった話がある。なお関東では、千葉県の成田山新勝寺が将門調伏の祈禱を行った寺として有名。

将門純友東西軍記 平将門の乱・藤原純友の乱を描いた軍記物語。将門と純友が比叡山から都を見下しながら反乱を企てたという話をはじめ数々のエピソードを紹介している。作者未詳。

御府内備考 文政一二年(一八二九)頃、江戸幕府が編纂。『新編武蔵風土記稿』とは別に独立して計画された、その御府内編の資料集ともいうべき性格をもつ。続編には、正編で略された寺社に関する記事を収載。

芝崎村 弘安四年(一二八一)四月一五日江戸重政議状に「むさしの国ゑとのかうしハさきのむら」と見え(『新編千代田区史』通史資料編)、芝崎村が豊島郡江戸郷のうちにあり、鎌倉時

（神田神社『神田明神史考』）。筑土明神もまた、芝崎村を故地とすることになるのである。

御霊《ごりょう》神将門　徳川幕府が将門を祭神とする神田明神を江戸惣鎮守として崇敬し、その祭礼も天下祭りとして公認していたことは、よく知られている。一方、元禄年間（一六八八〜一七〇四）、山村・森田・中村各座の舞台にかけられて以来、江戸において将門を主題とする歌舞伎芝居がしばしば上演されていること、また江戸後期の読本《よみほん》作者滝沢馬琴《たきざわばきん》が、わざわざ七人の影武者説ほか六点にわたって将門をめぐる俗説批判を行っていることなどは、近世、江戸の民衆の間に将門伝説が広く流布していたことを示すものであろう。こうした江戸における将門への関心の高まりは、神田明神草創の由来が、将門の霊魂の祟り→その鎮魂から説明されているように、将門が祟る神、すなわち御霊神とみなされていたことと深く結びついていた。非業の死をとげて祟りをなすものの霊をなだめるために、神に祀って安穏をたもつという御霊信仰の代表例としては天満天神＝菅原道真があげられるが、将門もその一人だったのである。この点について、江戸という都市の拡大＝地域開発の進行にともなっての悪疫流行にさいし、江戸の人々はその原因を、非業の死をとげた将門の怨霊の祟りとみなしたという指摘もあるが、その可能性はきわめて高いものがあろう。なお将門の祟りは、一九二三年の関東大震災で破損した首塚の上に大蔵省の仮庁舎が建てられたさいの怪異をはじめ、近代においても、しばしば話題を呼んでいる。

（樋口州男）

代後半、このあたりに江戸氏の所領があったことが知られている。

滝沢馬琴（曲亭）（一七六七〜一八四八）『椿説弓張月』『南総里見八犬伝』の作者として有名。将門伝説に対する批判は、『昔語質屋庫《むかしがたりしちやのくら》』第七に収める「平将門衮龍《こんりょう》の装束」で展開されている。

菅原道真（八四五〜九〇三）平安時代前期の文人学者で政治家。藤原氏の讒言によって大宰権帥に左遷され、失意のうちに死去。このため、その死後、藤原氏一族の不幸をはじめ異変があいついでおこると、道真の怨霊のしわざと恐れられ、天満天神として祀られた。なお『将門記』の将門新皇即位記事にも位記の授与者として道真の霊魂が登場させられている。

悪疫流行　地域開発の結果、川の周辺に人家が密集し、疫病が流行しやすく

【参考文献】 梶原正昭・矢代和夫編『将門伝説—民衆の心に生きる英雄—』（新読書社、一九七五年）、村上春樹『平将門伝説』（汲古書院、二〇〇一年）。

太田道灌（おおたどうかん）

名声と死

江戸城を築いたことで著名な太田道灌は、室町時代後期、関東地方で繰りひろげられた古河公方《こがくぼう》足利成氏《しげうじ》派と関東管領《かんれい》上杉氏派との激しい戦い、いわゆる享徳の乱で扇谷《おうぎがやつ》上杉氏の家宰《かさい》として活躍し、さらに山内上杉氏の家宰職をめぐって長尾景春《かげはる》が反乱をおこすと、平塚・石神井《しゃくじい》・練馬の各城（順に北区上中里・練馬区上石神井・同豊島園）を拠点に伝統的勢力を誇っていた景春与党の豊島《としま》氏を滅亡させるなど、その鎮圧に功をあげたことでも知られている。江戸城にしても、古河の成氏に対する前線基地として、父資清《すけきよ》（法名道真《どうしん》）の河越《かわごえ》・岩付《いわつき》（槻）両城とともに築かれたものであった。当時、この江戸城静勝軒《じょうしょうけん》の廂《ひさし》には、京都・鎌倉五山の禅僧たちによる詩文が掲げられていたが、そのうちに、道灌は威愛を兼ねそなえ、よく風流を解する武将であり、関東で彼に肩を並べるものは少ない「一世の雄」である、などといった道灌称讃の一節も見える。道灌の名声ぶりがしのばれよう。しかし、それはまた彼の主家扇谷上杉氏、さらには山内上杉氏に脅威を与えるものでもあった。文明一八年（一四八六）、道灌は相模国糟屋（神奈川県伊勢原市）の扇谷上杉氏の居館において謀殺されてしまうのであ

なることと、将門伝説との結びつきについては、宮田登「江戸の天下祭り」（『東京人』一〇五号）参照。

太田道灌（一四三二〜八六）実名は資長《すけなが》あるいは持資《もちすけ》とも。五・六代前の先祖の時、丹波国から相模国に移ったという（『梅花無尽蔵』）。父資清入道道真も扇谷上杉氏の家宰として活躍し、また武蔵国都筑郡太田郷地頭であったともいう（『永享記』）。

古河公方 室町中期から戦国期、下総《しもうさ》古河を拠点にした代々の足利氏。永享一〇年（一四三八）、鎌倉公方足利持氏が永享の乱で敗死したのち、その子成氏が鎌倉公方となって鎌倉府を再建したが、関東管領上杉氏と対立し、古河に移ったことに始まる。

る。彼は最期にあたって、「当方（扇谷上杉氏）滅亡」と述べたと伝えられている。

文化人道灌

風流を解する武将道灌は、詩歌に通じ、また幼年の頃は鎌倉五山で学問に励み、俊才の誉《ほま》れが高かったという。道灌に招かれ、その死をはさんで三年間ほど江戸城内に滞在した禅僧万里集九《ばんりしゅうく》の漢詩文集『梅花《ばいか》無尽蔵《むじんぞう》』には、「倭歌《わか》三昧、文武兼ねあわす」と、文武両道にすぐれた人物としての道灌像が記されているが、実際、道灌はたびたび詩歌会を催し、その歌集『花月百首』もある。なお文明六年（一四七四）の江戸城歌合では判者として連歌師心敬《しんけい》の名も見えており、堅固で名高い江戸城は、一方で、万里集九と同様に、道灌に招かれた連歌師や禅僧たちの集まる文化サロンの場でもあったのである。

こうした道灌の文化的素養は、准勅撰の連歌集『新撰菟玖波《つくば》集』に入るほど連歌をよくした、父道真の血を受けついだものといわれるが、道真が、文明元年（一四六九）に居城の河越城で催した河越千句は、参加者のうちに心敬や正風連歌の大成者宗祇ばかりでなく、中世以来、海上交通の要地として繁栄していた品川湊の有徳人《うとくにん》（富裕者）鈴木長敏の名も見えることで注目されている。「江戸の館」に移る以前の道灌が「品川の館」に居住していたとの伝えなどもあり（『永享記』）、道灌と港湾都市品川および同地の有徳人との密接な関係が推定されるからである。

山吹《やまぶき》の里伝説

道灌にまつわる伝説の中でも、とくによく知られているのは、武勇一辺倒の道灌が和歌の道にも精進するようになったいきさつを説く、山吹の里伝説であろう。いつものように道灌が鷹狩に出かけた時の話

関東管領　鎌倉公方を補佐して政務にあたった鎌倉府の役職。上杉憲顕以来、上杉氏四家（山内・犬懸《いぬかけ》・扇谷・宅《（詫）》間）のうち、はじめは山内・犬懸両家が独占、のち山内家が世襲した。

享徳の乱　享徳三年（一四五四）の足利成氏による上杉憲忠謀殺をきっかけに始まり、約二〇数年間も続いた内乱。

長尾景春（一四四三～一五一四）　山内上杉氏の家宰であった父景信の死後、同職が景信弟の忠景に与えられたことを不満として、文明八年（一四七六）、武蔵国鉢形城（埼玉県大里郡寄居町）を拠点に主家に叛いたが、敗退。

豊島氏　畠山・河越・江戸氏らと同じく、関東秩父平氏の名族。武蔵国豊島郡（北・練馬・板橋・豊島区一帯）を拠点に発展。治承・寿永の内乱のさい、源頼朝の武蔵入国に功績をあげる。

である。急に激しい雨が降りだしたので、蓑《みの》を借りようと農家に立ち寄った道灌に対し、その家の少女は無言のまま見事に咲いた山吹を捧げるだけであった。道灌は少女の行為の意味が理解できないまま怒りを含んで帰館したが、この話を聞いた家臣の一人から、それは蓑がない理由を古歌――七重八重　花はさけども山吹の　みのひとつ《(ひとへ)》だになきぞわびしき《(かなしき)》――にかけて答えたものだと教えられ、自分の無学を恥じて以来、和歌の道に励むようになったというのである。この話は、早く一八世紀前期刊行の『和漢三才図会』『常山紀談』などに見えるが、ここではその約一世紀後に成立した『江戸名所図会』から紹介した。同書が、当時、「山吹の井」と呼ばれていた甘泉の近くとみなしたことによるのであろうか、山吹の里を「高田の馬場より北の方の民家の辺り」（豊島区高田、新宿区西早稲田・山吹町付近）に比定しているからである。もっとも山吹の里伝説はこの地ばかりでなく、荒川区町屋付近、埼玉県越生《おごせ》町などにも伝わっており、この点に関しては、いずれも太田氏の支配地域のうちでも他氏のそれとの境界――たとえば高田の馬場の北の辺は、前記豊島氏の支配地域との境――で、それゆえ支配地であることを確認するための鷹狩が行われた場所にほかならない、という興味深い指摘もなされている。

（樋口州男）

【参考文献】 峰岸純夫・木村茂光編『史料と遺跡が語る中世の東京』（新日本出版社、一九九六年）、『新編千代田区史』通史編・通史資料編（千代田区、一九九八年）。

江戸城静勝軒　静勝軒は道灌の居所。その南と東の廂に掲げられた詩板の詩には、約三〇メートルの城の高さ、水がたたえられ橋の架かった堀、迂回しながら登る石段の道、物見櫓《やぐら》などの施設といった、当時の江戸城、さらには日々市が開かれ、安房・常陸をはじめとする各地の産物の取り引きでにぎわう城下の様子も記されている。

万里集九（一四二八〜?）　後期五山文学を代表する禅僧。応仁の乱で京都相国《しょうこく》寺が焼失したため、美濃鵜沼《うぬま》に移る。また道灌没後も、同地に帰っている。なお『梅花無尽蔵』にも江戸城および城下の様子が詳しく記されている。

鍬形蕙斎（くわがたけいさい）

鍬形蕙斎は、明和元年（一七六四）江戸で生まれ、文政七年（一八二四）三月二二日没した。本姓は赤羽氏。通称、三二《さんじ》あるいは三二郎（三次郎・三治郎）といい、畳屋の倅であったことから「畳屋の三公」と呼ばれたという。一五歳の時に、版元で挿絵絵師としてまた浮世絵美人画の名手として知られた北尾重政の門へ入門し、浮世絵師北尾《きたお》政美《まさよし》となる。その後、寛政六年（一七九四）五月二六日に美作国津山藩松平家の御用絵師として登用されて落髪し、のち幕府御用絵師の一家狩野養川院惟信の門に入り、浮世絵師の画姓・北尾を改め鍬形姓（母方の姓という）を名乗り、また画号を紹真《つぐざね》とした。蕙斎号は、浮世絵師時代から用いている雅号。別号に、住んでいる地名杉森の因み音を三公になぞらえた杉皐《さんこう》がある。

政美は、最初役者絵を手始めに、『小鍋立』などの絵入り狂歌本の挿絵や黄表紙などを数多く手がけ、北斎に先駆けて略画法や鳥瞰図法を考案し、さまざまな『略画式』や江戸鳥瞰図などで注目を浴びた。また戯作者で著名な山東京伝（浮世絵師名を北尾政演《まさのぶ》）や摺物絵師で知られた窪俊満とともに、政美は重政門下の三羽烏と呼ばれた。

住まいは、はじめ小網町に、そして住吉町の裏川岸浜町の竃《へっつい》河岸へ、お玉が池の杉森新道に居住した。

北尾重政　元文四年～文政三年（一七三九～一八二〇）。本姓は北畠氏。のち北尾に改める。幼名は太郎吉、佐助。俗名は久五郎。別号を花藍、紅翠斎、碧水など。江戸小伝馬町一丁目の書肆・須原屋三郎兵衛の長男として生まれ、独学独習で浮世絵師となって活躍した。門人も多く、北尾派の祖となる。とくに版本三〇〇部ほどの挿絵を手がけ、江戸出版界にその名を轟かした。また天明期には、優美な美人画も描き、鳥居清長とその人気を二分した。墓所は浅草の本願寺中善龍寺。

山東京伝　宝暦一一年～文化一三年

蕙斎の画風

蕙斎は、一点透視図法をベースとした鳥瞰図法による江戸図や、略画式、あるいは淡彩描写などの、当時として独特の画法や画風をなした。また、藍摺りの薄彩色摺りの画手本や絵半切れなども制作。名所真景の図を写すことに長けていて、京都の横山華山の「花洛一覧図」に倣って、東都の画図を詳しく「一と眼に見る」ように描くことを工夫して、大いに世に持てはやされた。

この一連の江戸鳥瞰図の代表作が「江戸一目図屏風」（津山郷土博物館蔵）であり、その元図ともいえる大々判一枚摺りの「江戸名所之絵」は多数摺られ、また掛幅仕立の肉筆画「江戸一覧図」「江戸鳥瞰図」の遺品が数多く残り、この新しい江戸一目図が当時大いにヒットしたことを示している。そのエピソードとして、神田明神に江戸図画の額を奉納したということが『浮世絵類考』に載るが、残念ながら現存しない。こうした鳥瞰図の日本列島版が「日本名所之絵」である。

版本

蕙斎が挿絵を描いた版本は、「北尾重政門人三治郎」の名で一五歳の時に描いた安永七年（一七七八）に黄表紙絵仕立ての絵入り咄本『小鍋立』二巻一冊を嚆矢として、その後、北尾政美名や鍬形蕙斎名で南陀伽紫蘭（窪田春満・窪俊満）著の『空音本調子』『龍宮巻』『出見世吉原』など、また伊庭可笑著『夢想大黒銀』『初夢宝山吹』、芝全交著『烟競蕎麦屋真木』、南杣笑楚満人著の黄表紙『源平軍物語』、万象亭（森島中良）序文の『絵本都の錦』、そして『（海舶）来禽図彙』『略画式』『鳥獣略画式』『山水略画式』『蕙斎略画式』『人物略画

（一七六一〜一八一六）。江戸深川木場で生まれる。本姓は岩瀬氏。名は醒《さむる》。幼名は甚太郎、のち伝蔵。京橋銀座一丁目に煙管・紙製煙草入れ店「京屋」を開いたことから、通称を京屋伝蔵といった。号は甘谷・菊亭・醒々老人など、別号は葎斎。狂歌名は身軽折輔。江戸中期の黄表紙や洒落本の戯作者で、北尾重政の門人となり、政演という画号で浮世絵や黄表紙の挿絵も多く手がけた。随筆に『骨董集』『近世奇跡考』など。山東京山は弟。浅草寺に京山が建てた京伝の机塚がある。墓所は両国の回向院。

窪俊満 宝暦七〜文政三（一七五七〜一八二〇） 本姓は窪田あるいは窪氏。俗称は易兵衛。号は尚左堂。戯作号は南陀伽紫蘭・黄山堂。俳号は塩辛房、狂歌名は一節千丈。はじめ楫取魚彦に絵を学んで「春満」の号を与えられたが、勝川春章の門人と間違って噂されるのを嫌い「俊満」と改めたという。

式』『草花略画式』『魚貝略画式』などの画手本としての略画式類を手がけている。とくに淡彩の摺りによるすばらしい作例としての『龍乃宮津子《たつのみやつこ》』が挙げられる。また『俳家奇人談』では、蕙斎略画の特徴をよく示している。

肉筆画

肉筆画では、屏風絵という大画面形式のものに、先に述べた文化六年（一八〇九）の「江戸一目図屏風」六曲一隻（津山郷土博物館蔵）や、文化七年の津山滞在中に描いた「徒然草図屏風」六曲一双（金沢文庫蔵）、文政四年（一八二一）の「隅田川図屏風」六曲一隻（サントリー美術館蔵）がある。とくに「江戸一目図屏風」は、近世絵画史上における真写主義を実践した俯瞰都市景観図である。「文化六年己巳」「紹真」の書名款記をもったこの図は、現状は屏風仕立てとなっているが、もと城内襖絵であったという。また、ごく最近、津山で津山城下を描いた「津山景観図屏風」六曲一双が発見されたが、これは蕙斎の津山滞在時のものであろう。

絵巻や図巻は、文化一～三年（一八〇四～六）頃の制作という「近世職人尽絵詞」三巻（東京国立博物館蔵）、寛政後期の作とされる「吉原十二時絵巻」一巻（写本が国会図書館蔵）、享和三年（一八〇三）の「東都繁昌図巻」二巻、文化一〇年（一八一三）の中村仏庵詞書の「黒髪山縁起絵巻」二巻（寛永寺蔵）、そして「江戸海岸風景図巻」一巻（秋田県立博物館蔵）と「隅田川両岸図巻」がある。これらの絵巻・図巻を多くえがいたのも蕙斎の画技の特徴であろう。

とくに「近世職人尽絵詞」は、田沼政治のあと寛政の改革を推進した老中松平

のち北尾重政の門人となり、狂歌摺物や版本の挿絵を多く描いて活躍。天明期には紅嫌い（紫絵）の美人画も手がけた。肉筆画も多い。墓所は浅草の正覚寺（榧寺）。

定信（楽翁）が依頼したという作品で、その詞書は上巻が四方赤良《よものあから》（大田南畝）、中巻が朋誠堂喜三二（秋田藩士平沢常富《つねまさ》）、下巻は山東京伝が書いた。この絵巻を楽翁邸で見たという平戸藩主の松浦静山の書き記す『甲子夜話《かっしやわ》』によれば、古き昔の職人尽を写したものでなく、近世つまりこの時代の風俗をそのまま描いたものと伝える。この当世風俗の職人尽くし絵が、蕙斎の画風の特質の一つである。

掛幅画としては、天明初年の作と推定される「浅草図」一幅（個人蔵）や「浅草金龍山遠山風景図」一幅（出光美術館蔵）、「浅草金龍山筑波遠望図」一幅などの浅草を主題にした鳥瞰図の一連の作品があり、また「飛鳥山図」一幅（東京国立博物館蔵）や「両国の月に飛鳥山の花図」二幅（太田記念美術館蔵）のような江戸の名所地を描いたもの、そして文政四年（一八二一）の「江戸駿河町三井両替店図」一幅（三井住友銀行蔵）のような江戸城を背景とした三井越後屋店頭を描いたもの、「江戸一目図屏風」の掛け幅版ともいうべき「江戸一覧図」一幅（日本浮世絵博物館蔵）などがあり、これらの作品は蕙斎が鳥瞰図法を駆使し、江戸の各部のモティーフを組み込んだ一覧図の制作を具現したものである。

そのほか、文化一三年（一八一六）の肖像画「山東京伝像」一幅や、「藤娘図」一幅、「芸妓図」一幅（米国・フリア美術館蔵）、「朝妻船図」一幅、などの美人画や、故事画など多岐にわたる作品を残している。

版画　一枚摺りの浮世絵については、「浮絵《うきえ》仮名手本忠臣蔵」横大判（揃い物）などの浮絵をはじめ、江戸名所の五十景に夢仏撰の俳句を載せた

「江都名所図会」のような摺物や絵半切などがあり、先述した「江戸名所之絵」「日本名所之絵」などの鳥瞰図法や略画式、淡彩の摺やグラデーションの技法を用いた作品が多い。

こうした、鍬形蕙斎（北尾政美）の作画は、明和・安永・天明年間から寛政年間、そして文化・文政年間の江戸の大名家を含んだ江戸文化サロンの中で開花し、新しい蘭画の画法や新しい西洋からの情報、そして心学などの新思想をも取り込んで、略画や浮絵、俯瞰図法などに工夫を凝らして提示したといえよう。これらの画法や画題は、すぐ跡を追いかけた葛飾北斎によってよりダイナミックに取り扱われた。

ちなみに蕙斎の画系は、津山藩御用絵師として養子の赤子が継ぎ、また孫にあたる蕙林が明治時代に活躍した。

（小澤　弘）

鍬形蕙斎に関する諸論　論文は多数あるが、比較的手に入りやすい最近の単行本は、小澤弘・内田錦三・喜多正子・小島惟夫『鍬形蕙斎・江都名所図会の世界』（大空社）、渥美國泰『江戸の工夫者鍬形蕙斎―北斎に消された男』（芸術新聞社）、小澤弘『都市図の系譜と江戸』（吉川弘文館）、平成一六年春に開催された特別展覧会の図録『鍬形蕙斎（北尾政美）』（津山市教育委員会・太田記念美術館）などがある。

斎藤月岑（さいとうげっしん）

神田雉子町（現神田司町二丁目辺）の名主家に文化元年（一八〇四）に生まれ、幼名を鉞三郎《おのさぶろう》といい、家督を継いで市左衛門を通称とし、諱《いみな》を幸成《ゆきなり》といった。また、月岑・翟巣《てきそう》・松濤軒長秋・白雲堂と号した。斎藤家は、戦国の雄で美濃国主となり、娘を織田信長に嫁がせた斎藤道三の末流という。寛文八年（一六六八）に没した龍貞の時から、神田雉子町の名主を勤め、月岑で九代目になる。月岑は二つの面をもっていて、一つは雉子町名主市左衛門としての面、もう一つは文化人斎藤月岑としての面である。

名主市左衛門

文化一五年（一八一八）に家督を継いで名主となり、公文書には雉子町名主市左衛門と署名した。名主とは、町奉行のもとで江戸町方全体を総轄した町年寄の指示によって、町政を管轄する町役人のことである。斎藤家が管轄したのは、享保一四年（一七二九）版「万世町鑑」によると、雉子町・三河町三丁目・同裏町・三河町四丁目・同裏町・四軒町の六ヵ町で、以降、幕末に至るまで変わりはなかった。市左衛門は、名主としての業務を遂行する便宜のために、町触をはじめとして、町奉行所・町年寄などからの諮問・通達や、これに対する答申や願届書類を、項目別にまとめて「類聚撰要《るいじゅうせんよう》」を編集している。現在は市左衛門編集の原本の多くは散逸してしまったが、東京都江戸東京博物館石井良助旧蔵資料中に、比較的原本に忠実な写本が残されている。

市左衛門は、名主の通常業務とは別に、天保六年（一八三五）の神田祭礼取扱掛にはじまり、同七年に町会所臨時御救渡中年番・町会所御救小屋取建につき助年番（病身のため御免となる）、同八年菓子職人触頭掛り・諸色掛助、同九年御青物役所取締役・銀類取集掛・世話掛、同一二年市中取締掛、同一三年諸色取調掛、同一四年人別取調掛、同一五年米方掛、嘉永五年（一八五二）非常取締掛とさまざまな掛役に任命されている。

名主は、管轄町内から役料を徴収したが、斎藤家では、六カ町から一年に金八

別本類聚撰要　江戸東京博物館本とは別に、国立国会図書館旧幕府引継書中には、坂本町名主多田内新助が、原本から神田関係に特化した記事を削除し、新たに関係記事を追加した「類聚撰要」が残されており、他にもいくつか名主による写本も確認されており、「類聚撰要」が名主にとって公務をはたすためにいかに有用な参考書であったかが理解できよう。

○両二分ほどを徴収していた。現在の金額にすると八〇〇万円ほどになる。これから名主の職務をはたすために必要な事務経費、補助員として雇った手代の給料などが支払われる。差引でどれだけ手元に残るかわからないが、名主は名主役専業で、他に商売を営むことができないから、これが公的な収入となる。しかし、質屋組合などからの歳暮金をはじめとする付届が、役料に倍する以上にあったので、それなりに豊かな生活をおくれたと思われる。

文化人斎藤月岑

月岑は、国学を上田八蔵《うえだはちぞう》、漢学を日尾荊山《ひおけいざん》、画を田口月窓《たぐちげっそう》に学んだ。多くの蔵書を集め、江戸一流の文化人と評されるように、名主の多忙な公務の合間をぬって、多彩な文筆活動を行い、時には、公務を手代に任せてさぼり、同役の名主とともに、寺社の縁日や開帳などに足を運んでもいる。これは著作のための調査でもあったことは否定できないが、月岑は江戸を楽しむ達人でもあったようだ。

月岑の著作は、出版されたものだけでも次のようなものがある。「江戸名所図会」は、天保五年（一八三四）と同七年に版行され、全体で二〇冊となる大部の江戸とその周辺の挿絵入りの地誌書で、月岑（幸成《ゆきなり》）とその祖父幸雄《ゆきお》・父幸孝《ゆきたか》の三代にわたる著作である。「東都歳事記」は、天保九年に版行され、江戸の年中行事を、季節・月日を追って詳細に記録したものである。「武江《ぶこう》年表」は、江戸市中の風俗や出来事を年表形式でまとめたもので、正編が天正一八年（一五九〇）から嘉永元年（一八四八）までを収録し嘉永三年に版行され、続編が嘉永二年

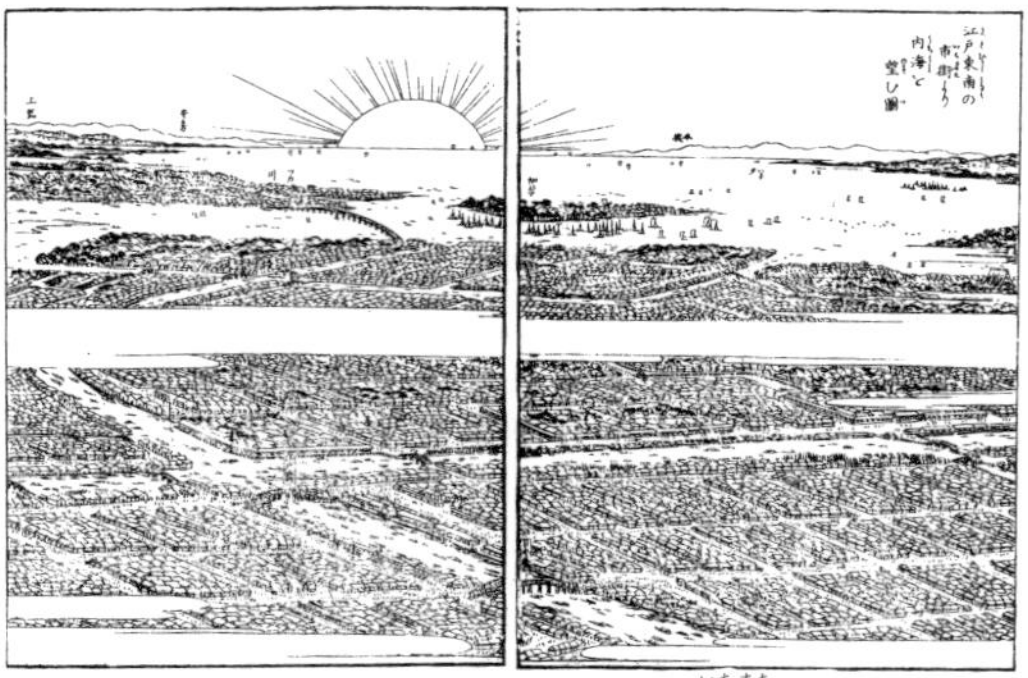

斎藤月岑著「江戸名所図会」中の江戸東南の市街《いちまち》より内海を望む図

から明治六年（一八七三）までを収録し、死後の明治一五年に版行された。「声曲《せいきょく》類纂《るいさん》」は、弘化四年（一八四七）に版行され、邦楽・俗曲に関する歴史・由来・人物・曲目などについて記載している。これらの文献は、現在でも江戸の地理・歳事・歴史・音曲について知るために、便利な参考書として利用されている。このほかに稿本のままで伝わるものに、「睡余操觚《すいよそうこ》」「翟巣漫筆」（以上国立国会図書館所蔵）「翟巣雑纂」（東京大学総合図書館酒竹文庫）などがあり、全体としては、江戸生活者の目線で、多角的に、丹念に江戸を記録した点が注目されるのである。

月岑は、外出すると料理屋で食事をすることが多く、酒も飲んだようだ。天保一三年（一八四二）九月の町奉行所隠密廻りの上申書によると、名主市左衛門は、世話掛など掛役に任命されており、公務もうまく処理しているが、酒が入るとわきまえがなくなり、ふさわしくない言動もあると報告されている（『市中取締類集』五名主取締之部一）。日記にも、文政一三年（一八三〇）三月には、金吹町の料理屋清水で大酔いしてしまい駕籠で帰宅し、閏三月には東湊町名主遠藤七兵衛宅で酩酊してしまい、帰ることもならず泊めてもらっているとある。しかし、このように度を越して酒を飲むことは、めったになく、普段は節度ある飲酒であったようである。

明治の月岑　明治二年（一八六九）三月に名主は廃止となるが、新たに編成された五〇区のうち三三番組の添年寄に任命され、明治四年一一月には第一大区四小区の戸長となる。明治八年に戸長御免願を提出したが、同年

斎藤月岑日記　文政一三年（一八三〇）から明治八年（一八七五）まで書き継がれた日記で、名主としての公務をはじめとして、文化人としての多彩な活動・人的交流、家族や日常の雑事などが簡略に記載されている。『大日本古記録』の一つとして岩波書店から刊行中である。

五月同区年寄に任命され、ようやく、明治九年二月の仕法改革により御免になった。このように明治以降も東京の都市行政の一端を担い続け、東京府知事楠本正隆の諮問により、演劇・操《あやつり》や雑芸・大道芸などについて調査・答申した「百戯《ひゃくぎ》述略《じゅつりゃく》」（『燕石十種』第四巻所収）をまとめてもいる。明治一一年（一八七八）三月六日に七五歳で、神保町の病院で没し、浅草法善寺に葬られ、戒名を栖心院《せいしんいん》月岑幸成居士という。

（加藤　貴）

【参考文献】　中村薫『神田文化史』（秀峰閣、一九三五年）、斎藤好信『江戸市井人　斎藤月岑伝』（著者刊、一九六三年）、西山松之助『西山松之助著作集』（吉川弘文館、一九八三年）。

勝海舟（かつかいしゅう）

生い立ちと経歴

勝海舟は、幕末から明治期の幕臣、政治家。名は義邦、のち安芳と改名、通称麟太郎。海舟は号。文政六年（一八二三）江戸本所亀沢町の男谷家に、旗本勝左衛門太郎小吉の長男として生まれた。天保九年（一八三八）に家督を継ぎ、一四年（一八四三）豊前中津藩出身の島田虎之助から剣術の免許皆伝をうけ、弘化二年（一八四五）には筑前福岡藩の蘭学者永井青崖に入門した。この時期の逸話として、赤貧の勝は蘭医赤城某の蔵書「ヅーフハルマ」を損料を払って借り受け、同四年（一八四七）の秋から一年かけて

勝小吉　勝海舟の父。小普請組、すなわち無役の旗本で、内職に古道具屋などをし、また無頼の徒とまじわったりもしたが、剣術の腕前には定評があったという。自伝『夢酔独言』がある。

二部の写本をつくり、一部を売却して損料に充てたという。

安政二年（一八五五）異国応接係手附蘭書翻訳御用に登用され、長崎海軍伝習所に学んだ。同七年（一八六〇）一月幕府の遣米使節に随行、咸臨丸艦長として太平洋横断を遂行した。元治元年（一八六四）五月軍艦奉行となり、神戸海軍操練所で人材を育成。同年一一月罷免されるが、慶応二年（一八六六）五月に復職、ついで陸軍総裁、さらに幕府軍の軍事全般を統括する軍事取扱となり、江戸無血開城を主導した。維新後は、外務大丞、兵部大丞、海軍大輔、参議兼海軍卿、枢密顧問官などを歴任した。明治三二年（一八九九）没。

江戸開城

戊辰戦争期、勝は旧幕府を恭順に導き、彼の生涯のクライマックスともいえる慶応四年（一八六八）四月一一日の江戸開城を実現した。慶応四年（一八六八）一月、徳川慶喜追討の命をうけた新政府軍の東征大総督府は、三月一五日を期して江戸城総攻撃を決定したが、その前々日、前日に行われた西郷隆盛と勝海舟の談合の結果、攻撃が中止された。この背景には、当時薩長を主体とする新政府軍側を支援していたイギリス公使パークスが、江戸に戦火があがることによって横浜貿易に影響が出ることを極度におそれていたこと、そしてこのことを西郷ばかりか勝も承知していたことがあったとされる。

勝と川村清雄

最後に維新後の勝についてのエピソードのひとつとして、画家・川村清雄（一八五二〜一九三四）との交流を挙げたい。川村は旧幕臣で、祖父に初代新潟奉行、堺、大坂、長崎奉行などを歴任した川村対馬

ヅーフハルマ　長崎のオランダ商館長ヅーフ（Hendric Doeff　一七七七〜一八三五）が編集した蘭和辞書。オランダ通詞の協力を得、ハルマ蘭仏辞書をもとに完成した。

ヅーフハルマ（講談社蔵）

守修就を持つ。はじめ住吉内記に師事し、ついで田能村直入に南画を、また開成所で川上冬崖、高橋由一らに西洋画を学んだ。明治四年（一八七一）には勝や大久保一翁の周旋によりヨーロッパに法律、政治の学習のため留学し、途中より絵画の研究に進んだ。帰国後は自らの画業に邁進すると同時に多くの門弟を指導し、黎明期の日本洋画壇を主導した。この間、勝は川村に徳川氏代々の肖像を描く仕事を斡旋し、また自らの屋敷の一部を画塾に提供するなど、様々な便宜を図った。勝の死後、川村は勝を偲んで彼の遺品を画面にちりばめた「かたみの直垂」（東京国立博物館蔵）を描いた。挿図は、川村が写真をもとに描いた勝海舟の肖像画である。

（豊田和平）

【参考文献】 石井孝『勝海舟』（人物叢書一七一）（吉川弘文館、一九七四年）、静岡県立美術館編、発行『静岡の美術Ⅶ　川村清雄』（一九九四年）、東京都江戸東京博物館編、発行『没後一〇〇年勝海舟展』（一九九九年）。

勝海舟肖像画（講談社蔵）

信仰

神田明神（かんだみょうじん）

神田明神　東京都千代田区外神田に「明神下」という交差点がある。「明神下」といえば、野村胡堂の小説の舞台としてあまりにも有名であろう。現在は交差点の名称に残るこの「明神」、すなわち神田明神は、千代田区外神田二丁目に鎮座する神田神社のことである。その境内には、胡堂が産み出した時代劇のヒーロー「銭形平次」の記念碑も建てられている。この神田神社は、江戸時代には、神田明神あるいは神田大明神などと呼称されることが一般的だった。

神田明神は、一説に天平年中（七二九〜四九）、かつて芝崎村といい、現在の大手町、江戸時代は神田橋のあたりに鎮座されたのがはじまりとされている。現在は東京都の旧跡「将門塚」に指定されている、都心のビル街には似つかわしくない小さな緑地の付近である。この地には、天慶三年（九四〇）京都で処刑の後に晒された平将門の首が、故郷の岩井を目指して飛びあがり、ついに力尽きてこの

平将門　↓一八四頁。

地に落ちたものを手厚く葬ったという伝説が残っている。

慶長年間（一五九六～一六一五）には、徳川氏の江戸城拡張工事により神田台にうつり、さらに元和二年（一六一六）湯島台、即ち現在地に遷座した。神田明神は、『江戸名所図会』に「唯一にして江戸総鎮守と称す」などと評されている。また、幕府からも重視されていたようで、三〇石の神領を認められ、また元和二年の移転造営、万治三年（一六六〇）にはじまる明暦の大火後の再建、明和九年（一七七二）大火後の再建や、その他度々の社殿修復を幕府が行っていた。

神田明神祭礼と『神田明神祭礼絵巻』

ほぼ江戸時代を通じて、二年に一度九月一五日に行なわれた神田明神の祭礼は、「天下祭」と呼ばれていた。この呼び方は、原則として神田明神と山王権現の祭礼だけのものであり、江戸幕府も他の江戸市中の祭礼とは明確に区別して扱っていたことに由来する。両社の祭礼は、幕府がその費用の一部を捻出し、神輿を中心とする祭礼行列が江戸城内に入り、その際しばしば将軍の上覧を受けていた。

祭礼の当日、神田明神の神輿行列は早朝に神社を出発し、途中で番付にして三六番にもおよぶ氏子各町の山車、屋台などの行列を引き連れて江戸城内に入った。この際、田安門から城内に入ることが多く、そこから北桔梗門付近に設けられた上覧所前で将軍たちの上覧を受けるなどして江戸城内を通った後、常盤橋門から江戸城外に出た。その後は江戸城の東側に広がる市民の居住地、いわば神社の氏子の住む町々を巡り、その日の夜あるいは深夜になって帰社した。祭礼行列の順

神田明神の境内（「江戸名所図会」）

行は、幕府にとってもその威容を示す機会であり、祭礼に沸く人々の熱気で江戸の町々は騒然として、まさに江戸の町はクライマックスを迎えたような趣であった。

この幕府にとっても町人たちにとっても、いわば最大の盛儀であった神田明神の祭礼行列の様子を、私たちに伝えてくれる資料として、『神田明神祭礼絵巻』が神田神社に残されている。この絵巻は、天・地・人の三巻からなり、これらが納められている桐箱の蓋の裏の墨書により、幕末の表絵師の一人であった住吉弘貫（一七九三〜一八六三）が、その晩年の文久元年（一八六一）ころに一橋家の依頼に応じて制作したものであることがわかる。ただし彼は同三年七月二二日には病没しており、慶応三年（一八六七）未完のまま三巻に仕立てられて一橋家に納められたとされている。実際に三巻のうち、人巻の九紙目までは鮮やかに彩色がなされているが、一〇紙目からは色彩が薄くなり、一六紙目から最終一九紙目までに至っては、焼筆による線描の下書きのみとなっている。作者の死去により、突然に作画の作業が中断されたことが、生々しく看て取れる。

この絵巻は、作者の死後数年を経て巻子に仕立てられたため、幾つかの錯簡が生じている。しかし、可能な限り祭礼の事実に基づいて描かれた資料であり、江戸時代の人々の生活における最大の盛儀であった神田祭の全貌を視覚的に示している。東京都千代田区の指定文化財とされており、神田神社境内の宝物殿で随時展示されている。

「神田明神祭礼絵巻」（神田神社蔵）

水野年方顕彰碑

　神田明神境内には、多くの境内社と記念碑などが建てられており、江戸時代の文化の香漂う、都会にあっては貴重な空間となっている。前出の宝物殿では沢山の浮世絵版画のコレクションが展示されており、また天下祭に代表されるように、神田明神といえば江戸文化を連想させる。しかしその中にあって、異色の存在ともいえる石碑が、本殿北側の参道脇に建てられている水野年方《みずのとしかた》顕彰碑である。

　水野年方（一八六六～一九〇八）は、幕末の神田山本町（あるいは紺屋町とも）に生まれ、明治時代に浮世絵・新聞挿絵・歴史画などで活躍した画家である。本碑は、彼の死後大正一二年（一九二三）五月、その門人達により建設されたもので、年方の落款と彼の顕彰文、顕彰碑建設に賛同した人々の氏名などが刻まれている。

　水野年方は、明治二八年（一八九五）ころまで、彼の画業の前半期を神田東紺屋町で過ごしている。江戸浮世絵の歌川派のうち、歌川国芳、月岡芳年の流れをくみ、門下からは鏑木清方《かぶらききよかた》、池田輝方、池田（榊原）蕉園、荒井寛方といった人材が輩出され、さらに清方からは伊東深水、山川秀峰といった美人画の名手と称されるような画家たちが出ている。このような連綿たる師弟関係を想起したとき、近代日本画という美術史上のジャンルが確立していく過程において江戸時代の浮世絵と日本画との関連を考える上で、水野年方とその門下の画業は非常に示唆に富んでいる。

（豊田和平）

【参考文献】『千代田区史』上巻（東京都千代田区、一九六〇年）、『神田神社祭礼絵巻』

歌川国芳（一七九七～一八六一）江戸幕末の浮世絵師。一勇斎、朝櫻楼などと号す。初代歌川豊国に学び、武者絵に定評があった。

月岡芳年（一八三九～九二）幕末、明治期の浮世絵師。一魁斎、大蘇などと号す。嘉永三年（一八五〇）歌川国芳に入門、さらに葛飾北斎、菊池容斎らの画風も学び、武者絵、役者絵、美人画など幅広いジャンルで活躍した。

鏑木清方（一八七八～一九七二）近代の日本画家。明治二四年（一八九一）水野年方に師事、新聞挿絵などを描く一方で江戸文化を継承した新しい風俗画を確立していった。昭和二九年（一九五四）文化勲章受章。

伊東深水（一八九八～一九七二）はじめ水野年方門下の中山秋湖に、ついで鏑木清方に師事して深水の号をうけた。新聞雑誌の挿絵、口絵に従事する

（宗教法人神田神社社務所、一九七四年）、朝倉治彦解説『御府内寺社備考』一（名著出版、一九八六年）、神田明神史考刊行会編、発行『神田明神史考』（一九九二年）、『新編千代田区史』通史編（東京都千代田区、一九九八年）。

山王権現（さんのうごんげん）

山王権現

山王権現とは、現在東京都千代田区永田町二丁目に鎮座する日枝神社のことであり、江戸時代には、「江戸山王権現」などと呼ばれていた。一説には、天正一八年（一五九〇）八月に徳川家康が江戸城に入った際、当時江戸城内の梅林坂付近にあった山王社を見つけ、以来「徳川将軍家の産土神」として将軍家からも厚い崇敬を受けたのがこの山王権現であったと言われている。

ただし『日枝神社史』によれば、「紀州熊野米良文書」（熊野那智大社所蔵）中、貞治元年（一三六二）一二月一七日付の「武蔵国熊野御師願文」なる資料に「同（武蔵）国豊嶋郡江戸郷山王宮」との記述がある。この「山王宮」が、ここで取り上げる山王権現であるとするならば、この社の起源は、さらに溯ることが可能となる。

いずれにせよ一六世紀末までに梅林坂にあった山王社は、その後同じ江戸城内の紅葉山に移され、慶長年間（一五九六〜一六一五）には江戸城の拡張工事に伴い

かたわら、やがて清艶な女性を描き独特の美人画を確立した。

半蔵門外へ、更に明暦の大火（一六五七）後の万治二年（一六五九）には現在地へと遷座を重ねた。なお日枝神社の拝殿前には、この明暦の大火後の社殿造営の年代である万治二年四月晦日の銘文のある銅製燈籠が現存している。

日枝神社には、徳川家康以下歴代将軍による同社への朱印状が一二通残されており（六代家宣、七代家継、一五代慶喜は「継目安堵」を行っておらず、現存しない）、これらによれば、天正一九年（一五九一）一一月には徳川家康からはじめて神領五石が寄付され、その後第二代秀忠の朱印状は一〇〇石、第三代家光以降は六〇〇石の神領を認めている。因みにこれら一二通は、貴重な古文書として東京都千代田区指定文化財に指定されている。

山王権現祭礼と山車人形

ほぼ江戸時代を通じて、二年に一度六月一五日に行なわれた山王権現の祭礼は、「天下祭」と呼ばれていた。両社の祭礼は、江戸幕府により他の江戸市中の祭礼とは明確に区別され、幕府がその費用の一部を捻出し、神輿を中心とする祭礼行列が江戸城内に入り、その際しばしば将軍の上覧を受けていた。

祭礼の当日、神輿行列は早朝に神社を発し、山王坂上で番付四五番におよぶ氏子各町の山車などと合流、これを引き連れて半蔵門から江戸城内に入った。そこからは北桔梗門などに設けられた上覧所前で将軍たちの上覧を受けるなどして江戸城内を通った後、常盤橋門から江戸城外に出た。その後は途中茅場町の山王旅所に入るなどして、江戸城の東側に広がる市民の居住地、いわば山王権現の氏子

山王祭（「江戸名所図会」）

の住む町々を巡り、深夜になって帰社した。

現在日枝神社の宝物館には、この祭礼行列に供奉した町々の山車の上に設えられたとされる山車人形が二体保存されている。神功皇后と武内宿禰をかたどったもので、社伝によれば、いずれも文政五年（一八二二）の製作で、近年麹町五丁目町会から、日枝神社に寄贈されたものである。現在の麹町五丁目は、江戸時代には麹町五、八、九丁目のあった部分に相当する。現存する江戸時代の祭礼番付類を見てみると、江戸時代の天下祭で、麹町七、八、九、十丁目の組合が、武内宿禰の山車や神功皇后の山車をたびたび仕立てている。

徳川将軍の絵画

現在日枝神社には、前述した朱印状、山車人形などのほかにも徳川将軍に関わる宝物が伝来している。国宝太刀一口、重要文化財太刀一三口を含む刀剣類は特に有名である。そのほとんどが歴代将軍やその世子、御台所らによって奉納されたもので、日枝神社の宝物の性格を象徴している。ほかには、日枝神社に伝わることについての来歴は詳らかではないが、第五代将軍徳川綱吉の筆になる「岩に鶺鴒図」及び「紅梅図」、第一〇代将軍徳川家治による「枯野雉図」の、合計三幅の徳川将軍が描いた絵画が所蔵されている。なかでも「枯野雉図」については、この絵画が幕臣に下賜された経緯を示す「拝領御筆之御絵添書」が付属している。これによれば、本図は安永二癸巳年（一七七三）八月一八日、御小納戸頭取の岡部河内守一徳が、将軍・家治より拝領した、将軍直筆の絵画である。「添書」には、同時に岡部の同役の同僚本多志摩

神功皇后　四世紀後半の伝説的人物。記紀の記述によれば、仲哀天皇の皇后であり、熊襲征伐の途中急死した天皇にかわり、のちの応神天皇を懐妊したまま新羅に遠征した。帰国後は摂政として武内宿禰らとともに執政した。

武内宿禰　大和朝廷の伝説的政治家。記紀によれば、神功皇后に従って三韓征伐に従事。景行、成務、仲哀、応神、仁徳の五天皇に仕え、齢三〇〇歳を超えたという。

徳川綱吉（一六四七～一七〇九）　江戸幕府第五代将軍（在任一六八〇～一七〇九）。三代将軍家光の四男。はじめ上野国館林藩の藩主となり、四代将軍の兄家綱の死後将軍となる。湯島聖堂を設立するなど文治政治を主導するが、やがて生類憐みの令に象徴されるような悪政が目立った。

徳川家治（一七三七～八六）　江戸幕

守行貞、水谷但馬守勝富、山本備後守茂詔らも、それぞれ直筆の花鳥画を拝領したことを伝えている。四人はそろって、御細工頭・向山源太夫長常に表装を、奥御右筆組頭・橋本喜八郎敬惟に「箱内外」の銘書を頼んだという。

八坂神社の狛犬

最後に神社周辺の人々との関わりを示す石造物について触れておきたい。日枝神社の本殿脇には、境内社・山王稲荷神社及び八坂神社・猿田彦神社（合祀）の二社が並んでいる。この両社を挟み込むようにして、一対の石製狛犬がある。文政三年（一八二〇）の銘があり、台座部分を併せても総高一八〇センチ程度のものであるが、注目すべきは「明治三十四年九月、自神田神社境内移之、南伝馬町三ヶ町」の銘文であろう。境内社の八坂神社については、『日枝神社史』に「もと京橋南伝馬町の氏神であって、後、一時府社神田神社境内に奉斎していたものを、明治一八年二月の火災で類焼したので、協議の結果、翌一九年七月改めて京都市八坂神社の御分霊を頂いて奉祀することとなり、庚申社のうちに合祀し、合殿として合祀したものである」とある。

南伝馬町は、江戸時代の江戸の町の中心として栄えた場所で、諸国道中伝馬役を命ぜられた高野新右衛門が慶長一一年（一六〇六）にこの地を拝領したことにはじまる。町の由緒・実力とも十分な南伝馬町は、江戸時代の山王・神田両社の祭礼において、大伝馬町の諫鼓鶏《カンコドリ》の山車に続き猿の山車を仕立てて祭礼行列の先頭を飾った。町の鎮守である天王社は地縁的により近い神田明神境内に置かれていたが、山王・神田両社と深い繋がりを持っていた。ところが明治時代に入ると、

府第一〇代将軍（在任一七六〇～八六）。九代将軍家重の長男。田沼意次を側用人として登用、のちに老中に進めた。

新政府は旧幕府の制度を払拭する意図から旧来の寺請制度を廃し、東京府は府内各社の氏子調査を行って、町ごとに各神社の氏子としてあてはめていった。この時、南伝馬町三カ町は明確に日枝神社の氏子地域として確定され、いわば政治的に神田神社から切り離されている。その後明治三四年一月になって神田神社境内に残る南伝馬町天王社関連の石像物が整理されたらしい。本件狛犬は、江戸から明治へと時代が変わる中で、江戸の人々の信仰に関する動揺の一例を示している。

（豊田和平）

【参考文献】『千代田区史』上巻（東京都千代田区、一九六〇年）、日枝神社御鎮座五百年奉賛会『日枝神社史』（一九七九年）、『新編千代田区史』（東京都千代田区、一九九八年）。

浅草寺（せんそうじ）

三人が　すくい
諸人が　すくはれる

今をさかのぼることおよそ一四〇〇年前、推古天皇三六年（六二八）三月一八日、宮戸川（現在の隅田川）に漁に出かけた桧前《ひのくま》浜成・竹成兄弟が、川面に光を見いだした。急いで網を打つと、輝く観音像が姿を現した。そこで土師直中知《はじのあたいなかとも》をまじえた三人がこの観音を引き上げて祀った。これが金龍山浅草寺の始まりであると伝えられている。冒頭に示した川柳が詠まれるほど、この説は江戸に広く流布していたと思われる。観音の出現によって浅草寺を中心に人の往来が始まり、浅草は

宮戸川　古代における隅田川の異称。ほかにも、あすだ川、須田川、染田川、大川、浅草川、両国川などとも呼ばれた。また文献上では住田河、角田河、角太河などとも表記される。

（太田道灌の江戸城普請を待たずに）独自の発展を始めることになる。

境内整備

浅草寺は家康の江戸入り以前より支院一二坊を擁する大寺であったが、天正一八年（一五九〇）に家康が浅草寺を祈願所と定め、五〇〇石を寄進したことで、さらなる隆盛へと向かった。また徳川家が関ヶ原の合戦出陣に際して武運祈念を行ったことは、天下にその霊徳を知らしめることになり、後に幕府によって境内に東照宮が造営されるなど、破格の扱いを受けるに至った。浅草寺の観音堂は、寛永八年（一六三一）に火災にあったが、同一二年には再建された。しかし同一九年に近在よりの大規模な火災でふたたび焼失した。これに対して家光は慶安二年（一六四九）に観音堂を含む境内諸建造物の整備事業を行い、本堂、五重塔、仁王門、雷門が完成した。このうち慶安元年（一六四八）一二月に落成した五重塔は、浅草寺のシンボルとして親しまれ、明治四四年には国宝の指定を受けたが、昭和二〇年三月の空襲で惜しくも焼失した（昭和四八年に現在の五重塔が建立）。また浅草寺の玄関ともいえる雷門は、明和年間の火災で焼失するが、寛政七年（一七九五）に再建、その後幕末の慶応元年（一八六五）に田原町よりの火災で再び全焼した。なおこの火災でも脇士を勤める風雷神像は無事であったという（現在の雷門は昭和三五年に復元）。

三社祭

浅草寺の本尊となる観音像を引き上げた三人は、その功により、それぞれ阿弥陀如来（土師直中知）、観世音（桧前浜成）、勢至観音（桧前竹成）として、一社に祀られることになった。これが現在も勇壮な祭りが開かれる

雷門　正式名称は「風神雷神門」。風も雷も「鳴る」所から、「神鳴門」、「雷門」と呼称が変遷したという。

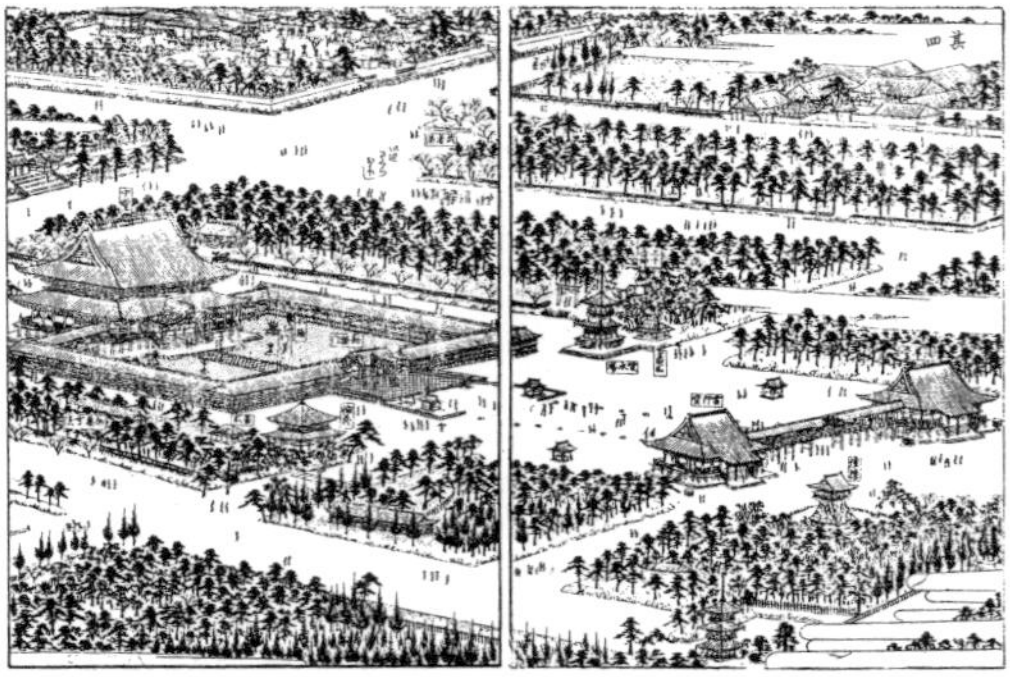

浅草寺本堂（「江戸名所図会」）

ことで有名な、浅草鎮守三社権現（現浅草神社）の始まりである。この三人の子孫は、主祭神の末裔として公認され、世襲の様々な特権を有し、三譜代と呼ばれて寺内の庶務を担った。三社権現の例祭日は三月一七日、一八日の両日と定められ、三基の御輿が浅草寺山内を渡御する「庭祭礼」、隅田川に入る「船渡御」などの神事が行われた。その盛況ぶりは、天下祭りと呼ばれた日枝・神田の両祭礼に匹敵するほどであった。現存する社殿は、本殿と幣殿が丁字形に連結され、幣殿前方に拝殿が配置されるという独自の形式を持つ。慶安二年（一六四九）に再建されたこの社殿は、観音堂、五重塔などが昭和二〇年の空襲によって被災するなかで奇跡的に類焼をまぬがれ、国の重要文化財に指定されている。

江戸十万人講

享保四年（一七一九）から始まった「江戸十万人講」勧化と、その成果である寺堂の手前普請によって、浅草寺はいっそう江戸庶民との結びつきを深めていった。十万人講帳は一〇〇〇部が用意され、これが百冊頭という役に百部ずつ預けられた。これがさらに下役に託され、江戸市中はもとより、近国へも出向いて勧化が行われた。寄進者は、加賀の前田紀郷、備前の池田継政といった大名や、豪農、豪商もいたが、一般の人々からも多くの寄進があった。享保六年まで行われた普請の総額は四八〇〇両にのぼり、このうち二五〇〇両が十万人講で充当された。なお享保七年には本堂後方に十万人講供養塔が建立された。塔中には勧募帳などが収められ、毎年四月一四日に供養の法会が開かれた。

久米平内　兵藤平内兵衛長守。九州の浪人で、江戸に出て赤坂で道場を開いた。千人斬りを行い、取り締まりが厳しくなると旗本青山主膳に身を寄せ、久米姓を名乗る。後に鈴木九太夫入道正三に禅を学び、前非を悔いて浅草寺内の金剛院で修禅し、滅罪のため仁王門の脇に自らの像を置いて衆人にさらしたといわれている。なおこの像は平内の師正三ともいわれおり、由来に関しては異説が多い。平内像は現存しない。

兵藤平内兵衛、二王座禅の像（「江戸名所図会」）

所願成就の場　広大な寺域には、伽藍、塔などのほかにも、末社・小祠が数多く存在し、江戸庶民の様々な祈願に対応していた。ここでそれらを全て紹介することは無理なので、縁結びに効ありといわれたユニークな久米平内像を図示するにとどめたい。

奥山の繁栄　浅草寺の繁栄は、多くの参詣者を引きつけ、浅草はいよいよ江戸随一の盛り場となってゆく。これに拍車をかけたのが吉原の移転であった。境内は娯楽センターの様相を呈し始め、各種の出店が軒をつらねた。とくに本堂の西側一帯は「奥山」と呼ばれ、見世物小屋、出店が集中し、あるいは大道芸人達も名人技を披露するなど、盛り場として発展した。なかでも独楽回しの松井源水の名跡は、その後近代に至るまで継承された。また近代に入ると、奥山よりさらに西南に位置する火除地が浅草六区となり、演芸場、映画館が建ち並ぶ娯楽場となった。

（吉田正高）

【参考文献】　網野宥俊『浅草寺史談抄』（一九六二年、浅草寺）。

浅草六区　明治に入ると、浅草寺の境内は東京府に接収され浅草公園となった。明治一七年（一八八四）には公園内が一区から六区に分けられた。なかでも近世の奥山にあたる五区と並んで、六区には見世物小屋、芸人が集中し、「浅草ロック」と呼ばれる娯楽街に成長した。その後も浅草公園内には、ひょうたん池や凌雲閣（通称「十二階」）が造成され、日本最初の活動写真常設館「電気館」の登場や、浅草オペラの興隆など、大勢の人々が集う盛り場となり、現在に至っている。

寛永寺（かんえいじ）

尊《たか》き至誠の香に匂ふ　昔《いにしえ》江戸の鎮護《しずめ》の地
東叡山の丘の上

いにしえ江戸の鎮めの地

旧制東京市立二中（現上野高校）校歌の一節であるが、ここに江戸における寛永寺の位置づけがよくあらわれている。元和八年（一六二二）、当時の将軍徳川秀忠は、上野の台地の一部と白銀五万両を天海に寄進する。その後、天海は、桓武天皇が最澄を招いて比叡山延暦寺を創建したひそみにならい、江戸城の鬼門にあたる土地、上野に寺院を建立すべきであることを将軍家光に進言し、これが実行された。それが寛永二年（一六二五）の創建になる天台宗東叡山寛永寺円頓院である。山号である「東叡山」は東の比叡山を意味し、寺号の寛永はいうまでもなく創立期の元号を採用したものである。またその境内の伽藍配置も延暦寺に倣っている。その後、寺域は三六万五千坪余まで拡大し、子院も三六坊を数えた。ここにおいて東叡山は、まさに「江戸の鎮護《しずめ》」となったのである。

境内および建造物

天海は生前より皇子を住職として迎え、寛永寺が宗教界全体を統べることを望んでいた。それは天海の死後、承応三年（一六五四）、後水尾天皇の第三皇子尊敬法親王が入山することで実現をみた。その後、寛永寺の住職は法親王がつとめることとなり、また日光、比叡の両山も

東京市立第二中学校　現在の東京都立上野高等学校。関東大震災からの復興政策の一環として、大正一二年（一九二三）に創立。なお敷地はかつて寛永寺子院の一つ護国院の境内であった。昭和六一年（一九八六）の校舎改築に伴う工事の際に、大名家を含む一四七基の墓の遺構とその副葬品などが発掘されている。

天海　江戸初期を代表する天台宗僧侶。号は南光坊、勅諡号は慈眼大師。一五三六年（生年については諸説あり）、会津に生まれる。天正一七年（一五八九）家康に仕え、厚い信任を得る。日光山の再興に次いで、寛永寺を開山。

兼帯した。ここにおいて寛永寺は事実上、天台宗の総本山の地位を得たことになる。その格式を示すように、境内の諸建造物も整備されていった。寛永年間に本坊、東照宮、五重塔などが完成し、元禄一一年（一六九八）には根本中堂が上棟した。この根本中堂の建立に伴って境内の堂塔の移築を含めた大規模な配置替えがあり、境内の様相も一変した。幕末になると、戊辰戦争の残党狩りのために境内の建物に火がかけられ、根本中堂を含む創立当初の建造物の大半が焼失した。焼け残った徳川家霊廟や不忍池弁天堂ほか子院数カ寺も、第二次大戦時の東京大空襲により焼失した。その中にあって唯一清水堂のみが、創立当初よりの状況を伝えてくれる。高欄擬宝珠には創立期の「寛永十三天　十一月吉日」の年紀が刻まれ、また境内整備が行われた元禄七年（一六九四）の棟札が残されている。なお、清水堂は昭和三二年に国の重要文化財に指定されている。

徳川家の菩提寺

寛永寺はまた、徳川家の菩提寺に指定された。家康の遺言によって徳川将軍の菩提寺は増上寺と定められていたが、寛永寺も家光の死後より徐々に菩提寺的な性格を帯びるようになる。それを示すように、歴代の将軍のうち、四代家綱、五代綱吉、八代吉宗、一〇代家治、一一代家斉、一三代家定の六人が、寛永寺に埋葬されている。

桜の名所

現在の上野公園は東京都内における花見の名所として知られているが、その歴史は江戸時代、いまだ同地域が寛永寺の境内であった頃にさかのぼる。『江戸名所花暦』には「東都第一の花の名所にして、彼岸桜よ

家康死後も秀忠、家光に仕え、幕政に参加。寛永二〇年（一六四三）死去。

清水堂　寛永八年（一六三一）、京都清水寺の観音堂を模して摺鉢山上に建立。清水寺から送られた千手観音、聖観音を安置する。

上野公園　現在は東京都立上野恩賜公園。面積約五三万四〇〇〇平方メートル。明治六年五月に浅草公園と共に、日本で最初の公園に指定される。明治二三年（一八九〇）には帝室御料地となるが、大正一三年（一九二四）に宮内庁から東京市へ管轄がうつされ、恩

り咲出て一重八重追々に咲きつづき、弥生の末まで花のたゆることなし」と記されている。寺院の境内であるため、寛永寺での花見にはいくつか面白い作法があった。寛永寺には山同心と呼ばれる者がいて、境内の取り締まりを行っている。花見に来た人々は彼らから敷物を借りて休んだ。また酒を飲むことは許されていたが、魚を食することと、鳴り物の使用は禁じられていた。暮れ六つ（午後六時頃）になると同心が敷物を回収しにあらわれ、それと同時に黒門が閉まるため、花見客は慌てて境内から出なければならなかった。そのため寛永寺の夕方の鐘を追い出しの鐘とも呼んだ。寛永寺の桜はその数だけではなく、名木の多さでも知られる。中でも現在まで植えつがれて現存する清水堂脇の「秋色桜」が有名である。花見に来ていた小網町菓子屋の娘おあき（当時一三歳）が、この桜を題に「井戸はたの桜あふなし酒の酔」という句を詠んだ。この少女は、後に秋色と名乗って俳諧の師匠となったため、誰いうともなく、この桜は「秋色桜」と呼ばれるようになったという。

（吉田正高）

【参考文献】『台東区史』沿革編（東京都台東区、一九六六年）。

賜公園となった。園内には、博物館、動物園、美術館、図書館など、国公立の文化施設が数多く建てられている。

『江戸名所花暦』 岡山鳥著、長谷川雪旦画。文政一〇年（一八二七）刊行。四季にあわせて、春之部、夏之部、秋之部、冬之部の四部構成三冊（秋冬合冊のため）。それぞれの季節にふさわしい花鳥風月の名所を紹介。

黒門 寛永二年（一六二五）、東叡山内入口の袴越（現在の清水観音堂辺）に建立された本坊表門。黒く塗られていた所から黒門と呼ばれた。明治六年（一八七三）上野公園開設にあたって東照宮大鳥居の近くに移転し、明治四〇年（一九〇八）荒川区南千住の円通寺に移築され現存。

増上寺（ぞうじょうじ）

三縁山広度院増上寺は、明徳四年（一三九四）一二月、浄土宗第八世酉誉《ゆうよ》聖聡《しょうそう》上人が江戸貝塚に開基したとされている。

開基と芝移転

徳川家康の関東入国に際して、当時の住職源誉存応《げんよぞんのう》が家康の帰依をうけ、増上寺を徳川家の菩提所とすることに成功した。その後、江戸城拡張工事によって貝塚辺の一五カ寺が移転することになると、慶長三年（一五九八）増上寺は現在の芝へと移転し、二五万坪の広大な寺域を有することになった。寺領も寛文頃に五二〇〇石であったが、徐々に増加し、幕末に至ると一万七四〇〇石に達している。なお現在は、境内の大部分が芝公園となっている。

堂宇建立

慶長一〇年（一六〇五）には本堂・三門・大門・経蔵・開山堂・方丈・鐘楼堂が相次いで造営された。当時の増上寺について、寛永二〇年（一六四三）刊行の『東めぐり』では、「かなすぎ橋をうちわたり、ゆんでを見れば増上寺（中略）けうもうごくらく世界かと、目をおどろかすばかりなり」と賞賛している。このような壮麗な伽藍群も、残念ながら戦災にあってその大部分が焼失している。創建当初の建物としては、境内正面に立つ三門（三解脱門）が唯一現存し、往時の面影をしのばせる。朱塗り二階建の中門で、桁行一九・五メートル、梁間九メートル。柱、梁には太い材を使っており、形式化され

貝塚　増上寺および青松寺の旧地とされる地域。正確な位置などは不明であるが、麹町一帯の旧称とされる。

芝公園　明治六年（一八七三）に増上寺境内の一部および子院などの跡地に成立。明治期には海軍関連施設や開拓使関連施設が置かれ、さらには諸官庁、団体施設、各種学校などが設置された。

『東めぐり』　本書では、ほかにも高輪大仏、芝神明社、愛宕社、湯島天神、寛永寺、谷中善光寺など、寛永当時にポピュラーであった寺社が紹介されている。

た近世建築とは異なる雄大な雰囲気は、桃山時代の遺風を伝えている。一七世紀初頭における関東を代表する優れた寺院遺構であり、国から重要文化財の指定を受けている。

徳川家の御霊屋　徳川家の菩提所となった境内には将軍家に関わる御霊屋（霊廟）が建立されていった。歴代将軍では、二代秀忠、六代家宣、七代家継、九代家重、一二代家慶、一四代家茂の霊廟がある。また関係者としては、秀忠正室である崇源院、五代綱吉の生母桂昌院、家宣正室天英院、同側室月光院、孝明天皇の妹で家茂に降嫁した和宮（静寛院）などの霊廟があった。これらの霊廟は増上寺の伽藍をはさんで南北に立ち並ぶ壮麗なもので、国宝に指定されていたが、昭和二〇年（一九四五）五月二五日の空襲によって台徳院（秀忠）廟の惣門（国指定重要文化財）を残して全て焼失した。その後、昭和三八年に大規模な改葬の実施に伴って学術調査が行われ、当時の将軍家の墓制が明らかになっている。現在全ての遺体は本堂北側五〇〇坪の墓所に安置されている。

年中行事　寛永寺と並んで江戸寺院を代表する増上寺では、各種の年中行事が催され、つねに参詣者で賑わった。特に正月二五日の御忌法会、七月一八日の開山会、一〇月一五～一六日の十夜は盛大に行われ、老若貴賤が参集した。ほかにも涅槃会、灌仏会、安国殿（家康像を安置）祭礼があり、黒本尊、産千代稲荷《うぶちよ》、子聖《ねのひじり》の開帳なども行われた。また増上寺および境内諸寺社は様々な江戸の寺社巡拝コースに組み込まれており、江戸三十三所観音二一番、円光大

三門（三解脱門）　三門とは、空門、無相門、無作門という三つの解脱を得るために入る門を意味する。一般には禅宗寺院の正門を指すが、江戸時代に入ると宗派にかかわらず三門が造られるようになった（例えば京都の知恩院など）。

師遺跡写二五所の一番・三番、弁天百社参りの三番、江戸南方四十八所地蔵参の二六番、などの札所となっていた。

七ツ坊主

慶長一三年（一五九八）に常紫衣勅願所に指定された増上寺は、その後関東十八檀林の筆頭となり、三河・遠江以東一七国の総録所として宗門の頂点に立つことになる。幕府の保護のもとに、その勢いは京都知恩院をもしのぐほどであった。境内には別当一一寺、念仏道場一〇寺、子院三一寺を持ち、さらに学徒僧侶が住み込みで修学生活を送るための学寮が一〇〇軒前後も建ち並んでいた。最盛期には三〇〇〇人の学徒が存在し、多くの高僧を輩出している。彼らの修学生活は、『絵本江戸風俗往来』によると次のようなものであった。日々の課業を終えると、一〇〜二〇人ずつ組んで江戸の市中に托鉢に出る。このとき日暮れ七ツ時（午後四時頃）を告げる鐘がなることから七ツ坊主と呼ばれた。血気盛んな学徒達は、骨のありそうなものと出会えば教義に関する争論を行い、また托鉢とは名ばかりの者を見かけるとこれを懲らしめることを誉れとしたという。江戸における檀林としての増上寺の位置づけを示すエピソードであろう。

（吉田正高）

【参考文献】『港区の文化財第三集　増上寺とその周辺』（一九六七年、港区教育委員会）、『三縁山史』（浄土宗全書一九、一九七一年）。

札所　巡礼者が参詣する霊場のこと。参詣のしるしとして札を収めたことに由来する呼称。西国三十三所、四国八十八所が有名であるが、関東でもこれを模して板東三十三所、秩父三十三所などが設定されていった。

関東十八檀林　浄土宗の僧の学問所として江戸幕府が定めた十八カ寺。江戸では、檀林第一の増上寺のほか、本所霊山寺、小石川伝通院、下谷幡随院の三カ寺が指定されていた。

『絵本江戸風俗往来』　菊池寛一郎著。明治三八年（一九〇五）東陽堂より刊行。同社刊行の『風俗画報』誌上広告によれば定価は一円六〇銭。二段組・石版摺。筆者は四代広重であり、江戸の年中行事や市井の雑事を、得意の挿し絵を随所に配して活写している。

根津権現（ねづごんげん）

根津権現

上野の山の北西、不忍通りから西へ、東大グランドの裏手の方へ入っていくと、うっそうとした木々を巡らした緑の空間が忽然と開ける。ここが根津神社の境内（文京区根津一丁目）であり、根津権現は江戸時代までの名称である。社伝によれば、日本武尊が東征の途中に須佐之男命《スサノオノミコト》を祭神として創祀したといい、また文明年間（一四六九～八七）には太田道灌が再興して社殿を寄進しているという。このころは千駄木村にあって駒込付近の住民の信仰を集め、江戸時代にこの地に甲府宰相松平綱重の別邸が置かれると彼らの信仰の対象ともなった。寛文二年（一六六二）に綱重の実子家宣（幼名綱豊）が生れるとその産土神となっている。第五代将軍徳川綱吉に適当な実子が無く、宝永元年（一七〇四）一二月家宣が世子に定められると、翌年四月将軍世子の産土神として幕府が現在地に社殿の造営を開始。翌三年一一月晦日に上棟、一二月三日に遷宮が行なわれている。なお六年五月家宣は将軍宣下を行って第六代将軍となり、同年七月には実子でのちに七代将軍となる家継が誕生している。

根津権現の文化財

このように、江戸時代に独特な位置を占めていた根津神社には、現在も将軍家との関係を示すような貴重な文化財が散見される。

徳川綱重（一六四四～七八）　三代将軍徳川家光の三男。甲斐に一〇万石を与えられ俗に甲府宰相と呼ばれた。根津邸のほかに承応元年（一六五二）汐留に下屋敷を拝領、ここに庭園を設け今日の浜離宮庭園の基礎をつくった。

前述した宝永三年の造営当時の建造物として、本殿（桁行三間、梁間三間、単層、入母屋造）、幣殿（桁行四間、梁間三間、単層、両下造）、拝殿（桁行三間、梁間三間、向拝三間付、単層、入母屋造、千鳥破風及び軒唐破風付）、唐門（一間平唐門）の四棟が現存している。いずれも昭和六年（一九三一）国の重要文化財に指定されているが、昭和二〇年（一九四五）の戦災により重大な被害を受けた。現存する建造物は、昭和二五年（一九五〇）から四〇年（一九六五）にわたる再建工事により旧態をとりもどしたものである。

同じく国指定の重要文化財として、徳川家宣が寄進したと伝えられる太刀が二口保存されている（大正三年四月指定）。いずれも糸巻の拵えで「長光」あるいは「備州長船秀光」の銘がきられている。

また根津神社には八通の朱印状が現存している。宝永三年九月二一日付で、徳川綱吉が五〇〇石の神領を認めたものをはじめとして、以降継目安堵を行った八代から一四代までの朱印状すべてが揃っている。東京の神社に関して言えば、日枝神社（千代田区永田町二丁目）には、綱吉以前の四代分も含めた一二通すべてが残されている。また赤坂氷川神社（港区赤坂六丁目）には、八代将軍吉宗以降の七通すべてが現存している。なお、根津神社への綱吉の朱印状にある日付「九月二一日」は、根津権現の例祭日にあたる。あるいはこの頃より、神領からの収入をもとに根津権現の祭礼の基礎がきずかれたものと思われる。

徳川家宣（一六六二～一七一二）江戸幕府第六代将軍（在任一七〇九～一二）。甲府徳川家から叔父綱吉の養子となり将軍職を継いだ。間部詮房、新井白石らを重用し文治政治をしいた。

根津権現の祭礼

根津権現は、将軍世子の産土神であるという地位を手に入れた後、幕府に重要視されるようになり、新規造営の社殿に遷宮し、神領も認められた。そしてこれらと同じ文脈のなかで考えられるのが、正徳四年（一七一四）の根津権現祭礼の執行である。この前年（巳年）五月の町触に、これより山王権現の祭礼を巳年、根津権現を午年、神田明神を未年に執行することとして今後三年毎に交代で三社の祭礼を執行するとあり、「天下祭」である山王、神田の祭礼と同格として翌年に根津権現祭礼を執行することが定められた。この触が出された前月には徳川家継が将軍宣下を行っている。根津権現は、彼の父で正徳二年一〇月に死去した家宣の産土神であり、家宣の遺志をくむ形で根津権現の祭礼が天下祭格にひきあげられたのであろう。当社の祭礼は、本来山車を用いるようなものではなかったが、唯一この年の祭礼だけは、実に番付五〇番にわたる山車が曳き廻されて神輿行列に供奉している。ただし例祭日当日の九月二一日は未明からの雨で祭礼は翌日に延期された。九月二二日、壮麗な祭礼行列は田安門から江戸城内に入り、吹上では将軍の上覧も受けた。「天下祭」は原則として江戸時代の山王権現、神田明神両社の祭礼のみを指す呼称ではあるが、この時の根津権現祭礼は、唯一の例外となった。

しかし、天下祭としての根津権現祭礼は、この一回のみであった。家継早逝の後、正徳六年（一七一六）には、紀州藩から徳川吉宗が八代将軍となり、幕府は翌年根津権現祭礼への関与をやめてしまう。享保の改革を推進した吉宗は、その

徳川家継（一七〇九～一六）　江戸幕府第七代将軍（在任一七一三～一六）。六代将軍家宣の四男。幼少にして将軍職を継いだが、先代同様間部詮房、新井白石らが補佐し、穏健な文治政治を継承した。したがって家宣、家継の治世を総称して正徳の治と呼ぶ。

徳川吉宗　↓一五一頁

一環として倹約令を出し、概ね支出を抑制する政策をとった。当時華美になっていた山王、神田の両祭礼も規制を受けている。吉宗自身は、紀州の出身であり、根津権現とは無関係であった。根津権現の祭礼を天下祭格から引きずり下ろすことに対して、彼は何ら抵抗を感じなかったことであろう。

天下祭執行の意義

根津権現の祭礼が、たとえ一回であっても「天下祭」格として執行された意義は大きい。実際江戸における祭礼は、天下祭のように、神輿行列の順行に山車などの行列が供奉するというスタイルが多かった。寛政八年（一七九六）とその翌年、江戸幕府は、寛政改革後の江戸市中の神社祭礼の実情を把握するために、江戸市中の祭礼調査を行った。これにより山車祭を行っている、あるいはかつて行っていたとされる神社は、根津権現のほか鳥越明神、三社権現、小石川氷川明神、小石川白山権現、赤坂氷川明神、亀戸天神、深川八幡など二七社にのぼる。史料の制約上、これらが江戸の山車祭の全てとは言えまいが、これら山車祭のうちでも天下祭は将軍家の権威と直結できる祭礼であり、これを執行する神社は、江戸に暮す人々にとっても、特異な存在として認識されたであろう。

（豊田和平）

【参考文献】 朝倉治彦解説『御府内寺社備考』一（名著出版、一九八六年）、『文京区志』（東京都文京区、一九五六年）、『文京区史』（東京都文京区、一九六八年）、『続・江戸型山車のゆくえ』（千代田区教育委員会、一九九九年）、加藤貴編『大江戸歴史の風景』（山川出版社、一九九九年）。

根津権現の境内（「江戸名所図会」）

富岡八幡（とみおかはちまん）

江戸開府当初における深川一帯は、いまだ葭葦の生い茂る寂しい地域であり、住民もまばらであった。寛永四年（一六二七）、後に八幡宮別当永代寺の初代住職となる長盛法師の夢に、常に信敬してきた八幡像が現れ、「武蔵国永代島に自分の安置されるべき場所があり、そこには白羽の矢が立っている」と告げた。法師がこの八幡像を携えて永代島へ向かったところ、葦の間に小祠が見つかり、扉を開くと、中には白羽の矢一本が納められていた。そこで法師は永代島周辺に社地を賜り、埋め立て事業を行い、社地と門前町を開き、八幡宮を建立したとされている。また社号の由来は、貞享二年（一六八五）に聖徳太子が夢に現れ、「富賀岡」と名付けよ、と命じたことによるという。貞享五年（一六八八）には壮麗な社殿が造営され、その後も、地震や火災による被害のたびに大規模な普請が行われた。特に、安政元年に一万両の寄進を受けて造営された社殿は、極彩色の華麗なものとなった。江戸時代における拝領地は六万坪を誇り、深川全域と隅田川の西岸までをも含む広大な地域を氏子区域としていた。

深川総鎮守

永代寺　真言宗大栄山金剛院永代寺。富岡八幡宮の別当として創建。承応二年（一六五三）に仁和寺末となる。なお毎年三月二一日から二八日には、弘法大師御影供として「山開」が行われた。この期間だけは境内林山の見物が許されたため、諸人群参したという。維新の際に廃寺となった。

祭礼行列　富岡八幡の祭礼は江戸三大祭りに数えられる大規模なもので、例年八月一九日に行われた。また隔年に本所一ツ目の旅所への神幸が

祭礼番附　江戸鎮守の祭礼行列を題材に出版された単色摺りの番附。上段に

あり、その際には御輿の渡御に続いて、各氏子町から趣向を凝らした多くの練り物が出され、祭礼行列をなしていた。文化四年（一八〇七）の祭礼番附を見ると、各氏子町が趣向を凝らしたユニークな題材の山車、練物を仕立てていたことが分かる。しかしこの祭礼番附が作られた文化四年の例祭で、悲しい事件が起きてしまう。

永代橋落下

文化四年八月一九日の例祭当日、祭礼見物のため大勢の人々が深川へ繰り出した。人々は祭礼の様子を一望に出来る永代橋上に殺到する。大田南畝は当日の様子を伝える書状を『夢の浮橋』にまとめ、落橋の瞬間を次のように伝えている。一九日四ツ過（午前一〇時）ころ、あまりの群集に、「やれ橋が落ちる、それ橋が落ちる」という声があがるが、群集はとどまることをせず、ついに「東の橋詰より一ト間残し、竪十二間程二ツに折れて」落下してしまった。落下直後は「やれ橋が落ちた」という叫び声があがるが、これも虚言であろうと、かえって後ろから押す者までいたという。この混乱の中、とっさに橋桁につかまって刀を振り回し、喧嘩で刃物を抜いたと見せかけて周囲を恐れさせ、皆を自然と西側に退かせた武士がいたといい「誠に即智の働き、万人の命なり」と賞賛されている。また舟で見物に来ていた者達は、落下した人々の救助にあたることになった。この事故による死者は（諸説あるが）数百～一〇〇〇人にものぼったといわれる。まさに江戸史上希にみる大惨事であった。なお、永代橋落下に前後していくつかの怪異譚が伝えられているが、詳しい記載は控えた

は町番組、町名、山車名などが記され、下段には山車や練物などが描かれる。冨岡八幡宮以外にも、神田明神、山王権現、赤坂氷川社、亀戸天満宮、青山熊野権現社、赤城明神社、小石川氷川社などの祭礼番附が現存する。

永代橋　江戸時代の永代橋は現在よりもやや上流、北新堀町と佐賀町との間に架けられていた。架橋は元禄九年（一六九六）。長さは一一〇間。享保三年（一七一八）に維持費節減の目的で幕府によって取り払いが命じられ、これ以降は組合の町が諸経費を負担をする「惣町人」の橋となる。この旧永代橋は、明治三一年（一八九八）の移転まで存続した。

落橋被害者慰霊碑　明治四三年、海福寺が目黒区下目黒へ引き移った際、慰霊碑もそれにならって移転した（都指定文化財、現存）。石碑には溺死者の

い。

落下被害者の供養　この事件以後、文化六年（一八〇九）の例祭から本所への御輿渡御は廃せられ、境内額堂のそばに仮屋を作り、ここに御輿三基を遷する形に改められた。またこの事件の被害者を慰霊する碑が深川寺町通り（江東区深川二丁目）の海福寺境内に建立された。

相撲興業　江戸庶民に愛された富岡八幡はまた、相撲興行の開催場所として知られていた。境内での相撲は、貞享元年（一六八四）に許可されてから、文政一〇年（一八二七）に全ての興行が回向院で行われるようになるまで断続的に続けられた。その名残をとどめるように境内には相撲に関する石碑がいくつか残されている。歴代横綱碑、大関力士碑と並んで、巨大な円柱が立っている。これは巨漢大関釈迦嶽の実際の身長七尺五寸（二メートル二七センチ）を示した石碑である。

（吉田正高）

【参考文献】『江東区史』（東京都江東区、一九五七年）、『江東区史』中巻（東京都江東区、一九九七年）。

回向院（えこういん）

振袖火事　明暦三年（一六五七）一月一八日未刻（午後二時）、本郷本妙寺より火の手があがった。おりしも江戸特有の北西の季節風が強く吹く

名前や素性等が刻まれている。なお永代橋落下にかかわる供養碑は、千葉県市川市の海厳山徳願寺の門前にも存在する。これは日本橋の成田山講中が建立したものである。

釈迦嶽　相撲史上希にみる長身力士。出雲国出身。藩主松平家のお抱え力士となった後、大坂から江戸へと進出した。江戸在場所の通算成績は、二三勝一分一預。明和七年（一七七〇）一一月には大関となったが、おしくも二六歳の若さで急逝した。石碑はその死を悲しんだ実弟が文化年間に建立したものである。

日であった。火はまたたくまに燃え広がり、やがて江戸全域を炎に巻き込んだ。俗に「振袖火事」とも呼ばれるこの明暦の大火によって、大名屋敷五〇〇軒、旗本屋敷七七〇軒、寺社三五〇、町屋四〇〇〇が灰燼に帰し、死者は一〇万七〇〇〇人を超えた。この江戸最大の火災による被害者の慰霊のために、幕府より本所牛島新田に五〇間四方の土地が下付され、遺体を埋葬し、追善法要を行った。これが諸宗山（後に国豊山と改める）無縁寺回向院のはじまりである。同年八月にはさらに東西一〇間、寛文元年（一六六一）にも一〇間が増地されて、境内は五一一一坪に達した。

境内の様子

境内の拡張に伴って、災害等の被害による無縁の霊を供養するための石塔が次々に造られた。また竹本義太夫、山東京伝、さらには盗賊鼠小僧次郎吉の墓があることでも知られている。

庶民の信仰

回向院の境内には、庶民の信仰を集めた神仏が多数鎮座し、それぞれ札所にもなっていた。心をこめて念じれば祈願が一言で成就するという一言観音は、江戸三十三所観音の二七番札所。鎮守堂の藁苞《わらつと》弁財天像の頭部は弘法大師の作と言われ、弁財天百所参の九一番。馬頭堂の馬頭観音は疱瘡に効ありといわれた。元祖堂の円光大師は火防の御影とされ東都円光大師二十五拝の二三番に指定されていた。また、回向院が主催する年中行事も多くの参詣者を集めた。なかでも四月九日の四万六千日には大勢の人々が参詣し、大盛況であった。

振袖火事　明暦の大火の異称。出火元である本郷丸山の本妙寺で行われていた大施餓鬼の火中に投じられた振り袖が燃え上がり、大火となった、との伝説が後年生まれたことに由来する。

鼠小僧次郎吉　江戸を代表する盗賊。次郎八、次郎太夫とも。出生地には諸説ある。堺町に居住する鳶人足であったが、身持ちをくずし文政六年（一八二三）頃から武家屋敷を中心に三二箇所で盗みを働いた。天保三年（一八三二）、松平宮内小輔宅へ忍び込んだ所で捕縛された。同年八月一九日江戸市中引き回しの上、小塚原で磔、獄門。享年三六歳。一メートル五〇センチほ

出開帳のメッカ

　早くは延宝四年（一六七六）に近江石山寺観音の出開帳が行われているのを初めとして、以後幕末までに回向院の境内では計一六六回の出開帳が行われている。これは江戸で開かれた出開帳の四分の一を占める回数である。なかでも安永七年（一七七八）信州善光寺如来の出開帳は、空前の賑わいをみせた。この時の開帳では、賽銭収入だけで八千九百両に達したといわれる。また開帳に付随して見世物などが行われ、これも開帳の賑わいに華を添えた。善光寺の文政三年（一八二〇）の出開帳では、開帳をあてこんだ見世物が両国橋あたりに多く出た。特にこの時の開帳では、大きな細工類の見世物小屋が軒をつらね、江戸の人々を驚かせた。このうち貝細工、瀬戸物細工、竹細工と文覚荒行人形の合併、笊細工、ギヤマン細工が好評で、削懸け細工、麦藁張細工、針金細工、麦藁細工、米藁細工、ゼンマイ仕掛けは不評であったという。このように一二種もの細工小屋が同時に見られたのは初めてのことであり、立川焉馬はこれを脚色して合巻本『見世物語』として刊行、おびただしい売れ行きであったという。

回向院仏餉

　回向院境内にある三仏堂は、牢死、刑死した者の供養を目的として、町奉行によって万治元年（一六五八）に建立された堂である。三仏堂に住む一六人の僧は、毎日托鉢のために江戸市中へ出向いた。その際の扮装は次のような独特のものであった。長老格のものは溜色網代の塗り笠に白い紐を結び、色衣に香染の袈裟をかけ、錫杖を杖にして鼠色の塗り下駄を履いた。

どの小柄な体を巧みに利用し、おもに武家屋敷を狙った所から、義賊とされた。

善光寺　長野県長野市にある浄土宗、天台宗の寺院。山号は定学山。古代よりの由緒を誇り、源頼朝、北条氏、武田信玄、豊臣秀吉の庇護を受け、また徳川家康も慶長六年（一六〇一）に寺領一〇〇〇石を寄進した。現在の本堂（国宝）は幕府の命を受けた松代藩によって宝永四年（一七〇七）に建立された。普請は江戸大工大棟梁甲良氏の指示のもと、江戸大工木村万兵衛ら四人があたり、四年の歳月を要して完成した。本尊は欽明天皇一三年（六四一）に百済より渡来したと伝えられる阿弥陀如来像（両脇侍は観音・勢至両菩薩）。

立川焉馬　烏亭焉馬（初世）。本名は中村英祝（利貞）、通称和泉屋和助。寛保三年（一七四三）生まれ。祖父以

他の僧は黒染衣に香染めの袈裟をかけ、素網代の笠の前に「回向院」、後に「両国」と書かれたものをかぶり、衣を高く端折って脛をみせ、寒中でも足袋を用いず素足に草履を履いた。彼らは手に高く鉄鉢を差し上げて、大声で「両国回向いィーん仏餉――」と叫びながら道の真ん中を早足で歩いた。また通り過ぎれば振り返ったり戻ったりすることがないため、供物を捧げようとするものは、通りに出て、事前にこれを待ち受けていたという。（吉田正高）

【参考文献】『墨田区史』下（東京都墨田区、一九八一年）、比留間尚『江戸の開帳』（吉川弘文館、一九八〇年）。

天下祭（てんかまつり）

山王権現と神田明神

江戸時代、山王権現と神田明神両社の祭礼は「天下祭」と称され、幕府からも江戸市民からも特別視されていた。これは原則として両社の祭礼だけ、神輿を中心とする祭礼行列が江戸城内に入ることができ、その際しばしば将軍の上覧を受け、さらに幕府が祭礼費用の一部を負担したことに由来する。ただし唯一の例外として正徳四年（一七一四）の根津権現祭礼のみ、両社祭礼と同格として執行されている。

山王権現は、徳川氏が江戸に入ってほどなく徳川将軍家の産土神とされ、徳川家の厚い信仰をうけると同時にその権威の象徴とされた。祭礼についても、寛永

来、江戸本所相生町に住した大工棟梁。幼児より観劇を好み、俳諧、浄瑠璃、歌舞伎、狂歌、戯作、落咄など多方面で活躍。新作落咄を披露する「咄の会」、市川団十郎後援会「三升連」を組織する。なお門下に式亭三馬、柳亭種彦がいる。『見世物語』は文政四年の刊行。

一二年（一六二四）ころからすでに天下祭として整理され、偉容を整えていったものと考えられる。一方の神田明神は、しばしば「江戸の総鎮守」などと称されたように広く江戸市民の信仰を集めていた。その祭礼も恐らくは山王権現祭礼に拮抗し得るように年々盛大に行われていったらしい。元禄元年（一六八八）には、神田明神祭礼の神輿行列がはじめて江戸城内に入ることとなったことからも、この時期の神田祭の肥大化、大祭化が推定できる。年代は前後するが、実際に天和元年（一六八一）からは、山王権現の祭礼（例年六月一五日）と神田明神の祭礼（例年九月一五日）は隔年交互に行われるように定められた。

山車と附祭

祭礼行列は、概ね神輿行列と山車行列の二つの部分に分けることができる。前者は原則として修繕費も含めて祭具全般幕府からの費用で整えられ、後者は氏子となる町々が、単独或は複数で祭礼に参加した。氏子の各町は定式の番附のうちに位置付けられ、これら各町が自前で毎年恒例の山車を仕立て、またこの他に当番町が臨時で踊台・地走り踊・練物などの「附祭」という特別の出し物を仕立てて行列に参加した。

山車については、町名などにひっかけて、各町趣向をこらした人形を仕立てることが多かった。例えば山王祭礼では、小網町の「網打人形」、住吉町他四カ町の「住吉の景」、銀座一、二、三丁目と同四丁目の「分銅」と「小槌」、本材木町一から四丁目の「棟上人形」、大鋸町の「装束に大鋸」、数寄屋町の「茶挽人形」、南大工町の「棟上道具」などがあげられる。また南新川河岸のあたりには酒問屋

山王権現祭礼（「東都歳事記」）

が多かったので霊岸島銀町は中国の酒好きの〝妖精〟である「猩々」、霊岸島町の一の橋北詰に瀬戸物屋が多く居住し茶碗河岸と称されたことを受けて霊岸島町他五カ町は「茶釜・茶杓」を仕立てた。

また神田祭礼では、竪大工町の「棟上人形」(文政期以降度々修理されて使用されてきた人形の頭が現存し、東京都千代田区指定文化財となっている)、鍛冶町一、二丁目の「小鍛冶人形」、雉子町の「白雉子」、「石」にこだわった新石町の「戸隠明神」などがみられる。また連雀町が伝説上の大泥棒「熊坂」(享和年間に作製された人形の頭が現存し、大正末年に補われた体とともに東京都千代田区指定文化財となっている)を仕立てたのは、「やっちゃば」即ち青物市場にあたる連雀町の自分達は「泥棒のように大金を稼ぐ」という洒落っ気からきていると言われる。

山王祭礼において、附祭の著名な例としては、『江戸名所図会』や『東都歳事記』の挿絵にある麹町の象の造物が挙げられる。象は、享保一四年(一七二九)ベトナムの船主から将軍家に献上され、はじめて江戸市民の目に触れた。江戸にはこの時いわば「象ブーム」がまきおこり、これを契機として天下祭にも象の造物が登場することとなった。一方神田祭礼においては、やはり『東都歳事記』の挿絵にある「大江山凱陣」の引物が代表的な造物で、すなわち少なくとも天明期ころには「大江山凱陣」が神田祭礼の代表的な主題となっていた。

このように附祭の主題は、敏感に流行を取り入れたものや、昔話、能・歌舞伎などからとった馴染みのあるものが好まれ、見物する側からの共感を得やすいこ

やっちゃば 神田(あるいは多町)青物市場の通称。江戸時代初期には神田多町、連雀町付近に江戸近郊の野菜が集荷されていたようで、青物問屋が集中し、幕府の御用市場として江戸の代表的市場となった。

『江戸名所図会』 幕末の江戸周辺の様子を伝える地誌。神田雉子町ほか四カ町の町名主、斉藤幸雄(長秋)、幸孝(県麻呂)、幸成(月岑)の父子三代が編集し、天保五年(一八三四)、七年に刊行。長谷川雪旦の挿絵を付す。

『東都歳事記』 幕末の江戸における年中行事を網羅した書物。神田雉子町ほか四カ町の町名主、斉藤幸成(月岑)が編集し、天保九年(一八三八)に刊行。長谷川雪旦、雪堤父子が挿絵を描く。

とが必要であった。ただし天和三年（一六八三）以降幕府はたびたび祭礼の華美・奢侈を禁じるようになり、享保六年（一七二一）には「屋台」が禁止されて練物の人数も縮小され、寛政三年（一七九一）には練物・万度が一切禁じられた上で附祭が縮小され、天保期には附祭の数が一六組から三組（各組三種類）までに減らされるなど、特に附祭に対する規制が続いた。寛政三年の狂歌に「御祭はあらめでたの御吸物出し計にて見どころはなし」などとある。当時の流行をいちはやく反映して人気を集める一方で、いきおい華美に成りがちで規制の対象となるのは、ある意味で附祭の宿命であった。

祭礼文化の伝播　江戸時代において、天下祭は江戸で暮す人々にとって生活におけるいわば最大の盛儀であり、伝統と流行とが凝縮された場所であった。その祭礼文化は各地に発信され、伝播していった。さらに明治時代となり、徳川将軍家という最大の庇護者を失った天下祭は、江戸から東京へと移りかわる混乱の中で急速に衰退し、山車の流出という形で祭礼文化の伝播が進行した。

埼玉県川越市、茨城県土浦市、群馬県前橋市、静岡県大須賀町などかつての城下町では江戸時代から天下祭さながらの祭礼がおこなわれ、その様子を伝える貴重な絵画資料・文献資料が現存している。群馬県桐生市に残る資料によれば、天保二年（一八三一）の桐生の祭礼に際して引き出す屋台の「子供手踊」の演じ手として、江戸の平川町、日本橋呉服町、人形町の子供たちが雇われた。

神田明神祭礼（「江戸名所図会」）

明治七年（一八七四）栃木県栃木市の倭町三丁目は、本小田原町・瀬戸物町・伊勢町相持の「静御前」の山車を買い取った。また、現在東京都青梅市には江戸で使用されていたとされる五体の山車人形が現存し、明治一七年（一八八四）青梅の本町が江戸から山車を購入したことを示す一連の書類が残されている。また千葉県佐倉市や鴨川市など、ほかにも東京方面から購入したとされる山車人形が、関東近県に多数残されている。

各地の祭礼は、江戸、東京の祭礼文化を受容しつつ、その土地独特の展開をしてきた。現在の東京ではすでに衰退してしまった江戸の祭礼文化を考える時、これら伝播した先の祭礼文化は、「等身大の天下祭」の姿の貴重な痕跡であるといえよう。

（豊田和平）

【参考文献】『千代田区史』上巻（東京都千代田区、一九六〇年）、『江戸型山車のゆくえ』（千代田区教育委員会、一九八〇年）、『第一一回特別展図録　にぎわいの時間～城下町の祭礼とその系譜～』（土浦市立博物館、一九九三年）、『第一一回企画展図録　川越氷川祭礼の展開』（川越市立博物館、一九九七年）、『新編千代田区史』（東京都千代田区、一九九八年）、『続・江戸型山車のゆくえ』（千代田区教育委員会、一九九九年）、加藤貴編『大江戸歴史の風景』（山川出版社、一九九九年）。

開帳（かいちょう）

秘仏公開　開帳とは字義の通り、帳《とばり》を開いて平生では目にすることの出来ない秘仏を公開することである。その歴史は平安時代にまでさかのぼる。当初は宗教行事としての意味合いが強かったが、時代が下るにつれて、寺院などが経済的な収入をも目論むものとなった。特に盛んとなったのは江戸時代に入ってからであり、寺社修復の名目による開帳が繰り返し開催されるようになる。

『開帳差免帳』　開帳は通常三三年に一度とされた。また江戸での開帳回数については「一季五ツ」（春夏秋冬の一季の間に五箇所に限って開帳開催）の原則が確立した。江戸での開帳は寺社奉行の許可が必要であり、このうち期間が六〇日を超える場合は正式に記録され、それ以下の日数の場合は「聞済」ということで、特に記帳はされなかった。この正式な記録帳が『開帳差免帳』（国会図書館蔵）である。ここには、一一六四件の開帳が記録されている。開帳開催の理由として最も多いのが寺社修復で、全体の八五パーセント強を占めていた。実際に開帳により利益が修復費用にあてられたかどうか定かではないが、寺社の臨時収入の手段として開帳が重視されていたことは明らかである。

回向院の開帳（「江戸名所図会」）

居開帳と出開帳　居開帳とは、寺社自身が所有する秘仏を公開することで、三一回開催の浅草寺を筆頭に、護国寺、亀戸弁天、永代寺、湯島天神など、江戸および近在の有名寺院をほぼ網羅している。これに対して、諸国の名刹の秘仏を江戸まで持ち込んで行ったのが出開帳である。出開帳では、境内を借りる寺院を「宿寺」と呼んだ。このうち、もっとも宿寺として利用されたのが回向院で、出開帳開催回数は一六六回を数え、まさに出開帳のメッカであった（詳しくは本書「回向院」の項を参照のこと）。また江戸出開帳の七割が本所・深川・浅草に集中していた。

参詣群集　開帳参詣者の人数について石塚豊芥子は、著書『街談文々集要』の中で、嵯峨清涼寺釈迦如来の開帳が回向院で行われた際に売り出された刷り物「嵯峨釈迦参詣人数算術位附」を紹介している。ここでは両国橋に満ちる人々を橋の面積から概算するというユニークな方法を行い、一日二六万七三〇〇人、六〇日の開帳期間では、なんと一六〇三万八〇〇〇人と見積もっている（同様の刷り物は大田南畝『半日閑話』でも紹介され、南畝は「誠に賑ふ江戸の印なり」と感想を述べている）。人数には信憑性はないが、往事の開帳の盛況ぶりを示しているといえるだろう。

飛んだ霊宝　安永六年（一七七七）における浅草観音の開帳は、本尊示現一一五〇年を記念する縁起開帳であった。この開帳を当て込んで、両国広小路に「飛んだ霊宝」なる見世物が登場した。これは魚介類の乾物や貝殻、

『街談文々集要』　万延元年刊行。著者石塚豊芥子が六二歳の時の作である。「一話一言」（大田南畝）「武江年表」（斎藤月岑）などを参考としながら、文化文政期二六年間の出来事をまとめている（「文々」とは文化文政を指す）。凡例に「此書虚実とも記す、相違最多かるべし」とあるように可能な限り諸説を収録しようという姿勢がみられる。また豊芥子は異常な本好きとして知られ、演劇関係の著述でも有名であった。

嵯峨清涼寺　京都市右京区にある浄土宗寺院。山号は五台山、通称嵯峨釈迦堂。安置される釈迦像は「生身の如来」であるという信仰が流布するに従い、平安時代末より霊験を得ようとする多数の参詣者で賑わった。一六〜一七世紀以降、「本願」と称する浄土宗系の僧が実権を握り、真言宗系の子院としばしば対立した。特に釈迦像出開帳における賽銭の分配を巡る争いが有名。

野菜などを巧みに組み合わせた細工物で、その珍奇さゆえに大評判となり、さらには黄表紙の題材にもなった。このような細工物は開帳に際して数多く作られた。例えば角筈村熊野十二社《じゅうにそう》の天保一一年（一八四〇）の開帳では、様々な細工物が寄進され、境内に並べられて、開帳を盛り上げている様子がうかがわれる。

開帳の影響力　開帳が成功すれば、主催する寺社は短期間に多額の利益を上げることができたが、開帳が頻繁に行われる江戸においては、かえって損失を出す開帳もあったようだ。特に開帳にとって天候の不順は最大の難敵であった。中には雨続きで相当の損失を計上したため、持参した秘宝を江戸の寺院に売却して、帰りの路銀を捻出した寺院もあったという。江戸の全体的な傾向としても、一八世紀に最盛期を迎えた開帳は、徐々に開催回数を減少させ、幕末には衰退してしまった。しかしながら、開帳に付随する数々の出店や、それを宣伝するための刷り物類の発行などは、江戸文化の爛熟とも相まって、衰えるよりもむしろ時代を経るに従って盛んになった。江戸における開帳の開催は、文化的、経済的に江戸市中に大きな影響力を持っていたといえるだろう。

（吉田正高）

【参考文献】　比留間尚『江戸の開帳』（吉川弘文館、一九八〇年）、北村行遠『近世開帳の研究』（名著出版、一九八九年）、吉田正高「開帳にみる江戸の鎮守と地域住民―角筈村熊野十二社を例に―」（『早稲田大学大学院文学研究科研究紀要』第45号第4分冊、二〇〇〇年）。

熊野十二社　角筈村（現在の新宿区西新宿一帯）の鎮守。十二社の歴史は、紀州出身の鈴木九郎某が中野に移り住んだ際に、国元の鎮守である熊野社を勧請し奉祀したことより始まったとされる。鈴木氏は中野長者と称されるほどになり、それに伴って社殿なども整備された。その後、享保一九年（一七三四）には、本郷村の多宝山成願寺（曹洞宗）を別当と頼み、幕府の公認を得て、角筈村の鎮守となった。現在の新宿中央公園を含む広大な境内には池や滝があり、風光明媚な江戸名所として知られていた。なお「じゅうにそう」の呼称は、大田南畝が「熊野三山十二叢祠」といったことに由来するという。なお文政三年に奉納された水鉢（現存。区指定有形文化財）にもこの銘文が刻まれている。

流行神（はやりがみ）

参詣群集

享和三年（一八〇三）、江戸では麻疹が猛威をふるい、市民生活を脅かしていた。そんな中、一つの噂が市中を駆けめぐった。上野浅草に江戸屋敷を持つ、九州は柳川藩主立花家の若君様が重い麻疹にかかったが、下屋敷に鎮座する太郎稲荷に参詣して、すっかり平癒したというものである。江戸市民はなんとかこの御利益にあずかろうと、下谷にある柳川藩下屋敷へ殺到した。こうして一屋敷神にすぎなかった太郎稲荷は、江戸史上最大の流行神となってゆくのである。

言語にも筆紙にも尽しがたき様子

江戸では、大名家が自らの江戸屋敷内にある神仏を市民に公開する場合があり、太郎稲荷もその一つであった。柳川藩では当初、紹介者のあるようなものだけに鑑札を与えて参詣を許可していたが、麻疹平癒の噂を聞きつけた人々が群参するため、しかたなく参詣日を定め、その日に限っては市民の自由な参詣を許可した。『享和雑記』では、流行の規模は寛永寺、浅草寺の縁日をしのぎ、「凡物事は見ては聞しに及ばぬ者也、此稲荷の参詣ばかりは言語にも筆紙にも尽しがたき様子は人々まのあたり見たる所也」と記している。当時の流行は次のようであった。「もとの祀を隠居様とし、太郎稲荷は別に社を立つ。もとの祀も建直せしが、いとよく荘

『享和雑記』 文政六年刊行。自序署名に「柳川亭」とあるが、筆者の詳細は不明。なお項目ごとの末尾に狂歌が添えられるという形式をとっている。

屋代太郎 屋代弘賢。（一七五八〜一八四一）幕府奥右筆。考証学者としても知られ、また不忍湖畔に三棟の不忍文庫を建て五万余巻を納めた蔵書家と

ごんにしたり。」（『武江年表』）、「門の内より稲荷の社迄諸人の納たる幟にて垣をなし、道には石を敷詰、井戸椽は石にて出来、石の鳥居も何方よりか納たり」（『享和雑記』）。参詣者が増加するにつれて寄進物なども集まり、施設も整備されていく様子がよく分かる。なお太郎稲荷の流行は、はやり歌にもなり、また歌舞伎や戯作の題材ともなるなど、まさに一つの文化現象となった。

「屋代太郎は太郎の社にあらず」

流行の広がりにつれて遠方より太郎稲荷に参詣する者が増えた。なかには太郎稲荷の正確な場所が分からないものもおり、神田明神下に住む奥右筆屋代《やしろ》太郎の名を逆さに読み、太郎の社《やしろ》＝太郎稲荷と間違え、押し掛ける者もあらわれる始末であった。そこで、化政期の江戸を代表する文人である大田南畝が「屋代太郎は太郎の社にあらず立花左近は左近の橘にあらず」と書いた標識を作ったという。南畝は太郎稲荷の流行を題材に「尋ねゆく、人は浅草にゐ堀の、深きねがひをみつのともし火」という狂歌も作っている。

やがて寂しき……

空前のブームを巻き起こした太郎稲荷であったが、その流行は潮がひくように冷めていった。麻疹の流行が終息したことも一因であったと言われている。しかし、太郎稲荷への参詣流行は、江戸を通じて何度か復活した。特に幕末の社会不安を背景にしたとされる慶応四年（一八六八）の流行は、享和の流行に匹敵するほどの規模を見せたものの、短期間で流行が終息している。この時には、流行をあてこんだ商人達の出店が完成しなくても著名。

於竹大日　於竹は江戸の佐久間某の家の下女であったが、日頃から仏心深く、ものを粗末にしない孝女であった。ある日、武蔵国の行者の夢に大日如来があらわれ、於竹が大日如来の化身であると告げた。そこでお告げの場所に赴くと、その通りであることがわかった。寛永年間に於竹が亡くなると、佐久間家の夫婦はその姿を等身大の像に刻んで、羽黒山に奉納した。後に回向院での出開帳という形でこの像が江戸に届くと、市民が参詣群集し、流行神となった。特に嘉永二年（一八四九）の開帳では錦絵の題材として取り上げられるほどの流行をみせた。

翁稲荷　日本橋青物町（現中央区日本橋一丁目）で道路整備を行った際に、土中より稲をかついだ翁像が掘り出された。そこで日本橋元四日市町（現中央区日本橋一丁目）で翁稲荷として祀

い間に、流行が収まってしまい「いまだ造作なかばなりし商店も皆空しく廃家」となるような状態となった。

文化現象としての流行神

太郎稲荷の流行は江戸では文化現象となり、さまざまなメディアに取り上げられた。太郎稲荷のみならず、江戸では幾多の流行神が生まれた。回向院の開帳でブームに火がついた於竹大日は、祟りによってその存在をアピールした翁稲荷や、正受院の奪衣婆など、同時期の流行神とともに浮世絵の画題として、もてはやされた。

また天明寛政期に万病直しの評判から大流行した碑文谷法華寺（現円融寺）の仁王尊は、当時隆盛を極めつつあった出版文化、特に戯作本のネタとして重宝された。ひとたび流行神が登場すると、その時代に隆盛であるメディアがこぞって取り上げ、流行を助長していることは、現在の文化流行におけるメディアミックスのさきがけであった。江戸における流行神発生のメカニズムについては、いまだ不明な点が多い。しかし、神が流行るという現象は、江戸市民の文化意識における信仰の位置づけを端的に示しているといえるだろう。

（吉田正高）

【参考文献】 宮田登『近世の流行神』（評論社、一九七二年）、富澤達三「正受院奪衣婆の錦絵と世相」（『地方史研究』276、一九九八年）、吉田正高「江戸都市民の大名屋敷内鎮守への参詣行動—太郎稲荷の流行を中心に—」（『地方史研究』284、二〇〇〇年）。

ることになった。その後、構内の掃除を行ったものが祠のそばで小便をしたため、神罰を蒙り死亡したという噂が広まり、その霊力が示されて流行神となる。

正受院奪衣婆 奪衣婆とは三途の川で衣服をはぎ取る老婆のこと。表番衆町（現新宿区新宿五丁目）の浄土宗妙龍山正受院に安置される奪衣婆像は、元来咳止めに効ありと評判であったが、嘉永頃に突如として諸願成就の流行神となった。前述の於竹大日、翁稲荷とともに、拳遊び、首引きなどに見立てた構図の錦絵に仕立てられた。

碑文谷法華寺仁王尊 碑文谷村（現目黒区）にある天台宗経王山法華寺（現円融寺）の仁王尊は、天明から寛政までのわずかの間に熱狂的な信仰を得た。特に諸病快癒に効ありと言われ、治癒を願う人々は、籠堂で一定期間の断食を行ったという。

富士塚（ふじづか）

霊峰富士　江戸の町々からは富士山がよく見えた。そのため、富士の敬虔なたたずまいを江戸の人々は信仰の対象と考えた。正月三日には「初富士」と称して早朝に富士を礼拝した。『東都歳事記』によると、人々は日本橋、駿河台お茶の水など江戸市中の小高い場所から富士を眺望したという。また六月一日の富士山開きには軒下で線香を焚いた。富士に対する信仰の歴史は古いが、江戸時代になると旅行も容易となり、実際の富士に出かけ登山する人も増加していく。

富士講の誕生　享保一七年（一七三二）の大飢饉の影響で、翌享保一八年（一七三三）には江戸で初めての打ち毀しが起こった。富士登山四五度を数える大行者でもあった伊藤伊兵衛は、このような事態を招いた武家政治を非難するとともに、自ら食行《じきぎょう》身禄《みろく》と名乗って世直し実現のための入定を志し、富士七合目付近で三五日間の断食を行い、入滅した。身禄の名声は江戸一帯に広まり、一九世紀前半には江戸中で「富士講」が結成されていった。富士講は先達・講元・世話人の三役によって運営され、講員の代表を順番で富士に登山させるシステムを作っていた。

富士信仰　富士への信仰は原始時代にまでさかのぼる。例えば静岡県富士宮市上条の千居遺跡は縄文中期に富士山を遙拝した祭りの場所と言われている。その後、富士神は浅間神と呼ばれるようになり、その信仰も浅間神社を中心に各地へ広まっていった。なかでも、富士山頂に奥宮を持つ富士山本宮浅間神社は、全国の浅間神社の総本宮として富士信仰の中心となった。また富士の人穴は、浅間大菩薩御在所であるとされ、人穴信仰が盛んになっていった。

『東都歳事記』　→二四〇頁

食行身禄　寛文一一年（一六七一）伊勢の農家に生まれる。一三歳で江戸に出て呉服商に奉公し、のち独立して油

「富士詣り」

江戸っ子が講を組んで富士参りに出かる。登山の途中で雲行きがあやしくなり、先達が五戒を破った者がいるので山の神が怒ったのだと説明し、銘々が己の罪を語り始める。みなの懺悔が終わると、急に体調をくずした者が出た。

「おや、どうしたい。」

「頭が痛くて、心持ちが悪い」

「ははア、わかった、初山（初めて富士に登ること）だね？初山だからお山に酔ったんだろう」

「お山に酔った？先達さん酔うわけですよ、ちょうど五合目です」

落語「富士詣り」のあらすじであるが、この噺の描写やサゲの部分からも、江戸っ子にとっての富士登山には、遊山・娯楽の要素と、信仰心が混在していたことがうかがわれる。

富士塚造成

落語の題材となるほど、江戸には大小織り交ぜて多くの富士講があった。有力な富士講のなかには、富士山自体を近在に勧請する所も現れた。これを一般的に富士塚と呼んだ。富士塚は、富士の五合目以上を模した丘の全体を富士の溶岩（甲州ぼく）で覆うことで富士の岩肌を表現し、奥宮、登山道標石、胎内、経ヶ岳題目碑、石尊碑などを設置する、という一定の様式を備えていた。江戸では、安永七年（一七七八）に高田稲荷境内に作られたのが最初の富士塚であると言われている。高さはわずか五メートルほどであったが、

商として成功する。一七歳で富士信仰に帰依、享保二年（一七一七）富士講六世行者となり、享保一四年（一七二九）に教義書「一字不説の巻」を著す。入滅時は六三歳。

高田稲荷社の富士塚（「江戸名所図会」）

延べ数千人の講員が無償協力して造成された。朱楽管江がその著作『大抵御覧』で取り上げ、世間に喧伝されたため、諸般の事情から富士へお参りに行けない老人、子供、女人などが集まり、活況を呈した。その後も江戸の各地で富士塚が作られることになった。『東都歳時記』にも「石をたたみて富士を作る事近世の流行なり」とあり、一種のブームを生み出した。

現存する富士塚

水稲荷内の高田富士は昭和三九年に取り壊され、現在は早稲田大学構内にその痕跡を残すのみである。しかし東京二三区内には多数の富士塚が現存する。そのなかで、千駄ヶ谷村（現渋谷区千駄ヶ谷）鎮守鳩森八幡の境内に築造された寛政元年（一七八九）の富士塚が最古であり、都の有形民俗文化財の指定を受けている。また現存する富士塚のなかでも最も形態がよく保たれている坂本富士（文政一一年［一八二九］築造、台東区下谷二丁目）、高松富士（文久二年［一八六二］築造、豊島区高松二丁目）、江古田富士（天保一〇年［一八三九］築造、練馬区小竹町）の三基は国指定重要民俗文化財に指定されている。

（吉田正高）

【参考文献】 岩科小一郎『富士講の歴史』（名著出版、一九八三年）。

高田富士塚　富士塚が造られた高田稲荷社は、戸塚村の鎮守であった。元禄一五年（一七〇二）に境内榎のうつろから霊泉が湧き出し、眼病のものがこの水で眼を洗うと治ることが評判となり、水稲荷とも称された。

朱楽管江　元文三年（一七三八）生まれ。幕臣。姓は山崎、名は景基（のちに景貫）、通称郷助。市谷二十騎町に住した。内山椿軒より和歌を学び、同門の大田南畝らと共に安永初頭より狂歌を始める。ちなみに妻は狂歌作者として知られる節松嫁々。『大抵御覧』は安永八年（一七七九）に刊行。

小湊山誕生寺（こみなとさんたんじょうじ）

日蓮宗の開祖日蓮上人生誕の地を記念して、安房国長狭《ながさ》郡東《とう》条《じょう》郷（現在の千葉県鴨川市から天津小湊町にかけての地域）に建立された。当初の高光山日蓮誕生寺という寺号は元禄年間（一六八八〜一七〇四）に小湊山誕生寺へと改称されている。その創建は、建治二年（一二七六）八月のことと言われるが、それにあたった日蓮の弟子日家《にけ》上人・日保《にほ》上人は、それぞれ、日蓮に帰依していた上総国興津（千葉県勝浦市）の領主佐久間重貞の弟、重貞の子と伝えられる。よって、当寺は開基を日蓮、二世日家、三世日保として後世に法灯を継ぐこととなった。

誕生寺の創建

中世における誕生寺の動向としては、祖師堂の日蓮上人像の造立がある。胎内文書の発見により、貞治二年（一三六三）三月六日から半年かけて彫刻され、八月二九日に開眼供養が実施されたことがわかっている。明応七年（一四九八）八月、海辺に立地する宿命として、地震による水没の難に遭う。その後、戦国大名として台頭した里見氏の祈禱所となり、寺領七〇石を安堵されるなど寺勢は上向きとなった。

江戸時代の誕生寺

江戸時代に入る頃、誕生寺は中山法華経寺・池上本門寺とともに不受不施《ふじゅふせは》派の拠点寺院として受不施派の身延山久

日蓮（一二二二〜一二八二）一二歳で天台宗清澄寺（宗派は当時、現天津小湊町）に入る。『法華《ほっけ》経』を至上とする教えを説き、『立正安国論《りっしょうあんこくろん》』を著した。激しい批判姿勢から他宗との対立を招き、鎌倉幕府からも弾圧を受けたため、様々な法難譚が伝えられる。

不受不施派　京都の妙覚寺仏性院日奥《にちおう》を開祖とする日蓮宗の一派。法華の信徒以外からは布施を受けず、他宗の僧侶には布施を施さないという立場をとる。豊臣秀吉の方広寺供養へ出仕拒否。支配層からの布施を受ける受不施派と対立し、徳川幕府からも弾圧を受けた。

遠寺に対抗していた。不受不施派は独立性の強い教義によって為政者からの弾圧にもしばしば遭っていた。寛文五年（一六六五）、幕府が不受不施派を禁教とすると、悲田《ひでん》派を樹立するが、これも元禄四年（一六九一）に禁止となり、受不施派に改宗のやむなきとなった。

慶長末年から元和年間（一六一五〜一六二四）頃と推定される火災によって境内は荒廃したようであるが、現存する寛永五年（一五二八）の棟札は祖師堂再建時のものと考えられている。同一九年には三重塔が建立されるなど境内の整備が進んだ。慶安元年（一六四八）には将軍家光から寺領七〇石を安堵され、やがて、徳川光圀が二六世日孝上人と親交をもつようになった。光圀の祖母である徳川家康の側室養珠院（お万の方）は、里見氏の家臣であり誕生寺の保護に尽くした正木頼忠の娘であった。元禄一六年（一七〇三）一一月の大地震によって堂宇は再び壊滅、その再建には光圀の外護があったとされている。しかし、またしても宝暦八年（一七五八）、火災によって仁王門を除きことごとく烏有に帰すという不運に見舞われる。

誕生寺の江戸出開帳　享保一〇年（一七二五）、深川浄心寺にて出開帳が実施されているが、この時、水戸藩邸に赴いての霊像拝礼をきっかけに、その表装の修復を受けている。宝暦二年（一七五二）四月一三日から六〇日間の開帳は、有力末寺である牛込原町（現東京都新宿区）幸国寺でおこなわれ、日蓮、日蓮の父母、薬王丸（日蓮幼名）の像などが公開された。つづいて、

徳川光圀（一六二八〜一七〇〇）二代水戸藩主。寺社整理や農村振興など藩政上の治績とともに、『大日本史』編纂、『万葉集』の注釈研究ほか水戸学の基礎を築いたことでも評価される。延宝二年（一六七四）には房総へ史料探訪の旅に出、旅行記『甲寅《こういん》紀行』を著した。甥の綱条を後継としている。

元禄地震　元禄一六年（一七〇三）一一月二二日の夜に関東南東部で発生した大地震。地震のマグニチュードは八・二と推定されている。江戸・小田原城下では家屋の倒壊・火災が激しく、島嶼や房総半島には津波が押し寄せた。

出開帳　寺社の本尊や霊宝を外部に持ち出して公開し、人々が神仏に結縁できるようにする行事。江戸期には、修復資金を工面する目的で幕府から実施を許可され、期間は六〇日間とされた。人々が群参し、開帳場の付近には出店や芝居小屋が設けられ賑いを見せた。

天明七年（一七八七）には三月一三日から六〇日間、浅草玉泉寺で出開帳がおこなわれ、本尊日蓮の像、薬王丸像のほか、その厨子の戸帳など水戸家葵紋付の品、徳川綱条《つなえだ》直筆の紺紙金泥の法華経などが公開されている。この時の開帳理由は、宝暦の火災によって焼失した本堂・諸堂の修復助成であったが、その後、四九世日闡《にっせん》が十万人講を発願し一般信徒の浄財を集めた。一〇年の歳月を費やし祖師堂（現存）が天保一三年（一八四二）に上棟、弘化三年（一八四六）にようやく再建なった。

誕生寺参詣

文化九年（一八一二）に高井蘭山《たかいらんざん》によって『房州誕生寺詣』という往来物《おうらい》が刊行されている。そこには、日本橋からの参詣経路が記され、往路は千住から八幡（現千葉県市川市）に通る道、もしくは小網町から船で行徳（同浦安市）に至り、以後、陸路で中山（同市川市）・船橋（同船橋市）と南下、寒川《さむがわ》（同千葉市）あたりから内陸に入り、小田喜《おたき》（同大多喜町）を抜けて外房海岸へ出る経路、帰路は南下して千倉（同千倉町）・白浜（同白浜町）から洲崎《すのさき》（同館山市）を回って那古寺（同）、鋸山（同鋸南町）、を経て金谷（同富津市）または木更津（同木更津市）から船で江戸へ帰るという旅程が示されている。往来物という性格からか、純粋な誕生寺参詣と言うよりは、房総半島の名所がつづけて登場する構成となっている。嘉永七年（一八五四）に誕生寺住職が江戸に出府した記録によると、陸路をとり大田喜、潤井戸（同市原市）、船橋と片道三泊四日の行程となっている。これは先の往来に出てくる往路と同じ経路である。

高井蘭山（一七六二～一八三八）通称文左衛門。名は伴寛。漢籍、往来物、字典など子供向けの教育書を著した。また、『新編水滸《すいこ》画伝』などの読本も手がけている。

往来物　初等教科書として読本と習字手本を兼ねた用語・文例集。内容は地理・歴史・経済まで多様な分野にわたり、江戸期には、寺子屋などで庶民教育に利用された。『庭訓《ていきん》往来』『農業往来』などがある。平安時代末期のものが最古で、明治初期に至るまで様々な形態のものが用いられた。往来の語源は往返一対の書簡文体をとったことに因む。

延享二年（一七四五）の末寺帳には末寺・孫末寺合わせて一五八カ寺が書き上げられ、その内、武蔵国は四四カ寺、下総二三カ寺、上総一八カ寺をはじめとする全国的な分布が見られる。誕生寺の年中行事には末寺の参加が確認されるが、二月一六日の祖師誕生会にあたっては末寺に加え「江戸誕生講」が参加している。末寺を結節点とした本寺参詣を考えると、江戸やその周辺からの相当数の参詣者が推定される。（外山　徹）

【参考文献】『天津小湊町史史料集二』（天津小湊町、一九九〇年）、『ふるさと資料天津小湊の歴史』（天津小湊町、一九九八年）、寺尾英智『小湊山史の散策』（誕生寺、二〇〇〇年）。

川崎大師（かわさきだいし）

『江戸名所図会』（一八三四刊）には「厄除《やくよけ》大師堂」という名称で収録されている。江戸時代に別当寺であった金剛山金乗院平間寺《へいけんじ》は、文化二年（一八〇五）に新義真言宗醍醐三宝院（京都市）の末寺となり、明治時代に入って智積院《ちしゃくいん》（京都市）末となっている。

川崎大師堂の成立

「平間寺縁起」によると、平間兼乗《ひらまかねのり》という漁師が夢告によって海面に光を発見し、網を投げると弘法大師像が海中から現れたという。海辺に小堂を建てたのが大治三年（一一二八）のことと伝えられ、漁師の姓が寺号となった。同じように、海沿い・川沿いに立地する寺社には、仏像・神体が漂着したり、出漁時に海中から発見されると

新義真言宗　平安時代の末に覚鑁《かくばん》を宗祖として成立した、高野山の古義真言宗に対する流派。中世には紀伊国（現和歌山県）の根来山を本山とした。豊臣秀吉の来攻による焼亡後は、京都の智積院と大和（現奈良県）の長谷寺の両本山に別れた。

醍醐三宝院　醍醐寺（京都市）の塔頭。修験当山《とうざん》派の本山。永久三年（一一一五）の創建。室町時代からは醍醐寺座主を務める。江戸期には多くの新義真言宗地方寺院が醍醐派に属した。

いう、海（川）の彼方から神仏が到来する縁起の形式が指摘されている。その後、大師を祀った仏堂は現在位置へ移転したという。『小田原衆所領役帳』に行方《なめかた》与次郎の領地として「大師河原」の記載が見え、戦国時代には一定の知名度を得ていたことがわかる。

江戸時代の川崎大師信仰

江戸時代前期の大師信仰の実態はあまり詳らかではないが、現存する石造物からその一端が垣間見られる。寛永五年（一六二八）銘の六字名号碑は、川崎大師を信仰する江戸京橋の紀伊国屋桜井又太夫という者が、霊夢があり、六郷大橋で弘法大師の筆を拾って名号（南無阿弥陀仏）を書き上げたものを石に刻んだものであると銘に謳われている。この一件について『東海道名所記』（一六五八刊）では、名号を書いたのは無筆の紀伊国屋作内という酒造業を営む者で、夢の中で弘法大師から六字名号を教わり、翌朝、参詣の帰途に六郷橋で拾った筆で石に名号を書いて彫りつけ奉納したとしている。作内は「南無阿弥陀仏」のほかには全く読み書きできなかったと言うが、少々脚色が加わっているようである。

石造物としてほかに、寛文三年（一六六三）銘の道標が残る。この道標には「大師河原　災厄消除　従是弘法大師江之道」（正面）、「こうぼう大し江のみち」（左右側面）と彫られており、川崎大師への相当の通行があることと、この頃には厄除の御利益で知られていたことがわかる。縁起では厄年の厄除を神仏に祈願する漁師の夢に弘法大師が現れたとするなど、川崎大師は厄除けをその利益の中心

大師信仰　単に大師信仰と呼ぶ場合も弘法大師への信仰を指すことが多い。弥勒《みろく》信仰を基底とする救済者信仰として普及。来世での極楽往生を願う浄土教の影響も濃い。廻国伝承によって各地に伝承を残すとともに、巡礼という信仰形態を生んだ。大師が杖をついて泉を沸かせたり、干天に雨を降らすなど、水にまつわる利益譚がよく聞かれる。

とした。その後、正徳三年（一七一三）には梵鐘が鋳造され、宝暦四年（一七五四）には大師堂が建立されている。さらに、同六年には徳川御三卿のうち田安家から宝篋印塔《ほうきょういんとう》が寄進されるなど、境内の整備が進んでいった。

将軍家斉の参詣と信仰の隆盛

江戸時代の川崎大師について最も知られたエピソードとして、将軍徳川家斉《いえなり》の参詣がある。文化一〇年（一八一三）は家斉の前厄の年であった。厄除け祈願のため九月二八日に川崎大師で祈禱を受けることとなったが、あろうことか平間寺山主が直前に急死するというアクシデントに見舞われる。参詣行は山主の死を伏してそのまま実施された。ところが、山主の急死について、本尊が厄除大師であるので、将軍の厄年になりかわって身代わりに死んだと言上された将軍家斉は、これを奇特と感じ入り五〇石の寺領を安堵することとなった。よって寺中の修復も行き届き、尊像の評判はいよいよ著しく、御利益を渇望する人々が講をむすんで訪れ、「平間寺の繁昌むかしに百倍す」ることとなった（『十方庵遊歴雑記』）。また、門前も以前は酒や餅を供する店が少しあった程度だったのが、今では大変なにぎわいになったと記録されている（同）。『江戸名所図会』によると、正・五・九月の二一日、三月二一日の弘法大師の御影供の日には参詣者で大いに賑わったという。（外山徹）

【参考文献】『川崎市史』通史編2近世（一九九四）、三輪修三「川崎大師信仰の展開」（地方史研究協議会編『都市近郊の信仰と遊山』雄山閣、一九九九年）。

田安家　八代将軍吉宗の次男宗武を初代とする支流。江戸城田安門内に屋敷を与えられたことから田安家の呼称となった。宗武の次々弟の宗尹《むねただ》を祖とする一橋家、甥の重好を祖とする清水家と合わせて徳川御三卿と呼ばれる。

宝篋印塔　塔婆の一種で内部に『宝篋印陀羅尼経』が納められている。石塔形式のものは鎌倉時代から残存し、多くは供養塔・墓塔として建立された。

徳川家斉（一七七三～一八四一）一橋家から将軍家治の養子に入り一一代将軍となる。在任期間は五〇年におよぶが、将軍職を譲った後も大御所として実権を握りつづけた。幕政の弛緩が指摘されるその治世だが、化政文化の爛熟期が出現した。

御影供　弘法大師空海の忌日である三月二一日に、大師の肖像（御影）を掲げて供養する法会。

高尾山薬王院（たかおざんやくおういん）

高尾山は関東平野の西南隅に位置する標高約六〇〇メートルの山岳宗教の霊場である。江戸時代、薬王院は薬師堂・飯縄《いづな》大権現《ごんげん》の別当として山内を支配した。法流は醍醐無量寿院《むりょうじゅいん》の末であったが、明治に入って京都の智積院《ちしゃくいん》末となった。開基は天平一六年（七四四）、行基による山内への薬師如来の安置とされるが、その後、永和年間（一三七五〜七九）に醍醐山から下向した俊源大徳《しゅんげんだいとく》が飯縄大権現を感得し彫像を祀ったという。戦国時代に入ると小田原後北条氏の帰依を受ける。永禄三年（一五六〇）には北条氏康が薬師堂修覆料を寄進し、天正三年（一五七五）には、北条氏照が山内での居開帳に際し、乱暴狼藉を禁ずる制札を掲げた。この頃の文書には「薬師」の記載が目立つが、江戸時代に入ってからは飯縄大権現が信仰の中心となる。

高尾山薬王院の濫觴《らんしょう》

江戸時代の高尾山

現在、薬王院には寛永八年（一六三一）鋳造の古鐘が残るが、銘文によると、火災により烏有に帰していたところに再興の鐘を鋳造したとある。この頃は山内堂宇が再整備された時期で、薬師堂、大日堂（現大師堂）、護摩《ごま》堂（現奥之院不動堂）、仁王門（現存は貞享元年・一六八四のもの）などが建立された。慶安元年（一六四八）には寺領七五石を将軍家光から安堵されている。

醍醐無量寿院　醍醐寺三宝院流支流の塔頭で、平安時代末の開創。江戸期において、醍醐寺は多くの新義真言宗地方寺院を配下においた。

智積院　豊臣秀吉によって根来《ねごろ》山が焼亡した後、根来寺智積院座主の玄宥が慶長七年（一六〇二）に京都の地に再興した。江戸期には講学が盛んで、全国から学僧が集まった。明治に入り智《ち》山《ざん》派を形成し、奈良の長谷寺の豊山派とともに新義真言宗の本山となった。

北条氏照（?〜一五九〇）　北条氏康の三男として生まれた。武蔵国滝山城（現東京都八王子市）に入り、後、八王子城に移る。当主氏政の補佐役として、かたや北関東への版図拡大にあたっては常にその軍団の中核を担い、一方、西からの甲斐武田氏の来襲を迎え撃った。豊臣秀吉の来攻時には小田原城に籠城、降伏の後切腹した。

享保三年（一七一八）には紀州徳川家による放生会《ほうじょうえ》（放鷹）がおこなわれ、以後、江戸時代を通じて、途中中断もあるが、同家の祈禱所を勤めることとなった。同一四年には、本尊を祀る飯縄権現堂（現存）が建立されているが、この時期には山内での居開帳もたびたび行われるなど、高尾山信仰の展開にあたって一つの画期をなす時代となった。そして、宝暦・天明期（一七五一～一七八九）にかけて、三月二一日に執行される弘法大師御影供《みえく》を中心に大勢の参詣者が訪れたという記録が残っている。

高尾山と江戸

高尾山では正・五・九月に特定の施主（護摩檀家）に護摩札を配札していたが、その檀家は、当初の元禄期（一六八八～一七〇四）には江戸の在住者が中心であった。享保（一七一六～一七三六）頃から地元と八王子宿を中心とする多摩郡西南部の檀家が増え始め、宝暦・天明（一七五一～一七八九）で武蔵中北部・甲斐東部に分布が広がる。文化六年（一八〇九）の時点ではその半数の檀家が多摩郡西南部の在住者で、さらに四分の一が江戸となっていた。その他は上野国（現群馬県）の南部、武蔵全域、甲斐中東部に集住、上総（現千葉県中部）にも分布が見られる。この分布は甲州道中経由の富士参詣者の在住地にも重なるが、実際に富士参詣者が途上薬王院に宿泊したという記録が残る。また、戦国時代には後北条氏によって山上に富士浅間《せんげん》社が勧請されている。

元文三年（一七三八）には、最初の江戸出開帳を本所の大仏勧化所でおこなっている。以後、寛政三年（一七九一）は湯島天神、文政四年（一八二一）内藤新宿

飯縄大権現　不動明王を本地とする習合神。不動信仰に同じく、諸悪降伏と衆生救済を利益とする。不動明王、迦楼羅《かるら》天、荼枳尼《だきに》天、歓喜《かんぎ》天、宇賀神《うがじん》の五相合体の姿をもつとされるが、その御影は、火炎を背負い剣を捧げる不動明王の肢体に嘴《くちばし》と翼をそなえ、足首に蛇を巻き、白狐の背に乗った姿をしている。

紀州徳川家　徳川御三家の一つ。徳川家康の十男頼宣を初代とする。頼宣は元和五年（一六一九）に五五万五千石で紀伊和歌山城に入封。五代藩主吉宗は八代将軍に就任、支藩の伊予西条松平家から六代藩主として宗直が入っている。

放生会　不殺生戒による仏教儀式。捕らえられている鳥獣を山野・川・池に解放することで功徳を積む。

富士参詣　平安・鎌倉期にはすでに信

の太宗寺、万延二年（一八六一）には両国回向院《えこういん》にて出開帳をおこなった。薬王院の護摩檀家には紀州徳川家以外にも江戸在住の大名家が名を連ねるが、福井藩松平家、三田藩（現兵庫県）九鬼《くき》家などの名が見える。薬王院の貫首は将軍家との儀礼などによる江戸出府の折、武家檀家の屋敷に祈禱に訪れたり、講中の面々と交流を深めるなどした。また、実体は詳らかではないが、江戸に旅宿を設け護符の配布をおこなっていた。

高尾山の利益

高尾山に対する信仰の様相は様々であるが、おおむね、弘法・不動・薬師に対する信仰の型が見いだせる。薬王院が発行した護符《ごふ》として、「泉札」「火伏」「牛王」「蚕守」などがある。先に江戸の旅宿の存在に触れたが、実際に江戸で賽銭が納められている記録も残る。薬王院では護符の在庫管理を江戸と地方で別にしていたが、江戸では火伏の割合が高くなっているのが特徴である。護摩檀家の中には火消役を勤める旗本・御家人の名も目につく。一方、農村部では養蚕の神としての御利益が求められたようで、『武蔵名所図会』には薬王院が鼠口留秘符という護符を出していたという記述がある。また、日照りの際には、近隣諸村の農民が高尾山にて雨乞の祈禱を執行していた。薬師如来、そして薬王院の名からして施薬の利益もあり、『武蔵名勝図会』に「薬師の御洗水」という眼病に効く霊水の存在、また、吉野直根という薬用人参のあることが記載されている。現在も参道には杉の巨大な古木が並び、杉苗料という形で布施が納められているが、天保三年（一八三二）の杉苗寄進の記録が残

仰登山の記録が残る。戦国時代に長谷川角行《かくぎょう》が富士の人穴で修行、江戸に富士信仰を広めた。江戸中期になって、角行の弟子筋にあたる食行《じきぎょう》身禄《みろく》が富士信仰の教義を確立し、富士講を組織していった。身禄の富士山入定《にゅうじょう》後、富士参詣が大流行、以後、周期的な流行をくり返し、後期には富士講はたびたび禁制の対象となった。

護摩　仏前に護摩壇《ごまだん》をしつらえ、火を焚いて加持祈禱をおこなう密教の修法。護摩木を焚いて、煩悩を意味する供物を焼きつくす。煩悩を消滅させ、炎の力によって仏の力を加持する。息災、増益、敬愛、悪魔降伏などが祈願される。

牛王　牛王宝印《ごおうほういん》の略称で護符の一種。単に「牛王宝印」と記されたものから、熊野権現の烏、英彦山の鷹など鳥の絵をあしらったものまで様々である。主に修験の関与する寺社から発行され、

っている。

（外山　徹）

【参考文献】 逸見敏刀『高尾山誌』（上田泰文堂、一九二七年）、『高尾山薬王院文書』一～三巻（法政大学多摩図書館、一九八九～九二年）、村上直編『近世高尾山史の研究』（名著出版、一九九八年）。

阿夫利神社（あふりじんじゃ）

大山の歴史

かつての相模国、現在の神奈川県のほぼ中央に位置する大山は、標高一二五三メートル。別名阿夫利山《あふりさん》（雨降山）ともいい、雨を降らせる山、雨乞いの対象として古くから人々の信仰を集めた山岳信仰の山である。現在は、頂上に阿夫利神社本社を祀り、山中に阿夫利神社下社、雨降山大山寺といった宗教施設を構える。

一〇世紀に成立する『延喜式』のなかの「神名帳」には、すでに阿夫利神社の名が掲載されており、鎌倉幕府の歴史を綴った『吾妻鏡』には大山寺の名も見えている。縁起によれば、大山寺は東大寺建立に尽力した良弁《ろうべん》僧正によって開かれ、一三世紀には鎌倉大楽寺の住僧願行《がんぎょう》によって中興されたと伝える。願行発願という大山寺の鉄造不動明王像は、重要文化財にも指定されている。

戦国時代には不明なことも多いが、武家勢力との対抗・協力関係が垣間見られる。慶長一〇年（一六〇五）、山内に江戸幕府の統制が入り、無学不律の僧侶の追

害虫除などの護符として広められた。

『武蔵名勝図会』 幕府による『新編武蔵風土記稿』の編纂に携わった八王子千人同心組頭植田孟縉が、風土記稿上梓に先立つ文政三年（一八二〇）に多磨郡之部一二巻を書き上げた地誌。構成は風土記稿に似るが内容には異同がある。

阿夫利神社の祭神 祭神は三社あり、本社は大山祇大神《おおやまつみのかみ》、摂社奥社に大雷神《おおいかつちのかみ》、同じく前社に高龗神《たかおかみのかみ》が祀られている。摂社の両社を古くは大天狗・小天狗と称し、神仏混交の両部時代には本社を大山石尊大権現《おおやませきそんだいごんげん》と呼んだ。

良弁 持統三～宝亀四年（六八九～七七三） 奈良時代の華厳宗の僧侶。俗姓は漆部。相模国の人とされている、

放、清僧中心の運営が確立され、山中に点在していた修験や妻帯僧を山中より下山集住させた。このことが後に御師《おし》集落の成立へとつながる。江戸幕府の編纂地誌『新編相模国風土記稿』によると、江戸時代後期の大山の山内組織は、別当八大坊に大勧進（四坊）、供僧（一一）、脇坊（六）、修験（三）、神家（六、御師兼帯）、御師（一六六）の計一九七坊によって構成されていたとある。御師は、伊勢原市の伊勢原口と秦野市の蓑毛口の二箇所に分かれて集落をつくり、大山への参拝者や講の宿泊の便をはかった。また、御師は、信者である檀那に対して一二月から三月にかけて配札に回る檀那廻りを行い、大山信仰の普及に大きな役割を果たした。

ところが明治元年（一八六八）三月の太政官布告により神仏分離が実施されると、大山の中心をなしてきた八大坊の廃止、阿夫利神社の独立などで山内は大いに混乱する。明治六年（一八七三）七月、国学者の権田直助《ごんだなおすけ》が大山に入り、阿夫利神社祠宮として指導、秩序回復に務め、今日の基礎を形づくった。廃仏に追い込まれた大山寺は明王寺を創立し、大正五年（一九一六）には観音寺と合併して大山寺の旧称に復している。

大山の信仰

大山信仰の性格は、いくつかの種類に区分することができる。

元来、雨降山の名が示すように水の神としての信仰があり、山麓はもとより大山の山稜が見える相模原の平野一帯では農耕神として信仰し、参拝することが確認されている。

一説に近江国の渡来人の子孫百済氏とも。東大寺建立に尽力し、開眼供養の後に初代別当になる。宝亀四年に僧正となる。

御師　特定の寺社に所属し、参詣者（講）を導き、祈禱を行い、宿泊所を提供する。御師はお祈り師といった意味を持ち、参詣者を檀那として恒常的な師檀関係を結ぶことが多い。中世にはすでに成立しており、近世には相模大山、武州御嶽、富士山、伊勢と多数存在が認められる。

新編相模国風土記稿　江戸時代後期に幕府によって編纂された相模国の地誌。全一二六巻。『新編武蔵風土記稿』の完成を受けて、文政七年（一八二四）地誌調所において編纂に着手。一時中断をみたが天保元年（一八三〇）に再開し、天保一二年（一八四一）に完成する。

日照りが続いて水不足となると、お神酒枠《みきわく》と称する小さなお社を二つ天秤棒のように棒の前後に差して肩で担いで山に向かう。その中には、お神酒徳利が入るようになっており、その器に大山からの涌水をいただいて、水不足で悩む農家の田畑に撒いたり、地域の神社で奉納祈願したりして雨乞いの神事を行ったという。

さらに、山岳信仰の山によく見られる死者の霊が山に宿る霊山として、山中他界の観念を大山に見出すことができる。

また、埼玉県下の地域では一五歳くらいで若者入りをする男子が、一人前と認められる直前に大人と一緒に参拝し、江ノ島などで祝宴をあげたりする習慣があった。これは子供から大人への通過儀礼にあたり、大山参拝によってある種の試練、修行の疑似体験を課すものである。山に登るという運動能力を試し、大人と一緒に旅することで人間関係や協調性を試し、宴席での飲酒や女性との遊興を勉強することで、一人前として認めるという大事な成人儀礼である。

江戸・東京の都市習俗では、大山の水の神としての性格が火事の多い都市においては火防の神として受け入れられる。また、源頼朝の太刀奉納に由来するという納太刀の習慣が都市習俗として見られる。夏の参拝に木太刀を市中で買い求め、山に持参して奉納する。帰りには他人が奉納した木太刀を持ち帰り、地域で祀ったりする。この太刀に触ると病気にならない、厄が落ちるといった俗信がある。とりわけ女性や老人に代わって参拝することの多かった町火消したちの参拝行動は顕著で、その信仰の足跡は今も山内の奉納物などで確かめることができる。

権田直助　医者・国学者。文化六年(一八〇九)一月一三日生。明治二〇年(一八八七)六月八日没。七九歳。武蔵国入間郡毛呂の生まれで、幕府医官野間広春院に漢方医学を、安積良斎に儒学を学ぶ。天保八年(一八三七)平田篤胤に入門し、文久二年(一八六二)に尊攘運動にかかわる。

また、相模湾を主な漁場としている漁師たちには、海上での位置を知る目印となる山として大山を重要視した。大山は、航海安全、豊漁祈願の信仰対象としての役割を果たしたのである。

江戸の大山詣で

『東都歳事記』の記事では、大山詣では宝暦期（一七五一〜六四）から盛んになったと記している。六月二八日が初山で、七月一七日まで登拝が許されたが、特に七月一四日から一七日の間を盆山といい、人々が群参した。

江戸からの参拝者の多くは、両国橋の東詰め下流側で垢離取《こりと》りをした。裸で川の水につかり、手にしたサシ（ワラシベ）を一本ずつ流し、六根精浄を唱えて身体を清めた。大山のふもとにたどり着くと、再び滝で身を清めて頂上への登拝につくといった宗教的な行為を見ることができる。

一方で江戸の町人たちの間では、ちょうど夏の大山参拝と重なる盆の時期には、江戸を離れ大山山中の宿坊に身を置いて借金取りから逃れようとする者も少なくなかった。毎月末日を決算日としていたが、盆と暮の年二回は特に重要な決算日だったからである。なかには一攫千金をねらって博打に手を染める者もいたようで、「しょせん足りないと大山さして行き」といった川柳に当時の人々の大山へのイメージがうかがい知れる。

神仏分離

明治元年（一八六八）三月の太政官布告によって神仏分離が明治新政府の方針として全国に通達された。いわゆる神仏分離令である。

これにより寺院はもとより仏教色の濃い施設や仏像、経典などが各地で破壊・焼却され、宗教施設は各地で大きな混乱を招いた。大山もまた同様で、神社は寺から独立。八大坊は廃止するなど混乱を極めた。そんななか明治六年に平田篤胤門下の権田直助が山内に入り、神道を基本とする山内改革整備に着手。阿夫利神社を中心とした山内の秩序回復に努め、現在につながる基礎を築いて復興に尽力した。御師はこれによって先導師として名を変え、大山との関係を保ち、大山講などの講社の受け入れ、旅館業などで今日にその姿を見せている。

（鈴木章生）

【参考文献】 秦野市編『御師の村』（一九八四年）、大山阿夫利神社編・刊『相模大山街道』（一九八七年）、山岳宗教史研究叢書 第22巻『大山信仰』（雄山閣出版、一九九二年）。

成田不動（なりたふどう）

成田山新勝寺の開基

成田不動として名高い成田山新勝寺《なりたさんしんしょうじ》は真言宗の名刹である。その開基は、平安時代の中頃、坂東で平将門《たいらのまさかど》が朝廷に反旗を翻した時と伝えられる。天慶三年（九四〇）、将門を調伏《ちょうぶく》するため、朱雀《すざく》天皇の勅願によって下向した寛朝《かんちょう》大僧正が、下総国公津ヶ原《こうづがはら》（現千葉県成田市）に護摩壇《ごまだん》を設置して祈禱を執行。将門が追討された後、新たに寺院が創建されたという。江戸時代の新勝寺は、当初は本所弥勒寺《ほんじょみろくじ》の末寺であったが、宝永四年（一七〇七）に京都の大覚寺《だいかくじ》末となり、明治時代に入って京都の智積院《ちしゃくいん》末

平将門 →一九四頁

弥勒寺 元和元年（一六一五）、宥鑁上人によって小石川に開創。本尊は薬師如来。元禄期（一六八八〜一七〇四）に本所（現東京都墨田区）へ移転したと伝えられる。新義真言宗の触頭《ふれがしら》寺院として、幕府の法令を伝達し諸届・願書の取次をおこなった。

大覚寺 貞観一八年（八七六）、嵯峨天皇の離宮を寺院に改め大覚寺と号し

となった。現在では、川崎大師平間《へいけん》寺・高尾山薬王院とともに新義真言宗智山派関東三山と呼ばれる。

市川団十郎と成田参詣

成田不動への信仰と新勝寺の寺勢の拡大は、元禄年間（一六八八～一七〇四）から顕著となる。その特色として歌舞伎役者市川団十郎の関与が指摘できる。初代団十郎は父が下総国埴生《はぶ》郡幡谷村（現千葉県成田市）の出であった。実子の無かった団十郎が成田不動に子宝祈願をおこなったところ、御利益《りやく》あって子を授かった。団十郎は崇敬を深め、成田不動を主題とした演目「兵《つわもの》根元《こんげん》曽我《そが》」を上演したのが元禄一〇年（一六九七）のことであった。その頃から、「成田屋」を屋号とするようになり、代々の団十郎は成田不動を主題とする演目を上演したが、特に七代目団十郎は崇敬厚く、文政四年（一八二一）に額堂を寄進・建立（上棟は翌年）するなどしている。

新勝寺の深川出開帳

元禄一三年（一七〇〇）、後に成田山中興の祖と讃えられる照範上人が貫首となる。翌一四年にはすでに着工されていた新本堂（現光明堂）・鐘楼が竣工するとともに、居開帳を実施、同一六年には四月二七日から六〇日間、初めての江戸出開帳を深川八幡でおこなった。また、本所弥勒寺から離末し、大覚寺の法流に付属したのがこのすぐ後のことである。ついで、正徳元年（一七一一）には三重塔が完成している。

さて、この深川での出開帳にあたっては、時を同じくして市川団十郎が祈願によって子宝を授かった逸話を脚色した「成田山分身《ふんじん》不動」を上演、成田不動の名

た。本尊は五大明王。鎌倉期には後宇多天皇が入住、以後、この皇統から皇子・上皇が入住したので大覚寺統と称される。応仁の乱で焼亡したが、織田信長・豊臣秀吉の尽力で復興、江戸期にも幕府に寺領を安堵され、後水尾《ごみずのお》天皇からも寄進をうけ門跡寺院として発展した。

不動信仰　薬師如来の使者で、大日如来が火炎を背負い忿怒の形相で示現した姿とされる不動明王は、悪魔降伏と衆生救済の利益で人々の信仰を得た。特に関東地方に不動信仰が盛んで、成田のほか目黒不動、大山不動などがよく知られた。

市川団十郎　江戸歌舞伎の名家。初代団十郎（一六六〇～一七〇四）が主人公の超人ぶりを豪快な所作で演じる荒《あら》事《ごと》を創始、人気を博した。以後、現代までに一二代を数える。

はいやがおうでも高まることになる。以後、江戸時代において新勝寺は、実に一一回の江戸出開帳をおこなうが、うち一〇回もの回数が深川で重ねられることになる。また、出開帳とは別に、成田不動の分霊を勧請した御旅宿《おたび》が江戸市中に設けられ多くの参拝者を集めた。御旅宿は最初鉄砲洲（現東京都中央区）から坂本町（同）、南茅場町（同）、深川、浅草などに遷座を繰り返した後、深川に戻り、明治一四年（一八八一）に不動堂が建立されて今日に至っている。

江戸からの成田参詣

江戸からさほど遠くない成田不動へは、多くの江戸町人が参詣に訪れた。参詣者は江戸を中心に武蔵、下総、上総、安房、さらに遠国からも訪れていたが、その多くが日本橋・京橋や浅草・深川に居住する江戸町人であった。江戸から成田への参詣は概ね三泊四日の行程となる（往路一泊、成田一泊、帰路一泊）。江戸の東部近郊からの例では、早朝に出立、成田近辺に宿泊、翌朝参詣して護摩供養・坊入《ぼういり》の後、帰路にて一泊という行程も見られる。参詣者は主に千住、八幡《やわた》（現千葉県市川市）、船橋（同船橋市）、大和田（同八千代市）、臼井（同）、佐倉（同佐倉市）、酒々井《しゅすい》（同酒々井《しすい》町）、寺台（同成田市）を経て成田に至った。もちろん、江戸からは行徳（同浦安市）まで船便という方法もある。参詣には個人によるものも、二・三名の組から講中による集団参詣もあった。成田講に関する最古の記録としては、江戸の丸下講が奉納した天蓋に、元禄元年（一六八八）に講を起立した旨の銘が残る。また、こうした講中は代参講として毎年数名の代表者を選出して継続的な参拝をおこない、また、時に

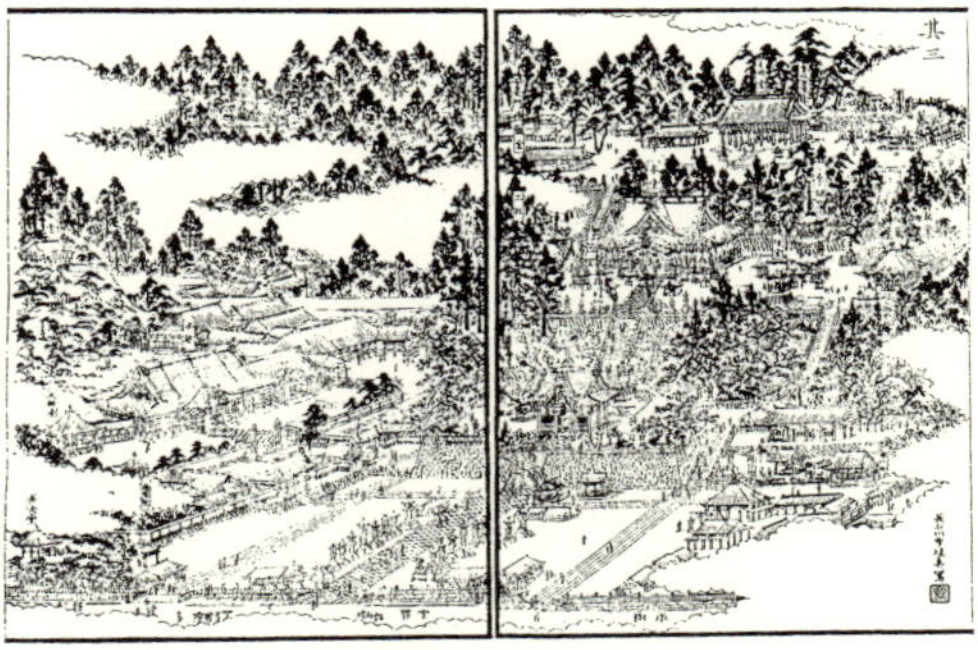

成田山本堂（『成田名所図会』）

は数十人の規模で参詣をおこなうこともあった。

成田不動信仰はその後も隆盛を誇り、天保二年（一八三一）には仁王門が再建され、安政五年（一八五八）には新本堂（現釈迦堂）が落慶している。参詣をモチーフとした錦絵なども大量に描かれた。

（外山　徹）

【参考文献】　神崎照恵編『新修成田山史』（大本堂建立記念開帳奉修事務局、一九六八年）、村上重良『成田不動の歴史』（東通社出版部、一九六八年）、旭寿山『成田不動霊験記―市川団十郎と名優たち―』（大本山成田山新勝寺、一九八一年）、『図録　成田山の歴史』（成田山霊光館、一九九八年）。

交　通

五街道（ごかいどう）

東海道・中山道・日光道中・奥州道中・甲州道中の総称である。五街道といっても奥州道中は日光道中の宇都宮宿を起点とするため、江戸を起点にするのは四街道ということになる。

五街道の成立　慶長五年（一六〇〇）徳川氏は関ヶ原の戦に勝利を得ると、翌六年に東海道の宿場を指定し、続いて同七年中山道の宿場を定めている。その後時代の確定はし難いが日光道中・奥州道中・甲州道中等の宿場を定めている。以上のことから分かるように、五街道という概念や呼称は江戸時代の初めから存在したわけではない。五街道という概念が幕府に生じてきたのは一六〇〇年代の後半に入ってからのようで、延宝二年（一六七四）には東海道・中山道・日光道中・奥州道中・甲州道中及び佐倉道に助成金を貸与している。五街道という呼称もこの頃から使われだしたと考えられるが、五街道という文

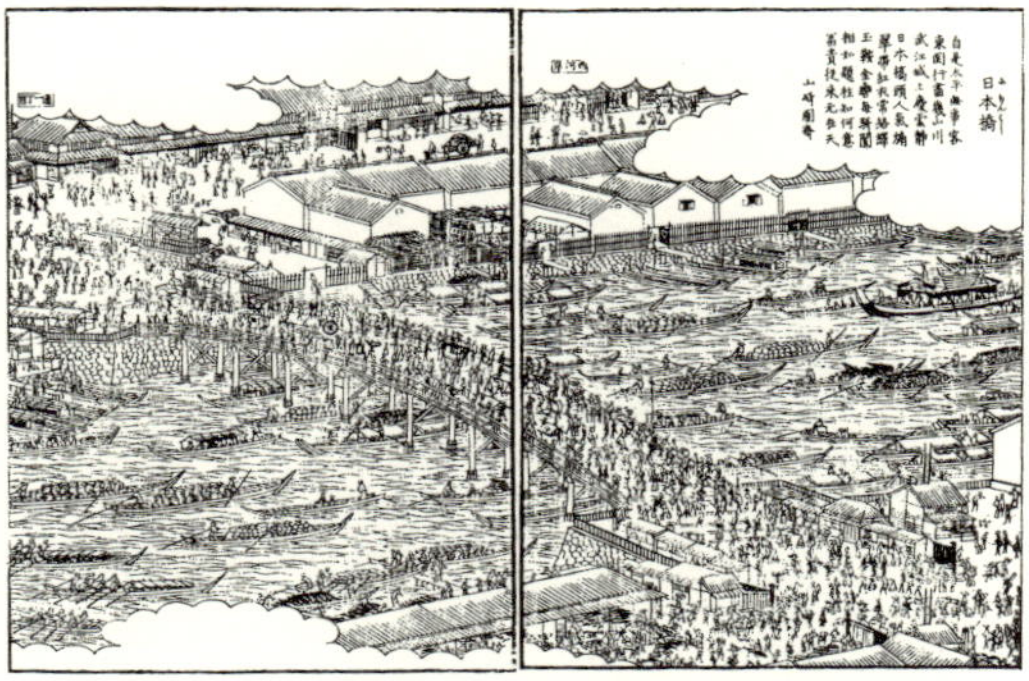

五街道の起点となった日本橋（「江戸名所図会」）

字が公文書に記されたのは、現在のところ貞享四年（一六八七）に旅籠屋が一人旅の者も止宿させるようにと出された法令に記されたのが早い時期のもののようである。

こうして五つの重要な街道という概念は出来上がってきたものの、幕府によって五街道について明文化されたわけではないため、五街道に対する共通認識・理解はなかったようである。宝暦八年（一七五八）大目付依田和泉守の番所は五街道について伝馬町の馬込勘解由《まごめかげゆ》に問合せているが、馬込勘解由は五街道のことは道中奉行より承っているものの、どの街道が五街道かは分からない。当方は東海道・中山道・日光街道・北陸道と考えているが今ひとつ分からないと解答している。江戸の交通を担当する馬込勘解由でさえこの有様であった。

正しい解答ができなかった勘解由は直に道中奉行に問合せ、次のような回答を得ている。

一　東海道　品川より守口迄
　美濃路　名護《（古）》屋より守山迄
　佐屋廻り　岩塚より佐屋迄
一　中山道　板橋より守山迄
一　日光道中　千住より鉢石迄
　壬生通　板橋より岩淵迄
　水戸佐倉道　新宿より松戸迄

一　奥州道中　　白沢より白川迄
一　甲州道中　　上高井戸より上諏訪迄
右五口五海道と申、道中御奉行御支配ニ
御座候、以上、

道中奉行は五街道とその範囲についての解答を示すが、美濃路・佐屋廻りは東海道に、壬生通・水戸佐倉道は日光道中に付属する街道として扱われている。

街道と海道　ところでこれまではほぼ「街道」という文字を使用してきたが、実際にはほとんど「海道」の文字が使われている。近世又はそれ以前にあっては「海道」と記されるのが一般的であった。たとえば慶長二年（一五九七）に出版された易林本『節用集』で「カイドウ」を検索すると海道とあり、街道は見当らない。坪内逍遥も三田村鳶魚編『膝栗毛輪講』下の序文で「海道が街道と書き替へられるのは、或ひは遠い未来でもあるまい。」と書いている。「海道」がどうして使われるようになったのかは定かでないが、日光海道・奥州海道などと書かれたわけである。中山道も中仙道又は木曽海道などと記されたりもした。

享保元年（一七一六）新井白石は街道の表記について幕府に建言をしている。それによると中山《せん》道は五畿七道のうちにある東山道・山陰道・山陽道がいずれも山をセンと読むから中山道として順当である。東海道は海国の道筋であるからそのままでよいが、海のない国を通る道も海道と呼ばれている。このような場合日

五畿七道　律令制下における地方行政区分のことで、大和・山城・河内・摂津・和泉の五か国を指すが、現在の主都圏に相当する。七道は東海道・東山道・北陸道・山陰道・山陽道・南海道・西海道で、都から各道に幹線道が通じていた。幹線道もたとえば東海道と呼び、七道は行政区分と同時に街道名称でもあった。

光道中・甲州道中とすれば順当であるとしている。
以降幕府の公文書には東海道・中山道・日光道中・奥州道中・甲州道中と記すのが例になったが、海道という表記も頻繁に使われており、五街道については五海道と書くのが一般的であった。

五街道と道中奉行

五街道及びそれに付属する街道や宿場は交通に関しては幕府の支配下に置かれ、藩領であっても交通については幕府の命令に従うのが原則であった。実際に五街道を担当したのは道中奉行で、万治二年（一六五九）に設けられている。初代道中奉行は大目付の高木守久が兼任したが、その後元禄一一年（一六九八）勘定奉行も兼任するようになり、以降道中奉行は二名となっている。

（山本光正）

【参考文献】 丸山雍成著『日本近世交通史の研究』（吉川弘文館、一九八九年）、山本光正著「五街道の付属街道に関する一考察」（『国立歴史民俗博物館研究報告』50）。

脇往還（わきおうかん）

脇往還とは

五街道以外の街道は脇往還・脇街道などと呼ばれた。脇往還といっても基準があったわけではなく、山陽道のように五街道に匹敵するような街道から、極めて細々とした街道までさまざまであった。五街道は道中奉行の支配であったが、脇往還は原則として勘定奉行の支配下に置かれたものの、具体的に交通政策を展開したというわけではなく曖昧なものであった。平野部が広がる関東には大小無数のといってよい程の脇往還が網の目のごとく通じており、日常生活の道そして経済活動・行楽・社寺参詣の道としてその重要性は五街道に優るとも劣らなかったといってよいだろう。

縦横に走る脇往還の主要なものは江戸を中心に延びていたが、その主なものについてみてみよう。

江戸から延びる脇往還

江戸から西に向って東海道と甲州道中が通じているが、その両街道に挟まれるように中原街道と矢倉沢往還が通じていた。中原街道は江戸から戸越・馬込を経て多摩川を渡り、上丸子・小杉・佐江戸・瀬谷・用田・四之宮・中原を通って東海道平塚宿に達する。この街道は近世以前からの道を改修して直線的な道としたものらしく、『新編武蔵風土記稿』には中原新道・新道の記述がみられる。平塚からほぼ直線状に江戸に達することができる中原街道は、近世初期には徳川家康が好んで利用しており、中原や小杉などには将軍休泊用の御殿も設置された。

中原街道は近世初期には軍事的な役割を果した街道とみられるが、経済活動が活発化すると、この街道は公用通行が比較的少なかったため、商品物資が盛に輸送されている。

中原街道の北に通じるのが矢倉沢往還である。江戸から青山・宮益坂・瀬田そして多摩川を渡って二子・溝ノ口・長津田・下鶴間・厚木・伊勢原・曽谷・関本・矢倉沢を経て駿河に達する街道で、大山の山麓を通るところから大山街道と

脇往還の名称　脇往還は特に定まった名称はない。大山街道も相州往還・矢倉沢往還などと呼ばれている。東海道にしても京都に近くなると京街道と地元では呼ばれ、中山道は木曽街道とも呼ばれている。

宿場と継場　五街道の交通集落は宿場と呼ばれるが、脇往還では原則として宿場の名称を用いることができず、継場・継立村などと呼ばれた。

も呼ばれている。『更級日記』によると菅原孝標ら一行は箱根路ではなく関本・矢倉沢を経て駿河に入っている。

甲州道中新宿の追分からは高円寺・田無・箱根ヶ崎を経て青梅に達する青梅街道が通じている。青梅街道は慶長一一年（一六〇六）江戸城修築に際し、青梅近傍の成木や小木曽などから産出する石灰を輸送するため大久保長安により開かれたといわれている。初めは成木街道と呼ばれていたが、甲府に至る道が通じると青梅街道と呼ばれるようになったという。

中山道と平行するように通じているのが川越街道で、江戸から上板橋・下練馬・白子・膝折・大和田・大井を経て川越に達し、それより松山を経て熊谷で中山道に合流する。

川越街道は上杉持豊が長禄元年（一四五七）太田道真・道灌父子に川越城と江戸城を築かせ、四年後には岩槻城を築かせた時、古河公方に対する防衛街道として従来の川越街道を改修させたのがはじまりという。その後江戸時代に至り徳川家光が川越仙波東照宮参詣のため新道を完成させた。

房総方面への主要な脇街道は佐倉道である。江戸から小松川・小岩を経て小岩・市川関所に達し、それより江戸川を渡って八幡・船橋・大和田・臼井を通って佐倉に至る。途中船橋からは木更津方面への道と東金に達する東金御成街道が分岐している。

佐倉道は江戸から小岩までは五街道扱いの道であったが、元禄頃道中奉行の支配を離れ脇往還になってしまった。五街道扱いの街道が脇往還に格下げとなった例は佐倉道だけのようであり『新編武蔵風土記稿』などにもこれを示すように「元佐倉道」と記されている。佐倉道は成田への道でもあったため、成田参詣が盛になると「成田道」とも呼ばれるようになっている。

脇往還の機能　江戸から諸方に延びていた脇街道は近世初期には軍事的役割に重点が置かれていたが、特に中原街道や佐倉道とそれに連続する東金御成街道は軍事道路として開発されたといってもよいほどであった。こうした脇往還は次第に江戸の生活を支えるための道、行楽・信仰の道として発展し、近代以降は矢倉沢往還に対応するように小田急線が、青梅街道には西武線が、川越方面には東武線そして佐倉・成田方面には京成線が通じるなど、東京の主要私鉄として引き継がれている。

（山本光正）

【参考文献】　中西慶爾著『青梅街道』（木耳社、一九八三年）、山本和加子著『青梅街道』（聚海書林、一九八五年）、笹沼正巳・小泉功・井田實著『川越街道』（聚海書林、一九八五年）、山本光正『成田街道』（聚海書林、一九八七年）、東京都教育庁『青梅街道』（歴史の道調査報告書第三集）、山本光正「江戸周辺の街道―特に中原街道を中心に―」（『史誌』29、一九八七年）、山本光正「相州矢倉沢往還について」（『神奈川県史研究』19）。

行徳船（ぎょうとくぶね）

長渡船・番船とも呼ばれ、江戸小網町行徳河岸と下総本行徳を結んだ川船である。そのルートは日本橋川から隅田川を横断して小名木川に入り、中川と交差して新川から江戸川に出て本行徳に達する。鹿島萬兵衛の『江戸の夕栄』には、「上総下総の旅客、成田（新勝寺）芝山（千葉県芝山町の観音教寺）の参詣客、講中団体にて借切または乗合ひもあり」と記し、行徳河岸には数軒の旅店もあった。

小網町から行徳へ

行徳船の成立と展開

近世前の行徳方面の水運については定かではないが、永禄年間（一五五八〜六九）に行徳に塩浜があったというから、塩の輸送のための水運も行われていたであろう。徳川家康が天正一八年（一五九〇）関東に入部して間もなく行徳方面への水路が開鑿され、舟運も開始されたようである。寛永九年（一六三二）に至り行徳が河岸として公認されると、所謂「行徳船」の航行がはじまった。

行徳船は特権の代償として将軍の日光社参や鹿狩りの時などの御用を勤めたため「番船」と呼ばれたようである。長渡船の由来は不明だが、近世の交通制度では原則として旅人は陸路を行くことになっていたため、行徳船はあくまでも距離の長い渡し船としたものであろう。

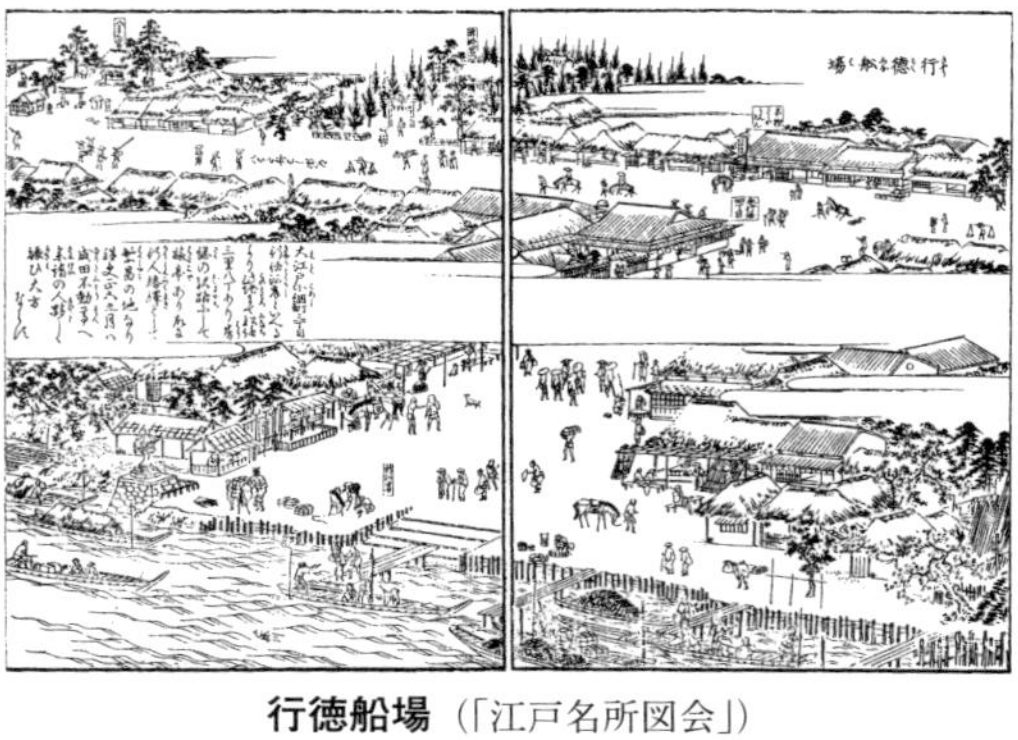

行徳船場（「江戸名所図会」）

行徳船として使用された船は主に茶船で通常二四人乗であった。船数は最初二四艘であったが、寛文一一年に五二艘、嘉永年間に六二艘に増加している。船の利用には借切・表借(舳の方半分)・友借(艫の方半分)・乗合の四種があり、他人同士が集り借切ることはできず、借切をする時は宿屋で食事をし借切の手続きを行った。寛政五年の船賃は借切二五〇文、表借一七二文、友借一二四文、乗合一人五〇文であった。行徳船は客船であったが魚鳥生荷物や日用品は荷宿の別船に積み、船会所が統轄し江戸へ運んだが、着岸地は小田原町河岸であった。

江戸から房総に達するには小岩・市川関所か金町・松戸関所のいずれかを通過しなければならなかったが、行徳船を利用した場合小名木川と中川の交差する所に設けられた中川番所で検査を受けた。番所ははじめ小名木川に架かる万年橋の辺りに設けられたが、寛文元年前述の場所に移転した。番所の検査も近世後期にはかなり形骸化したようで「中川で生酔笠をやっと取り」など中川番所を詠んだ川柳も多い。

行徳船の終焉　江戸から歩くことなく、しかも海上を通らず房総に達することができる行徳船は、江戸市民にとっても房総の人々にとっても便利な交通機関であったが、近代に至り明治四年万年橋に利根川丸会社が設立され、新川・江戸川を経て関宿から利根川に入り栗橋に至る航路に「利根川丸」が就航、その後内国通運会社の通船丸が就航するなど、江戸川・利根川方面の河川交通は飛躍的に発展するが、行徳船は明治一二年に廃止されている。

（山本光正）

【参考文献】　和田篤憲「江戸の警備と下総行徳の長渡船」（『経済史研究』9、一九三〇年）、加藤貴「中川番所の機能とその特質」（『交通史研究』12、一九八四年）

木更津船（きさらづぶね）

江戸と木更津を結ぶ船運の呼称で五大力船が中心となって貨客の輸送にあたった。伝承によると大坂の陣の時に木更津の水主が徴発されたが、戦死者が出たため、幕府は木更津近傍の城米等を独占的に輸送することを許したという。

木更津河岸　江戸における荷揚地として舟町の河岸場を使用することが認められていたが、後に江戸橋広小路の日本橋川畔に移動している。河岸は木更津河岸と呼ばれていたが、同所の支配が曖昧であったため、寛保二年（一七四二）本材木町の名主が支配することになり、治安維持のために河岸守も置かれた。木更津船は河岸で夜を明かすことができたが、他の船は木更津船と相対で荷揚げを決め、着岸は荷揚げ中に限られていた。

輸送物資は房総からは米穀のほか大量の薪炭類が運ばれている。

貨客の輸送　江戸は巨大消費地であり、大量の薪炭類を必要としたが、房総はその主要な供給地であった。

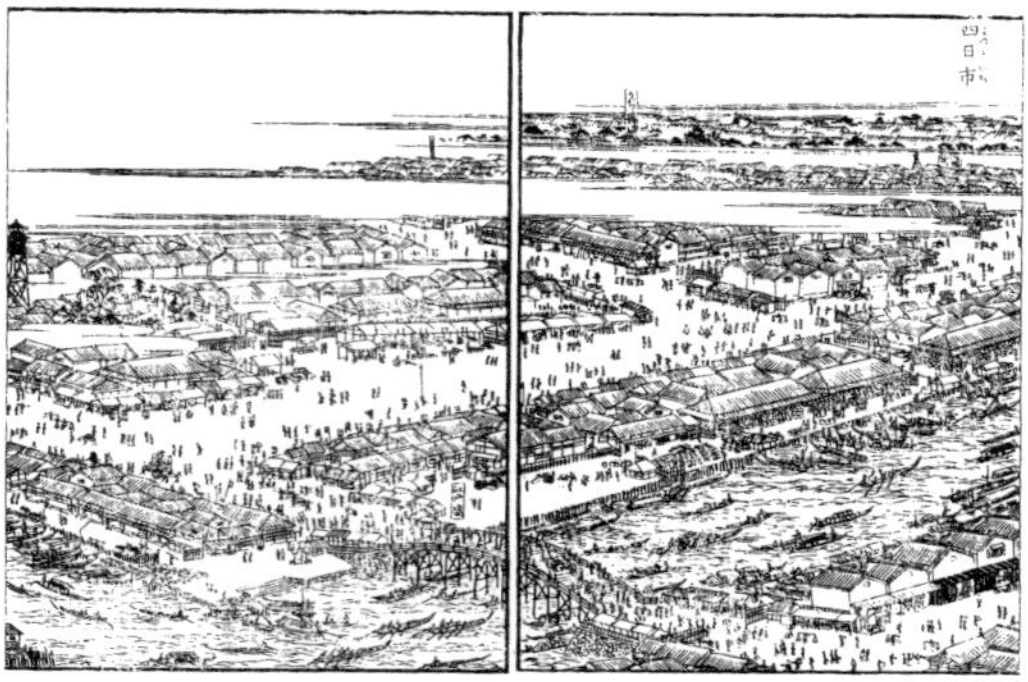

木更津河岸（左下の水路に船が係留されているところ。「江戸名所図会」）

旅客輸送

　近世における人の移動は原則として陸路を利用したが、木更津船は近世を通して旅客の輸送を行っていた。木更津船が旅客輸送を許されるに至った経緯は定かではないが、幕府の交通制度確立以前から木更津船が旅客輸送を行っていたため容認せざるを得なかったとみることができる。

　江戸からの旅客は木更津河岸で乗船し木更津へ向ったが、木更津から江戸に向う場合、潮流の関係からか船は神奈川沖で潮待ちをしたらしく、旅客は神奈川宿に上陸し江戸に向うことが多かったようである。

　木更津河岸の近くには上総出身者の舟宿があったらしく、上総方面の人々が木更津船を利用する時はここで乗船の手続きや食事をとったりしている。また上総出身者の江戸在住者が情報を交換する場にもなっていた。

　旅客輸送の権利については明かでないにしろ、幕府はこれを否定することはなかったが、現実には房総半島と三浦半島内湾沿いの船は江戸や内湾の各港に旅客を輸送しており、幕府は度々旅客輸送を禁じる法令を出しているものの、ほとんど守られなかったようである。

　木更津船をはじめとする江戸内湾の船を利用すると、小岩・市川関所を通ることなく房総に達することができたため、犯罪者が船を利用して江戸から房総方面に逃亡することがあったが、こうした状況を示す事件が文化年間に起きている。

　下総無宿平蔵は人妻を誘拐し、築地辺りより漁船に乗り木更津近辺に上陸したが捕えられてしまった。評定所においては平蔵に関所破りを適用するかどうかが問題となるが、平蔵に関所破りを適用すると、房総の婦女子をはじめ、多くの人を罰することになるため、海上は関所の持場ではないという理由を設け、平蔵から関所破りを除外している。

木更津船は近代に入ってからも物資輸送や旅客輸送を行っていたが、次第にその姿を消している。

（山本光正）

四宿（ししゅく）

五街道の初宿である東海道品川宿、中山道板橋宿、日光道中千住宿、甲州道中新宿の総称である。いつ頃から四宿と唱えられるようになったかは定かでないが、新宿成立以降のことである。新宿は元禄一一年に成立するが、宿場が高遠藩内藤氏の屋敷地であったため内藤新宿と呼ばれた。しかし享保三年に廃止され、明和九年に再興が認可されている。

新宿成立以前の甲州道中の初宿は高井戸宿で、日本橋から四里の地に位置したが新宿成立により初宿まで二里に短縮した。ほかの三宿も二里余だが、板橋宿が最も長く二里一八町である。

四宿の比較　『宿村大概帳』所収の天保末年の調査によると、品川宿は人口六八九〇人・家数一五六一軒、板橋宿は人口二四四八人・家数五七三軒、千住宿は人口九九五六人・家数二三七〇軒、新宿は人口二三七七人・家数六九八軒だが、宿泊施設をみると、品川宿は本陣一軒・脇本陣二軒・旅籠屋九三軒、板橋宿は本陣一軒・脇本陣三軒・旅籠屋五四軒、千住宿は本陣一軒・脇本陣一軒・旅籠屋五五軒、新宿は本陣一軒で脇本陣は無く、旅籠屋が二四軒であった。

人口及び家数からみると千住宿が群を抜いており、品川宿がこれに次ぎ板橋・新宿は差をつけ難い。宿泊施設はいずれも本陣が一軒であるが、初宿であるため公用旅行者や参勤交代の大名の宿泊が少なかったためであろう。これに対して旅籠屋は品川宿の九三軒を筆頭に千住・板橋・新宿と続くが、たとえば東海道において九三軒以上の旅籠を有する宿場は小田原・浜松・熱田・桑名・四日市の五宿、甲州道中では二四軒以上の宿は府中・横山・中初雁の三宿であり、本陣と比較すると旅籠の数は異常なほど多い。地方から物資を運んできた人々が宿泊するためもあろうが、四宿は江戸の遊所としての意味合いの強かったことが大きな要因であろう。近世の随筆等に四宿が記してある場合その多くは遊所の視点からである。

四宿で遊ぶ　江戸の風俗を書いた『皇都午睡』も吉原遊びに続いて品川・新宿・板橋・千住について記しているが、本書により四宿をみてみよう。

品川宿は東海道の咽首であり陽気なことこの上もない。高縄に案内の茶屋が有り品川宿中央の小橋より上は銭店（=安価）な遊所が、橋より下は大店があった。客は白鳥と呼ぶ徳利を下げた茶屋の案内で遊所に行き、そこで芸者を呼んで酒宴

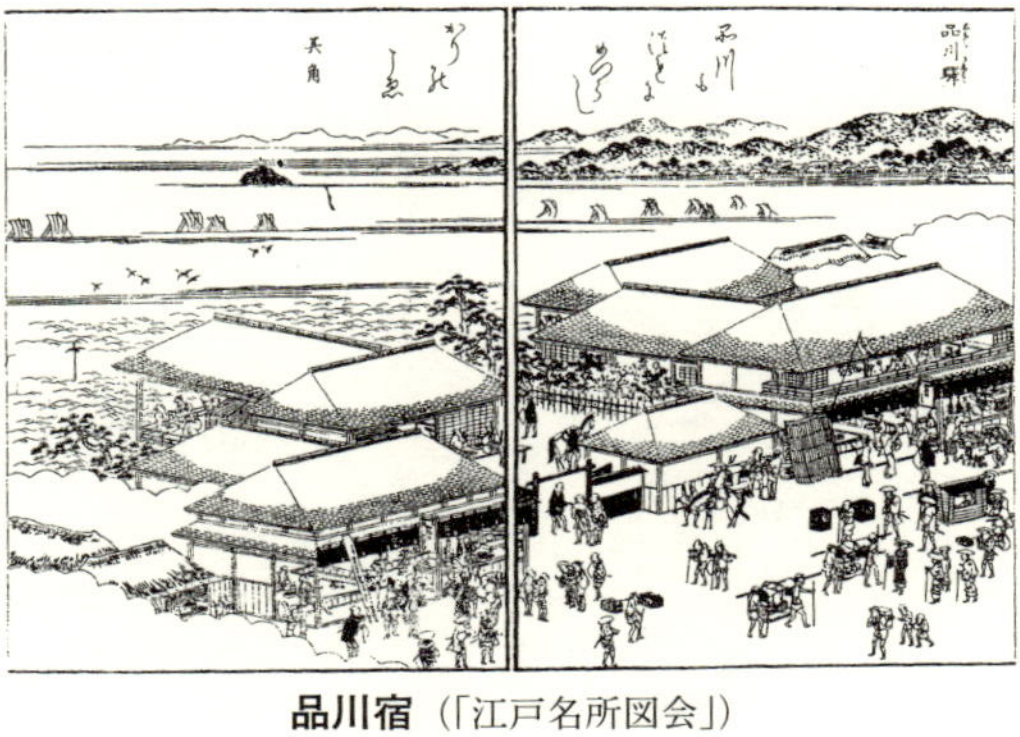

品川宿（「江戸名所図会」）

となり適当な時に遊女がでてくるなど、作法や部屋などは吉原に負けぬほどであった。遊所の店の数も多いが、中でも土蔵相模や大湊屋はその名も高い。

新宿もまた賑やかな所で、遊所の家も広く茶屋も多い。しかし山手で田舎の街道なので農民の通行が多く、街道の華やかさはない。客は武家や出家が多く、表の構えや上等な店の金額も品川と同じだが、上等の店と銭店が入り交じっている。品川もそうだが大店には風呂場が多く銭湯のように客に使わせている。

板橋宿は中山道の咽首であるが至極陰気な上遊所も下等で道中の飯盛旅籠と変わらない。

千住宿は板橋より宿も広くて家も遙にきれいである。大橋を挟んで大千住・小千住と呼ばれ、小千住は掃部宿とも称されている。小千住には小塚原の刑場があり「こつかっぱら」とも言う。浅草方面の者は、吉原で安い店に行くよりは千住の方がよいなどと遊びに来る者も多く繁昌している。

著者西沢一鳳が意図して品川・新宿・板橋・千住の順に記したのかどうかは分からないが、四宿の中でも最も華やかで繁栄していたのが品川宿である。新宿と千住宿については一鳳の目には新宿の方が好ましく映じていたようであり、板橋宿は四宿中最も寂しい宿場であった。

（山本光正）

板橋宿（「江戸名所図会」）

中川番所（なかがわばんしょ）

中川番所は、河川交通路上の江戸の出入口に設けられた川船改めのための関所で、江戸へ出入りする人と物資の査検を行った。

番所の成立と中川番　正保四年（一六四七）に小名木川の隅田川口北側に深川番所が設置されたが、明暦三年（一六五七）の大火後の本所・深川地域の市街地化にともなって、深川番所が江戸市中に入ってしまい、その機能をはたすことができなくなった。そこで寛文元年（一六六一）に番所を小名木川の中川口北側、小名木村（現江東区大島）地先へ移転し、これを中川番所と称した。中川番役を勤めたのは寄合の旗本で、時期により定員は変動するが、宝永元年（一七〇四）に三人となり幕末にいたり、慶応三年（一八六七）には交代寄合三人の任命となった。中川番は若年寄支配で、躑躅間詰《つつじのまづめ》であった。番役は五日交代で勤番したが、番役の旗本自身は平常は中川番所に詰めず、家臣のみを派遣した。その構成は、弘化年間（一八四四～四八）では番頭二、添士二、小頭二の六人であった。しかし、将軍御成の時は、番役の旗本自身が詰めて、将軍と御目見した。「江戸名所図会」の挿絵によると、番所の周囲に木柵がめぐらされ、番所には槍一〇筋が装備されており、小名木川縁には番小屋が建てられている。

小名木村茶屋と中川番所　中川番所の査検体制を補完したものに、小名木村の茶屋があった。彼らは、本来は中川番所での査検を待つ船頭や江戸市中の河川運輸業者・諸問屋の世話をする茶屋であったが、そうした営業との関連で、送状に不備があった場合には書替などの世話もした。

査検対象

中川番所の査検対象は、利根川水系や房総方面と江戸とのあいだを航行する川船であった。関所では「入り鉄砲に出女」を査検したが、中川番所では、女性の通行は禁じられた。ただ、特例措置として、周辺農村の女性については通行を認めていた。また、鉄砲をはじめとする武器・武具類の通関については、特に詳細な通関手続と数量制限が規定されていて、場合によっては一つ一つ荷解きするという厳重な査検が行われた。武器以外の通関手続は、徐々に形式化していったようで、通船にあたって「通ります」というと「通れ」と応えて通行を許したので、「中川は同じあいさつして通し」「通ります通れ葛西のあふむ関」という川柳も詠まれている。しかし、江戸市民にとっては、中川番所での査検は煩わしく、門限も定められていて、中川番所が河川交通上の障害と意識されていた。

御規定荷物

当初商人物資の査検は対象外とされていたが、享保年間（一七一六〜三六）以降、特定の物資については、江戸入出津量の把握を行うようになった。これを御規定荷物といい、江戸入津《にゅうしん》の米・酒・硫黄・俵物・樽物・古銅類・筏（材木類）・生魚・前栽物、出津の米・塩、入出津両方は武家の箪笥・長持・鍬鉄・鍋鉄・焔硝・生蝋・武器と鉛であった。査検方法は、基本的には問屋商人などから事前に提出されている証文・印鑑と送状の印鑑を照合し、さらに送状と積荷の数量を照合して確認するという方法がとられていた。この御規定荷物は、中川番所を通関しないと抜荷となるので、中川番所は御規定

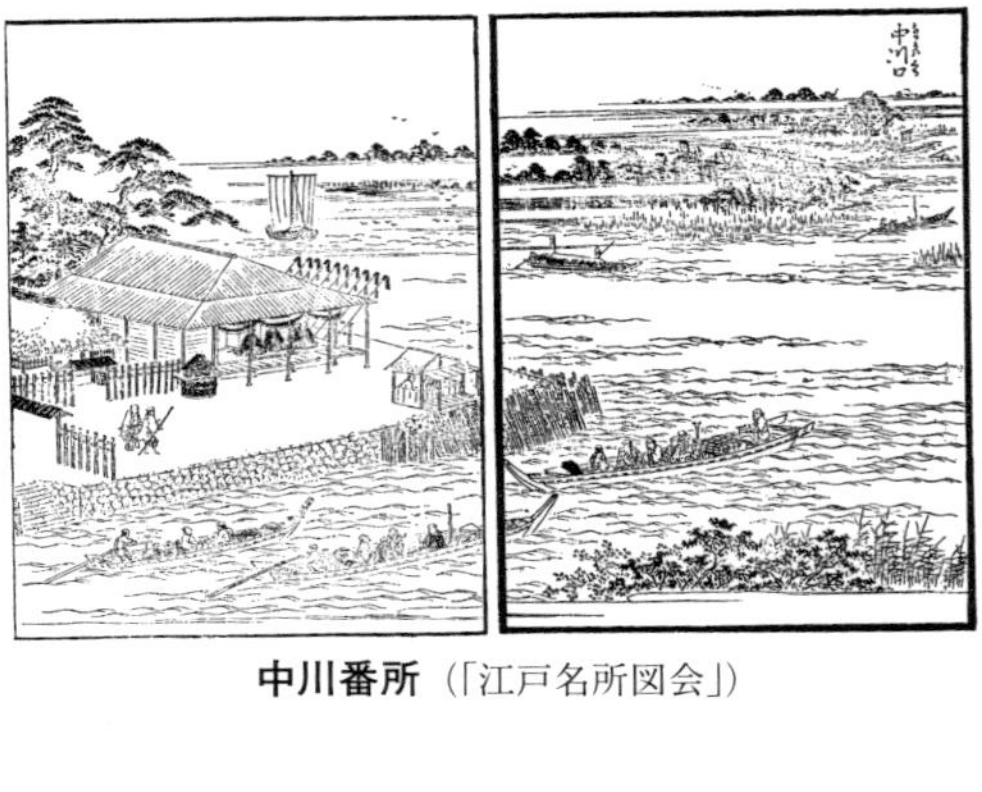

中川番所（「江戸名所図会」）

荷物を扱う問屋商人の独占的集荷権を制度的に保障もしたことになる。なお、野菜・鮮魚についてのみは夜間入船が認められていた。　（加藤　貴）

【参考文献】　川名登『河岸に生きる人びと　利根川水運の社会史』（平凡社、一九八二年）。

浦賀奉行所（うらがぶぎょうしょ）

江戸の出入口には、箱根・小仏《こぼとけ》・碓井《うすい》など陸上交通路上の要地に関所が設置され、「入鉄砲に出女」査検の番所が設置されていた。海上交通路上の江戸の出入口には、元和二年（一六一六）に下田番所（奉行所）が、寛永元年（一六二四）に三崎番所、同九年に走水《はしりみず》番所が設置された。

下田奉行所と三崎・走水　下田奉行所は関所の機能に加えて、当初、非常時の海上における江戸防衛も重要な職務としていた。その後寛文年間（一六六一～七三）には三崎番所とともに上り荷のうち米と大豆の通行量把握も職務に加えられ、正徳年間（一七一一～一六）には下り荷のうち城米と酒荷の査検も行われたが、実際の廻船改めは下田問屋によって行われた。また、下田奉行所とともに、三崎番所は上り船、走水番所は下り船の査検にあたり、両者一対となって機能をはたしていた。元禄九年（一六九六）に両番所は廃止され、下田奉行所にその機能を吸収された。

浦賀奉行所関係図

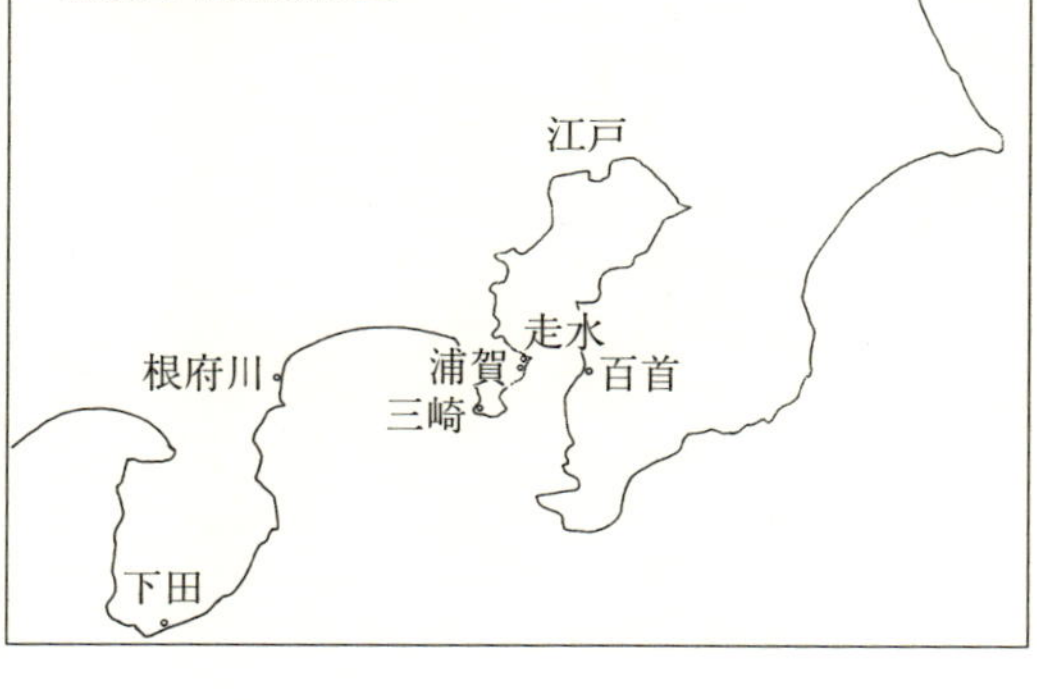

浦賀奉行所の成立

奥羽地方からの東廻り廻船や、従来下田奉行所の査検対象とはならなかった相模湾や房総沿岸を航行する「地廻《じまわ》り船」などの広範な廻船改を実施するため、享保五年（一七二〇）に奉行所が下田から浦賀（現神奈川県横須賀市）へ移転した。浦賀奉行所には、浦賀奉行の下に与力・同心が付属し、下田奉行所から引継いだ武器・武具や米・大豆の査検という関所としての役割、下田から志摩菅島《すがじま》（現三重県鳥羽市）までの海上保全、奉行所の経済的基盤となる三浦半島諸村の地方《じかた》行政を担当し、寛政年間（一七八九～一八〇二）以降には外国船来航に対する江戸湾防備、あるいは外交交渉の場ともなっていった。なお、活魚を積んだ押送船《おしおくりぶね》の査検を、印鑑を提出した江戸の魚問屋に代行させたため、魚問屋の独占的集荷権を保障することにもなった。

廻船改め

浦賀奉行所には、海上防衛にあたる軍船の格納庫である船屋《ふなや》、三《さん》方問屋《ぼうどんや》の会所、燈明堂が付属した。与力・同心の指揮のもと、三方問屋が、廻船積荷物の下改め、指定荷物の数量調整とその報告、番所からの諸法令を廻船の船頭らへ伝達、便船人《びんせんにん》の取調と請負証文の発行、査検済廻船の出航指示、伊豆諸島からの来航船に対する流罪人《るざいにん》・不審荷物の取調、燈明堂《とうみょうどう》の管理とその費用として廻船から石銭《こくせん》を徴収、不審船に対する追跡船への乗組、番所・船屋・役屋敷等の掃除、臨時人足の提供、番所近海での難船の報告など、関所としての浦賀奉行所実務の代行をした。

幕府は、江戸の物価政策の基礎資料とするため、浦賀へ移転直後の享保六年

三方問屋　下田から出張した下田問屋六三軒と、西浦賀問屋二二軒、東浦賀問屋二〇軒で構成される。下田問屋は下田奉行所の同心が隠居や別家して商人となったものという。西浦賀問屋は主として干鰯《ほしか》問屋、東浦賀問屋は名主・年寄であった。

（一七二一）に米穀・酒・油・塩・薪・炭・材木類の七品目、さらに享保九年には米穀・酒・油・塩・薪・炭・味噌・醤油・魚油・木綿・ほうれい綿の一一品目の生活必需物資の江戸入津量を調査・報告するように命じている。浦賀奉行所は、幕府の物価統制の一翼を担うようにもなったのである。

（加藤　貴）

【参考文献】　高橋恭一『浦賀奉行史』（名著出版、一九七四年）、高橋恭一『浦賀奉行』（学芸書林、一九七六年）。

地誌

江戸名所記（えどめいしょき）

『江戸名所記』は河野道清を版元として京都で刊行された江戸の地誌である。七巻七冊からなる最終巻の刊記には寛文二年（一六六二）とあり、版本としては最初の江戸地誌となる。作者は、万治二年（一六五九）に『東海道名所記』を手がけた浅井了意《あさいりょうい》。京都の人で、僧侶でもあり仮名草子《かなぞうし》作者として多くの著作を残している。

本格地誌の誕生

仮名草子とは江戸時代初期における読物の類の総称で、平易な仮名で書かれた物語である。しかし、本書の作者は物語の構成をとらず、いわゆる地誌の形を採用した。序のところにのみ、「春の日に柴の戸を浮かれ出た男が道で同じ趣味の男に会い、二人打ち連れて名所多き江戸を巡る」という巡覧記の趣向を持つ。このことから本書の性格は、仮名草子から地誌への過渡的な江戸名所案内ということになろう。名所とはもともと歌に詠まれたナドコロのことで、本書にもところ

浅井了意　江戸時代前期の仮名草子作者。僧侶。号は松雲。東本願寺の末寺本照寺の住職であった父によって追放される。著作の数は六〇を越え、そのうち仮名草子は半数以上を数え、江戸時代もっとも有名かつ多くの著作を残した仮名草子作者である。

仮名草子　江戸時代初期における仮名書きの散文的読物作品の総称。慶長期から井原西鶴の『好色一代男』刊行の天和二年（一六八二）までに発行された読物をこのジャンルに分類することができる。その特徴は、説話文学、戦記文学、紀行文学などさまざまなものを含んでおり、印刷技術の進歩と出版という形で、多くの人々に読まれる娯楽性・啓蒙性の高い文芸として発達した点にある。

どころに狂歌が読み込まれ、名のある場所が取り上げられている。この手法は『京童』にも見られ、京都出身の浅井了意もこれを意識して、新興都市江戸の名所案内を書いたと考えられる。

江戸の名所

巻頭には武蔵国の沿革を説明し、江戸城から日本橋などの名所、神社仏閣を中心に全部で八〇項の名所を取り上げ、それぞれに景観や沿革を説明している。項目の最後には狂歌を置き、挿絵を入れ込んでいる。項目の配置や構成については必ずしも地域的なブロックや順路通りというわけではなく、規則的な構造をもっているわけではない。

名所のなかには、該当箇所がいつの情報か年代を特定する上で重要な記述もある。明暦元年（一六五五）刊の女評判記『難波物語』にならった「吉原」の記述、自ら記述した『東海道名所記』と類似した禰宜町浄瑠璃、禰宜町歌舞伎がそれである。「去年寛文元年、都の四条河原にハ若衆歌舞伎、女形は跡付けられて法度になれり」といった記述では、明確に若衆歌舞伎禁止の法度が出されたことが見えている。また明暦の大火については『むさしあぶみ』の記述は詳細であるが、それを簡略化した回向院建立の由来が本書には記されており、他の項目でも明暦の大火以前の様子とその後の様子が錯綜している。これらのことを総合すると本書の成立は寛文二年の刊ではあるが、記述としては寛文元年ころからの執筆が妥当と考えられ、初期江戸の様子を知る好史料となっている。

浅井了意「江戸名所記」江戸御城図

その後の江戸名所案内　本書の刊行後、江戸の名所記の類は次々とたくさん刊行される。寛永二〇年（一六四三）に出た『色音論』は、物語的な構成をもちながら、名所に少しだけ触れて終る巡覧記の傾向が強い。『東海道名所記』についても同じ作者ではあるが、東海道の名所を取り上げるというスタイルをとる。対象とする名所の項目を逐一あげて記述するという編集スタイルは、本格的な江戸の地誌の最初の版本として本書がもつ歴史的意義は高い。延宝五年（一六七七）の『江戸雀』、貞享四年（一六八七）刊の『故郷帰りの江戸咄』など、後継の地誌に与えた影響は大きい。

（鈴木章生）

【参考文献】『江戸叢書』二（『続々群書類従』地理部に所収）、朝倉治彦校注・解説『江戸名所記』（名著出版、一九七六年）。

江戸砂子（えどすなご）

『江戸砂子』　江戸の地名・寺社・名所・旧跡を取り上げた江戸の地誌。外題には「江戸砂子」とあるが、内題には「江戸砂子温故名跡志《えどずなごおんこめいせきし》」、版心には「江府名跡志」とある。六巻六冊からなる本書は、『江戸雀』や『江戸鹿子』の影響を受けながら、菊岡沾涼《きくおかてんりょう》（一六八〇〜一七四七）によってまとめられ、享保一七年（一七三二）に万屋清兵衛《よろずやせいべい》から出版された。

本書の特徴は、まず最初に武蔵国の概要を記した後、江戸城を中心に湯島・谷中・駒込・小石川など江戸市中を二二の方位に大別し、各方面の略図を挿入して城東の浅草・下谷、北東の湯島・谷中・駒込・王子・小石川、北西の牛込・小日向・雑司ヶ谷・大久保・四谷・中野・赤坂・世田谷、南の芝・麻布・白金・目黒・矢口、隅田川以東の深川・本所・向島・市川・中山などを収録する。

山・川・橋・坂などの地名、町名、神社、名所、旧跡などは小見出しをつけて、江戸各所を案内する。寺院は各方面の最後に宗派別に記し、境内図や景観図をいくつか掲載する。武家地や町地については武鑑や町鑑に多くを譲り、商業や名物にいたってはすでにその多くがより実用的な『江戸鹿子』に掲載されているのであえて取り上げてはいない。

『続江戸砂子』

砂子とは金銀箔の粉末で、蒔絵や色紙などに吹き付けられたものをいう。『江戸砂子』とは江戸の地に金銀箔の散りばめたごとく光り輝く名のある所といった意味合いになろうか。本書の編纂にあたった筆者は、八年もの時間を費やして江戸市中を歩きまわり、取材、情報収集につとめている。江戸での需要も大きく、広く流布した一方で誤謬や情報不足があるとして同じ菊岡の手によって三年後の享保二〇年（一七三五）に『続江戸砂子』五巻を世に送って内容を補完している。続編は方角別の編集をせず、新たに年中行事、名産、御役屋敷高札場、町名・名主、寺社の拾遺、名所古跡の拾遺、四季遊観など項目別の編集スタイルをとった。その記述は、項目を列挙した下にその説明が並ぶといういたって簡潔な記述が特徴である。由緒や由来に関る記述も、文

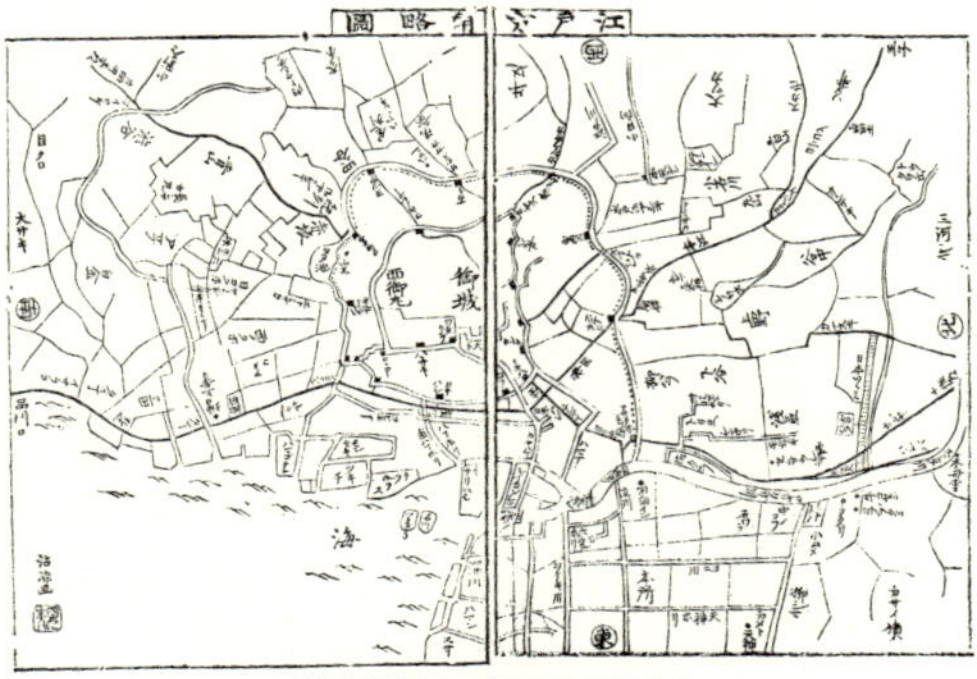

菊岡沾凉「江戸砂子」

献を引用しつつも必要最小限の情報を記しているといえる。この『続江戸砂子』によって江戸の地誌、名所案内はひとつの完成形に達したといっても過言ではない。

『再校江戸砂子』 明和九年（一七七二）には、丹治恒足軒《たんじこうそくけん》・牧冬渉斎《まきとうしょうさい》によって『江戸砂子』の再校本八冊が藤木久市《ふじきひさいち》から刊行された。この本の挿図には『江戸砂子』の完全複製を基本にしつつも、俳諧や寺院の歴代住職の名を削除し、享保一七年以降の地名・人名を改め、「新吉原町略図」をはじめとして新たに加えた記事を「補」として区別している。再校本の特徴は、正編刊行後から宝暦期までのおよそ四〇年近くにおよぶ江戸の変遷を補足改訂しているという点にある。実用性を重んじた編集構成と改訂版の刊行は、もっとも多く読まれた名所案内の証しである。

（鈴木章生）

【参考文献】 水江漣子「初期江戸の案内記」（西山松之助編『江戸町人の研究』三　吉川弘文館　一九七四年）、鈴木章生『江戸の名所と都市文化』（吉川弘文館、二〇〇一年）、小池章太郎編『江戸砂子』（東京堂出版、一九七六年）。

江戸名所図会（えどめいしょずえ）

親子三代の大事業

本書は江戸の名所や寺社、市井の風俗や様子などを、挿絵を多用しながらまとめた地誌である。筆者は神田雉子町《きじちょう》

実用と遊楽 名所案内の系譜には、各地の名所をめぐる遊覧・遊楽性の強い内容のものと、きわめてコンパクトで必要最小限の情報を収録した実用的な内容のものとに二分される。もちろんその両方を兼ね備えたものもあるが、最終的には居ながらにして読んだり、見たりするものと、懐中に入れて実際に使うものとに分かれる。編纂の仕方にも系統があり、江戸を地域別にして名所などを記述するスタイルと、山や川、寺院や神社などの項目別に列挙したスタイルに大きく分けることができる。

の町名主を務める斎藤幸雄《ゆきお》、斎藤幸孝《ゆきたか》、斎藤幸成《ゆきなり》（号は月岑）の親子三代による。本書は最初「江戸名所図絵」の名で、寛政一〇年（一七九八）に出版の許可を得ていたにもかかわらず、幸雄の死によって刊行できなかった。その後、幸孝が引き継ぎ、名所の収録範囲を江戸の郊外に拡大させた。しかし、その幸孝も未刊のまま亡くなり、幸成は一五歳の時に父の名主職を引き継ぎ、天保五年（一八三四）にようやく前編一〇冊、同七年に後編一〇冊、合わせて七巻二〇冊の刊行にこぎつける。まさに、親子三代四〇年近くをかけた大事業であった。

寛政期に祖父幸雄がこの『江戸名所図会』に着手したのは、安永九年（一七八〇）に秋里籬島が京都の名所をまとめた『都名所図会』に刺激されてであった。この本では、名所・古跡・寺社などの由来・事跡を詳細に文字で記しながら、これらの様子や状況がわかる細密な俯瞰図を挿絵として組み入れた特徴をもつ。『都名所図会』はこれまでにない新しい名所案内の本として注目され、このスタイルがたいへんな人気を呼んで各地で図会ブームを巻き起こしたのである。江戸には名所図会スタイルの本がないということと、京都に対する江戸っ子の負けん気が祖父幸雄に江戸名所図会編纂の気運をもたらしたのである。

二〇冊に及ぶ大著を刊行しようとした背景には、当時江戸でも屈指を誇る版元須原屋茂兵衛、須原屋伊八の存在を忘れてはならない。江戸時代の版元は、書物の刊行販売はいうまでもないが、読者のニーズを的確につかみ、新しい作家や絵師を掘り出して新鮮な情報を送り出すプロデューサーの役割を果たした。

版元須原屋　江戸最大の書物問屋。茂兵衛店は日本橋通南一丁目にあって須原屋一門の総本家。屋号は千鐘房北畠宗元が万治年間に江戸に出て初代を名乗ったと伝える。元禄前後から学問書・教養書の出版をはじめ、武鑑類の版権を握るなどして成長する。文化年間には書物問屋六三軒のうち須原屋一門は一二軒を数え、当時の江戸で扱った出版物のおよそ三割を手がけた。

『江戸名所図会』の特徴

祖父幸雄の死後、この仕事を継いだ幸孝は、すでに祖父によって編まれていた江戸府内を中心とした構成内容を大幅に変更した。それは収録の範囲の拡大である。滝沢馬琴もこの本の特徴として挿絵の良さと江戸近郊を広く取り上げている点を指摘している。

収録された件数は一〇四三件に及び、そのほぼ半数は寺院・神社・祠堂を対象にしている。七巻にまとめられた本は、江戸城を中心に南方から順に右回りで構成され、北斗七星になぞらえて配置。江戸の町の範囲基準とする御府内はいうまでもなく、下総中山（千葉県）、三浦（神奈川県）、大宮・狭山（埼玉県）、府中（東京都）と江戸をはるかに越えた範囲を取り入れている。これらの収録地に対してなぜ「江戸名所」と名付けているかの疑問はあるが、武蔵・江戸を網羅する非常に大掛かりな本となったことがわかる。

これらの膨大な数の名所の編集にあたって、幸孝と幸成は実際に出向いて調査をしている。豊富な文献史料、伝承資料を調査し、歴史事項や事実確認の考証をしながらまとめている点は現在の歴史学や民俗学などに共通する部分も少なくない。『古事記』『日本書紀』『吾妻鏡』などの歴史史料をはじめ、『江戸名所記』『江戸鹿子』『江戸砂子』など江戸時代の名所関係の文献を紐解き引用しているのは、江戸時代の国学の影響を受けており、きわめて内容の高い編纂物といえる。

さらに、幸成（月岑）にいたっては、絵師の長谷川雪旦や須原屋との交流が深く、「斎藤月岑日記」に出版前の活発なやり取りが行われていたことが見て取れる。

「江戸名所図会」中の日本武尊図

絵師長谷川雪旦の功績

馬琴も述べたように本書の特徴は絵にある。祖父幸雄が寛政一〇年に出版許可をとった時点での絵師は、当時美人画や絵本の挿絵を多く手がけていた北尾重政《きたおしげまさ》であった。しかし、九州唐津藩の小笠原長昌のお抱え絵師として頭角を表していた町絵師長谷川雪旦《はせがわせったん》に白羽の矢を向けたのである。このような絵師の選択などは、出版元であり、プロデューサーとなる須原屋のセンスと力量によるところが大きい。

長谷川雪旦の描く絵は、たいへん緻密で写実的で、周辺環境やそこに生きる人々の姿を詳細に教えてくれている。七五四件を数える挿絵には、高所から俯瞰する構図に特徴がある。寺院や神社の境内全体を高所から見せ、どこに何があるかを把握するにはたいへん便利で、居ながらにして手に取るようにわかるというのがこの俯瞰図の最大の利点である。さらに、日本橋や両国橋などの絵にも詳細な様子が描かれており江戸の経済の中心や盛り場などの賑わいが理解できる。雪旦の挿絵の特徴には、行事や生活の場面を描く場合、構図の目線が下がるという点がある。人の目や屋根あたりから店先や往来を描いているのはより身近な情報を低い視線でわかりやすく見せる工夫といえる。

（鈴木章生）

【参考文献】 鈴木棠三・朝倉治彦校注『江戸名所図会』（角川書店、一九七五年）、古市夏生・鈴木健一校訂『新訂　江戸名所図会』（筑摩書房、一九九六年）、鈴木章生『江戸の名所と都市文化』（吉川弘文館、二〇〇一年）。

北尾重政　江戸小伝馬町一丁目の須原屋三郎兵衛の長男。元文四年（一七三九）～文政三年（一八二〇）。独学で画才を発揮し、北尾派を築く。安永・天明期の浮世絵師として絵本挿絵で活躍し、黄表紙の挿絵では数多くの作品を残す。錦絵の作品は少ない。門下には北尾政美（鍬形蕙斎）、北尾政演（山東京伝）をはじめ、歌麿や北斎にも影響を与えた。

長谷川雪旦　本姓は後藤。名は宗秀。安永七年（一七七八）～天保一四年（一八四三）。住居は下谷三枚橋（台東区）で彫刻大工と伝えるが詳細は不明。狩野派や漢画などの技法を数多く習い、町絵師として狂歌本の挿絵や肖像画などで頭角をあらわす。文政元年（一八一八）、雪旦四一歳の時、小笠原長昌のお抱えの絵師となって唐津に出向き、晩年には法眼に叙せられるなど名声は頂点に達す。子どもの雪堤もまた絵師として活躍する。

武鑑（ぶかん）

武鑑とは、大名や江戸幕府役人を中心に記載した武家名鑑で、市中の出版資本によって逐次に改訂し版行され、小冊子あるいは一枚刷・折本の体裁をとった。主たる内容は家紋、氏名、知行高あるいは役扶持《やくぶち》高、江戸屋敷地名、官位、所領地名、江戸幕府の役職などである。

古武鑑　武鑑の原型は寛永年間（一六二四～四四）に版行された大名名鑑としての知行付、江戸屋敷付、旗指物揃《はたさしものぞろえ》、馬印揃《うまじるしぞろえ》にあり、これらをまとめる形で紋尽《もんづくし》が版行され、大名名鑑に幕府役人付を加えて内容を整備し、さらに小型化して携帯の便をはかり、内容も充実させた江戸《えど》鑑《かがみ》へと発展していった。これらを総称して古武鑑とよぶ。寛永年間に大名名鑑が出版されるようになったのは、徳川将軍を頂点とした大名の序列が整理されてきたことにより、大名をはじめとして、多くの人々にとって各大名に関する情報が必要とされたからと考えられる。

江戸武鑑　寛永年間に出版された古武鑑は、ほとんど原版本が現存していない。現存最古の版本は、寛永二一年ごろに版行された「御もんづくし」であるが、これらは京都の板元によって版行されている。しかし、明暦元年（一六五五）ごろから江戸の板元によっても版行されはじめ、情報収集などの便宜

武鑑の版元　武鑑の版行は、一八世紀には江戸の二大出版資本である須原屋と出雲寺にほぼ限定されたが、両者ともに同形式の武鑑を出版したため版権をめぐる争論が絶えなかった。

のため、元禄年間（一六八八～一七〇四）には武鑑版行の中心は江戸に移った。こうして武鑑は江戸特有の出版物となっていったが、それだけ江戸生活で大名や幕府役人に関する情報が各層から必要とされていたからでもある。

江戸鑑は元禄八年（一六九五）版行の「太平江戸鑑」が最後となるが、それ以前の貞享二年（一六八五）にはじめて書名に武鑑を用いた「本朝武鑑」が版行されている。紋尽から江戸鑑をへて武鑑に至るまでに、形式を整備し記載項目を充実させていくが、正徳二年（一七一二）に版行された「賞延武鑑」でほぼ主要項目が出揃うことになり、ここに名実ともに武鑑としての形式が完成した。その後も記載項目の増補が行われていくが、明和元年（一七六四）版行の「明和武鑑」で形式が固定化し幕末に至る。武鑑は、その性格からして、慶応三年（一八六七）の大政奉還でその生命を失うが、明治二年（一八六九）ごろまで大名武鑑などは版行された。

武鑑は各種出版されたが、内容からは、①大名および幕府役職者を列記する大名役職武鑑（須原屋武鑑・大成武鑑）、②上記の簡略版である大名役職略武鑑（泰平略武鑑・懐宝略武鑑）、③大名を列記する大名武鑑（万世武鑑・袖珍武鑑）、④幕府役職者を列記する役職武鑑（有司武鑑・袖玉武鑑）、⑤旗本を列記する旗本武鑑（昇栄武鑑・国字分名集《こくじぶんめいしゅう》）、⑥郡代・代官所関係、勘定奉行所関係というように特定部局の役人のみ列記する特定役職武鑑（県令集覧・会計便覧）、⑦特定地域の役人のみを列記する特定地域役職武鑑（江戸町鑑《ちょうかん》・大坂武鑑・京都武鑑）、⑧日光社参、異国

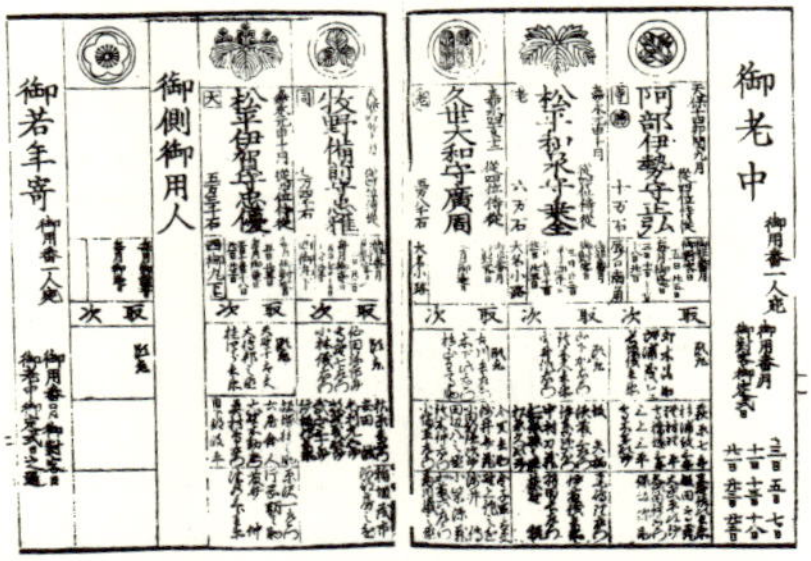

大名および幕府役職者を列記する大名役職武鑑の１つである嘉永５年（1852）出雲路版の「泰平万代大成武鑑」（東京大学史料編纂所所蔵）の老中の部分である（深井雅海・藤實久美子編『江戸幕府役職武鑑編年集成』より）。

船警備、長州征伐といった臨時の役職に関する臨時役職武鑑に分類できる。

（加藤　貴）

【参考文献】深井雅海・藤實久美子編『江戸幕府役職武鑑編年集成』全三六巻（東洋書林、一九九六～九九年）、藤實久美子『武鑑出版と近世社会』（東洋書林、一九九九年）。

町鑑（ちょうかん）

江戸町鑑は、江戸の市政名鑑、あるいは市政要覧で、武鑑と同様に毎年のように改訂し版行された。大別すると、①万世《ばんせい》町鑑、②泰平《たいへい》町鑑、③その他の三系統に分けられるが、いずれも一、二冊からなる、携帯に便利な袖珍本の体裁をとっている。内容は、系統によって変動はあるが、町奉行所関係（町年寄を含む）の名簿、名主支配付（名主名とその支配町名）、町火消関係記事、町尽（町名小名・坂・橋・堀などの名寄）などである。武鑑と対応する刊行物であるので、「ちょうかん」と訓ませている。

江戸町鑑の系統

江戸町鑑の原型は、元禄二年（一六八九）版行の「江戸惣《そう》鹿子《かのこ》」に収録された名主支配付に求められる。名主支配付を独立させ、町奉行所関係の名簿を加えた市政名鑑として、享保一四年（一七二九）に「万世町鑑」が版行されたのが最初の江戸町鑑である。その背景として、江戸で活動する人びとにとって、市政組織に関する情報が不可欠となっていたこ

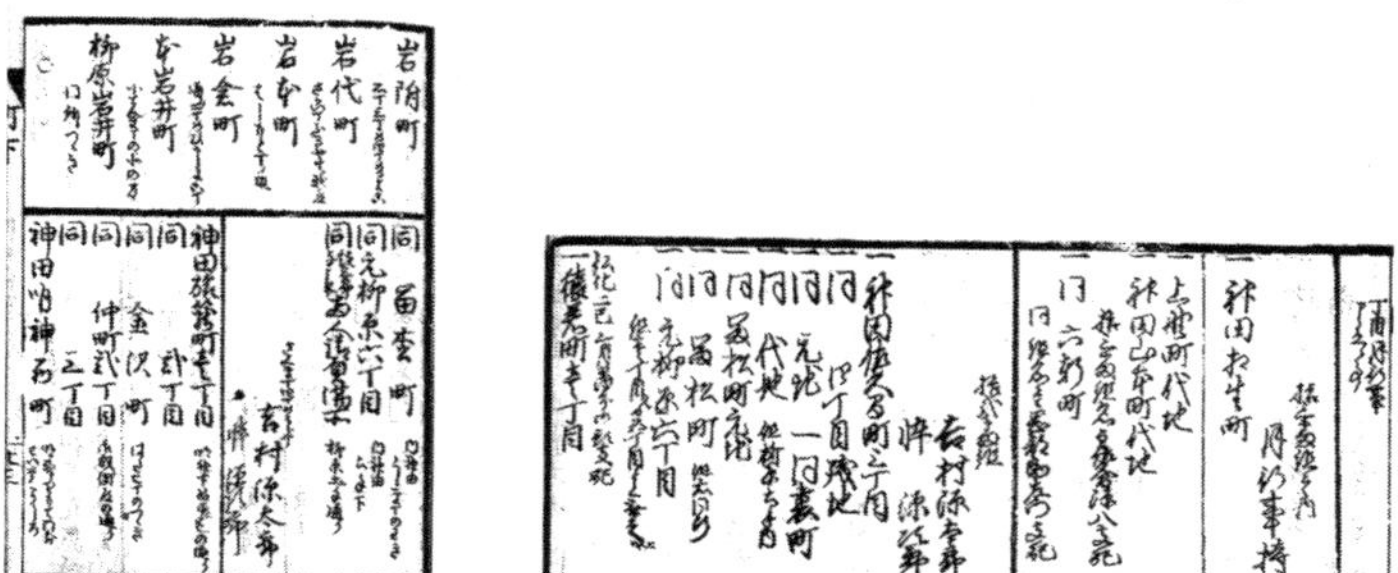

文政11年版「増補改正万世江戸町鑑」（左）と安政４年版「泰平御江戸町鑑」（右）の名主支配付の部分で、町尽を頭書にするか、別にするか以外は、ほとんど違いはみられない。

とが考えられる。延享四年（一七四七）に町火消関係記事や町尽を加える大幅な増補改正があり、市政便覧、町名案内の内容をもつ「万世江戸町鑑」が版行された。文化四年（一八〇四）にも改正がなされ、記載様式が整備された「増補改正万世江戸町鑑」が版行され、幕末に至っている。これとは別に、天保一三年（一八四二）から安政七年（一八六〇）にかけて版行された「泰平御江戸町鑑」がある。泰平系の江戸町鑑の内容項目は、基本的には万世系と同様であるが、泰平系が万世系よりもとくにすぐれている点は、与力・同心の掛役をすべて掲載している点にある。なお、万世町鑑も安政二年（一八五五）版以降では、隠密廻りを除いてほぼすべてを掲載するようになった。このほかに、名主支配付記事を中心とした簡略版の江戸町鑑も版行された。

町鑑の周辺　江戸町鑑を利用したのは、まず江戸内外の商人や町（町役人）があげられ、自身番屋にも備えられていた。あるいは大名の江戸屋敷でも利用され、それぞれにとってその活動上、町奉行所関係の名簿や名主支配付・町火消関係記事などを把握しておく必要があったのであろう。また、考証家が資料として収集・活用してもいる。江戸町鑑の値段は白米一～三升ほどに相当しており、誰でもが気軽に購入できるものではなく、裏店の人びとが接する機会があったとすれば、貸本屋を通じてのことであったろう。また、発行部数は各年平均約三〇〇～五〇〇部程度であったと推計される。

（加藤　貴）

その他の町鑑　万世と泰平とは別に版行された江戸町鑑には、天保一〇年版の「昌平御江戸町鑑」、弘化三～四年（一八四六～七）版の「懐宝江戸町鑑」、「泰平御江戸町鑑」を引き継いで安政七年から明治二年（一八六九）に版行された「袖玉町鑑」がある。

江戸町鑑から東京町鑑へ　明治二年に版行された「袖玉町鑑」が最後の江戸町鑑となったが、一方ではこの年に最初の東京町鑑である「改正東京新町鑑」が刊行されている。

【参考文献】　加藤貴編『江戸町鑑集成』全五巻（東京堂出版、一九八九〜九〇年）。

江戸買物独案内（えどかいものひとりあんない）

買物独案内

江戸時代の商人や職人の名を記載した名鑑のひとつ。買物やあつらえ物の用を足すために、居ながらにして目的の店を探すことができる便利な案内書。その起源は、元禄五年（一六九三）の『万買物調方記』にみる「調方記」ものにさかのぼることができる。

利用者の側にたったひとり案内の編纂は、延宝七年（一六七九）の『都ひとり案内』などの名所案内のように、延宝〜元禄期（一六七三〜一七〇四）にはかなり浸透していたといえる。元禄三年（一六九〇）の『江戸鹿子』や享保二〇年（一七三五）の『続江戸砂子』といった江戸の名所案内や地誌の類にも、江戸市中の主な商店や商品名があげられており、ひとり案内の名の通り、ひとりで調べ、そこをたずねるといった情報ソースが詰まったガイドブックとなる。いわば、都市を対象にした地誌・名所案内から分離独立したジャンルのひとつがこの買物案内といえよう。

三都の買物独案内

買物独案内としてはじめて刊行されたのが、大坂商人らの名を集めた『商人買物独案内』である。文政三年（一八二〇）に大坂の播磨屋五兵衛こと中川五郎左衛門によって出版されたのに続いて、文政七年には『江戸買物独案内』が刊行され、さらには天保二年（一八三二）、嘉永五年（一八五二）には『京都買物独案内』が相次いで版行される。大坂・江戸・京都の三都それぞれの商人らの名鑑を網羅した案内書が出揃ったことになる。これらの本はいわば職人や商人の名簿ではあるが、大坂・京都・江戸の三都に暮らす人々を中心に利用者の視点で編纂されているのが大きな特徴である。

江戸の買物独案内

『江戸買物独案内』は大坂中川芳山堂の出版で、上・下・飲食部の三冊からなる。上巻には一一一四店、下巻には一二五八店、飲食部には一五一店、合わせて二六二二の商店を数える。大田《おおた》南《なん》畝《ぽ》の序文にもあるように、江戸があまりに大きいためどこにどんな店があるのかわからない。そのため遠国あるいは江戸近在の人が江戸市中の地理に不案内な場合、江戸にどんな商売の店があるのかを探すには、もってこいの書物というのが本書の利点である。

例えば、いろは順に業種や職種配列を施して検索を楽にする工夫などは最大の特徴である。いろはの「い」の部には、糸屋・印刷・石・入歯が項目にならび、それぞれ何屋か、さらにその商店がどこの地名・何丁目に所在するかまで記されており一目瞭然である。

ところがいくつかの版本を比較すると丁数の追加混乱や複丁が多いことに気づく。収録の途中で追加や漏れが出てきたため、補足したと考えられる。また江戸のなかでも大店舗とみなされる店が収録されていなかったり、収録編纂の方針が

大田南畝　江戸時代の戯作者。蜀山人・四方赤良と号した。江戸の生まれで御徒をつとめる幕臣。平賀源内との交流から狂歌・洒落本・黄表紙などの創作活動を天明期に展開する。寛政の改革に抵触して本格的な文筆業からは退くものの、さまざまな場所で小文を書いて活躍をする。『江戸買物独案内』の文政五年の序文は南畝が亡くなる前年の文章となる。（→一五二頁）

はっきりしていなかったりする点もあるが、このことは本書が江戸中の店舗を全て網羅しているわけではないことを示している。

また、各店の記載スタイルは一応統一化が図られてはいるが、一部に店の宣伝広告や商品紹介を載せた特異な記述のものもある。収録にあたって店舗から金銭的な掲載料を徴収したのではないかとも推察できるが、その詳細はわかっていない。いずれにしても文政期の江戸の町人を対象にした業種別案内書としては画期的な書物であったことは間違いない。

（鈴木章生）

【参考文献】「江戸買物独案内」（西山松之助編『江戸町人の研究』三、吉川弘文館、一九七六年）。

自然と動植物

江戸の景観（えどのけいかん）

江戸の風景　多くの人口を擁する江戸は、大名や旗本などはともかく、余程裕福な暮しをしていても江戸市中に広い庭を持つことなどできなかった。まして庶民などはせいぜい路地に鉢植の草木や盆栽を並べて楽しむというところであった。鄙の風景や深山幽谷の雰囲気を求める手だてとしては盆景や箱庭などがあり、安直に水田の緑の雰囲気を味わうには、稗蒔売りから鉢植えの稗の幼苗を求めてそれに見立てた。

狭い庭や路地の草花しか持つことのできなかった江戸の人々にとって広大な庭ともいうべきものが周囲に広がる風景で、その象徴となるものが富士山・筑波山・江戸内湾そして隅田川であった。

日本人の多くは風景の中に山や水を求め、古くからの観光地・風光明眉の地のほとんどは山と水のある風景である。江戸を描いた絵画のうち安藤広重の「名所

稗蒔売り　薄形の鉢などの中に稗を蒔いて幼苗を鑑賞するもので、鉢の中には案山子・橋・農人・高札等を配し、水田地帯の風景を模してある。「稗蒔や、ひえまきー」の売り声で、初夏の午前に荷を担いで売りに来た。

江戸百景」一一八枚をみてみると、池や堀も含めて水の景色も山の景色も描かれていないのは一八枚だけで、その外は水か山またはその両方が描かれている。

山のある風景のうち富士山が描かれているのは一七点だが、「目黒新富士」「目黒元富士」は人工の富士と実際の富士の両方が描かれ、「目黒新富士」では三人が人工富士山頂から富士を眺めている。

筑波山を描いたものは一二点で、「南品川鮫洲海岸」にも筑波が描かれているが、現実にはこの方角からは筑波を望むことはできないという。架空の風景ではあってもそこに筑波山があることに、江戸の人々は違和感を持たなかったのだろう。

江戸内湾は一四点だが、そのいずれも房総または三浦半島が描かれるか、建造物の間から内湾を望むというように、必ずといってよい程海に区切りがつけてありはてしない海を意識させない。

隅田川を描いたものは二一点に及び、その多くは流域沿いの名所などとセットになっている。

富士山・筑波山・江戸内湾・隅田川のうち、富士山と江戸内湾についてはそれぞれがよりよく見える所には富士見坂・潮見坂の名がつけられている。横関英一の『江戸の坂東京の坂』によると、富士見坂は一五、潮見坂は九カ所となっている。勿論富士見坂・潮見坂の名はなくとも両者がよく見えることで知られる坂はある。目黒の行人坂・水道橋の皀坂・御茶の水坂は富士山が、芝高輪の桂坂や品川の柘榴坂からは江戸内湾を望むことができた。

富士山　富士山が江戸市民にとって最大の象徴であった理由はさまざまであろうが、何といっても日本最高峰であることと、その山容によるだろう。小泉武栄は『登山の誕生』（中公新書）において、広い裾野を引く孤立峰や、里から見てどっしりとそびえる山が立派な山、あるいは名山と見なされたと述べている。

江戸の西方に浮かぶように聳える富士の姿は江戸市民の風景にふさわしいものであるが、その大きさがあえていうならば手頃な大きさであることがより一層江戸市民に親しみを抱かせた。あまりに間近に見る富士は大き過ぎて威圧されてしまうし、場合によってはひと目で富士全体の姿を把えることができないが、江戸から富士を望む時は富士に至るまでの間の風景も目にすることになり、富士をより引き立たせることになる。

　不二がよく見えて高直の売屋しき

　富士山を衝立にする駿河町

　不二山は江戸のまなこで見へる所

右の川柳は『誹風柳多留』に所収のものであるが、いずれも江戸市民の目から詠んだものである。同じく『誹風柳多留』に

　不二筑波一荷にかつぐ日本橋

の句があるが、西方の富士に対するのが東方の筑波山である。古くより歌枕の地

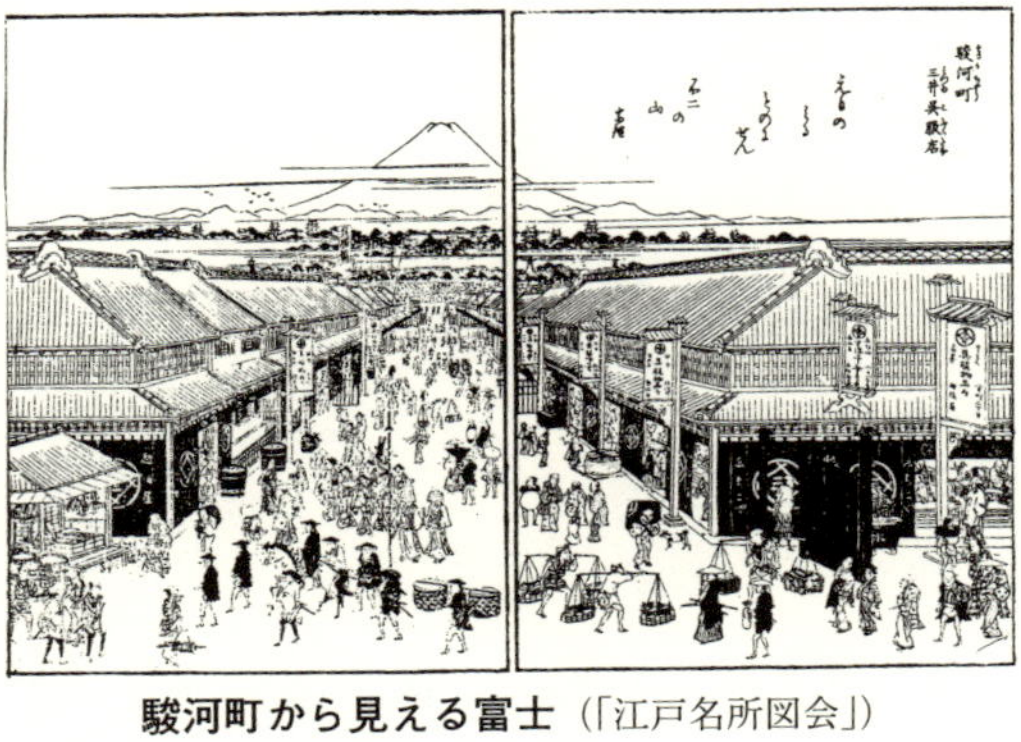

駿河町から見える富士（「江戸名所図会」）

として都の人々の憧れの山でもあったが、筑波山もまた裾野を引く孤立峰であり東方に浮かんでいる。

江戸内湾

富士山と筑波山の間に位置するのが江戸内湾である。江戸内湾は房総半島と三浦半島により湾を形成しているが、湾であることが海をより一層江戸市民に身近な親しいものにしている。それは湾を形成していることにより海に囲いができ、江戸前の海になっているからである。江戸市中の高台から江戸内湾を望めば房総半島が長大な堤防のごとくに見えるため、江戸内湾を遠望した絵画類には必ずといってよいほど房総半島が描かれている。

そのため房総半島は江戸市民にとって身近に感じられるところであり、十返舎一九の『東海道中膝栗毛』の神奈川宿の項でも、台町の茶屋の女が奥が広くなっているというと、北八が「おくがひろいはづだ。安房上総までつゞいている」と洒落のめしている。

隅田川

富士山と筑波山をつなぐもう一つの水の景色を代表するものが隅田川である。たとえば名所江戸百景の「両ごく回向院元柳橋」は隅田川を前に置いて富士山を望み、「隅田川水神の森真崎」もまた隅田川の向うに筑波山を描いている。

富士山・筑波山・江戸内湾ともに大きなもの、広がりのあるものが江戸市中から眺めると手頃な大きさとなり、箱庭を形成していたのである。（山本光正）

後楽園（こうらくえん）

大名庭園の範

現在文京区後楽一丁目にある、徳川御三家の一つ水戸徳川家の上屋敷にあった庭園。江戸初期の大名庭園として代表的なもので、大きな池の周囲を廻りながら遊覧する回遊式庭園である。後楽園の名は、現在では同地の一角につくられた野球場などのスポーツ施設でも広く知られている。東京都立公園、特別史跡・特別名勝に指定されている。後楽園のおこりは、徳川家康の第一一子で初代水戸藩主となった徳川頼房が、寛永六年（一六二九）将軍家光から小石川に七万六千坪余の屋敷地（当初は中屋敷）を拝領したことにはじまる。家光は、庭内に神田上水の水を引き入れることを許したほか、泉水の図を自ら描き示すなど、築造にあたってひとかたならぬ関心を示していた（「後楽記事」）。邸地拝領の翌年に火災で焼失してしまうが、寛永一〇年に新邸が落成すると、家光は翌年以降たびたび同邸を訪問し園内を観覧している。庭園の造営には、京都出身の作庭家徳大寺佐兵衛が関わった

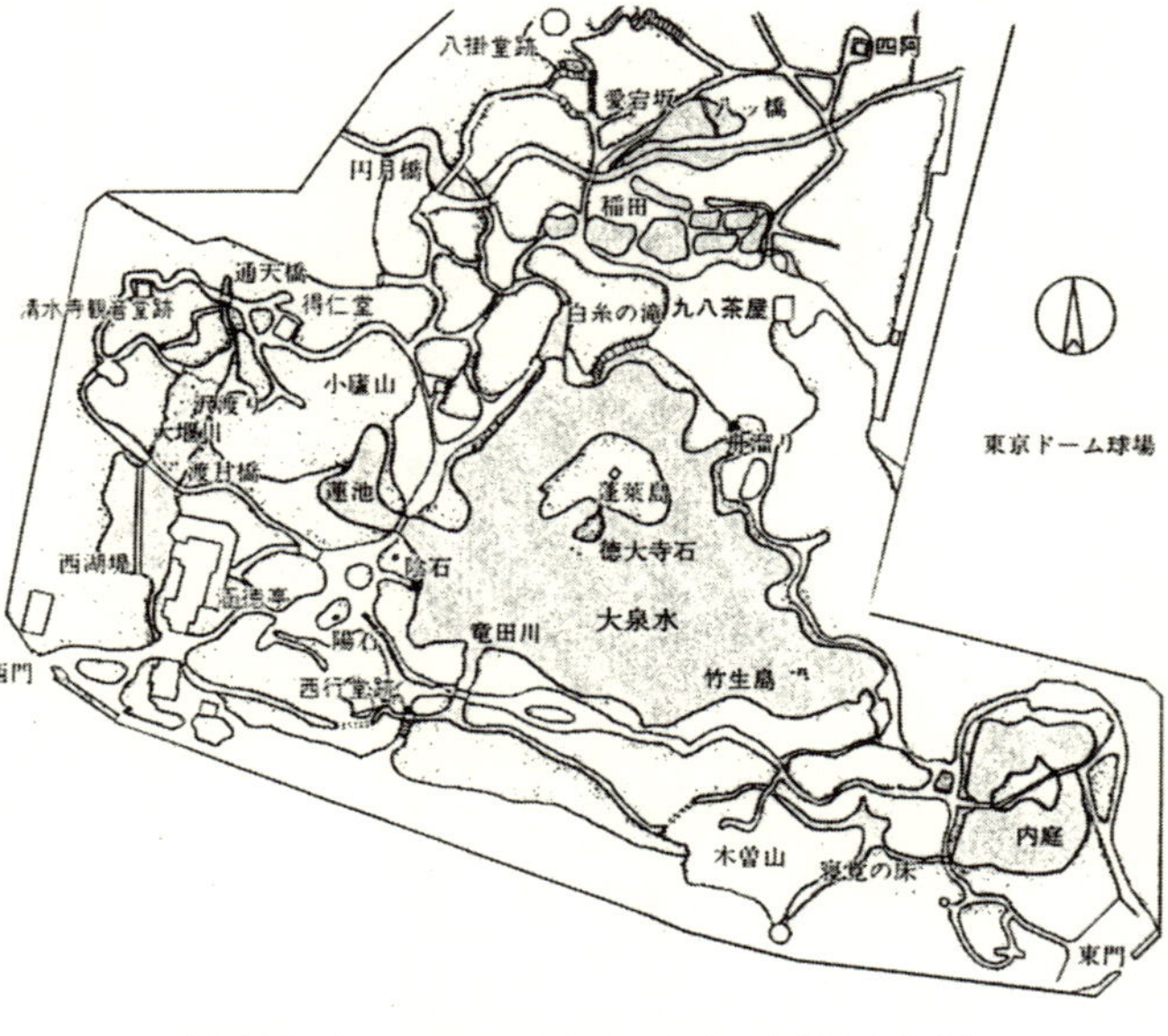

概略図（『日本庭園鑑賞事典』東京堂出版より転載）

とされる。園内には、竹生島《ちくぶしま》・渡月橋・通天橋・比叡山・音羽の滝・西行堂など京都の名勝などが模され散在している。大きな築山として作られた琉球山（富士山）は、江戸初期庭園に特徴的なもので、熊本水前寺公園や岡山後楽園など他の大名庭園の模範になった。ほかに硝子紙で作った明かり障子がある「硝子《ビイドロ》茶屋」（のち涵徳亭）や水田なども設けられた。水田では、田植えや稲刈り行事を催し百姓の苦労を思いやったとされる。しかし、明暦三年（一六五七）のいわゆる明暦の大火で再び同園は焼失してしまう。

明暦大火後、同園を再建し整備したのは、二代藩主光圀《みつくに》である。光圀は、創立時本来の景観を尊重し復旧した。「後楽園」の名は、光圀が招聘し師事した明の学者朱舜水が選んだものという。「楽しみは天下に後れて楽しむ」（先憂後楽）の格言に由来する。庭園入口の唐門には、舜水筆の「後楽園」と記した扁額が掲げられた。舜水の影響もあり、この時代には儒教的な色彩が加わったが、光圀にまつわる名所の内の一つに得仁堂がある。これは、光圀が『史記』にある伯夷・叔斉の故事に因んで、それらの像を安置した祠《ほこら》である。光圀は、故あって兄頼重を越えて水戸家を相続したが、この故事にならい兄の子綱条《つなえだ》を自らの養子として本家を継がせ、実子を兄の養子にしたことで知られている。また桜の馬場は、光圀が幼い頃、父頼房にこの場に置かれた斬罪者の首を夜に取ってくるようにと命じられ、度胸を試されたという逸話が残る場所である。なお、光圀は身分の上下にかかわらず、入園を望む者には観覧を許し

光圀と後楽園

徳川光圀（一六二八～一七〇〇）水戸藩主徳川頼房の第三子。水戸藩の第二代藩主となる。学問に励み、小石川邸内には彰考館を設置し『大日本史』の編さんを行った。梅里・西山などと号した。

松平頼重（一六二二～一六九五）徳川頼房の第一子。水戸徳川家の分家として讃岐高松藩（一二万石）を立藩する。作庭にも関心を示し、高松の栗林荘（現栗林公園）を整備、晩年は当地に隠居した。なお高松藩の江戸上屋敷

たとされ、酒肴を携えた人びとが四季を通じて訪れたという（「桃源遺事」など）。

後楽園のその後と訪問者

光圀以降は、園内にいくつかの変化が加えられた。元禄一五年（一七〇二）には、五代将軍綱吉の生母桂昌院（三〇一頁脚注参照）が後楽園を訪れたため、これに先だって老女の園内歩行に安全を期すため、創立期からの大石や植栽などが除去されており、園内の景観が改造されている。翌年には、大地震の被害をうけ園内各所に破損箇所が生じた。享保期には、時の藩主宗堯《むねたか》が若年であったため、実父の高松藩主松平頼豊に政事向きの指導をうけていたが、後楽園についても頼豊の意向をうけ改造している。後楽園の創設からの変遷を記録した「後楽紀事」によれば、池泉の地割りも改められ、喬木七百本余も伐採されるなど景観が大いに変貌したという。しかし、その後も名園として大名や公家・学者をはじめ文人達も多く訪れ、数々の遊覧記が残された。明治維新後は兵部省の管轄となり、東京砲兵工廠をへて昭和一三年（一九二八）東京市に寄贈され、現在に至っている。

（齋藤悦正）

【参考文献】 吉川寿『小石川後楽園』（東京公園文庫二八、一九八一年、郷学舎）、重森三玲・重森完途『日本庭園大系』（第一八巻、一九七四年、社会思想社）。

は後楽園のある小石川水戸藩邸の東隣であった。

六義園（りくぎえん）

現文京区駒込富士前町にある池水回遊式庭園。五代将軍徳川綱吉に重用され、側用人、老中格として権勢を振るった川越藩主柳沢美濃守吉保《よしやす》が築造した。当地を下屋敷地として拝領した元禄八年四月頃から工事が始まり、七年余りをかけて同一五年一〇月に完成した。その面積は、四万五千余坪とも四万七千坪ともいわれる。時あたかも元禄文化の盛んな頃であった。園名は、『古今和歌集』仮名序《かなじょ》にも紹介されている中国の詩文の六《りく》義《ぎ》（詩の六体）に由来する。吉保が文学的な趣向で築造したことをうかがわせる。

「六義園《むくさその》八十八境」　事実、庭内には『万葉集』や『古今和歌集』に詠まれた名所《などころ》を選び、それになぞらえた風景を八八カ所設けている。建物（六義館《むくさのたち》）や射場（観徳場）・馬場（千里場）もあり、毘沙門山は久護山《ひさもりやま》と呼ばれた（「六義園の記」）。吉保の権勢にまかせて珍石・奇岩・銘木の数々が集められ、庭内各所に配置されたが、吉保自身は多忙のため城中にいることが多く、自らは現地に赴かず作庭の担当者に絵図などで指示したといわれる。庭内では千川用水の水が利用されたが、享保期に同用水は廃止されている。当時の贅を尽くして作られた六義園は、評判を呼び、宝永三年（一七〇六）一〇月には、京都の霊元天皇より園内の景勝地一二境八景が選ばれ、それに公家衆の和歌を詠ませた題詠が贈られている。また、林鳳岡《ほうこう》（信篤）や荻

柳沢吉保（一六五八～一七一四）初名は、房安・保明《やすあきら》。父は館林藩主徳川綱吉の家臣であったが、保明の時綱吉の将軍就任により幕臣となった。その後破格の昇進を遂げ、大名となり側用人を経て老中の上座まで昇進した。六義園築造時は川越藩主（七万二〇〇〇石）。後に松平姓と綱吉の諱の一字を与えられ吉保と改め、甲府藩一五万石の大名にまでなった。

生徂徠、服部南郭らも当地を訪れ詩文を残している。

将軍生母桂昌院の来訪

六義園が完成する前年の元禄一四年四月、将軍綱吉の生母桂昌院は、女房以下供の者を連れて、道灌山・王子稲荷（別項脚注参照）、谷中感応寺などを遊覧・参詣した際、帰城する途中で当園を訪れている。この時、吉保の妻たちが亭主役となりこれを迎えている。庭内には模擬店を作り、商品をうる光景もみられた。吉保の側室町子の手による『松蔭日記』は、その時の状況を、「美しい張り子など幼稚な遊具が多くあり、また口紅などの女物を売っている。扇や草紙、果物なども並べられた……」と記している。日頃自ら物を買うことのできない桂昌院や多くの女房達は、いわば「疑似買い物」を体験できるこの趣向をいたく喜んだという。さらに、庭園の完成した翌年である元禄一六年には、綱吉の長女鶴姫と養女八重姫を、さらに日光輪王寺門跡公弁親王も招いている。吉保を寵愛した将軍綱吉も、幾度となくここを訪れ、そのたびに多くの下賜品が渡された。

宝永六年（一七〇九）、綱吉が没し家宣が将軍に就任したのを機に、吉保は子吉里に家督を譲り引退する。自らは六義園に退き、正徳四年（一七一四）に没するまで、一五年間の隠居生活を妻と共にここで過ごした。その後、江戸中後期以降になると、時と共に荒廃したため、柳沢家では、復旧工事を行っている。

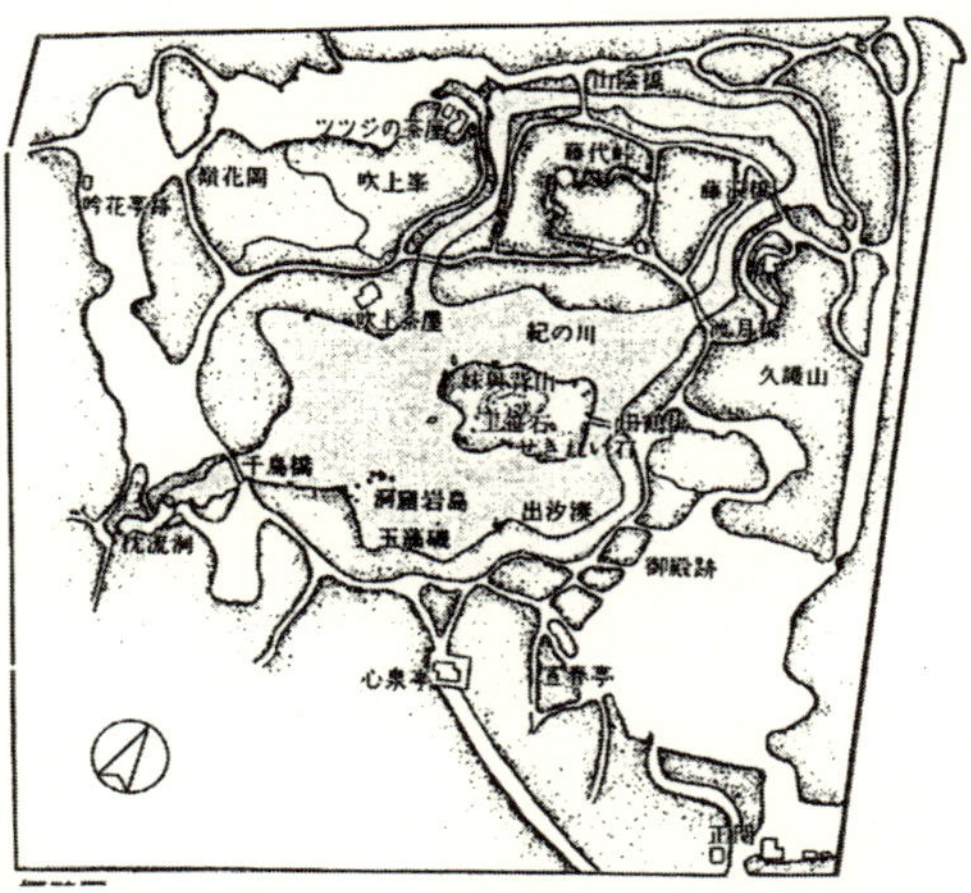

概略図（『日本庭園鑑賞事典』東京堂出版より転載）

桂昌院（一六二四～一七〇五）三代将軍家光の側室で綱吉の生母。お玉の方ともいう。

明治時代になると、近隣の湯島に邸宅を構えていた政商岩崎弥太郎の別邸になるが、その後昭和一三年（一九二八）に子の岩崎久弥によって東京市に寄贈された。現在は、特別名勝に指定され三万三千坪の都立公園として多くの人びとの憩いの場となっている。

（齋藤　悦正）

【参考文献】 森守『六義園』（東京公園文庫一九、郷学舎、一九八一年）、重森三玲・重森完途『日本庭園史大系』（一五巻、社会思想社、一九七二年）。

浴恩園（よくおんえん）

浴恩園は、奥州白河藩主松平定信が同藩下屋敷に作った庭園である。松平定信といえば、若き将軍家斉《いえなり》の補佐役兼老中となり寛政の改革を行った政治家としてよく知られている。しかし、

文化人としての松平定信　定信は学問・芸術をこよなく愛した文化人としても知られている。著作は、自伝的覚書「宇下人言《うげのひとこと》」をはじめ、文学や博物学など分野も様々で、現在知り得るものでも一三〇を越える。このような文化人としての定信は、政治家として活躍した前半生よりは、むしろ寛政五年（一七九三）の老中辞任、さらに文化九年（一八一二）五五歳で家督を子定永《さだなが》に譲り隠居した後に発揮されたといえる。そして、その後半生は、ここ浴恩園を抜きには語れないのである。

松平定信（一七五八～一八二九）御三卿の一つ田安家の出身で、八代将軍吉宗の孫にあたる。父徳川宗武は和歌をよくした人物で国学者でもあり、定信も幼少より和歌などに秀でていた。その聡明さから次期将軍候補とも噂されたが、一橋治済《はるさだ》や田沼意次《おきつぐ》などに疎まれ、田安家の相続もならず白河藩松平家に養子に出された。白河藩政では、折からの天明大飢饉を諸政策で乗り切り、領内から一人の餓死者も出さなかったと伝えられている。天明七年（一七八七）田沼の失脚後、御三家などの支持を得て老中となり、幕政改革を行ったが、のち次第に支持を失い寛政五年（一七九三）に老中を辞した。（→六七・九四頁）

晩年の定信と浴恩園

定信は、当時でも稀なほど庭園に関心を寄せた大名であった。江戸と国許の白河に、全部で五カ所の庭園を自ら造営しているのである。浴恩園は、寛政四年（一七九二）江戸湾に面した一橋徳川家の築地屋敷の一部一万七〇〇〇坪余を幕府の許可を得て譲り受け、庭園にしたもので、老中辞任前から造園に取りかかり、同五、六年頃には完成したといわれている。園内は、「春風・秋風の池」の二つの池を中心に観覧する池泉回遊式の庭園となっているが、この池は水門から江戸湾の海水を引き入れた「潮入りの池」であった（浜御殿の項参照）。この池の周囲に五一の景勝地が配され、和漢二種類の名が付けられた。定信は晩年、老中職を辞し隠居してから、「花を愛で、紅葉を楽しみ、弁当などを持って心豊かに園内を散歩できるのもみな（将軍の）恵みに浴していればこそ、この楽しみは筆紙に尽くせない」と述べ、さらにこの恵みを家臣子女にも与えようと適宜入園を許している（「退閑雑記」わが浴恩園の事をしるす）。この一文には、園名に込めた定信の思いが表現されている。隠居後は、従来の風月・花月などの号に加え楽翁とも称し、以後一七年間を浴恩園で過ごした。日常生活は規則正しく、昼間は古典の筆写や詩歌作り、物書きなどをして過ごし、庭内の散歩は一日数度に及び、欠かすことがなかったという。庭内に植えた桜や梅・花菖蒲などの植物を写生し、植物画譜を作ったり、古書画・古器物などを博捜して博物学書『集古十種』を編纂するなどの文化活動も、浴恩園を中心に行われた。親交のあ

五つの庭園　定信は生涯において、国許《もと》では白河城内三の丸に「三郭四園《さんかくしえん》」、城下南郊に「南湖」を、江戸には築地「浴恩園」のほか、大塚抱屋敷に「六《りく》園《えん》」・深川入船の屋敷に「海荘《うみやしき》」を造営している。このうち現在は、「南湖」が南湖公園（福島県白河市）として残るのみである。

松平定信像　（福島県立博物館提供）60歳頃の定信。狩野養信に描かせたものだが、顔の部分は定信自ら描いたとされる。

った学問好きの大名や学者達も数多く当園を訪れ、時には訪問客と共に園内を散策しては歌を詠み、学問や文芸等について語り合った（「花月日記」）。定信が和歌や学問の友として交流した大名には、松浦静山（肥前平戸藩主）、堀田正敦（近江堅田藩主）、牧野忠精《ただきよ》（越後長岡藩主）などがおり、学者では大学頭の林述斎、幕府の儒者柴野栗山・古賀精里など多くの人々がいた。

その後の浴恩園

しかし、この浴恩園も定信の最晩年、文政一二年（一八二九）の神田を火元とする火災によって焼失してしまう。定信はその数カ月後、仮住まい先の伊予松山藩邸で没した（七二歳）。後年、庭園は再建されるが、明治時代になると当地一帯は海軍用地となり海軍兵学校が建設された。その後の関東大震災で庭園の面影は消失し、昭和一〇年（一九三五）東京中央卸売市場（築地市場）が建てられ、現在に至っている。

（齋藤悦正）

【参考文献】 白河市歴史民俗資料館　特別企画展図録『定信と庭園—南湖と大名庭園—』（二〇〇一年）、今橋理子『江戸絵画と文学—〈描写〉と〈ことば〉の江戸文化史—』（東京大学出版会、一九九九年）、藤田覚『松平定信—政治改革に挑んだ老中—』（中公新書、一九九三年）。

浜御殿（はまごてん）

浜御殿は、江戸湾の埋立て造成された地にある。この庭園は、

将軍家の庭園

三代将軍家光の子甲府藩主（一五万石）徳川綱重が屋敷地一万五千坪余を拝領したことに端を発する。「海手屋敷」と呼ばれ江戸湾の眺望に優れた屋敷であった。綱重の子綱豊は、父のあと甲府藩主を嗣いだが、宝永元年（一七〇四）世嗣のなかった五代将軍綱吉の養子になると江戸城西の丸に入り、屋敷は「西丸御用屋敷」と称された。のちに綱豊は家宣と改名し、同六年に六代将軍に就任する頃には、面積も拡張し大修築工事を経て将軍家の別邸としての体裁が整えられた。「浜御殿」の誕生である。中央部の大池泉は海水を引き込む「潮入り」の池で、潮の干満によって池の水位が上下し、池辺の情景も変化するようになっている。また、浜御殿奉行が設置されると、この支配に属する役人が常駐した。家宣は、将軍就任早々当地を訪れ、海岸で船手方の観艦と徒士《かち》の水泳を上覧している。以後、幕末まで将軍家の庭園「浜御殿」として存続するのである。

徳川吉宗と浜御殿

八代将軍吉宗の時代には、将軍家の別荘、大名・公家の接待の場としての意味よりは、彼が享保改革において推進した実学振興のための実験場となった。吉宗は、実学を奨励し甘藷の栽培を行ったことで有名だが、浜御殿内では、琉球から入手したサトウキビを薩摩藩士落合

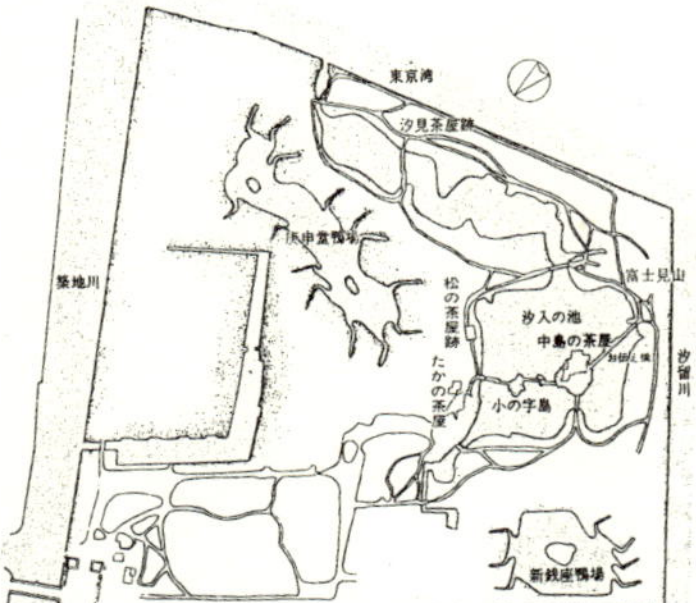

概略図（『日本庭園鑑賞事典』より）

船手方　若年寄支配に属し、幕府の船舶（御用船）を管理・運行した役職。この長官である船手頭（御船奉行）には、幕府開設以前からこの任に当たった旗本向井（将監）家などが勤めた。

孫左衛門に尋ね試作させ、製糖所を設置して砂糖製造に成功している。他に製塩所、鍛冶小屋、大砲場、薬草園なども設置された。また、狼煙の実験も行ったり、オランダ人を当地に招いて西洋流の馬術も学んでいる。さらに、吉宗はベトナムから象が届けられるとこの浜御殿で飼育している。この象は雄雌二頭であったが、一頭は長崎で死んだため残る一頭が江戸まで運ばれた。享保一四年（一七二九）五月、象は沿道の人々が見物する中を浜御殿に入り、のち江戸城で吉宗ほか城中の人々に観覧された。長崎から江戸に向かう途中の京都では、中御門上皇・霊元天皇がこの象を観覧したが、その際象に位階を授けなければならず、従四位《じゅしい》という大名でもわずかの者にしか与えられない高位が与えられた。江戸でのこの象の飼料代は莫大なもので、倹約を奨励している折りにもかかわらず、「餡なし饅頭一桶、真菰十五抱、根笹十五抱」を毎日食したという（「御府内備考」）。飼料が減らされた象は、浜御殿で飼育係を鼻に巻いて殺してしまった。後年江戸近郊の百姓に払い下げられると、象の糞が薬として売り出されたが、寛保二年（一七四二）中野村（現中野区）で病死した。

幕末の浜御殿

一一代家斉《いえなり》の時代には、浜御殿は多くの手が加えられ整備された。家斉の当園への思い入れは強く、放鷹《ほうよう》や夫人とともに釣りなどに戯れた御成の回数は、在職中九〇回以上に及んだという。しかし、幕末になると、浜御殿はあらたな意味を担わされた。嘉永六年（一八五三）、アメリカ太平洋艦隊ペリーの率いる黒船が浦賀に来航すると、浜御殿は江戸湾防備のため

放鷹　鷹狩りのこと。

の軍事的な施設となっていくのである。品川沖に台場（砲台）が建設されると、御殿内にも砲台が設けられた。安政二年（一七五五）には、一三代将軍家定は代官江川英龍に試作させた爆裂弾やオランダのテレカラーフの試験を上覧している。このようななか慶応二年（一八六六）には浜御殿はついに海軍所となり、浜御殿奉行を廃して海軍奉行の管轄下に入った。軍事施設として姿を変えた二年後幕府は崩壊し、明治を迎えた。外国高官の接待所として利用されたのち皇室の所有となり、名も浜離宮とされた。第二次大戦後東京都に寄附され、「旧浜離宮庭園」として特別名勝及び特別史跡に指定され現在に至っている。

（齋藤　悦正）

【参考文献】　小杉雄三『浜離宮庭園』（東京公園文庫一二、郷学舎、一九八一年）、水谷三公『将軍の庭—浜離宮と幕末政治の風景—』（中央公論新社、二〇〇二年）。

隅田川（すみだがわ）

境界としての隅田川

古く隅田川は武蔵国と下総国の国境を流れる川であった。平安時代前期、わが身を不要のものとみなして都を離れ、東国へと向かった『伊勢物語』の主人公在原業平《ありわらのなりひら》は、この隅田川のほとりに至り、「名にしおはばいざ言問《こと と》わむ都鳥《みやこどり》　わが思ふ人はありやなしやと」と詠《よ》んだという。川を渡るとさらに遥かな房総の地という国境としての隅田川、ま

江川英龍　（一八〇一〜一八五五）　通称は太郎左衛門、号は坦庵。伊豆国韮山代官。幕領の民政改革と海防政策に関わった。渡辺崋山に洋学を学び、韮山には反射炉を建造した。

隅田川　今日、荒川の下流、岩淵水門（北区）から東京湾に注ぐ延長約二五キロをいう。岩淵水門は荒川と隅田川を分け、隅田川への水量を調節している。古くは角田川・住田川・墨田川などとも書く。近世では、その下流をとくに大川といい、江戸文化の舞台となった。→三三二頁

伊勢物語　平安時代の歌物語。一〇世紀前半には成立したと推定されているが、成立事情などについては不詳。在

た田舎にもかかわらず都鳥という鳥の呼び名は、業平をして、果てしなく遠くまでやってきた心細さ、都に残る女性への思いをつのらせるとともに、その後の人々が隅田川に対して抱くイメージの原点ともなった。たとえば一五世紀後半、太《おお》田道灌《たどうかん》に招かれて江戸城内に滞在したことのある禅僧万里集九《ばんりしゅうく》の漢詩文集『梅花《ばいか》無尽蔵《むじんぞう》』にも、「隅田は武蔵・下総両国の間に在り」「都鳥は隅田の故事なり」といった文言が見える。なお一七世紀半ばに架けられた両国橋の名も、武総両国を結ぶ橋であることに由来する。

　隅田川は国と国とを隔てる川であると同時に、両国橋などの橋が架けられる以前から、国と国とを結ぶ川としての役割も果たしており、川の両岸には交通・経済・軍事といった種々の面での拠点が発達した。たとえば古代以来、渡船場が設けられ、在原業平の東下《あずまくだ》りと同時期には、渡船の数が二艘から四艘に増やされているが（『類聚三代格《るいじゅうさんだいきゃく》』）、やがて下総側の渡船場には交通集落である「隅田宿《しゅく》」（墨田区）も形成され、源平の争乱期、房総から鎌倉へ向かう途中の源頼朝が在陣している（『吾妻鏡』）。また源義経の一代記『義経記《ぎけいき》』によると、武蔵側の渡船場と推定される石浜（台東区・荒川区）には数千艘の西国船が着岸し、同地を知行する江戸重長《えどしげなが》は大福長者と呼ばれていたという。数千艘はともかく、この付近のにぎわいぶりがうかがわれる話である。

梅若伝説

　こちら側と向こう側とを隔てる川は、この世とあの世の境としても人々に意識された。このためであろうか、隅田川のほとりでも、

原業平の一代記的な構成をとり、有名な都鳥の歌は第九段に見える。しかし業平の東下りが史実か虚構かについては意見が分かれている。なお今日、隅田川には言問橋が架かり、近くに業平橋もある。

在原業平（八二五〜八八〇）　平安時代前期の歌人。六歌仙の一人。平城天皇皇子阿保親王の子。『日本三代実録』は、「体貌閑麗、放縦拘《かか》わらず。ほぼ才学なし。よく倭歌を作る」として、美男で和歌に巧みであったと伝える。

都鳥　一九六五年、東京都によって「都民の鳥」に指定されたユリカモメ（チドリ目カモメ科）のこと。冬の間、シベリア・カムチャッカから渡来してくる冬鳥。『伊勢物語』に「白き鳥の嘴《はし》と脚と赤き、鴫《しぎ》の大きさなる、水のうへに遊びつつ魚をくふ」と見えるように、赤い嘴《くちばし》と脚とが特徴。

人買い商人に連れられ、京から奥州へ下って行く途中に病死した一二歳の少年梅若丸の亡霊が、その一周忌の折、我が子を探し求めて京からやってきた母親と束《つか》の間の対面をするという悲しい母子の物語が語られるようになった。現在、隅田川の左岸、墨田区の梅柳山木母寺《もくぼじ》に伝わる『梅若権現御縁起』は、この話を絵巻物にしたものであり、また観世元雅《かんぜもとまさ》作の謡曲「隅田川」もきわめて類似の内容をもつが、先に紹介した万里集九『梅花無尽蔵』には、「都鳥は隅田の故事なり」に続いて、「河辺に柳樹有り。蓋《けだ》し吉田の子梅若丸の墓処なり。其の母は北白川の人」という文言が見え、一五世紀半ば頃の隅田川畔で、この話が語られていたことがわかる。また、この『梅花無尽蔵』の記事からは、業平東下りの場としての隅田川と同じく、梅若塚＝木母寺が、すでに名所的存在となっていることもうかがえて興味深い。さらに万里集九と同時期に江戸を訪れた京の歌僧堯恵《ぎょうえ》も、二月の初め、隅田川で船遊びを楽しんでいるが（『北国紀行』）、近世に入ると、墨堤の花見・雪見、両国橋の花火、船をくり出しての納涼・月見などでにぎわう名所隅田川の光景が四季折々に展開され、それらを素材とする絵画も数多く描かれるようになった。

大川四橋

隅田川の上流から、大川橋（吾妻橋）・両国橋・新大橋・永代橋の順に架かる橋が、いわゆる大川四橋である。このうち最も早いのが、明暦の大火の二年後、万治二年（一六五九）に架けられた両国橋で、以後、元禄年間（一六八八～一七〇四）に新大橋・永代橋、安永三年（一七七四）に大川橋

江戸重長（生没年未詳）　平安時代末期から鎌倉時代初期の武将。桓武平氏良文流秩父氏の一族で、武蔵国豊島郡江戸郷を本拠地とする。源頼朝の挙兵当初、頼朝に属する三浦氏の相模国衣笠城を攻めたが、のち頼朝の武蔵入りに際して頼朝に帰順、武蔵国諸雑事の沙汰権を与えられた。

梅若権現御縁起　全三巻の絵巻物。延宝七年（一六七九）、高崎城主安藤対馬守重治の依頼で新しく作り直されたことは判明しているが、最初の製作年代は不詳。所蔵者木母寺（墨田区堤通二丁目）は、貞元年間（九七六～九七八）、忠円阿闍梨が草創、のち慶長一二年（一六〇七）、近衛信尹《のぶただ》が梅の字にちなんで木母寺に改めたという。

観世元雅（?～一四三二）　室町時代の能役者・能作者。父世阿弥から「祖父（観阿弥）にも越えたる堪能」と期

が架けられ、それにともなって都市江戸は、隅田川をこえて東へと発展していくことになった。武家屋敷・町屋地域としての南部の本所《ほんじょ》、江戸の近郊農村としての北部の向島《むこうじま》の開発である。また江戸時代初期頃には、隅田川以東、かつての下総国葛飾郡のうち、江戸川以西は武蔵国に編入されている。すなわち隅田川は国境としての川ではなくなったわけであるが、それは、江戸の人々から境界としての隅田川の意識まで消し去ったわけではない。しばしば境界に現れるという怪異現象との関連が推定される、「おいてけ堀」をはじめとする本所七不思議の話、東両国（両国橋の東側）が、新しく江戸に組み入れられた川向うの両国の意で、向う両国と呼ばれたことなどが物語るところである。

（樋口州男）

【参考文献】 林英夫編『川がつくった江戸』（隅田川文庫、一九九〇年）、すみだ郷土文化資料館『隅田川の伝説と歴史』（東京堂出版、二〇〇〇年）。

飛鳥山（あすかやま）

花見名所の成立 飛鳥山は、花見の名所としてよく知られている。飛鳥山に桜が植えられたのは、八代将軍徳川吉宗の命によって、享保五年（一七二〇）から翌六年にかけてのことである。桜が根付いて花を開かせるようになった享保一八年二月には、江戸市民の行楽の便とするため、水茶屋が一

待されたが、三〇歳代で死去。なお元雅が木母寺に伝わる梅若伝説に取材して謡曲「隅田川」をつくったか、謡曲をもとにして木母寺の話がつくられたか、については不詳。

本所七不思議 明暦三年（一六五七）の大火以降、開発が進んだ本所一帯で発生したという不思議現象の話。もっとも七話とは限らず、今日、片葉の葦・落葉なき椎・津軽家の太鼓・送り提灯・燈《あか》りなしの蕎麦《そば》・足洗い屋敷・送り拍子木・置いてけ堀・馬鹿囃子といった九話が伝わっている。

○カ所建てられた。こうして、飛鳥山は、江戸市民の行楽の場となった。吉宗は、元文二年（一七三七）三月一一日に、自らの事業の成果を確認するかのように、飛鳥山で酒宴を催した。また、同年閏一一月には、吉宗による事績を顕彰するための「飛鳥山碑」が建てられた。この石碑は現在も残っているが、江戸時代には飛鳥山のランドマークともなり、浮世絵などで芝山に桜と石碑を描けば飛鳥山を示した。

花見の光景

花見の名所としての飛鳥山が江戸市民に広く知られるようになった宝暦年間（一七五一～六四）には、多くの江戸市民が、毛氈《もうせん》・弁当・酒などを携えて飛鳥山にむかった。吉宗による植樹以後も、桜の増植や補植など、飛鳥山の環境整備が随時行われたが、寛政年間（一七八九～一八〇一）以降は、ほとんど放置されたままだったので、桜の木は多くが枯れてしまい、わずかとなってしまったという。とはいっても、飛鳥山は花見の名所に変わりなく、花の盛りの頃には、木々の間に仮の茶店が設けられ、多くの人が集まり、如月《きさらぎ》・弥生《やよい》のころは桜花爛漫《おうからんまん》として尋常ではない光景が展開した。また、花見の季節に合わせて、江戸市民の信仰を集めた王子稲荷で開帳が行われると、飛鳥山は大変な混雑をみせ、腕まくりして踊り歩く若者がいたり、かなたの床机《しょうぎ》では三味線を弾き唄う者がおり、花も見ずに武士が馬に鞭をあてて走らせたり、往来の人の妨げとなるのも構わず長い刀を横たえて歩いてくる武士もいた。

王子稲荷　北区岸町一丁目に所在。創建時期は不詳だが、一八世紀中期以降流行神的に江戸市民の信仰を集め、幕末に至るまで、特に二月初午《はつうま》には多数の参詣者があった。

上野　東叡山寛永寺《とうえいざんかんえいじ》は、台東区上野桜木にある天台宗の寺院で、寛永二年（一六二五）上野に創建、増上寺《ぞうじょうじ》とともに徳川将軍家の菩提寺《ぼだいじ》で、花見の名所として知られた。

御殿山　品川区北品川三・四丁目にある小丘。江戸時代初期に将軍の狩猟の休息や諸大名の参勤送迎のために御殿

花見の賑わい

飛鳥山では、花の風情を楽しみ、歌や句をよむ花見も行われたが、それにもまして飛鳥山の花見を特徴づけたのは、酒肴を楽しみ、唄い踊るという、群衆による騒然たる花見が特徴的であった。文化初年から、手習《てなら》いの師匠が、弟子の子供とその親たちと、弁当をもって上野・飛鳥山・御殿山《ごてんやま》などへ花見に出かけるようになり、子供たちは男女ともに美しく着飾り、頭には揃いの造花をさした。これは、手習い師匠と弟子の花見がいく組もあったため、他の師匠の弟子と区別するためであった。この手習い師匠たちの風俗は、弘化年間（一八四四～四八）には、吉原の遊女や音曲の師匠と弟子たちの風俗ともなっていった。また、紙の烏帽子《えぼし》や仮面による仮装もみられるようになる。

飛鳥山の花見にきた群集を相手に、茶番狂言を仕組む者もいた。文政三年（一八二〇）に版行された滝亭鯉丈《りゅうていりじょう》『花暦八笑人《はなごよみはっしょうじん》』初編に、飛鳥山を舞台に、敵討ちが始まると見せて人を集め、六部《ろくぶ》に扮装した者が仲裁に入ると、笈《おい》の中から酒肴が出て、大酒宴となるという筋書きの茶番狂言を仕組んだが、手順が狂って仲裁役が到着せず、何も知らない武士が助太刀に入って、趣向が目茶苦茶となるという、落語の「花見の仇討」のもととなった話が載っている。こうした茶番狂言は、戯作《げさく》の世界だけのことではなく、実際に頻繁に催された。天保一一年（一八四〇）に、飛鳥山の花見の最中に妊婦が産気づき、通りあわせた医者が薬箱をあけると、中にはさまざまな肴が入っている。酒をさしあげたいがすべて飲み尽くしてしまったというと、妊婦が三升ほどの酒樽を産み落として、見物人の中か

が建てられた。寛文年間（一六六一～七三）ごろから吉野桜が植樹されたというが、徳川吉宗の命で園地として整備され江戸の花見の名所のひとつとなった。

烏帽子　鳥の羽の色を連想させる黒色の布帛または紙製の帽子で、中世では成人男子に不可欠のかぶりもので、烏帽子をかぶらぬままの露頂《ろちょう》を他人に見せることを恥辱とした。近世になると月代《さかやき》が行われ露頂が一般化すると、烏帽子は特別な儀式用となった。

茶番狂言　素人の即興的な寸劇のことで、歌舞伎小屋で千秋楽に行われた余興の隠し芸を茶番といい、それが一般の趣向を凝らした即興劇なども茶番というようになった。

花暦八笑人　五編一六冊。四編追加までが滝亭鯉丈の作で、文政三年（一八二〇）～嘉永二年（一八四九）に版行

ら三味線を持った者が出てきて、医者や女が唄い踊りだすという茶番狂言を行った者がいた。

このように、飛鳥山で花見の時に、酒肴を飲食し、唄い、踊るなど大騒ぎをすることが、江戸市民の大きな気晴らしとなったのである。

江戸時代に花見の名所として知られた飛鳥山は、明治六年（一八七三）に、上野・浅草・深川・芝とともに、東京市の公園となり、これまでどおり春には花見で賑わいをみせたほか、市内の諸学校の運動会などにも利用された。江戸時代から続いていた土器《かわらけ》投げは、明治末年まで行われたが、鉄道の障害となるというので廃止された。土のままで焼かないのがここの特色で、川柳に「飛鳥山投げればもとの土になり」とある。

（加藤　貴）

【参考文献】小野佐和子『江戸の花見』（築地書館、一九九二年）、『北区史』通史編近世（東京都北区、一九九六年）。

象（ぞう）

享保の渡来象

享保一四年（一七二九）五月二五日、ときの将軍徳川吉宗の上覧に供するため、江戸に一頭の象がやって来た。この象は前年の六月、中国商人鄭大成《ていたいせい》（鄭大威とする史料もある）により広南（現、ベトナム）から長崎へ輸入された雌雄《しゆう》二頭（雌《めす》象は約三カ月後に斃死）のうちの一頭である。

された。八人の能楽者《のうらくもの》が江戸の行楽地にくりだし茶番を仕掛けるが、いずれも失敗に終わるというもので、飛鳥山・向島・両国などを舞台としている。

六部　六十六部廻国聖《ひじり》の略称。「法華経」を六六部書写し、全国を巡って六六カ所の霊社霊仏に一部ずつ納経して滅罪の功徳を得ようとする修行者のことである。

笈　諸国巡礼の行脚僧・修験者らが本尊・仏具・経本・衣服・食器などを入れ背に負う竹・木製の箱のことである。

吉宗が象を輸入した理由には諸説があって判然としないが、長崎の通詞が幕府へ提出した書付に広南での象の軍事機能に関する内容が多く盛り込まれていることから、日頃から異国の文物に強い関心を示していた吉宗が、広南で「国主軍用」に用いられた象や、それを官吏に預けて飼育させる風習などを学び、軍用の可能性を探るとともに、将軍権威の誇示を図ろうとしたものとも考えられる。

長崎から江戸へ向かう象の輸送ルートには、山陽道・東海道が用いられた。しかし桑名―熱田間の「七里《しちり》の渡」や舞阪―新居間の「今切《いまぎれ》の渡」などの渡し場は避けられ、これらの部分では美濃路や本坂道《ほんさかみち》といった迂回路が利用された。幕府は前代未聞の象輸送にあたり、青葉・藁《わら》・清水の確保や馬屋を転用した象小屋の整備など、宿々に心得を伝えている。享保一四年三月一三日に長崎を出発した象は、一日に三～五里というペースで山陽道を東上、四月一六日に大坂、二六日に京へ入り、二八日には宮中において中御門《なかみかど》天皇らの上覧を受けた。このの ち象は、五月上旬に箱根の関に到着したが、この頃には象にも長旅の疲れが出たようで、「象相煩《あいわずらい》ニ付箱根宿ニ逗留《とうりゅう》」という記録が残されている。

将軍吉宗による上覧は、江戸到着から二日後の五月二七日に行われた。『徳川実紀』は、このときの様子について「大広間にいでたまひ象を御覧あり、布衣《ほい》以上の諸有司《しょゆうし》みなみることをゆるされたり」と記し、将軍のみならず布衣（六位相当）の格以上の幕臣たちが集まって象見物に興じたことが知られる。

もちろん象の到着は、江戸じゅうでも好奇の的となった。江戸書物問屋の出版記録である「割印帳《わりいんちょう》」をみると、この年の五～六月には、中村平五撰『象のみつぎ』、智善院《ちぜんいん》撰『象志《ぞうし》』、林大学頭《だいがくのかみ》撰『馴象編《じゅんぞうへん》』、井上通熙《みちひろ》著『馴象俗談《じゅんぞうぞくだん》』が相次いで版行されており、また八月には、奥田士亨の編による漢詩集『詠象詩《えいぞうし》』や『広南霊象図《こうなんれいぞうず》』という一枚刷りの図なども出版されたとあるから、その人気ぶりがうかがわれる。

その後、象は芝の浜御殿で飼育されたが、将軍の上覧という目的を達した象は、年間二〇〇両もの飼料代を消費するだけの厄介者《やっかいもの》となっていた。その象が、思わぬところで再び注目されるようになったのは、享保一七年のことであった。

疱瘡・麻疹の薬「象洞」

同年七月、幕府は、武州多摩郡中野村の源助ら三名から提出された「象洞売弘《ぞうほらうりひろめ》願」を「世上《せじょう》ノ為メ二御座候」という理由で許可した。「象洞《ぞうほら》」とは、疱瘡《ほうそう》・麻《ま》疹《しん》の治癒《ちゆ》に効果があるとされる薬で、その原料は象の糞《ふん》であった。このころには、疱瘡・麻疹などの疾病が猛威をふるっており、「象洞」は当初、江戸の町年寄のもとで希望者へ試験的に無料配布していたが、源助ら三名は、将軍吉宗の側近で御小納戸をつとめる松下当恒《まさつね》の勧めにしたがい、その製造と販売を請け負い、江戸市中はもとより駿府・大坂にも請売所を設けて売りひろめを図った。

これにより渡来象は、「象洞」販売のための格好の宣伝媒体となった。そこで源助らは、象の払い下げを幕府に願い出て、寛保元年（一七四一）に象を新築された中野村の象小屋へと移し、両国橋広小路などで見世物興業を行って、「象

象小屋　象の通行にあたり、宿場の中には新たに象小屋を新築するところもあり、本坂道の遠江国気賀《けが》宿（現、静岡県引佐郡細江町）では、本陣の中村与太夫の敷地に象小屋がつくられた。小屋は約一五畳ほどの広さで、裏側にある「披《ひら》キ戸」と「葭簀《よしず》戸」を開けると、すぐに「火ノ用心除《よ》ケ道」に出られるといった非常時に対する入念な配慮も施されていた。

象洞　幕府は、疱瘡・麻疹の流行に対処するため、享保一五年（一七三〇）に牛糞の薬を普及させる御触を出している。おそらく「象洞」も、これに倣って考案されたものと考えられる。なお、「象洞」の江戸での販売価格は、三匁《もんめ》（約一一グラム）入りの「黒焼御薬」および五匁（約一九グラム）入りの「黒焼ニ不仕粉薬」が銭一〇文であった。

洞」の販売促進に利用した。しかし、売れ行きは芳《かんば》しいものではなく、後年の史料によると、源助は「大借金」を抱えたとある。

中野村で飼育されていた象は、長崎に上陸してから一四年目にあたる寛保二年(一七四二)一二月、にわかに病を発して死亡した。幕府は、象皮のみを召し上げ、骨などの遺骸を源助らへ下付した。源助らは、売れ残っている「象洞」の販売のため各所で象骨の見世物興行を行うが、なかなか成功しなかった。

安永八年(一七七九)五月、源助の後継である伊左衛門は、年貢上納に差し支えたとして、象骨を金一七両で村内にある宝仙寺へと売却した。宝仙寺では、象骨を寺宝として保存して明治維新を迎えるものの、先の戦災によって焼失してしまったという。

(太田尚宏)

【参考文献】 太田尚宏「渡来象の社会史」(『歴博』第八九号、国立歴史民俗博物館、一九九八年)。

駱駝(らくだ)

偶蹄目《ぐうていもく》ラクダ科の獣。砂漠での生活によく適応した体を持ち、背部に脂肪の肉瘤があり養分を貯蔵できる。中部アジア産のフタコブラクダは肉瘤二個、西南アジアや北アフリカ産のヒトコブラクダは一個。

駱駝の渡来

日本への渡来は古く、『日本書紀』には、推古天皇七年九月、百済《くだら》から羊や白雉とともに駱駝が献上されたことを記している。江戸時代には、享和三年（一八〇三）、長崎沖へ渡来したアメリカ船が高さ九尺・長さ三尺の駱駝一頭を載渡してきたことが確認されるが（当時は「馬」と記載される）、鎖国制下でありそのまま帰航した。しかし、本草家や好事家らは長崎まで赴きその形状を模写しており、本草《ほんぞう》学者小《お》野蘭山《のらんざん》の著した『本草啓蒙《ほんぞうけいもう》』は、この時に写生したフタコブラクダを図示している。このほか『和漢三才図会《わかんさんさいずえ》』などでもフタコブラクダを掲載しており、江戸時代に駱駝といえばフタコブラクダと理解する者が多かった。

献上品から見世物へ

文政四年（一八二一）七月二九日、オランダ船フォルティチュート号（船長リーフェス）は、将軍および世子への献上品として雌雄のヒトコブラクダを載渡した。翌三〇日、早速幕府へ献上伺を出したところ江戸への搬送経費が嵩むことを理由に受け取りが拒否され、出島での飼育が命じられる。しかし、その後もオランダ商館側では駱駝の処置をめぐって幕府との協議を続けた結果、文政六年三月に売却が成立し、同月一六日には長崎へと移送され買い主に引き渡された。その後、大坂の香具師《かぐし》の手にわたった駱駝は見世物として九州・四国さらには大坂と各地を巡業した後、木曽路を下って江戸に向かった。

駱駝の評判

駱駝渡来は、翌年三月に江戸西両国橋広小路で「作り物」が見世物として出品されるなど（『甲子夜話』）、すでに江戸でも評判になっていた。文政七年閏八月六日、いよいよ本物の駱駝が江戸に到着することに

フタコブラクダ　斉藤月岑は『和漢三才図会』や橘守国等が記す駱駝を「虚」であるとし、『武江年表』には「背に肉峰ありて鞍のごとしといへる説によりて二つの肉峰を画けり、肉峰は一つにしてしかも高し」と記している。

見世物　料金を取って各種の技芸や細工物、珍獣などを見せる興行で、特に小屋掛けなどの軽便な施設で催される。江戸中期以降、市中や寺社境内を中心に盛り場が形成されると、その中心的な出し物として興行された。

なるが、その前日、中山道の初宿である板橋平尾宿に到着した二頭は本陣豊田市《とよだいち》右衛門《えもん》家の奥庭に引き入れられ諸人に見物されることになった。豊田家には近隣の住人をはじめ江戸からも人が「雲かすみの如く」押し寄せ、宿始まって以来の騒動になったという(『我衣』)。そしていよいよ両国橋西詰で見世物興行が始まるが、国学者村田了阿《むらたりょうあ》の狂歌に「押合ふて見るより見ぬがらくだろう百のおあしが三つに折れては」とあるように連日大勢の人が押し寄せる人気ぶりで、見世物としては日延《ひのべ》に日延を重ねる空前の大当たりとなった。また、草紙や戯作《げさく》、一枚絵から小児玩物まで様々な関連商品が製作されたほか(『きのまにまに』)、「此見世物出てより後、物の大にして鈍なるをラクダと云ふ」というように流行語にもなっていた(『武江年表』)。こうして大盛況のまま翌八年春まで興行を続けた駱駝は江戸打ち出しの後も各地で興行を続け、北国での興行の際に死亡したという。

(保垣孝幸)

【参考文献】 日蘭学会『長崎オランダ商館日記』九・一〇巻(日蘭交渉史研究会訳、雄松堂出版、一九九八・九九年)、『朝日百科日本の歴史別冊　行列と見世物』(朝日新聞社、一九九四年)。

鮎（あゆ）

江戸の南側を東流する玉川（多摩川）は、万葉の昔から和歌に詠われ、山城・摂津・紀伊・近江・陸奥の各国にある「玉川」とともに「六玉川《むたまがわ》」と呼ばれて、歌枕の一つとしてその名を知られていた。江戸時代に書かれた多くの文献で、多摩川を「玉川」と表記しているのも、こうした点に由来する。

玉川の鮎

この玉川の名産品として、江戸の人々に珍重されていたのが鮎であった。玉川で獲れた鮎は、日本橋や四谷にある鮎問屋へ運ばれ、箱に詰められて市中で売買された。「箱入《はこいり》の玉川外《ほ》かの国になし」（『誹風柳多留』第二四篇）という川柳は、六玉川の中でも、鮎という形をとって身近にその存在を感じられるのは武蔵国だけであるという、江戸っ子の自負と玉川への愛着を示したものといえよう。

鮎には、発育にともなって棲息場所を移すという習性がある。毎年九〜一〇月に川の下流近くに産み付けられた鮎の卵は、約三週間で孵化し、流れにまかせて海へ出て早春まで暮らす。三月末ごろになると、鮎は川を遡《さかのぼ》りはじめ、四〜五月には上流まで移動し、六〜七月には上流の好適地に棲みついて、縄張りをつくりながら水アカを食べて過ごす。そして九月ごろになると、鮎は産卵準備のため川を下っていく。これが「落ち鮎」とか「子持鮎」と呼ばれるものである。鮎の寿

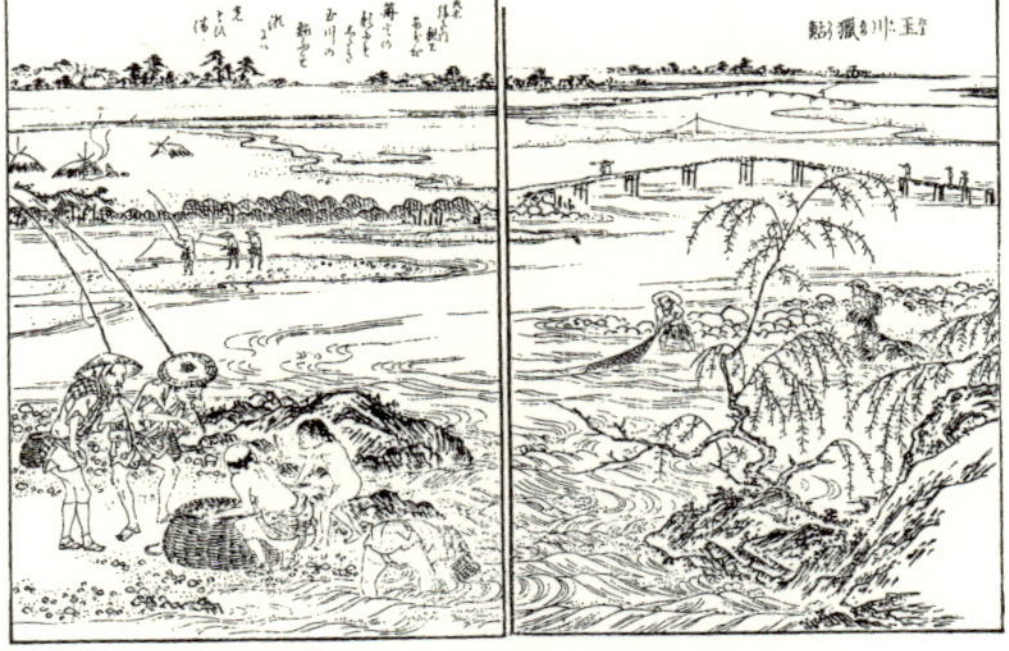

玉川の鮎とり（「江戸名所図会」）

命はおおむね一年で、産卵を終えると長旅と寒さのために一生を終える。「年《ねん》魚《ぎょ》」という鮎の別称はこうした生態に基づいて付けられたもので、また鮎は体表の粘膜から独特の香りを発するため「香魚《こうぎょ》」とも呼ばれた。

玉川の鮎漁業は、右のような鮎の生態に即した形で、さまざまな漁法を用いて行われた。春先の川を登ってくる若鮎に対しては登り簗《やな》漁が、反対に川を下る子持鮎については下り簗漁・シラ漁などが用いられ、また投網《とあみ》や跳《は》ね網などの網漁も盛んであった。なお、上流部では縄張りをつくる鮎の習性を利用したトモ釣りも行われたが、大量捕獲には適さず、それほど活発ではなかったともいわれる。

上ケ鮎御用

玉川の鮎は、将軍が暮らす江戸城への重要な上納品でもあった。

玉川筋の村々では、すでに延宝六年（一六七八）以前より村方人足を使って御菜《みさい》鮎を江戸城の御台所まで納めていたことが知られており、この御菜鮎は、幕府から代価の支払いを受けない無代上納であったと推定されている。玉川沿岸の村々は、鮎の漁獲についてさまざまな規制を受けており、たとえば下流の宇奈根村から下沼部村までの区域は、将軍らが川狩をする関係から「公儀御《こうぎご》猟場《りょうば》」として位置付けられ、享保一三年（一七二八）に御留川《おとめがわ》に指定されて、「御用猟師」に限って上納鮎の漁獲が許可された。このように玉川流域の鮎漁業では、江戸城への鮎上納の有無が漁場の優先利用などの面で大きな影響をおよぼしていた。

江戸城への鮎上納は、享保七年（一七二二）にいったん停止されたが、延享二

簗漁　簗漁は、川の中に太い杭を打ち、川石を逆八の字形に築いて水流をせばめ、その先に竹簀《たけす》を敷いて落差をつけ、誘導されてきた鮎を一気に簀の上にはじき出すという漁法で、登り簗漁と下り簗漁の区別があった。この漁法では、短時間に多くの鮎を漁獲することが可能であったが、登り簗の場合、成長途中の若鮎を大量に捕獲してしまう危険性が高いため、幕府は天保九年（一八三八）八月、その使用を禁止した。

シラ漁　主として毎年盆前後に川を下る落ち鮎を対象として行われる漁法で、流れを横切るように何本かの小杭を立て、これを結ぶように荒縄を渡して、そこに数本のしめ縄のような縄片を垂らす、あるいは葉付きの小笹を杭の間に横たえるといった手法で鮎をおどして迂回させ、誘導した先に設置した筌《うけ》の中に追い込むというものである。

年（一七四五）より新たな形式で復活した。これは「上《あ》ケ《げ》鮎《あゆ》御用」と呼ばれるもので、主として上～中流域の村々で行われ、毎年「御《ご》用《よう》請《うけ》証文」を提出することや幕府から代価が支払われることなどから御用請負としての性格が強いものであった。上ケ鮎御用の指示伝達系統は、掛《かか》り代官―上ケ鮎御用掛り―世話役―御用請村（上納村）という形をとり、掛り代官の統括のもと、現地へ派遣された上ケ鮎御用掛り（掛り代官の手付・手代）が御用請村の代表である世話役に指示を出して、上納鮎の漁獲と集荷にあたった。江戸城への上納は、通常四～五回に分けて行われ、一年間に納める鮎の総数は一一〇〇～一三〇〇尾程度で、目の下から計って四～六寸（約一二～一八センチ）と定められた鮎を上納指定日の前日の夕方に差し立て、青梅往還や五日市往還・甲州道中などを利用して翌日の早朝には江戸城の御春屋《おつきや》へと納めることになっていた。上納が完了した後には、幕府から鮎代が支給されたが、その額は御用組合全体で七～八両前後であったといわれる。

（太田尚宏）

【参考文献】 大石学編『多摩と江戸―鷹場・新田・街道・上水―』（たましん地域文化財団、二〇〇〇年）。

鮎を運ぶ人びと（「江戸名所図会」）

白魚（しらうお）

江戸湾および隅田川・中川・江戸川一帯の漁業秩序は、幕府の食糧魚確保政策に伴う江戸城上納魚の漁獲に関する権利関係によって複雑な構造をとっていた。幕府は、それぞれの漁業集落に対して、将軍・幕府との個別の関係（由緒）を取り結び、上納先や魚種の異なる複数の御膳御用を賦課していた。こうしたものの一つに御膳白魚をめぐる漁業権の問題があった。

御膳白魚をめぐる漁業権

幕府はその成立当初、政治的中心地となった江戸の食糧魚需要を満たすため、当時卓越した漁業技術を有していた関西漁民を積極的に移住させ、漁業の振興を図った。摂津国から来て佃島や深川猟師町に定住した漁民が、その代表的な事例である。なかでも佃島の漁民は、江戸城へ御膳《ごぜん》白魚を上納することを条件に江戸湾内での漁業権を認められ、慶長年間（一五九六～一六一五）に旧来の漁村で御菜《みさい》浦《うら》に指定された浦々との間で紛争が起こった際も、「江戸《えど》近辺《きんぺん》之《の》於海川《かいせんにおいて》網懸《あみか》ケ候《そうろう》事不可有相違《ことそういあるべからず》候《そうろう》」という御免書《ごめんしょ》を下付されて、広範な特権的漁業権を獲得した。ただしこのとき、佃島の漁民でさえも優先的漁業が認められない「御法度《ごはっと》之場《のば》」があった。それは浅草川（隅田川）の流域であり、ここでは同じ御膳白魚上納を行う小網町《こあみちょう》白魚役《しらうおやく》が漁業の権利を認められていた。

隅田川　荒川放水路が開かれる以前の荒川は、下流部では現在の隅田川の流路を通っていた。これは、寛永六年（一六二九）に行われた「荒川の瀬替え」と呼ばれる大規模治水工事によるものであった。このため江戸時代には、この河川の下流は「荒川」とも「隅田川」とも称され、また千住大橋より下は「大川」、河口部付近では「浅草川」ともいわれた。→三一七頁

御菜浦　御菜とは、将軍の御膳に供する食糧品のことを指す。御菜浦は、戦国期より江戸湾で漁業を営んできた浦々の中で、幕府より江戸城への魚介類上納を命じられたものをいう。江戸内湾の元浦となった本芝・金杉・品川・大井御林・羽田・生麦・新宿・神奈川のいわゆる「御菜八ケ浦」や、「葛西三ケ村」と呼ばれる今井・長島・二之江の各村が代表的な事例である。

小網町白魚役と佃島漁民

小網町白魚役は、慶長六年（一六〇一）に徳川家康が下総国東金《とうがね》へ鷹狩に赴いたときに白魚を献上したという由緒をもつ二六名の漁民で、佃島漁民が江戸へ移住する以前より浅草川から江戸湾周辺での御膳白魚漁場が決められていたものと考えられる。したがって、江戸へ移った佃島漁民が御膳白魚漁を行う場所は、自分たちが住む隅田川河口周辺ではなく、そこからやや離れた中川と江戸川の河口付近に定められた。佃島の漁民は隅田川での漁業権を渇望し、幕府への嘆願なども行ったようで、幕府は享保六年（一七二一）、佃島漁民に対して隅田川での御膳白魚漁業を認める措置をとった。ただし、このとき決められた漁場は、小網町白魚役の漁場よりも上流の千住大橋から上豊島村までの間で、浅草周辺の優良な漁場はいぜんとして小網町白魚役の手中にあった。

江戸城への御膳白魚の上納は、佃島の場合、毎年一一月より翌年三月までと定められ、一回に一升ずつ、毎日とはいかないまでも五カ月間に約八斗八升の白魚を無代で納めることになっていた。また、白魚シーズン以外の時期には、いな（ぼらの幼魚）をはじめとするさまざまな魚を上納して、漁業権の維持を図っている。たとえば享保四年（一七一九）には、幕府が佃島漁民の生活を助成するため深川八幡近くの二八四四坪の土地を貸与し、深川佃島と名付けて長屋経営を行わせることにしたが、このときにも、冥加として四月から九月までの間に毎月三〇〇尾の「小肴」を上納させると取り決めている。

白魚漁業

白魚は、サケ科に属する小魚で、春に川をさかのぼって産卵し、孵化した稚魚は川を下りて海で暮らして成魚となる。白魚漁は、こうした白魚の生態に即して行われ、産卵準備のために海から川へ移動し始める冬から春の季節がおもな漁獲期だった。白魚漁は夜間に行われ、篝火《かがりび》をたいた漁船が川筋を何艘も行き交う姿は、江戸周辺の名物の一つにも数えられるほどであった。ちなみに佃島の場合、幕府へ上納する御膳白魚漁の場合は建網《たてあみ》を、それ以外のときは四ツ手網を用いていた。建網とは、長さ六尺（約一・八メートル）・幅四尺（約一・二メートル）ほどの網を何枚かしつらえて水中に敷設するもので、漁場の固定性が高く占有面積が広くなるため、幕府は御膳御用の場合を除いて使用を禁止していた。一方、四ツ手網は、四隅を竹で張り拡げた方形の網で、網の大きさは縦横ともに三間半（約六・三メートル）ほど、船先についた滑車に網をかけて網を引き上げる構造になっていたという。歌川広重が挿絵を描いた『絵本江戸土産』第二編にある「佃白魚網夜景」は、佃島漁業の様子を伝えるものとして著名であるが、ここで用いられているのは四ツ手網であることから、御膳白魚漁の様子を描いたものではないことが知られる。

（太田尚宏）

【参考文献】『佃島と白魚漁業〈都史紀要二六〉』（東京都、一九七八年）。

白魚網漁（「江戸名所図会」）

海苔（のり）

「江戸前」の魚と並んで、江戸湾からもたらされる海の恵みの一つに海苔《のり》があった。江戸湾で生産された海苔は、古くから「浅草海苔」という名称で知られている。浅草海苔という名前は、すでに寛永一五年（一六三八）成立の『毛吹草《けふきぐさ》』に登場しており、江戸湾東部で採れる「葛西苔《のり》」について「是ヲ浅草苔トモ云フ」と記して、当時は西部で採れる「品川苔」とは区別して用いられていた。しかし、いつしか品川・大森周辺で生産される海苔についても浅草海苔と称するようになり、品川・大森で採れた生海苔を浅草に運び、乾し板状の抄《す》き海苔に製したという、採取地と製造地を分けて浅草海苔の由来を説明する話や、海苔の製法と形状が再生紙の浅草紙に似ているためにその名が付いたとする説などが生まれた。「浅草海苔」という呼称は、おそらく品川・大森周辺の海苔生産が優位になるにしたがい、旧来からの浅草海苔が淘汰され、その呼称のみが残存したというのが事実に近いのではあるまいか。いずれにせよ「浅草海苔」は、江戸湾全体を代表する名産品として、多くの人々に認識されるに至ったのである。

浅草海苔

抄き海苔　採取した生海苔を乾かして板海苔にしたもの。その加工法は、海苔簀と呼ばれるすだれの上に手で海苔を広げる方法、水槽の中に刻んだ生海苔を入れて型枠つきの海苔簀で抄きあげる「家鴨《あひる》付け」と呼ばれる方法などがあった。

品川・大森の海苔養殖

海苔の生育環境は、適度な潮の満ち干があり、遠浅で波が静かな、栄養分を多量に含む汽水域《きすい》を最適な場所とする。その点では、江戸湾のうち隅田川・江戸川の河口付近に位置する葛西筋や、玉川（多摩川）の河口にある品川・大森周辺は格好の条件を有していた。

品川・大森の海苔生産には、浅瀬にヒビ（篊）と呼ばれる麁朶木《そだぎ》を立てて水中に漂う海苔の胞子を付着させ、それを成長させて採取するという方法が用いられた。この方法は、従来行われていた藻取《もど》りと呼ばれる自然採取法に比べ、確実に大量の海苔を採ることが可能であった。

品川・大森周辺で海苔生産を行ったのは、品川の海晏寺《かいあんじ》門前・品川寺《ほんせんじ》門前・南品川宿・品川猟師町・大井村・不入斗《いりやまず》村・北大森村・西大森村・東大森村・糀谷村で、いずれも幕府の許可を受けた村々であった。これらの村々で海苔生産が本格化したのは、享保年間（一七一六～三六）ごろといわれている。幕府は延享三年（一七四六）、品川宿や北大森村に対して新たに海苔運上を賦課しており、ヒビ建て技術が導入されて安定的な採取が可能になった江戸中期には、この地域の主要な産業に成長していた様子がうかがわれる。なお、品川・大森の海苔ヒビを利用した養殖法は、江戸後期には浜名湖や三河湾・和歌浦・広島湾・気仙沼湾など、太平洋側の各地域へ伝播していった。

江戸湾の海苔は、将軍家や御三家などの御膳御用の品にもなっていた。幕府への上納は安永二年（一七七三）から始められ、浅草の海苔問屋である永楽屋が御《ご》

ヒビ（篊）　海苔養殖のために浅瀬に立てる麁朶《そだ》木のことで、江戸時代から大正期までは木ヒビ、戦前期までは竹ヒビが用いられたが、戦後は海苔網と呼ばれる網ヒビに転じた。木ヒビには、ナラ・ケヤキ・クリ・カシワ・クヌギなどが使われ、葉を落とした一・五～一・八メートルの枝を四～五本ほど藁でくくり海中に並べた。

用達《ようたし》となって集荷・上納を担当したが、毎年欠かさず最上級品を納めなければならず、御膳海苔を生産する品川・大森の村々では、名誉であると同時に大きな負担でもあった。　（太田尚宏）

【参考文献】『大田区海苔物語』（大田区立郷土博物館、一九九三年）。

菜（な）

江戸東郊での蔬菜生産の特徴

関東ローム層が厚く堆積した江戸西郊台地部の農村では、蔬菜のうち練馬大根に代表される根菜類が栽培されたのに対して、荒川（入間川）・江戸川・利根川等の大河川によって形成された江戸東郊の沖積低地の畑地では、蔬菜のうち葉菜類がおもに栽培された。葛飾郡川端村（東京都葛飾区）では、享保年間（一七一六～一七三六）に茄子《なす》・大角豆《ささげ》・瓜とともに冬菜《とうな》が生産されて中ノ郷の青物市場へ売りにだされた。葛飾郡上小合村（東京都葛飾区）では、延享年間（一七四四～一七四八）に神田、千住の各青物市場へ出荷する商品作物として、米穀や茄子・葱《ねぎ》・牛蒡を作る一方で、自給用に畑で大麦・大豆・小豆・粟・稗・大根・茄子・牛蒡・葱とともに菜を作っていた。また、岩崎常正著『武江産物志』には、ふゆなの産地は小松川、つけなの産地は三河島、けうな（京菜）、せり、みつば芹、しそ、春菊、たでの産地は千住とあり、「千住市場調書」には、東山のうち中川から江戸川までの水田地帯

『武江産物志』　幕臣で江戸後期の本草学者岩崎常正によってまとめられた、江戸を中心とした武蔵国南部の動植物の目録で、花見の案内も兼ねていた。文政七年自序。

が葉柄物《はがらもの》の産地とある。これらの事実や記述によって、江戸東郊が葉菜類の生産地であったことが裏付けられる。

江戸の名産であった小松菜

このような葉菜類のなかに小松菜または葛西菜と呼ばれる冬菜がある。藤田理兵衛著『江戸鹿子』（貞享四年（一六八七）刊）には、江戸周辺の名産として「葛西の青菜、練馬の大根、岩附の牛蒡、川越・鳴子・府中・新田の瓜」を紹介しており、貞享年間には葛西で青菜が生産され、名産となっていたことがわかる。また、享保二〇年（一七三五）刊の『続江戸砂子温故名跡志』には、葛西菜は浅草川よりも東、江戸から二・三里で生産される菜で、大変やわらかで、天然の甘みがあり、他国にはない逸品である、京の東寺の水菜、大坂の天王寺菜・近江の日野菜など諸州の菜を食べ比べても、葛西菜にまされるものはないとあり、享保期に、全国的にみても葛西菜の味は良かったことがわかる。文化文政期の武蔵国の村々の状況を描いた地誌『新編武蔵風土記』には、「菘　東葛西領小松川辺の産を佳品とす、世に小松菜と称せり」とあり、葛西菜のうち、小松川あたりで生産されるものが優良で、この菜を小松菜と呼称したことがわかる。葛西菜を小松菜と命名したのは、八代将軍徳川吉宗であるといわれ、鷹狩時の御膳所で人々が地元で取れる冬菜の澄まし汁を進めたところ、吉宗はこれを好み、この菜に産地に因んで小松菜という名をあたえたといわれている。葛飾郡隅田村に設置された御前栽畑ではさまざまな蔬菜が栽培され、例えば宝暦四年（一七五四）に、牛房・大根・茄子・大角豆・白瓜・

『江戸鹿子』　藤田理兵衛が、貞享四年に刊行した、江戸の地物や行事などを名寄せし、簡単な説明をつけた地誌的な案内書。

鷹狩　天皇・公家・将軍・大名など為政者が行う鷹を放ち獲物をとる儀式。江戸時代には歴代のかなりの将軍が、鷹狩を武道や精神鍛錬、民情の視察、遊技の点から好んで行った。八代将軍吉宗は、それまで一時中止されていた鷹狩を復活し、積極的にこれを行った。鷹狩を行う場である鷹場は江戸周辺農村であり、特に江戸東郊は良好な鷹場であったという。

隅田村の御前栽畑　明暦年間に葛飾郡隅田村（東京都墨田区）に設定された御用前栽畑。一説に四代将軍徳川家綱がなぐさみのために開かせたものであると言われる。その後一時中絶したが、享保年間に再興された。この面積は天明六年に五反歩余で、内一反は年々休

真桑瓜・西瓜・菜・日野菜・小蕪が栽培され献上された。小松菜の産地が近く吉宗に因む由緒から、これらの献上品のうち菜は、葛西菜のことではないかと推定される。

（森　朋久）

【参考文献】『江戸川區史』（江戸川区、一九五五年）、『地名のはなし』（江戸川区教育委員会、一九八九年）。

大根（だいこん）

練馬大根の誕生

江戸近郊のうち西郊農村は、東郊農村とは対照的に、関東ローム層が堆積した武蔵野台地にあり、用水源となる河川や湧水点が少ないという水利条件から畑がちの景観であった。この地域の人々は、このような地理的な条件に適合した根菜類、特に大根を生産し、煮物用としてこれを生のままで江戸へ出荷したり、沢庵自家製造用にこれを干して干大根としたり、浅漬や沢庵など漬物に加工しやはり江戸で販売した。大根といえば、練馬大根が有名である。練馬大根誕生の伝説として、下練馬村の五代将軍徳川綱吉の別邸に大根の種子を尾張から求めて栽培したという綱吉説や上練馬村百姓又六が栽培しはじめたという篤農又六説、この両方の説を複合した説があり、これらの伝説では、天和・貞享期以前に尾張宮重大根が練馬へ移入され、練馬大根は誕生したと捉えられる。しかし、天和三年（一六八三）刊の戸田茂睡著『紫の一本』に

畑であり、管理は隅田村名主弥次右衛門があたり、幕府の御膳番の役人が淵江領・西葛西領の百姓を人足として使役し、さまざまな蔬菜類を栽培した。寛政頃に廃止された。

関東ローム層　関東地方の武蔵野台地・多摩丘陵など関東平野の台地、丘陵を覆っている赤褐色土層で、富士山・浅間山などの火山灰が堆積して形成された。ロームというのは、元来土壌に含まれる砂と粘土の割合を示し、関東ロームは砂が三分一交じった粘土質の土壌をいう。

練馬村　東京都練馬区の東部。上練馬村と下練馬村に分かれる。

は、府内の料亭の食卓にあがる名物の一つに「ねりま大根」を、貞享四年（一六八七）刊『江戸鹿子』には江戸名産の一つに「練馬の大根」をそれぞれ挙げ、さらに元禄一〇年（一六九七）刊の人見必大著『本朝食鑑《ほんちょうしょくかん》』では、大根について「江都近郊最も美ナル者ノ多シ、就中根利間・板橋・浦和之産為勝タリ」とあり、江戸近郊で最も美味しい大根ができ、練馬・板橋・浦和産の大根が最高であるとしている。このような諸本から、先の伝説よりも溯り、江戸時代前期にはすでに練馬大根の生産が開始され、天和・貞享期にこの大根は江戸の名物となっていたといえよう。

練馬大根の隆盛

享保期に練馬大根の品種改良がなされ、従来の尾張宮重系の品種から北支那系の品種にかわったのではないかと考えられている。延享五年（一七四八）六月に朝鮮通信使一行は、武州豊島郡練馬村の大根の種子と土を人足八〇人持の箱二箱に入れて持ち帰っており、この時期になると練馬大根は日本の代表的な物産になっていたことがわかる。寛政六年（一七九四）刊、古川古松軒撰『四神地名録』の「此地（練馬村）の大根は味ひ至てよく且大ひ也、大根におゐては日本第一といふべし」という記述に代表されるように、近世後期に刊行された物産志・地誌・紀行文などに優れた大根として練馬大根が紹介されるようになり、練馬大根の生産・出荷が増大し、名産となったことがわかる。

『紫の一本』 戸田茂睡が天和二・三年（一六八二・八三）に刊行した、江戸の地誌。茂睡自身である遺佚と陶々斎が方々を見物したという趣向で、各地について関連詩歌や歌謡を引用したり、二人などが作成した和歌・漢詩を紹介したりしている。

『本朝食鑑』 本草学者人見必大（小野丹岳）が元禄一〇年（一六九七）に刊行した、漢文体で書かれた食用本草書で、食物の地域的な差異や歴史的な変遷を、文献学的な考証に、実際の経験や見聞を加えて記した実用書。

朝鮮通信使 江戸時代に将軍の代替わりやその他の慶事に際して、朝鮮王から派遣された祝賀使。文化八年（一八一一）まで一二回使節が来日した。

『四神地名録』 古川古松軒が、幕府の命によって江戸近郊を調査し編述したもの。寛政六年（一七九四）自序。

下肥と大根・沢庵の交換味のよい畑作物を生産するためには下肥が必要であり、大根の生産もこの例にもれなかった。このために、大根の生産者は武家地や町人地の下掃除を請け負い下肥を確保しようとした。

例えば、天保一二年（一八四二）一月に、土支田村金治郎は大沢修理太夫屋敷の下掃除を一年間請負うのに際し、大根一五〇〇本を沢庵に加工して上納し、その代金三両二分のうち二両は下掃除代金として差引き、残り一両二分を七月・一二月に受け取る契約を同氏家臣二人と取り交わした。この例が示すように、江戸西郊の下掃除人は、下掃除場所へ大根・沢庵を納めた。

（森　朋久）

【参考文献】『新版　練馬大根』（東京都練馬区教育委員会、一九九八年）、渡辺善次郎『都市と農村の間』（論創社、一九八三年）。

土支田村　東京都練馬区の中北部。

瓜（うり）

御前栽瓜生産のはじまり　江戸近郊農村において、瓜類のうち西瓜・白瓜なども栽培されたが、高級な換金作物として栽培されたのが、真桑瓜《まくわうり》であった。豊臣秀吉は、文禄の役の最中に、真桑瓜畑に店・旅籠屋に見せかけた掘っ建て小屋を建て、瓜商人のまねをして各武将を慰めたことに代表されるように、戦国時代の武将は瓜畑で遊ぶ独特の遊技があり、武家にとって真桑瓜は特別な意味をもっていた。寛永年間（一六二四〜一六四四）に幕府は、武州多摩郡府中宿と是政村田場の内に反別合八反歩を選び、御瓜田《ごかでん》と呼ばれる御用栽培場を設定し、美濃国本巣郡上下真桑村から百姓庄右衛門、八右衛門を呼寄せ、その場所で真桑瓜の栽培にあたらせた。二人は毎年二月初めには美濃から府中まで瓜作りのために下向し、瓜を作って献上したのちに八月末に美濃に帰った。この二人が江戸に来るために、道中往復の伝馬二疋と路銀が幕府から支給され、府中滞在中の二月から八月までは、府中三町の年貢米の中から各二人扶持が与えられた。その後、大和国の百姓三十郎も御前栽《せんざい》瓜作りに加わった。御前栽瓜の作人は府中近在の農民を呼び寄せて手伝わせ、あるいは献上の際に使う竹籠や肥料までも各村々から供出させた。その後、この三人は府中に移住した。

府中農民による御前栽瓜の生産

元禄四年（一六九一）に、前年の御前栽瓜が不作で上納数に不足となったことを理由に、代官細井九左衛門は三人の瓜作り役を罷免した。細井は、府中三町の名主に農民のなかからそのかわりとなる瓜作りの巧者を推薦させようとしたが、一人も推薦されなかった。そこで細井は、その年の作付け状況を調査し、最高の出来ばえの瓜を栽培した三人を瓜作り役に任命することにした。実際に三人の農民が同役をつとめることになり、各二人扶持が幕府から与えられた。その後、享保四年（一七一九）に御瓜田の面積は八反歩から二反歩へと削減されたが、御用瓜の作付けと献上は幕末まで続けられた。その数は享保二年に一五〇〇個（うち本丸一〇〇〇個・西丸五〇〇個）であったものが、文政五年（一八二二）頃には七〇〇〇個と、約一〇〇

府中宿　現東京都府中市。甲州街道の宿場で、本町・番場宿・新宿の三町から構成された。

是政村　現東京都府中市。

美濃国本巣郡上下真桑村　現岐阜県本巣郡真正町域。天正年間以来、特産物である真桑瓜の生産が盛んで、一反につき一〇〇〇個収穫され代々将軍家へ献上された。下真桑村と合わせて御瓜田一町歩は年貢免除されていた。後に御瓜の上納は中止されるが、瓜種は上納された。

年のうちに四倍あまりも増加した。

江戸の名産となった府中瓜

元禄四年に瓜作り役となった三人の作った瓜はかなりよい出来映えであったといい、瓜作りの技術が御瓜田から府中周辺の耕地に広まり、この地域の農民は御前栽瓜に優るとも劣らない優秀な瓜を生産したといえる。そして、菊岡沾涼著の『続江戸砂子温故名跡志』（享保二〇年（一七三五）刊）においては、同地で生産される府中瓜は、元和年間（一六一五～一六二四）以来やはり将軍献上の真桑瓜産地であった柏木成子町周辺で生産された鳴子瓜とともに瓜の名物に数え上げられた。しかし、御前栽瓜の生産のための代官所役人の出張費、肥料となる灰・わら・下肥、御前栽瓜を入れる竹駕籠の制作などさまざまな負担は、府中周辺の農民に課された。（森　朋久）

【参考文献】『府中市史』（東京都府中市、一九七四年）、伊藤好一『江戸地廻り経済の展開』（柏書房、一九六六年）。

『続江戸砂子温故名跡志』　菊岡沾涼が、享保一七年に刊行した江戸の地誌『江戸砂子温故名跡志』から記述が洩れたり、記述が不十分であった寺社や旧蹟、名産・名樹などについて補ったもの。

柏木成子町　現東京都新宿区の西部。成子は鳴子ともかき、古くは豊島郡柏木村に属した。江戸時代に青梅街道両側に沿って町屋が開け、延享年間に町奉行支配地となった。青梅街道は町域内で坂となり、この坂を成子坂といった。

鷹狩り（たかがり）

鷹狩りの歴史

鷹狩りとは飼いならした鷹を使って鳥類や小動物を捕らえる狩猟の一つである。この鷹は権力者が使うことにより御鷹としての歩みを遂げ、一般民衆から畏怖される存在となった。わが国では鷹狩りが少なくとも古代より行われ、すでに当時、御鷹は天皇の大権と深く結びついていた。

この伝統がその後の武家社会にも引き継がれ、鷹狩りを行うことは権力の象徴ともなっていた。このため、時の為政者は認めた者以外の鷹狩りを禁じ、きびしい取締りを行った。

江戸幕府もそれまでの鷹狩りの伝統を継承しつつ、新たな放鷹制度を構築した。まず幕府は、この時期まで鷹術を伝えていた公家の鷹狩りを禁じ、その行使を将軍及び大名といった武家の特権として位置づけた。鎌倉時代以降、鷹狩りを行わなくなっていた天皇には将軍の鷹狩りで捕らえた獲物（鷹の鶴）を献上し、以後これを恒例化した。また将軍から大名へは鷹場（恩賜鷹場）や鷹狩りの獲物（鷹の鳥）などを下賜し、大名から将軍へは鷹や鷹狩りの獲物を献上するという相互儀礼があった。

鷹狩りに精通した徳川家康は、その効用として健康増進、軍事訓練、民情視察、農村支配、家臣の働きぶりの見聞などをあげている。そして、この鷹狩りの維持のために、良質な鷹を入手し、また鷹役人を設置し、さらに鷹場を指定し、用意周到な放鷹制度をつくりだしたのである。

その後、五代将軍徳川綱吉の治世下で、鷹役人の縮小・廃止、鷹狩りの停止、飼育していた鷹の放出、鷹及び鷹の鳥の贈答儀礼の縮小・廃止などの政策が打ち出された。この政策は六代家宣・七代家継の政権に受け継がれたが、八代将軍の吉宗の登場によって放鷹制度が復活し、鷹狩りが再開された。将軍の鷹狩りは、以後幕末まで繰り広げられた。

徳川家康（一五四二〜一六一六）　慶長五年（一六〇〇）の関が原の戦いに勝利し、同八年征夷大将軍に任命され、江戸幕府を開いた。二年後、将軍職を子の秀忠に譲ったあとも大御所として君臨し、元和元年（一六一五）大坂の陣で豊臣氏を滅ぼした。

徳川綱吉　→二一七頁

徳川吉宗　→一五一頁

徳川家康の鷹狩りには日帰りのものから一カ月にわたるものがあり、もっとも長期のものでは三カ月に及ぶものもあった。その場所も居城周辺から遠隔地に出かけるものなど千差万別であった。三河時代から五カ国領有時代へとその領土を拡大していくにつれて、鷹狩りの地先も広がりをみせた。関東領国時代には武蔵国岩槻・川越辺、相模国中原辺のものが確認できる。

鷹狩りの地先

関が原の戦いに勝利し、覇権を獲得すると、鷹狩りの地先はさらに広がりをみせた。江戸城周辺や関東地方はもちろん、五カ国領有時代の旧領、さらに畿内周辺で旺盛に鷹狩りを繰り広げた。関東では武蔵国岩槻・忍・鴻巣・川越・越谷・大宮・浦和・戸田・葛西、相模国中原、上総国東金などに出かけることが多く、将軍職を秀忠に譲って大御所となったあとも、また駿府城に移ってからも、ほぼこれらの地域での鷹狩りは年中行事と化していた。東海・畿内筋では駿府城周辺・田中・善徳寺、遠江国相良・中泉、三河国吉良・吉田、尾張国名古屋・岡崎、京都・大坂などで鷹狩りを行っていた。これは伏見城や大坂城での政務の「慰み」として、またその行き帰りの「逍遥」「養生」としての役割を担ったものである。

二代将軍秀忠は、江戸城周辺のほか、武蔵国川越・鴻巣・浦和、上総国東金に好んで鷹狩りに出かけたが、家康のように遠征期間が一カ月を超えることはなく、ほとんど一週間から二週間までのものであった。

鶴捕りの鷹狩り（『風俗画報』より）

三代将軍家光は、その当初江戸城周辺のほか、川越・鴻巣でほぼ毎年鷹狩りを行っていたが、寛永九年（一六三二）の秀忠の死後、その地先は江戸周辺五里以内に限られるようになり、日帰りのものとなった。主な地先は城外・品川・葛西・高田・麻布・目黒・千住・隅田川・王子であり、鷹狩りの回数はひと月に一〇回を越えることも珍しくなかった。この地先の著しい変化は、二元政治による秀忠の呪縛から解き放たれた家光が自らの意思により鷹狩りの地先を決められるようになったことや鷹狩りをめぐる状況に変化があったということであろう。こうした傾向は、その後の歴代将軍にも受け継がれ、享保期になると「江戸五里四方」の鷹場は将軍の拳から鷹が放たれる場という意味で御拳場と呼ばれるようになった。

鷹狩りの光景

徳川吉宗は将軍就任まもなく、放鷹制度の復活に着手し、鷹役人の任命、鷹部屋の建設、鷹場の指定などを行った。そしてようやく、享保二年（一七一七）五月一一日、将軍の鷹狩りが亀戸・隅田川辺で行われ、再開されたのである。

この時の行程は、江戸城から両国までは行列をなして徒歩で行き、両国橋より麒麟丸という船に乗って隅田川を下り、江戸湾に出てから中川に入り、亀戸の天神橋から陸に上がって亀戸天神で休息をとった。それから船に乗って葭沼伝いに水路を通り、隅田川堤に上陸した。ここで番士の勢子《せこ》を指揮して鷭《ばん》を狩り出した。つぎには吉宗自らが鉄砲で鷭を打ちとめ、お供の者を驚嘆させた。また隅田川で

徳川家光（一六〇四～一六五一）二代将軍秀忠の次男として生まれ、乳母春日局に養育された。元和九年（一六二三）江戸幕府第三代将軍となったが、寛永九年（一六三二）秀忠の死後に将軍政治を本格化し、幕府の諸制度を整備した。

御拳場　江戸幕府の鷹場の一種で、享保元年（一七一六）より江戸城外濠の外側からおよそ「五里四方」の範囲をいう。将軍が鷹狩りを行う場所で、鳥見の支配に属した。同二年以降、この地が葛西・岩淵・戸田・中野・目黒・品川の六つの筋に区分され、それぞれに鳥見役所が設置された。

は漁師の打網を上覧し、木母寺で昼食をとった。食膳には幕閣の重臣から差し入れられた魚が数多くならんだ。お供の者には譜代・外様の大名をはじめ、多数の幕臣がいたが、なかには将軍の命により鳥銃で鳥を打ちとめた者もいた。

帰路の行列は鷹狩りの成果を誇示するように獲物を担いだ御鳥持を先頭に、次に御徒、そして将軍の御駕籠を取り囲むように若年寄・御側衆・御小納戸・御小姓・鳥見・鷹匠などが並び、さらに御徒目付・御小人目付・中奥番・小姓組・書院番・新番・小十人組・中間などが続いた。帰りの船中では水主《かこ》により棹歌が奏でられ、復活第一回の鷹狩りが成功裏に終わっただけに、お供の者には酒が振舞われた。（根崎光男）

【参考文献】『放鷹』（復刻）（吉川弘文館、一九八三年）、本間清利『御鷹場』（埼玉新聞社、一九八一年）、塚本学『生類をめぐる政治―元禄のフォークロア―』（平凡社選書八〇）（平凡社、一九八三年）、村上直・根崎光男『鷹場史料の読み方・調べ方』（古文書入門叢書六）（雄山閣出版、一九八五年）、根崎光男『将軍の鷹狩り』（同成社江戸時代史叢書三）（同成社、一九九九年）。

鷹場（たかば）

鷹場の歴史　一般に、鷹場とは権力者（江戸時代でいえば、将軍や大名）が鷹狩りを目的として特定した場所であるといえる。ところが、五代将軍徳川綱吉はその在職中鷹狩りを一度たりとも行わず、また元禄六年（一六九三）には鷹狩りを禁止したにもかかわらず、鷹場が存在した事実がある。このことを含めて考えると、鷹場とは放鷹制度や鷹儀礼を維持するために特定した場所ともいえよう。

歴史的に鷹場（鷹野）という名称が登場するようになるのは戦国時代からである。古代の天皇は禁野《しめの》という狩猟場を設定していたが、これは鷹狩りを含む狩猟全般を行う場所であった。ところが、戦国時代の鷹場は鷹狩りを含む狩猟の場所全般を鷹場とよんだところに特徴があり、鷹場の範囲は給人知行地を越えて設定されていたが、それぞれの戦国大名の領国内で完結していた。しかし、豊臣政権が設定した畿内・近国の鷹場は、諸大名を動員して維持され、全国の頂点に立つ公儀鷹場として位置づいていた。

徳川氏は関東領国時代にはその全域を鷹場に設定し、江戸幕府成立後は関東のほか、畿内・近国、それに東海道筋をも鷹場に指定していたと推定される。幕府はそれらの鷹場の一部を諸大名に下賜し（この鷹場を恩賜鷹場とよぶ）、いっぽうそこでの鷹狩りの獲物を献上させるという幕藩関係をつくりあげた。しかし、しだいに将軍の関東以外の鷹場での鷹狩りの回数が減っていき、幕府鷹場は事実上縮小していった。

元禄六年（一六九三）、それまで放鷹制度の縮小を推進していた五代将軍徳川綱吉の政権は鷹狩りを禁止し、これ以後「江戸十里四方」の鷹場は御留場《おとめば》とよばれ

禁野　古代の天皇が狩猟場として設定し、独占的に利用した原野。古代より禁野であった河内国交野は室町時代まで実質を保っていた。

御留場　江戸時代、武士や庶民が狩猟や漁労を禁じられた場所。五代将軍綱吉の代、鷹狩りが行われなくなった鷹場を御留場とよんだことにはじまる。

るようになった。しかし、同九年の鳥見の廃止後は元御留場と称された。
八代将軍徳川吉宗は、将軍の権威を高めるために放鷹制度を復活したが、このなかで関東の鷹場は御拳場《おこぶしば》・捉飼場《とりかいば》・御借場《おかしば》という名称の鷹場に編成された。以後、各家の都合により恩賜鷹場や御借場の返上と下賜が繰り返されることがあったが、幕府鷹場は幕末まで維持された。

御拳場

享保元年（一七一六）、八代将軍徳川吉宗の放鷹制度の復活のなかで登場する鷹場の一種で、「江戸五里四方」の鷹場をいう。この鷹場は将軍が実際に鷹狩りする場所をいい、幕府役人である鳥見の支配に属した。このため、幕府鷹場のなかでもその支配がもっとも厳しかった。御拳場に指定された村々は、細かく規定された鷹場法度を守ることを義務付けられ、毎年鳥見に鷹場法度手形を提出した。

享保二年、幕府は御拳場支配の徹底をはかるために、御拳場を葛西掛、岩淵・戸田掛、中野掛、品川・六郷掛の四つの地域に分けて鳥見に支配させることにした。また同三年には鳥見が葛西・岩淵・戸田・中野・品川（のち目黒）・六郷（のち品川）の六筋に設置された鳥見役宅に居住することで、地域に密着した鷹場支配を行った。具体的には、葛西筋では亀有村と上小松村、岩淵筋では袋村（のち上中里村）、戸田筋では志村、中野筋では高円寺村、目黒筋では渋谷村（のち上目黒村）、品川筋では東大森村に鳥見役宅が設置された。この鳥見役宅居住の「在宅鳥見」と筋担当の「筋掛鳥見《すじがかりとりみ》」とが協力して、各筋の鷹場支配を達成した。

各筋によって鳥見の配置人数は異なるが、元文四年（一七三九）以降、四〜一〇名であった。

御拳場の規模は、享保初年で村数は五九四カ村、総石高はおよそ二四万石（「御場一件」）、近世後期では六九一カ村、およそ二五万石であった（「江戸御場絵図」）。

捉飼場

享保期の放鷹制度復活のなかで、前述した御拳場のほかに、捉飼場とよばれる鷹場も登場した。四代将軍家綱の代から五代将軍綱吉の代にかけて、幕府の鷹匠頭が管轄した鷹場は取飼場とよばれ、享保期以降は捉飼場と称されるようになった。

いずれにしても、捉飼場は鷹匠頭が管轄した鷹場で、実際にはその属僚であった農民出身の野廻りが支配した。その範囲は関東一帯の多くを含み、江戸十里外の広い地域に及んだ。近世後期には鷹匠頭は戸田・内山の両氏であり、捉飼場は両氏いずれかの管轄に属した。鷹のことに詳しい「村越筆記」には、「関東において両組に五十三万五千石宛の地を定めて鷹場とす」とあり、この両氏の管轄する捉飼場は全体で一〇七万石に達していた。

この捉飼場で鷹匠たちは鷹狩りの訓練を行い、その際捕らえた獲物の鳥は江戸城内の食膳に供された。

恩賜鷹場

江戸幕府は幕藩関係を構築する一環として諸大名に鷹場を下賜した。この鷹場を恩賜鷹場という。もっとも早い例としては、慶長六年（一六〇二）、徳川家康が仙台藩主伊達政宗に与えた武蔵国久喜の鷹場がある。これ以後、同八年に飛騨高山藩主金森長近が山城・摂津・河内・和泉国内に、同一二年に伏見城代松平定勝が伏見近郷に、同一七年に姫路藩主池田輝政が摂津国内に、元和元年（一六一五）に彦根藩主井伊直孝が近江・山城国内にそれぞれ恩賜鷹場を下賜されている。

恩賜鷹場は、尾張・紀伊・水戸の御三家にも下賜された。元和九年に紀伊藩主徳川頼宣は伊勢一国を鷹場にもらったが、御三家の恩賜鷹場が江戸周辺地域に成立するのは寛永一〇年（一六三三）であった。尾張家は武蔵国入間・多摩・新座郡内に、紀伊家は武蔵国足立郡指扇・大宮・岩槻・与野・桶川・浦和周辺に、水戸家は江戸川両岸の下総国葛飾郡小金周辺や武蔵国葛飾郡内にそれぞれ恩賜鷹場が位置づいた。

以後も歴代将軍によって恩賜鷹場の下賜が行われ、近世前期では四代将軍家綱の代まで繰り広げられたが、享保期以降、恩賜鷹場が復活したのは江戸周辺地域での御三家、伊勢国内での紀伊家、近江・山城国内での井伊家などを数えるにすぎなかった。

御借場　八代将軍徳川吉宗の次男田安宗武、四男の一橋宗尹、九代将軍家重の次男清水重好の三家を御三卿といった。享保期以降、幕府から新たに恩賜鷹場を下賜されたのは御三卿だけであった。御三卿の恩賜鷹場は特に御借場とよばれ、御拳場のなかに位置づいた。田安・一橋両家は元文三年（一七三八）に御借場を与えられ、その地域は葛西筋の行徳・小金領、品川筋の六郷・川崎・稲毛領、中野筋の野方領などであった。また清水家は宝暦一三年（一七六三）に御借場を下賜され、その地域は葛西筋の八条・岩淵領、目黒筋の世田谷領内であった。以後、御借場は寛政・天保期に御三家に与えられた事例がある。

（根崎光男）

【参考文献】 本間清利『御鷹場』（埼玉新聞社、一九八一年）、村上直・根崎光男『鷹場史料の読み方・調べ方』（古文書入門叢書六）（雄山閣出版、一九八五年）、根崎光男『将軍の鷹狩り』（同成社江戸時代史叢書三）（同成社、一九九九年）。

鷹匠（たかじょう）

鷹　匠　朝廷・幕府・藩などに仕えて、鷹を求め、また飼育・訓練し、鷹狩りに従事した役。江戸幕府の場合、慶長年間からその職名がみえ、五代将軍綱吉時代の元禄九年（一六九六）に廃職となったが、八代将軍吉宗時代の享保元年（一七一六）に復活し、慶応二年（一八六六）まで存続した。若年寄支配の鷹匠頭に統率され、その配下に鷹匠組頭・鷹匠・鷹匠同心・鷹匠目付・犬牽《いぬひき》・餌差《えさし》・野廻りなどがあったが、技術職のため世襲性が強かった。特に、鷹匠頭は鷹を飼育する鷹部屋を管轄し、捉飼場を支配した。

鷹匠目付　享保三年（一七一八）、横暴な振る舞いの目立つ鷹匠を監視するために設置、元文三年（一七三八）廃止された。

犬牽　狩猟の際、獲物を追い出す犬を扱い、その訓練を担当する役目で、享保一四年に鷹匠頭支配から先手頭兼鉄砲方へ配属替えされた。

鷹の入手

私たちが呼び習わしている鷹という呼び名は生物学上の学名ではなく、鷲鷹目に属し、捕鳥能力をもつ鳥を総称したものである。その主なものをあげれば、蒼鷹《おおたか》・鷂《はいたか》・雀鷂《つみ》・角鷹《くまたか》・隼《はやぶさ》などである。

鷹はどこにでも生息していたわけではなく、その生息地域が限られていた。「鷹出所名録」によれば、江戸時代には松前・津軽・出羽・陸奥などを最大の産地として、信濃・甲斐・常陸国鹿島・下野国日光・伊予などがこれに次いでいた。鷹は険峻な崖の窪みや大木の枝上に巣をかける特性をもっていたので、鷹が生息する鷹巣山を手中におさめることが重要であった。また、幕府は諸国から産出する鷹を献上させる体制を築いた。

このほか、諸国への鷹匠派遣による鷹の確保があった。鷹師をつとめた三橋信次は、文禄元年（一五九二）から鷹を求めて津軽に赴き、その後も当地へ二五回も往来したという。また朝鮮通信使の来日のたびごとに鷹が贈られた。

鷹の飼育とその訓練

鷹の調教は秋口からはじまる。鷹に絶食を課しながら、徐々に採餌と鷹匠に対する慣れを通して、緻密な条件反射を利用した捕獲能力を会得させるところに特色がある。鷹狩りの鷹は野生の鷹を訓練する網掛《あがけ》と雛から育てる巣鷹とがあった。鷹の種類と飼育経験がそれぞれの狩りに微妙に反映し、そのことがまた鷹匠たちの醍醐味ともなっていた。

鷹匠たちが鷹狩りに出かけると、鷹匠同心・上ケ鳥役・代官手代・鉄砲方などが同行した。鉄砲方が同行しているのは、鷹匠の鷹狩りの際にそれを邪魔する鳥や鳶を打ち払うためであった。

鷹匠たちが野先に出かけると、すでに決めている農民の屋敷に居を定め、将軍の命日などにあたる精進日を除いて、その逗留中は毎日鷹狩りを行った。野先への逗留は一回当たり一〇日間から五〇日間に及ぶものまであり、年間一一〇日ほどは出かけていた。鷹狩りによって捕獲した獲物は上ケ鳥とよばれたが、これを捕らえることは容易ではなかった。享保一五年（一七三〇）七月下旬、鷹師の高橋喜兵衛らが鷹六居をたずさえて武蔵国多摩郡内に鷹狩りに出かけたが、この時雲雀《ひばり》三八一羽とそれ以外の鳥二二羽を捕獲し、上ケ鳥となったのは雲雀三二五羽であった。この上ケ鳥は地域の農民によって江戸まで運ばれ、江戸城内での食膳に供された。

（根崎光男）

【参考文献】 本間清利『御鷹場』（埼玉新聞社、一九八一年）、村上直・根崎光男『鷹場史料の読み方・調べ方』（古文書入門叢書六）（雄山閣出版、一九八五年）、根崎光男『将軍の鷹狩り』（同成社江戸時代史叢書三）（同成社、一九九九年）。

鳥見（とりみ）

鳥　見　江戸時代、幕府や藩におかれた鷹場役人。江戸幕府の場合、延宝八年（一六八〇）以降、若年寄の支配下の鳥見組頭（鳥見頭）に付属し、鳥見の下には鳥見見習や綱差がいた。享保九年（一七二四）、鳥見の役高は八〇俵となり、野扶持は五人扶持で、御目見以下であった。職掌は鷹場の一種である御拳場（江戸五里四方の鷹場）の諸鳥の生息環境を維持し、その目的のために各種の取り締まりを行うことであった。

鷹場の支配

鳥見は徳川家康の時代から各地の鷹場の支配にあたり、また江戸周辺の大名の下屋敷や抱屋敷の庭に野鳥の生息状況を調べると称して自由に出入りし、ひそかに屋敷内の動静を探るなどの隠密的な行動もみられた。享保期以降、江戸五里四方の御拳場の支配を担うようになり、鷹場管理上の諸規制はもちろん、農民生活にかかわる内容まで含まれていた。具体的には、鷹鳥の追い払いや殺生、鷹遣いの者や鉄砲・狩猟道具所持者などを取り締まり、鷹場管理から派生した治安維持、飼い犬・農間余業・田舟・石高などの調査、家作の許可、祭礼・興行などの許可、道路・橋梁の修復の指示などを行った。これらの支配権限の大枠は鷹場法度に規定されているが、鳥見はこの請書である鷹場法度手形（鷹場法度証文）を毎年村ごとに提出させた。

鳥見役宅

享保三年（一七一八）、御拳場の支配を強化するため、鳥見が鷹場村々に居住するという処置がとられるようになった。当初、その場所は武蔵国足立郡谷在家村、下総国葛飾郡大和田村、武蔵国葛飾郡上篠崎村、同国豊島郡袋村、同国同郡上豊沢村、同国荏原郡徳持村の六カ所であった。しかし、この年鷹場村々に設置された鳥見役宅に居住する方法に改められた。葛西筋の亀有村・上小松村、戸田筋の志村、岩淵筋の袋村（のち上中里村）、中野筋の高円寺

野扶持　江戸時代、江戸幕府から特定の役職の者に支給された役俸の一つ。山野に勤務する鳥見や工事現場に赴く普請役などに対して、在職中にかぎり給与された。

村、品川筋（のち目黒筋）の渋谷村（のち上目黒村）、六郷筋（のち品川筋）の東大森村に鳥見役宅が設置され、それぞれに一人の鳥見が詰めた。この在宅鳥見と各筋を担当する筋掛鳥見とが協力して鷹場の支配にあたった。目黒筋の鳥見役宅は、上目黒村の御用屋敷五万六一八二坪五合のなかにあり、その建坪は七三坪八合七勺三才であった。また岩淵筋の鳥見役宅は上中里村の御用屋敷一万二五三二坪のなかにあり、その建坪は五二坪であった。

綱差の御飼付御用

享保期になると、江戸周辺地域の鳥の生息状況はきわめて悪化していた。しかし、将軍が鷹狩りを挙行した際に、獲物を捕らえられないようではその威信にかかわるため、獲物用の鳥を飼育することになった。享保元年（一七一六）、その担当者として設置されたのが綱差であり、各筋の鳥見に属して御飼付御用に精励することになった。綱差は御拳場内の各筋に配置され、鶴・白鳥・鶉などの囮用の鳥の飼育にあたった。葛西筋の武蔵国葛飾郡西小松川村に屋敷を与えられた加納甚内、品川筋の同国荏原郡不入斗村に屋敷を与えられた橋爪源太郎、目黒筋の上目黒村に屋敷を拝借した川井権兵衛などは、もともと農民であったが綱差に採用され、それぞれ幕府から役扶持が支給された。

（根崎光男）

【参考文献】『綱差役川井家文書』（目黒区教育委員会、一九八二年）、村上直・根崎光男『鷹場史料の読み方・調べ方』（古文書入門叢書六）（雄山閣出版、一九八五年）、根崎光男『将軍の鷹狩り』（同成社江戸時代史叢書二）（同成社、一九九九年）。

餌差（えさし）

餌　差　餌指・餌刺とも書く。鷹の餌となる小鳥を黐竿《もちざお》で刺して捕らえることを業とする者。律令制下の主鷹司《たかのつかさ》に属する餌取の職に由来するという説がある。江戸幕府の場合、鷹匠頭支配下の餌差頭に付属し、本郷餌差町に住んだ。餌差には御家人身分の公儀餌差と鷹匠頭雇いの餌差（御抱在郷餌差）、それに鷹餌鳥請負人雇いの殺生人（町餌差）の別があったが、公儀餌差は享保七年（一七二二）に廃止され、同一一年には鷹匠頭雇いの御抱在郷餌差も廃止され、しだいに鷹餌鳥の調達は鷹餌鳥請負人の手に委ねられていった。餌差は自らを証明するために鑑札の所持が義務づけられていた。

鷹餌鳥請負人　享保七年、幕府は江戸及び周辺農村から鷹餌鳥の業務を請け負う希望者を募集した。この時、希望者は雀・鳩・頬白・蒿雀《あおじ》などの餌鳥が金一両につき何羽で請け負えるかを提出することになっていた。この結果、麹町平川町二丁目六右衛門店の五郎右衛門、新右衛門町太兵衛店の次兵衛、小石川富坂新町家主の平兵衛、下富坂町の利右衛門、同所家主の三郎兵衛、同所七郎右衛門店の半九郎、同所六郎兵衛店の左兵衛、同所家主の清兵衛の、江戸に住む八人の町人が鷹餌鳥の請負人に決定した。そして金一両につき雀三〇〇羽の割合で請負い、元数寄屋町一丁目と芝口町一丁目西側横町の屋敷を拝借して

主鷹司　「しゅようし」とも読む。養老令下の兵部省被官の官司で、鷹や猟犬を飼育して狩猟に奉仕する役。

調達した鷹餌鳥を収容し、関東内に殺生人を派遣して鷹餌鳥を調達することにした。このため、鷹餌鳥請負人は自分が雇った殺生人が違反を犯せば、その責任を問われることになった。また幕府が請負人に支払う鷹餌鳥代金は、公儀餌差を廃止したことにより、享保七年までは一カ年に金一二〇〇両ほどであったが、同八年には金一八二四両ほどに跳ね上がった。

鷹部屋と鷹餌鳥請負人

鷹匠頭はそれぞれに鷹部屋を管理し、戸田氏は千駄木鷹部屋、明和七年（一七七〇）以降、内山氏が雑司ケ谷鷹部屋を管轄していた。また鷹餌鳥請負人はそれぞれ鷹部屋の担当が決まっていて、鷹餌鳥御用にあたった。享保年間、千駄木鷹部屋の請負人は、古餌鳥屋の利右衛門・三郎兵衛・半九郎・佐兵衛・清兵衛・又八の六人であり、鷹部屋御用と野先御用の両方ともつとめていた。雑司ケ谷及び吹上の鷹部屋は伊兵衛・太兵衛・四郎兵衛の担当であったが、野先御用は四郎兵衛が一手に引き受けた。

また千駄木鷹部屋では鷹塒《たかとや》を三棟に分けて、その一棟の大鷹九居・鷂《はいたか》一居の担当は飼方の佐野郷蔵と古餌鳥屋の利右衛門、別棟の大鷹八居・鷂一居・雀鷂《つみ》一居の担当は飼方の真野久左衛門と古餌鳥屋の又八、さらに別棟の大鷹八居・鷂一居・雀鷂一居の担当は飼方三橋平右衛門・飼方同心組頭藤沢次右衛門と古餌鳥屋の佐兵衛・清兵衛を割り当てた。雑司ケ谷鷹部屋では鷹塒を二棟に分けて、その一棟の大鷹八居・鷂一居・雀鷂一居の担当は飼方の山本又十郎と新餌鳥屋の太兵衛、別棟の大鷹八居・鷂一居・雀鷂一居の担当は飼方の水上八左衛門と古餌鳥屋の三郎兵衛・半九郎、吹上鷹部屋一棟の大鷹七居・鷂一居・隼二居の担当は飼方の佐々彦太夫・水上楠右衛門と新餌鳥屋の伊兵衛を割り当てた。以後、棟の飼方担当者が交替したり、鷹の種類及び数量に変更はみられたが、棟別担当制そのものに変化はなかった。

（根崎光男）

【参考文献】　根崎光男『将軍の鷹狩り』（同成社江戸時代史叢書三）（同成社、一九九九年）、大友一雄『日本近世国家の権威と儀礼』（吉川弘文館、一九九九年）。

あとがき

二〇〇三年は江戸開府四〇〇年ということもあり、各種のイベントが催され、江戸関連の書物も数多く出版されました。本書もこれを目当てとして企画されましたが、諸般の事情により一年ほど刊行が遅れてしまいました。早くに原稿をいただいた執筆者の皆さんには、多大なご迷惑をおかけしたことを、まずはお許しいただきたいと思います。

本書の企画を練っている頃に、ある本の編集会議上で、老先生が、最近は大きな本屋に行くと、江戸・東京物のコーナーが設けられていて、数多くの関係書が並んでいるが、手にとってみるべき価値のある本は一つもない、という趣旨の発言をされたことがありました。これは極言であって、読むべき価値のある本もないわけではありません。その一方では、確かに新鮮味のない焼き直しを繰り返したような内容の本や、事実関係が確認できないような思いこみだけで書かれたいいかげんな内容の本が多いことも現実です。

さて、すでに弘文堂から『江戸学事典』、三省堂から『江戸東京学事典』という大部の江戸に関するすぐれた事典が刊行されていますので、網羅的に項目をあげていこうとすると、どうしてもこの二事典を縮約したようなものになってしまいそうです。それではせっかく新しい事典を編集する楽しみもありません。編者の同世代、もしくは近い世代の研究仲間で、各分野で江戸研究の最先端にいて、新しくて刺激的で、しかも興味深い内容の研究成果をあげている人が数多くいます。ところが、それらが専門書や専門雑誌にしか発表されていないため、一般の人にはほとんど知られていないのです。これはもったいないと思っていましたので、本書の編集を任されたのを機会に、こうしたことを中心に項目をたてて事典にしてみようと考えました。とはいっても、事典ですので一応はバランスをとって項目をたててみたつもりですが、頁数の関係から、抜け落ちてしまった項目も多々あるでしょう。

本書は事典ですので、概説書のように江戸の全体像を描くことを目的としてはいません。むしろ、現代から江戸をみるための覗き穴を一二〇余りあけて、そこからみえる限りでの江戸の個性的な姿をみてもらいたいということです。どのような覗き穴をあけたかは、編者の独断ですが、どこを覗いてみても、これまで知られていなかった新しい江戸の姿が、わかりやすく、彩り豊かに描かれているのは各執筆者の腕前です。ただ残念なのは、近世考古学の成果をうまく本書に取り入れることができなかったことです。これは編者がまだ十分には近世考古学の成果を咀嚼・消化できていないからでもありますし、最近、柏書房から『図説江戸考古学研究事典』が刊行されていて、ひとまずこれに譲ってしまおうとズルをしてしまったせいでもあります。

江戸で暮らす人びとの生活の様子を、なるべく具体的にわかるような事典にしたいというのが、東京堂出版編集部の松林孝至さんの注文でしたが、現在の研究状況からすると、それをストレートに反映することはできませんでした。しかし、できあがってきた原稿に目を通してみますと、とても刺激的な内容なので、編者としての立場を忘れて、ワクワク、ドキドキさせられました。きっと、老先生にも手にとっていただけるだけの価値ある本になったと、今のところ自負しています。また、はじめから意図していたわけではないのですが、全体に江戸の生活環境や自然環境といった問題が、比較的強く意識された内容となっています。こうしたことは、現代的な課題にもつながる部分をもっていて、江戸に関心をもたれる方ばかりでなく、より多くの読者にも受け入れられることを期待しています。

加藤　貴

二〇〇四年四月

執筆者一覧

栗屋朋子　江戸東京博物館学芸員
安藤優一郎　江戸研究家
太田尚宏　徳川林政史研究所主任研究員
小沢詠美子　成城大学民俗学研究所研究員
小澤　弘　江戸東京博物館都市歴史研究室長
加藤　貴　早稲田大学教育学部非常勤講師
川崎史彦　早稲田中学・高等学校講師
斎藤悦正　早稲田大学文学部非常勤講師
鈴木章生　目白大学人文学部助教授
外山　徹　明治大学博物館学芸員
豊田和平　財団法人野間文化財団学芸員
西脇　康　早稲田大学エクステンションセンター講師
根崎光男　法政大学教授
波多野純　日本工業大学教授

樋口州男　専修大学非常勤講師
保垣孝幸　北区行政資料センター
堀　新　共立女子大学文芸学部助教授
曲田浩和　日本福祉大学経済学部助教授
丸山伸彦　武蔵大学人文学部教授
森　朋久　足立区郷土博物館専門員・明治大学兼任講師
山本光正　国立歴史民俗博物館研究部助教授
吉田正高　早稲田大学エクステンションセンター講師

編者略歴

一九五二年東京に生まれる。早稲田大学大学院博士課程満期退学。専攻日本近世都市史。現在早稲田大学教育学部非常勤講師。主要著書に『江戸町鑑集成』(全五巻)『江戸図屏風を読む』(共編)などがある。

江戸を知る事典

二〇〇四年五月三一日　初版印刷
二〇〇四年六月一〇日　初版発行

編者　加藤　貴
発行者　今泉弘勝
印刷所　株式会社フォレスト
製本所　渡辺製本株式会社

発行所　株式会社　東京堂出版
東京都千代田区神田神保町一―一七(〒一〇一―〇〇五一)
電話　〇三―三二三三―三七四一　振替　〇〇一三〇―七―二七〇

ISBN4-490-10647-5 C1521
Printed in Japan